高职高专房地产经营与估价专业规划教材

房地产经营

汪军 主编

中国建筑工业出版社

图书在版编目（CIP）数据

房地产经营/汪军主编. —北京：中国建筑工业出版社，2011.4
高职高专房地产经营与估价专业规划教材
ISBN 978-7-112-13193-8

Ⅰ.①房… Ⅱ.①汪… Ⅲ.①房地产业-企业经营管理 Ⅳ.①F293.33

中国版本图书馆 CIP 数据核字（2011）第 070656 号

本书从房地产经营基本概念入手，系统介绍了房地产经营活动全过程的内容，包括：房地产经营指导思想与经营环境、房地产投资分析与经营决策、房地产资产管理、房地产经营各种形式、房地产市场营销、房地产税收以及国外房地产经营简介等内容；重点讲述了房地产代理、房地产置业、房地产租赁、房地产抵押、典当与拍卖，房地产信托以及物业管理等经营形式。在注重理论阐释深度的同时，兼顾实践的需要，突出了实用性和可操作性。该书不仅可作为大专院校房地产专业的适用教材，也可作为房地产营销、管理人员和相关人员进修的参考资料。

责任编辑：王 跃 张 晶 田立平
责任设计：张 虹
责任校对：陈晶晶 关 健

高职高专房地产经营与估价专业规划教材

房地产经营
汪 军 主 编

*

中国建筑工业出版社出版、发行（北京西郊百万庄）
各地新华书店、建筑书店经销
北京嘉泰利德公司制版
北京市安泰印刷厂印刷

*

开本：787×1092 毫米 1/16 印张：19¾ 字数：475 千字
2011 年 6 月第一版 2011 年 6 月第一次印刷
定价：35.00 元
ISBN 978-7-112-13193-8
（20605）

版权所有 翻印必究
如有印装质量问题，可寄本社退换
（邮政编码 100037）

前　言

随着我国房地产经济的不断发展，房地产经营形式也需要不断地发展和创新，以适应国民经济发展和人民安居乐业的需要。本书正是在适应这种需要的基础上，为培养动手能力强、质量高的房地产经营人才而编写。本书的出版，可作为房地产经营与管理专业、物业管理专业和相关专业的学生用书，也可作为房地产营销、管理人员和相关人员进修的参考资料。

本书以房地产经营活动为主线全面阐释了房地产经营活动的内容，即房地产经营的共性问题、房地产经营的形式、房地产营销以及房地产税收和中国台湾及国外一些国家房地产业及其经营简介。全书共分十二章，较系统地介绍了房地产经营的专业知识，其编写分工为：主编由汪军老师担任，第一章、第十一章由汪军老师编写；第十章由汪军老师和华润雪花啤酒（天津）有限公司李淑萍共同编写；第二章、第三章由周亮老师编写；第四章、第七章由郭帅老师编写；第五章、第十二章由徐姝莹老师编写；第六章由郭凤荣老师编写；第八章由王耀蕾老师编写；第九章由齐竟烨老师编写。在本书的编写过程中，参考了有关专家、学者的论著、文献、教材，借鉴了不少专家、学者的研究成果，同时天津城市建设学院成全喜老师积极参与参考资料的收集并对本书的撰写提出了大量的宝贵意见；天津财经大学房地产研究院研究员孙兰老师审阅了全部书稿并提出了许多建设性意见，在此一并表示衷心感谢。

希望本书的出版对促进高职高专房地产专业的在校学生、有志于从事房地产行业工作的人员以及房地产企业的在职人员学习、培训起到提高其专业技能的作用。

由于编者的水平有限，时间仓促，书中难免出现错误和不足之处，敬请各位同行和读者批评指正。

第一章　房地产经营概述 ············· 1
第一节　房地产经营概述 ············· 1
第二节　房地产经营的指导思想 ········· 5
第三节　房地产经营的内容 ············· 8
第四节　房地产经营环境 ············· 10
第五节　房地产经营成功要素 ········· 13

第二章　房地产投资分析与决策 ········· 17
第一节　房地产投资概述 ············· 17
第二节　房地产投资风险分析 ········· 22
第三节　房地产投资决策 ············· 39

第三章　房地产资产管理 ············· 52
第一节　房地产资产管理概述 ········· 52
第二节　房地产资产管理的方式和途径 ··· 56
第三节　物业重新定位 ············· 60

第四章　房地产市场营销 ············· 63
第一节　房地产市场营销概述 ········· 63
第二节　房地产市场调查与预测 ········ 66
第三节　房地产市场营销策略 ········· 70
第四节　房地产网络营销 ············· 80
第五节　房地产市场营销应注意的问题 ··· 87

第五章　房地产置业 ... 90
第一节　房地产置业 ... 90
第二节　代理客户置业 ... 100
第三节　房地产置业交易及程序 ... 104

第六章　房地产经营代理 ... 111
第一节　房地产经营代理的概念 ... 111
第二节　房地产经营代理运作环节 ... 117
第三节　房地产经营代理实务 ... 118

第七章　房地产租赁 ... 132
第一节　房屋租赁概述与特征 ... 132
第二节　房屋租赁合同与流程 ... 135
第三节　房屋租金 ... 143
第四节　写字楼与商业物业租赁经营形式 ... 146

第八章　房地产抵押、典当、拍卖 ... 151
第一节　房地产抵押 ... 151
第二节　房地产典当 ... 158
第三节　房地产拍卖 ... 161

第九章　房地产信托 ... 171
第一节　信托概述 ... 171
第二节　房地产信托 ... 175
第三节　房地产投资信托 ... 178

第十章　房地产税收 ... 186
第一节　房地产税收概述 ... 186
第二节　房地产税收 ... 188

第十一章　物业管理 ... 202
第一节　物业、物业管理概念及物业管理内容 ... 202
第二节　物业管理基本环节及运作 ... 205
第三节　物业管理项目资源开发与利用 ... 208

第十二章　国外部分国家及中国台湾地区房地产业经营简介 ... 236
第一节　美国房地产业及其经营简介 ... 236

第二节　日本房地产业及其经营简介 …………………………… 243
第三节　新加坡房地产业及其经营简介 ………………………… 247
第四节　德国房地产业及其经营简介 …………………………… 251
第五节　中国台湾地区房地产业及其经营简介 ………………… 256

附录 …………………………………………………………………… 262
参考文献 ……………………………………………………………… 306

第一章

房地产经营概述

房地产经营是房地产业经济活动的重要组成部分。房地产经营不同于一般商品如农产品、工业产品的经营，由于它所经营的是一种特殊的商品，因而不能以经营一般商品的经营理论来指导或统揽其经营活动。

第一节 房地产经营概述

一、房地产的概念及特征

（一）房地产

房地产是房产和地产的总称，在物质上是由土地、土地上的建筑物及固着在土地、建筑物上不可分离的部分组成。房地产可以是单纯的土地或单纯的房屋，也可以是土地和房屋的总体。房屋必须以土地为基础，土地的价值在很大程度上取决于其附属或周围房产的价值。同时，在许多情况下，房屋与土地是无法分开的。在现实生活中，一般讲到房地产，均指房屋建筑物和其建筑地块所组成的有机整体。从法律意义上说，房地产本质上是以土地和房屋作为物质存在形态的财产，这种财产寓含房地产实体中的各种经济利益以及由此而形成的各种权利，如所有权、使用权、收益权和处置权。

房地产由于其位置固定，不可移动，通常又被称为不动产。但房地产和不动产的内涵存在着差异。房地产的表述倾向于表明这种财产是以房屋和土地作为物质载体，而不动产的表述侧重于表明这种财产具有不可移动这一属性，但在大多数情况下两者所指是同一对象。不动产包括土地及其财产权利、房屋建筑物及其财产权利、房屋建筑物的附属物及其财产权利、构筑物（如桥梁、水库大坝、水塔等）、与土地尚未分离的农作物、林木等，而房地产指其中的土地及其财产权利、房屋建筑物及其财产权利、房屋建筑物的附属物及其财产权利和构筑物，不包括与土地尚未分离的农作物、林木等。可见，房地产只是不动产中的一部分，与不动产是从属关系。

（二）房地产的特征

房地产是一种特殊的商品，之所以特殊是因为它与其他商品相比具有明显的特殊性。

1. 位置的固定性

这是房地产最重要的一个特性。房地产无论其规模、性能、用途如何，其位置是固定的、不可移动的。这一特性决定了房地产经营只能就地进行，而不像其他有形或无形财产可以很容易地将其移动到其他地方进行经营。位置的固定性使房地产经营者在开发经营过程中必须考虑所开发的房地产商品对消费者的吸引力以及包括交通便利在内的配套设施等问题。

2. 构成内容的复杂性

房地产基本功能是满足人类生产、生活的需要，所以房地产实体通常都很庞大，具体表现为两方面：首先，房地产开发投入量巨大，远非一般耐用消费品和生产资料所能比拟；其次，房地产商品不是几个车间，乃至几家工厂能够制造出来的，也不是可以放到零售商店或批发市场去推销的。因此广义上的房地产经营涉及行政、法律、设计、施工、金融、管理、经纪（代理）等不同行业和部门。

3. 规格的非通用性

规格的非通用性也称作不一致性。房地产不像其他工业产品可以按照同一图纸在车间进行大批量生产。它没有统一的规格标准，单件房地产都有它自己的设计图纸，即使按照同一图纸在同一条街道上建设的建筑物，也会由于多种因素的差异而有所不同。所以房地产经营更须注意房地产自身商品的特色，重视每一件房地产商品的设计策划。

4. 使用的耐久性

就房地产的自然寿命而言，土地具有永恒的使用价值，房屋的生命周期达到数十年或上百年。房地产使用的耐久性与其使用性质、维修保养等因素密切相关。由于房地产使用的耐久性，所以在房地产经营中可以把房地产作为获取长期信贷资金的物质基础条件之一。

5. 单位价值高

房地产商品在生产建造时，不仅要占用土地，还要消耗大量的资源，通常建成后的房地产商品单位造价要达到四位或五位数，因此经营房地产需要一定数量的资金作为基础。

6. 保值增值性

随着社会经济的不断发展、人均收入水平的不断提高以及城市人口数量的不断增加，再加上土地资源具有稀缺性，使得房地产供求总趋势呈现出供不应求的状况，房地产价格呈被动式上升趋势。房地产不仅可以保值，而且可以增值。房地产经营者应注意把握时机，当通货膨胀率上升时，正是房地产经营的黄金时期。

7. 不可毁灭性

房地产中的土地，具有不可毁灭性。即使土地被覆盖、被水毁，它的实物形态仍然存在。土地使用的长期性和不可毁灭性决定了在利用土地时必须充分考虑社会效益。政府对土地的利用一般都有严格的限制。因此进行房地产投资时，要熟悉法律法规及必要的审批程序。

房地产的这些特征对房地产经营影响很大，不可忽视。

二、房地产经营的概念及特点

（一）经营的一般概念

经营一词，在我国古已有之。《诗经》中的《大雅·灵台》篇就有"经营灵台，经之营之"一句，这里的经营意为筹划营谋。经营是商品经济的产物，作为特定概念，经营具有筹划、营谋、开拓、发展的含义。企业经营是根据既定的经营目标，分析内部条件和外部环境，把握市场发展的趋势，进行谋划、决策的总过程。在商品经济条件下，企业在商品生产和流通过程中对市场、产品、材料、设备、环境的选择以及对消费者、竞争对手、竞争手段等的研究，均属经营范畴。因此，可以把经营定义为：企业以市场为对象，以商品生产和商品交换为手段，为了实现企业的目标而进行的一系列有组织的活动。凡是以盈利为目的的、独立的企业都要从事经营活动。

（二）房地产经营的概念

房地产经营是房地产企业围绕房地产这种商品展开的。它是指房地产企业在分析自身条件和市场需求的前提下，对所从事的房地产流通、消费环节的经营活动做出科学合理的经营决策，实现企业的目标而进行的一系列有组织的活动。狭义的理解，这种活动主要是指建筑地块和房屋建筑物的流通过程和售后管理，这是人们在通常意义上对房地产经营的理解。从广义上理解房地产经营是指房地产企业全部的经济活动，即生产活动和经营活动，包括房地产商品生产、流通、消费等各个环节的活动。

为更好地理解房地产经营这一概念，首先应明确房地产经营的主体是企业，房地产企业在经营过程中必须明确经营思想和经营目标，制定正确的经营战略和方针，并运用科学的手段去实现；其次应把握房地产企业的经营是动态过程，是企业人、财、物、信息等要素在与外界发生作用的过程中进行经营活动的；再次房地产企业的经营表现在对企业外部环境作用的能动性上，企业的外部环境时刻都在发生变化，只有能动地将企业内部条件与外部环境协调起来，才能达到经营目的。

房地产企业的经营活动可以是单项经营，也可以是多元化经营、联合经营，甚至从事涉外经营。单项经营是一个房地产企业只从事或主要从事某一方面、某一环节的经营业务，如开发公司、经租公司等，这种经营方式的优点在于专业化程度高，由于经营项目单一，有利于在专业方面取得较好的效益；多元化经营是一个房地产企业从事多项房地产经营业务，如房地产开发企业在从事房地产开发经营业务的同时，又办理房屋装饰修缮等业务，形成全面配套的产业链，但是这种经营存在着容易分散精力，顾此失彼的不足；联合经营是具有不同经营职能的房地产企业组成企业集团，或者在一个总公司下设若干个分公司从事多方面的房地产经营业务，这种联合经营的企业集团生命力强，具有雄厚的经济实力和完善的经营职能，能够实现从土地到基础设施、房屋开发、设计、工程管理、销售、出租、修缮管理等全面服务，具有强大的竞争力和风险承受能力；涉外经营是房地产企业的跨国经营，这是当今世界经济发展、国与国之间经济联系增强的必然结果，房地产跨国经营包括国与国之间合资、合作，到国外投资和到国外营销等多种形式，它是一种很有作为的经营方式。

（三）**房地产经营的特点**

由于房地产本身具有的特点，决定了房地产经营范围广，牵涉面广、环节多，经营形式灵活多样，并因此引起如下经营特点：

1. **生产周期长，投资数额大**

房地产企业生产建筑产品的生产建设周期较长，从项目立项、规划设计、征地拆迁、基建施工到竣工验收，往往需几年时间才能完成。同时，由于建筑产品本身造价高，所需资金多，资金在开发过程中停留的时间较长，需要投入大量资金。因此，房地产企业往往在开发某一项目时，采取滚动开发的方式，将工期分为若干阶段完成，以相对减少资金投入，缩短生产周期。

2. **经营业务具有复杂性**

以房地产开发业务为例，除了建筑产品本身的生产建设过程外，还应根据城市建设规划的要求，同时承担与建筑产品有关的市政、公用、动力、通信等基础设施和与其相适应的公共配套设施的开发建设。特别是对旧区改造再开发，还要安置原有单位或住户，这就使得房地产企业的经营较一般企业复杂得多。

3. **价值实现过程的多样性**

房地产商品价值实现过程的特点是先期性和多样性的矛盾统一。先期性即房地产商品可以通过一次性出售实现其价值，也可以采用预售的方式，在其价值未完全形成前就可以实现其交换价值；多样性既可以采用出售方式，也可以采用出租方式，分期分批实现其价值。

4. **经营活动的政策性强**

追求最大限度的利润或最佳的经济效益无疑是房地产企业经营活动的内在动力。但房地产资源的合理使用，关系到国计民生的重大问题。房地产作为生产和生活的基本要素，其经营活动同社会经济文化等各个方面、各个环节均有密切的联系。这种作用大、影响广的态势要求房地产经营活动必须严格遵守国家的政策、法令，从而使房地产业的经济运行有助于提高国民经济的总体效益。在房地产业发达的国家和地区，一般都有众多的法律、法令、条例来规范房地产的经营活动。作为社会主义市场经济体系中的房地产经济必须坚持正确的方向，力求在经营活动中的各个方面、各个环节中自觉遵守国家和政府颁布的各项政策法规。只有这样，房地产企业的经营活动才能沿着健康的道路繁荣兴旺。

5. 经营活动风险性大

从房地产经营的内在因素上看，房地产投入资金量大，产出周期长，环节多，在全部投入产出过程中，只要有一个环节发生障碍，就会影响整个经营活动的正常进行。如房地产开发资金，一般都采取从企业外部融通一部分资金的方式运作，在房地产商品价值形成和实现的漫长过程中，开发商往往要承受沉重的利息负担；在租赁经营中，房地产企业要承受资金长期被占压的压力。这些都构成了房地产经营风险大的内在因素。从房地产经营的外在社会经济因素上看，房地产经营受社会、政治、经济、消费心理、市政建设等方面影响很大，由此带来的风险也很大。

第二节 房地产经营的指导思想

一、房地产经营的指导思想

企业的经营思想是建立在正确的经营观念基础上，在企业整个经营活动过程中，经营思想是对各种关系认识的总和，它支配企业的一切经济活动。

房地产经营的指导思想是指房地产企业在整个生产经营活动中的指导思想，也是房地产企业制订经营战略，确定经营目标，进行经营决策、组织、指挥、协调、控制生产经营活动，进行经营分析的指导思想。尽管各行各业的企业经营内容与方式千差万别，然而其基本的经营思想应当是一致的。

(一) 面向市场的经营思想

市场是企业赖以生存和发展的基本条件；是联系生产和消费的纽带。面向市场的经营思想可以使房地产企业正确处理企业与市场及消费者关系，其核心就是要摆正房地产企业与市场的关系，它要求房地产企业一方面要研究房地产市场的需求，另一方面又要注意合理利用资源，利用企业优势，针对消费者的潜在需求不断推陈出新开拓新市场，积极引导消费，创造新的需求。

(二) 竞争制胜的经营思想

竞争是市场经济的灵魂，也是市场经济发展的动力。从表面上看，竞争来源于经营者的本能和追逐更大利润的热情，但从经济学的观点来看，竞争实质上就是商品生产者或经营者在商品的生产或流通过程中，为争取有利地位而进行的斗争。虽然竞争的项目不同，内容不同，时间不同，地点不同，竞争的具体形式、方法、手段均不尽一致，但只要战胜竞争对手，优胜劣汰的本质却是一样的。确立竞争制胜的经营思想，有利于促进房地产企业不断改进生产技术条件，提高产品质量和劳动生产率；有利于促使房地产企业强化内部管理，降低成本消耗，提高经济效益；有利于促使房地产企业增强服务观念，改善服务质量；有利于促使房地产企业重视社会效益与环境效益，注重企业形象；有利于促使社会资源在房地产企业间的合理分配，提高房地产各行业的效益水平；有利于促使房地产企业重视人才引进和人才培训工作，形成尊重人才、尊重教育的良好社会风尚。

（三）注重信息的经营思想

信息是人类社会最为重要的战略资源。经济信息在现代社会经济活动中起着举足轻重的作用。经济信息的价值体现在经济活动对信息的不可分离上，可以说，在现代社会经济活动过程中，任何正确的决策都离不开信息。在房地产经济活动中经济信息是房地产企业经营决策的基础，是组织房地产经济活动的依据，是控制房地产经济活动的工具。房地产企业注重信息，要确立两个基本原则。一是企业经营机构必须建立完整的信息收集、储存、处理、传递制度。二是企业经营管理人员在任何决策过程中，都要自觉地依赖信息，使用信息。

（四）致力人才开发的经营思想

企业人才由企业全体员工的聪明才智综合而成。人才是生产力发展的重要资源，是企业一切资源条件中，最基本、最活跃、也是最重要的资源。房地产企业活力的源泉，就是人才。只有房地产企业人才资源得到最有效的开发和利用，领导层、管理层、劳动者的聪明才智和创造力得到最有效的发挥，其活力才能充分表现。经营思想的人才观念不仅表现在尊重人才，重视调动人的积极性上，更重要的是表现在有意识的引进人才、培养人才、挖掘人才潜能的管理行为中。只有在组织上、制度上形成了这一系列的相关机制，房地产企业经营的人才观念才真正建立。

（五）注重计划管理的经营思想

计划就是工作的规划和安排。处于错综复杂的市场经济环境中的房地产企业，要想在激烈的竞争中求得生存与发展，必须具备较强的计划观念。现代社会经济活动日趋复杂，企业内外环境变化频繁，组织机构和资源条件错综复杂，激烈的竞争环境迫使房地产企业随时面临重大的决策问题。要想使决策符合客观实际，决策者必须具备预见性，把许多工作做在前面。经营思想中的计划观念就是凡事均以制定周密的计划为出发点，在经济活动过程的任何阶段都要把计划的实施与调控摆在首位。

（六）以经济效益为核心的经营思想

企业的效益包括经济效益、社会效益和环境效益。追求更好的效益，是企业经济活动的基本出发点。对房地产企业而言，经济效益始终是第一位的。人们将从事生产经营活动所消耗和占用的物质与劳动资源称为"投入"，将生产经营活动所产生的物质效用和经济收益称为"产出"，这种"产出"与"投入"之比，便是经济效益。追求经济效益，力争以最少的"投入"获得最大的"产出"几乎是一切企业的基本目标。然而，任何企业都不是孤立存在的，它作为社会经济的一个"成员"，与整个社会经济发展及其他"成员"有着千丝万缕的联系。因此，不考虑甚至损坏社会效益、环境效益，片面追求经济效益的观念是不可取的。房地产企业正确的效益观念应当是以经济效益为中心，经济效益与社会效益、环境效益相结合。

二、房地产经营的原则

为了使房地产企业更好地开展经营活动,房地产经营的原则是任何一个房地产企业在经营中必须遵守的。每个房地产企业在应用这些共同原则的时候,其具体形式、具体方法和具体特点可以而且应当有所不同。

(一)符合社会需要的经营原则

房地产经营必须服从和满足社会的需要,这是企业的生存原则。需要包括生产需要和消费需要。任何房地产企业向社会提供的房地产商品和劳务如果不符合社会的需要,就是无效的商品和无效的劳务,这种从事无效劳动的房地产企业就会丧失存在的价值。因此,各类房地产企业在经营活动中,切实遵守符合社会需要的原则,按照客观规律办事,是提高其经营水平和经济效益的一个关键。

(二)诚实信用的经营原则

房地产行业在其发展的历史过程中,逐渐形成了诚实守信的基本经营原则。但是,在房地产经济活动中,特别是房地产交易中践踏诚信原则的事情时有发生:或炮制虚假概念,蛊惑消费者;或偷换概念,制造假相;或偷工减料,欺骗消费者;或虚假承诺,不实宣传。种种欺诈行为,严重扰乱了房地产市场的正常秩序。房地产经营应营造诚实守信的良好社会氛围,以房地产企业的自律,引导房地产行业自律,提高房地产行业诚信经营和服务水平,正确引导房地产消费,共同维护房地产行业的社会形象,以促进房地产行业持续健康快速发展。

(三)遵纪守法的经营原则

遵纪守法是房地产企业在开展房地产经营活动中应尽的义务,也是对房地产企业的最基本的要求。房地产企业除必须严格遵守和服从国家的一般法律法规以外,还必须遵守各种专门的法律法规。国家正是通过这些法律法规,来固定和调节生产经营活动中的各种关系,维持生产经营活动的正常秩序。房地产企业要随时研究,把守法经营原则摆在企业经营的突出地位,要经营合法化、运作规范化,自觉抵制非法活动,做遵纪守法的经营者,包括敢于依法坚持自己的各种主张和权利,自觉地维护市场经济秩序,尊重他人的知识产权,尊重消费者的权益等。每一个房地产企业在开展房地产经营活动中都守法经营,那么房地产行业链条中遵纪守法的水平就会很高。

(四)风险控制和业务发展并举的经营原则

风险普遍存在于社会经济生活中,它一般是指事物在其环境中和其存续期间内,自然存在的、导致其经济损失的变化。房地产企业面临或发生的风险其根由是综合性的,既有企业内部的问题,也有企业外部的问题。风险一旦产生,必然会在一定程度上影响房地产经营活动的正常运作。因此正确认识和防范风险,就要了解其基本特征并建立和完善风险监控制度,以降低风险发生的可能性,减少风险损失。房地产企业在风险面前不能回避,因为任何房地产经营活动都有风险,不敢冒风险的房地产企业,最终会被市场所淘汰。房地产企业要坚持风险控制和业务发展并举的经营原则,在对风险进行控制的同时,大力的、稳健的发展经营业务，勇于经营创新，因为只有发展才是硬道理，才能确保房地产企业持续健康的发展。

第三节 房地产经营的内容

从房地产商品再生产的角度看，房地产经营涉及的内容非常多，广义的房地产经营内容包括房地产商品生产、流通、消费等各个环节的经营活动。按照经营的不同方式可将房地产经营分为土地经营，房地产开发经营，房地产销售经营，房地产代理经营，房地产租赁经营，房地产抵押、典当与拍卖，房地产信托，物业管理以及房地产中介服务经营等。在本教材中因为土地经营在我国是国家垄断经营，房地产开发经营相关教材和书籍有专门讲述和介绍，因此本书内容就不再涉及该部分内容。

一、国有土地使用权经营

城市国有土地是规模最大的国有资产，也是构成房地产开发经营的重要资本，对其进行经营是一项政策性很强的政府行为，既不能搞短期行为，更不能唯利是图。经营国有土地使用权要维护城市土地的国家所有制，制止在城市土地经营活动中，侵犯或变相侵犯城市土地的国家所有权，在此前提下，促进城市土地经营，搞活城市土地经济，以利于城市土地的开发与利用。因此经营土地就成为规划城市、经营城市、建设城市的中心内容。在实践中要科学把握土地资本的运行周期和规律，研究经营技巧和时机，以达到城市整体增值的目的。经营土地虽然是市场行为，但毕竟不同于做小生意给钱就卖、有钱就赚。必须处理好当前利益与长远利益的关系、全局利益与局部利益的关系和经济效益与社会效益、生态环境的关系，并选择土地出让的最佳时机，确保土地效益的最大化。城市土地的经营收益，是政府重要的财政收入，可以用来投资城市基础设施，改善城市的面貌。

二、房地产开发经营

房地产开发经营是指房地产开发部门或单位，根据城市发展和建设的总体规划，以及经济、社会发展要求，以土地和房屋建筑为对象，按照使用性质，实行"统一规划、合理布局、综合开发、配套建设"，有计划有步骤地进行开发建设，是一项把一定的物化劳动和活劳动转化为房地产商品的综合性生产经营活动过程。在房地产开发经营全过程中，一般是按照投资机会寻找、投资机会筛选、可行性研究、获取土地使用权、规划设计与方案报批、签署有关合作协议、施工建设与竣工验收、市场营销与物业管理八个步骤来进行的，同时在开发过程中要做好风险的辨识、评估、转移和控制，以使房地产企业在开发收益一定的情况下将风险降到最低或在风险一定的情况下获取的开发收益最大。

三、房地产销售经营

房地产销售经营是指房地产所有者采取一次收回房地产价值的方式，把房产所有权和土地使用权一并转移给买方的经营行为。目前，我国房地产销售从交房期限来看，分为现售和预售。现售即将现实存在的房地产商品转移（房产所有权和土地使用权）到买方，并一次收回房地产价值的销售方式；预售即将正在开发建设中，尚未竣工的房地产商品推向市场，并收取定金的销售方式。由于房地产商品不同于一般的普通商品，不论是现售还是预售，都必须严格遵守有关交易规则和程序，以保证交易各方的合法权益。

四、房地产代理经营

房地产代理经营是指房地产中介机构接受委托人的委托，按照委托合同的约定，代理委托经营房地产的营销行为。房地产代理经营是一种专业性的经营活动，其代理内容相当广泛，如房地产买卖代理、房地产抵押代理、房地产租赁代理等。按照代理方式的不同，可将房地产代理分为一般代理、独家代理和总代理等。随着我国房地产业在市场经济体制下的发展以及房地产市场功能的逐渐成熟和完善，房地产代理经营业务必将不断发展和扩大。

五、房地产租赁经营

房地产租赁经营是指房地产所有者将房地产使用权出租给承租者使用，承租者按照双方签订的租赁合同向出租者定期支付租金的经营行为。其实质是房地产承租者以分期付款的方式取得房地产的使用价值，相当于以租金作为价格的房地产零星出售。由于房地产的价值巨大，因此房地产租赁便成为房地产经营的一种重要方式。

六、房地产抵押、典当与拍卖经营

房地产抵押是指抵押人以其合法的房地产以不转移占有的方式向抵押权人提供债务履行担保的行为。债务人不履行债务时，抵押权人有权依法以抵押的房地产拍卖所得的价款优先受偿。房地产抵押是一种标的物价值很大的担保行为，法律关系复杂，法律规定房地产抵押人与抵押权人必须签订书面抵押合同并办理抵押登记。房地产抵押安全可靠，在现实生活中极为普遍。

房地产典当是房地产权利特有的一种流通方式，它是指房地产权利人（出典人）在一定期限内，将其所有的房地产，以一定典价将权利过渡给他人（承典人）的行为。出典人将房地产作为当物抵押给典当行，交付一定比例费用，取得当金，并在约定期限内支付当金利息、偿还当金，便可赎回当物。房地产典当表现为典当双方的质押担保关系，又表现为债权债务关系。

房地产拍卖即通过公开竞价的方式将房地产标的卖给最高出价者的一种交易行为。房地产拍卖标的必须是符合规定的房地产，其拍卖的不仅仅是物质实体更是房地产的权益。

七、房地产信托经营

房地产信托作为新兴的房地产经营模式，越来越受到房地产行业的关注和欢迎。房地产信托是指房地产信托机构以投资者的身份，借助金融机构为中介，直接或间接对房地产经营开发的投资行为。房地产信托存在资金信托和财产信托两种模式。房地产信托作为信托业和房地产业的有机结合，不仅为信托业的发展做出了巨大贡献，更重要的是其在长期发展过程中为房地产业的发展提供了大量的资金和手段。

八、物业管理

物业管理是指业主通过选聘物业服务企业，由业主和物业服务企业按照物业服务合同约定，对房屋及配套的设施设备和相关场地进行维修、养护、管理，维护相关区域内的环境卫生和秩序的活动。物业管理是服务性行业，属于第三产业，它是一种与房地产综合开发的现代化生产方式相配套的综合性管理；是与随着住房制度改革的推进而出现的产权多元化格局相衔接的统一管理；是与建立社会主义市场经济体制相适应的社会化、专业化、企业化、经营型的管理。它与传统的房地产管理的区别是管理体制不同、管理内容不同、所管房屋的产权结构不同、管理机制不同。这种管理的特点是业主自治自律与物业服务企业统一专业化管理相结合。物业管理的核心工作是对房地产资产进行日常维护与维修、向业主或非业主使用人提供服务，以保障其始终处于正常的运行状态，并保值增值。

九、房地产中介服务

房地产中介服务是指房地产咨询、房地产价格评估、房地产经纪等活动的总称。房地产咨询，是指有关机构为房地产活动的当事人提供房地产信息、技术、政策法规等方面服务的活动；房地产评估是指房地产专业估价人员，根据估价目的，遵循一定的原则，按照一定的程序，采用科学的方法，并结合估价经验与对影响房地产价格的因素的分析，对房地产的真实、客观、合理的价格所作出的估价、推测与判断；房地产经纪是指为委托人提供房地产信息和居间代理业务的活动，也就是有关机构为房地产交易双方牵线搭桥、提供信息、促成交易的活动。房地产中介机构对繁荣房地产市场、带动相关产业发展、促进房地产交易的专业化、规范化运作起到了积极的推动作用。

第四节 房地产经营环境

经营环境是经营者就拟经营的项目所面临的、直接或间接作用的各种条件和因素的总和，它历来是经营者最为关心的。房地产经营是一种特殊的经济活动，这种活动是在一个复杂的环境系统中进行的，各种环境条件的好坏直接影响到经营效果。房地产经营环境主要指的是房地产企业的外部环境，包括政治、社会、经济、科技、法律和自然环境等方面，这些环境因素会影响房地产企业经营战略目标和经营战略的选择。

一、房地产经营外部环境的构成

（一）政治环境

不同的国家有不同的政治环境。政治环境主要包括国家的政权性质、社会制度、国家的路线、方针、政策等。这些环境因素对房地产企业来说带有强制性和约束力，房地产企业自身的经营行为必须符合国家的路线、方针、政策的要求，这样才能生存和发展。

（二）社会环境

社会环境包括社会状况、社会文化、社会服务等环境条件。社会状况是指经营项目所在国的社会秩序和社会信誉。社会文化是指当地的语言、宗教、风俗、家庭、消费等。社会服务是指当地政府为经营者所提供的行政服务、金融服务、信息服务及生活服务等。这些环境条件对房地产经营的安全保障、经营效率与效益有很大的影响。

（三）经济环境

经济环境是影响经营决策的最重要、最直接的基本因素，可分为宏观经济环境和微观经济环境两部分，宏观经济环境是指国民经济环境，微观经济环境主要指经营项目所面临的各种具体经济条件。一般说来，在宏观经济大发展的情况下，市场扩大，需求增加，企业发展机会就多。反之，在宏观经济低速发展或停滞或倒退情况下，市场需求增长很小甚至不增加，这样企业发展机会就少。开展房地产经营活动要依据经济环境状况，合理组织。

（四）科技环境

科学技术环境主要包括科学技术的发展水平、新技术、新设备、新材料、新工艺的开发和利用，国家的科学技术政策、科学技术管理体制和科学技术人才等。它是房地产企业生存和发展的物质技术保障，直接关系到房地产企业生产技术的发展方向以及可利用的技术资源。

（五）法律环境

法律环境包括法律的完备性、稳定性及纠纷争议仲裁的公正性。法律环境在经营环境中占很重要的地位。无论是政治环境、社会环境，还是经济环境，大都可通过法律的形式表现出来。房地产经济的特殊性决定了房地产经营更需要受到法律的保护和制约。

（六）文化教育环境

文化教育环境主要包括人们的受教育程度和文化水平、教育机构的发展规模和水平等，它直接关系到人口素质的高低。对房地产企业来讲，企业职工的来源和构成、职工队伍的整体素质、人力资源的开发措施等都与文化教育环境有关。

（七）自然地理环境

自然地理环境包括地理位置、自然资源、气候、地质、水文等。任何一个房地产经营项目都是在一定的自然地理环境中进行的。由于自然地理条件是一种客观物质环境，它具有相对不变、长久稳定的特点，而房地产的经营也具有地理上的"固定性"与"不可逆性"的特点。因此，房地产经营必须十分慎重地研究自然地理环境，"因地制宜"或"因项目制宜"，使经营的项目与其自然地理环境条件达到很好的协调。

二、房地产经营外部环境的特征

（一）复杂性

房地产经营外部环境的因素是多方面的、复杂的。它既包括人的因素、物的因素，又包括政治经济、技术、文化、自然条件等多方面的因素。这些因素同时综合地对房地产经营活动发生影响和制约，因此在这种复杂的环境中，必须全面分析各方面的因素，才能做出正确的经营决策。

（二）交叉性

房地产经营的各种外部环境因素是相互依存和相互制约的。其中无论哪一个因素发生变化，都会直接或间接地引起其他因素的变化。例如，人口的变化会引起房地产市场需求的变化，而房地产市场需求的变化直接影响到房地产商品的生产销售以及原材物料的供应，进而会引起社会资源的分配以及经济环境等的变化。房地产企业要正确认识这种依存关系，并在此基础上分析这种依存关系，才能将经营活动搞好。

（三）变动性

房地产经营的各种外部环境因素是不断变化的。其中有的因素呈渐进性变化，比较缓慢，不容易被及时察觉和认识；有的因素呈突变性变化，会很快影响到房地产企业正常经营活动的开展以及房地产企业的生存和发展。因此，要搞好房地产经营活动，就要有预见性，及时研究并掌握外部环境变化的动态，迅速采取对策，并及时对房地产经营活动进行调整。

三、房地产企业与房地产经营外部环境的关系

房地产企业要实现其经营目标，就必须正确认识和处理好与外部环境的关系。概括起来说，房地产企业与房地产经营外部环境的关系表现为以下两个方面：

（一）房地产经营外部环境对房地产企业的作用

1. 具有决定性作用

房地产经营外部环境是房地产企业存在的前提，它直接决定房地产企业的生存和发展。例如，没有对房地产商品的消费需求和各种生产要素的供给，房地产企业就不可能生存，更谈不上发展。

2. 具有制约和影响作用

房地产经营外部环境作为外在条件对房地产企业的生存和发展起着制约、约束和影响作用。以法律环境为例，房地产企业的生产经营活动就必须面临大量的法律法规，这些法律法规衡量房地产企业的运行资格和在市场中运作的合法性等。由此可见，房地产经营外部环境对房地产企业具有制约和影响作用。

（二）房地产企业对房地产经营外部环境的适应

房地产企业对房地产经营外部环境的适应主要是指房地产企业对其外在各种环境因素的察觉和反应。具体表现为两种基本形态：一是消极、被动的适应；另一是积极、主动的适应。任何房地产企业要达到既定的经营目标，都必须采取积极的态度，积极主动地适应外部环境的变化，求得企业生存和发展的广阔空间。

第五节　房地产经营成功要素

在市场经济条件下，一些房地产企业能够经营成功，而另一些房地产企业则不行。是什么样的原因使房地产企业能够经营成功呢？

一、经营成功的房地产企业的外部支持

任何一个企业都不能脱离外部环境而独立地生存，房地产企业也不例外。房地产企业经营活动取得成功需要获得外部环境的支持。外部环境包含的因素很多，其中在市场经济条件下，市场环境和政府政策环境是非常重要的，在众多的外部环境因素中起主导作用。市场环境的好与坏决定着房地产企业向社会提供的商品或劳务的价值实现程度的快慢；政府政策环境为房地产企业预测未来的市场供需以及发展方向提供了重要依据。如果房地产企业把握住了房地产市场的运行规律和政府政策这两个主要的外部环境因素，其经营活动可以说基本上具备了成功所需要的正常环境支持，当然也不能忽视其他外部环境因素。

二、经营成功的房地产企业的内在动力因素

经营成功的房地产企业一般都非常重视下列因素：

（一）道德——经营成功的底线

这里所讲的道德指的是房地产企业的职业道德。在企业经营管理活动中，必然面对不同的利益相关者，这就不可避免地涉及道德问题。道德是指规定行为是非的惯例或原则。企业经营管理道德就是以企业行为为主体，以企业经营管理的道德理念为核心，在处理内外关系中的道德原则、道德规范和道德实践活动的总和。目前房地产市场竞争激烈，使得一些单纯以经济利益为导向的房地产企业唯利是图，在开展房地产企业经营活动中，出现了道德失衡现象。如：欺骗性的广告宣传、故意向消费者隐瞒真相、损害竞争对手的商业声誉、不遵守市场游戏规

则、商业贿赂、盲目追求利润而不顾员工的生存和工作环境等。这些道德失衡现象不利于房地产企业的可持续发展，长此下去它将直接影响房地产企业的决策心理和决策行为。优秀的房地产企业要树立以德治企、遵章守纪、诚实守信、以人为本的道德观和可持续发展的科学道德观，这是房地产企业应具备的首要素质。

（二）战略——指明经营方向

企业发展战略是指以企业的未来发展为基点，根据企业外部环境的变化和内部的资源条件，求得企业生存和长期发展而进行的总体性谋划，是企业的领航灯。企业的战略理念是贯穿企业整个组织、整个发展阶段的方向性、全局性的基本理念。企业的具体经营行为及管理活动的绩效往往与企业战略理念是否契合有着密切的关系，如果企业的发展方向、产品定位、市场营销决策、组织结构贯彻了战略理念的基本观点，那么企业就可以保持长远的生命力，在长期的市场竞争中生存和发展。尤其是在当前市场环境发生剧烈变化的时代，房地产企业塑造全新的战略管理理念就显得更为重要和迫切。

（三）品牌——企业市场形象

随着房地产市场日益发展变化、市场体系日渐成熟，房地产业正从粗放型竞争态势向品牌竞争战略转变，房地产市场已进入优胜劣汰、名牌制胜的发展阶段。品牌是一种无形资产。它的最大前提条件就是必须要有与品牌所依附的产品、服务、市场先导性和市场竞争力相关联，这种依附性需要丰富的内涵来支撑。在房地产经营过程中，房地产企业与消费者或用户之间存在着信息不对称的问题，且这种状况日益明显。这时，如果有良好的品牌就起到了缓解这种不对称影响效应的作用，即消费者在购买或消费相关房地产产品和服务之时，不需要耗费大量的成本搜寻相关信息，只需要依据房地产产品的品牌就可以做出相关的决策。反过来，房地产企业如果希望在竞争中生存下来，那么塑造自身的良好品牌就成了第一要务。一般情况下，市场经济的最终结果就是企业发展的品牌化，房地产企业当然也不例外。

（四）人才——企业的细胞、核心的资源

企业的发展是要靠一大批人才作为依托，同时为企业创造价值最终都是借助人来实现的，因而人才是任何企业中最为核心的资源。不难想象如果没有高质量的人才，再怎样向客户承诺交付高质量的商品或提供高质量的服务都不过是一句空话。房地产企业中人才建设问题是体现其综合实力的一个重要方面，尤其是在当前经营竞争激烈的情况下，房地产企业间各种形式的竞争归根到底必然表现为人才的竞争，因而企业人力资源的配置使用和人才实力的强弱则成为了房地产企业竞争成败的关键。在房地产企业中必须树立以才聚财、以才兴企的发展理念，把人才队伍建设作为企业发展总战略的重要一环。

（五）产品——企业的骨架

经营成功的企业特征是有健康稳定的产品或业务结构。对于专业化房地产企业来讲，健康稳定的产品或业务结构意味着现有产品或业务结构完整有效和在专业领域内具有新产品或业务研究开发能力。对于多元化房地产企业来讲，健康稳定的产品或业务结构意味着企业在主营业务、辅营业务、新业务三个方面取得和保持了一种合理比例，并具有提供连续性业务增长的多元动力。但是一个目前良好的产品或业务结构并非永远如此，它是一个不断变化调整的、动态的产品或业务结构，经营成功的房地产企业的能力在于适应市场的变化而不断更新产品或业务结构的组成要素以及比例。房地产企业如果没有一个好的产品或业务结构，就像人没有好的骨架进行支撑，最终不能正常生存。

（六）信息——重要的资源

在现代社会，信息是获得利润的源泉，谁掌握了信息，谁就有可能创造更多的精神和物质的财富。理论和实践都证明，信息是一种重要的资源，信息资源功能和效益的发挥，总是与信息使用者的需求和利用紧密联系的。学会采用科学有效的方法开发利用信息资源是信息社会中企业谋求良好的生存与发展机遇应当具备的基本素质和才能。在房地产经营中要重视信息、利用信息。房地产经营可以利用信息技术、网络技术，通过管理信息系统所提供的信息，为房地产经营服务，最终达到实现预期目标的目的。但是房地产企业每天面对大量的、杂乱无章的信息，这就要对信息资源进行筛选、加工、处理，才能够被利用。房地产企业要不断地发掘信息的经济功能，及时地将其转化为现实的信息资源，并努力开拓其在房地产经营中的用途。在利用信息资源时，要结合房地产经营运行状况及其存在的问题，制定出科学、合理的信息资源分配与使用方案，以使现实的信息资源充分发挥作用。

（七）预见性——防范和化解危机与风险的前提

危机与风险具有潜在性，这就为预见和防范危机与风险提供了可能。房地产经营过程中不可避免地会遇到这样那样的危机与风险，预防和化解房地产经营过程中的危机与风险首先要全面、细致、科学、严谨地安排各项工作，同时要抓住主要工作和薄弱工作环节，加大对各项工作的检查防控力度，以堵塞由于工作疏忽形成的漏洞，并通过具体有效的措施排解危机与风险隐患，以便在危机与风险预防工作中掌握主动。一个优秀的房地产企业要具有危机与风险意识并要建立一套危机与风险管理机制。危机与风险管理包括三个重要部分：一是在正常时期就要树立危机与风险意识，制定一套预警方案；二是密切监视内外环境的变化，注意发现可能造成危机与风险的因素；三是危机与风险出现时，不惊慌失措，不回避矛盾，反而更要信守承诺，争取拥有比竞争对手更强的抵抗力，把危机与风险的出现转化成提升品牌和打造常青企业的机遇。

（八）学习——应变的根本之道

房地产经营外部环境是不断变化的。在知识经济时代，房地产企业之间的较量是知识的较量，谁拥有更多的知识，谁就能在市场竞争中拥有更多的主宰权。当科学技术知识更新的规模和速度显现出一种空前的趋势时，便不存在任何终极的、绝对的、神圣的东西，唯一持久的优势是比竞争对手学得更多、更快。这就要求房地产企业不能再像过去那样被动地去适应环境，只有主动地学习才能适应迅速变化的环境。房地产企业要使自己成为学习型组织，通过系统思考、超越自我、改变心智模式、建立共同愿景和团队学习五项修炼技能，使房地产企业不断前进、不断发展。

复习思考题

1. 什么是房地产？其特征是什么？
2. 什么是房地产经营？其特点是什么？
3. 房地产经营的指导思想有哪些？
4. 房地产经营的原则有哪些？
5. 房地产经营的内容有哪些？
6. 房地产经营的外部环境和特征是什么？
7. 房地产经营成功的要素有哪些？

第二章
房地产投资分析与决策

随着中国经济的发展，居民消费结构的变化，不论是企业还是个人越来越热衷于房地产投资。房地产价格虽然会出现短期波动，有时候这种波动会表现得非常剧烈，例如 2007~2008 年的房地产价格的变化，但是总的趋势表现为上升，经济利益的驱动使得越来越多的投资者将目光投向房地产市场。房地产业作为国民经济的支柱产业，近年来得到迅猛的发展，随着我国市场经济体制的不断完善，在今后一个较长的时期内，房地产业将会作为一个重要的投资行业和国民经济的一个新的增长点。目前我国投资理财市场有待于进一步发展，而房地产商品具有的较高投资报酬率以及较强的保值、增值能力成为当今企业及个人重要的投资工具。

第一节 房地产投资概述

一、房地产投资的涵义和特征
(一) 房地产投资及其要素

房地产投资是指将一定的资金投入到房地产活动中，以期将来获得更大收益的投资行为。由于未来的报酬尚未发生，存在较大的不确定因素，房地产投资可能带来巨大的收益，同时也伴随着很大的风险，这是所有投资之共性。然而，房地产作为一种投资方式，与其他方式有相当大的差异。所以，投资者必须对房地产的投资特性加以详尽了解。为减少风险，增加收益，房地产投资必须注意以下三要素：

1. 时机

时机的掌握存在于房地产业开发经营的各个阶段。何时买入土地，何时购入物业，投资于开发的哪个阶段，这些都需要投资者具有多方面的知识并发挥个人的智慧，具有对信息的敏感性，包括政治信息、经济信息、人口增减、收入水平升降、消费心理变化，以及城镇规划等，只有这样才能把握实际，获取更高收益。

2. 地段

不同的地段适用于开发不同的房地产。如繁华闹市中的顾客集中、流量大，适宜建购物中心、商场之类的商业用房；气候宜人、环境优美的地区，适宜建造住宅或别墅。投资者应根据人口情况、教育水平、服务状况、交通情况、通信情况、生活设施等选定投资地段，确定投资项目。

3. 质量

有了良好的地段，把握好投资时机，并不一定能带来良好的投资效果。良好的投资效果必须通过优良的质量来实现。质量包括工程质量和管理质量。设计新颖、选用良好的材料、采用先进的施工技术实现优良工程，以及提高管理和服务质量，同样具有重要作用，这样才能产生良好的投资效益。

（二）房地产投资的特征

房地产投资不同于其他投资，具有其固有的特性：

1. 投资巨额性

房地产业是一个资金密集型行业，从购置土地到建造不动产，少则数十万元，多则数千万元，甚至数十亿，往往有很多投资者望而却步，即使采用分期投资、股份投资，也是远远不够的。因此，对任何一项房地产投资，都需要认真地分析，慎重地决策。

2. 投资回收期长

房地产投资要经过投资前期（投资机会研究、投资项目建议、投资项目可行性分析、投资项目评估与投资决策）、投资实施期（项目设计、项目控制、项目管理、项目交工验收）、项目的营销或经营期三个阶段，一般少则一两年，多则数年至十几年。房地产投资回收期一般需要几年甚至更长时间。投资者要承受长时间资金压力和市场风险，必须重视投资前期工作，尽可能避免风险损失。

3. 流动性差

房地产是一种非流动性资产，不同于其他投资工具可以灵活应变，其销售过程复杂，拥有者很难在短期内将房地产兑换成现金。如果急于变现，降低价格出售，有可能使投资者遭受巨大的经济损失。

4. 抵御通货膨胀影响能力强

由于房地产具有不可移动性和相对耐久性以及人们对房地产需求的日益增长，使房地产具有价值增值特点，而使其能抵御通货膨胀对资本价值的影响。

5. 受政策影响性大

政府为调控房地产市场出台了很多政策，如土地供给政策、住房改革政策、金融政策和财政税收政策等。而政策与时间的关系密切，随时不断修改完善，必然影响房地产投资。而房地产在很大程度上影响着国民经济的发展，也推进政策的不断修订。

6. 影响房地产投资的风险因素多

由于房地产具有不可移动性、商品之间的相关性以及房地产投资巨大、回收期长，使得来自各方面因素的变化都可能影响房地产投资。如世界局势、经济、法律法规、地理环境等因素，都可以给房地产造成政策风险、经济风险、自然环境风险等。

7. 金融作用强

巨额的投资，使房地产投资者在很大程度上依赖于金融部门的支持。房地产商品的消费，也有赖于金融部门的抵押贷款。因此，金融机构的参与，几乎成了房地产经济持续发展的关键。

8. 投资回报率高

高风险带来高收益，房地产投资回报率高的主要原因在于房地产投资额巨大和伴随着高风险。若项目成功，投资者可获取高额收益。若项目失败，则可能会亏本。因此，作为同一项目，其回报率的高与低都是可能发生的，这主要取决于投资的经济分析与风险分析的准确程度和投资者的决策水平。在房地产投资分析中，投资回报率的分析计算是一项主要内容，既需要进行投资回报率的计算并与其他投资回报率进行比较，又需要进行灵敏度分析来判断其变动特性。在房地产投资决策时，往往是投资回报率的高低决定了投资方案的取舍。

二、房地产投资的分类

房地产投资有多种分类方式，可从不同的角度对房地产投资进行分类。

（一）按投资方式划分

1. 房地产直接投资

房地产直接投资是指投资者将资金直接投入房地产开发或购买房地产的活动，并参与有关的投资管理。房地产直接投资又可分为房地产开发投资与房地产置业投资两种形式。

2. 房地产间接投资

房地产间接投资是指投资者将资金投入与房地产有关的证券市场的行为，投资者不直接参与房地产的经营管理活动，包括购买房地产企业的股票或债券、购买房地产抵押贷款证券以及房地产投资信托等形式。在我国常见的为购买房地产企业的股票或债券。为了降低融资成本，很多大型房地产企业需要通过资本市场进行直接融资，发行债券或通过公司上市解决开发所需资本金不足的问题。房地产股票或债券的购买者将能够分享房地产开发收益中的部分收益，成为间接的房地产投资者。但鉴于我国证券市场存在的不完善性，间接投资者面临着较大的投资风险。

（二）按经济内容划分

按房地产投资的经济内容可分为土地开发投资、房屋开发投资、房地产经营投资、房地产管理和服务投资等。

土地开发投资包括旧城区土地开发投资和新城区土地开发投资。房屋开发投资包括住宅房屋开发投资和非住宅房屋开发投资。房地产经营投资是指用于房屋出售、出租、信托、互换等经营活动的投资,包括出租房产支出、修缮工程支出、经营管理支出和经营业务支出等。房地产管理和服务投资是指用于房地产管理和维修、保养等服务的投资。

(三) 按物业类型划分

1. 住宅用房开发投资

住宅历来是房地产投资的主要对象。随着城市化及城镇化的进展和居民对改进居住条件的强烈愿望,在今后相当长一段时间内,住宅将始终成为房地产投资的首选对象。住宅投资成败的关键是市场定位是否准确、配套设施是否完善、价格定位是否合理、营销力度是否到位。

2. 写字楼开发投资

随着城市经济的发展,尤其是新兴城市,将会吸引大量新的企业来开设办事处或分公司,将需要大量办公场所,这就是写字楼成为一些城市房地产投资热点的关键。然而写字楼投资的风险较大,主要是因为它一般是租赁经营,租赁效益的高低不仅取决于楼宇自身的环境条件及结构、装修条件,还取决于物业管理水平和楼宇使用率的高低,另外,写字楼市场与宏观经济环境及区域经济环境关系密切,受经济景气循环状况影响较大。

3. 商场、酒店的开发投资

商场、酒楼和旅店的投资回报率较高,通常是房地产投资的热点,但由于这类物业无明确的租约保障、没有固定的消费对象,竞争往往激烈,投资风险很大。这类投资对象经营收益的高低不仅取决于自身的环境条件、经营方略,还取决于区域经济发展状况,商业、旅游及经济情况的波动将直接影响消费需求水平,进而影响其收益。

4. 工业厂房和仓储性物业开发投资

这类物业用地的决定因素可分为两大类:成本因素和非成本因素。对不同因素的偏重,不同的产业间有着极为显著的不同。值得强调的是,工业厂房和仓储性物业的投资风险是相当高的,因为该类物业的适应性很差,投资者必须花费很大的投资来调整其使用功能或用途。

5. 休闲性物业开发投资

休闲性物业是指那些具有娱乐、休闲性的房地产项目,如健身中心、游乐场、剧院、电影院、养老院、保健医院以及各种俱乐部性质的网球场、高尔夫球场等。

三、房地产投资的基本原则

房地产投资的原则是指房地产投资者在投资时应遵循的规范或标准。这些规范或标准是在以往投资实践的基础上归纳总结获得的,对房地产开发具有很好的指导性,但是由于房地产项目所处的条件环境不尽相同,在应用这些原则处理问题时要根据具体情况做出相应的调整。但总体而言，房地产投资的基本原则仍然具有普遍的适用性和指导性。

（一）注重投资时机

房地产投资时机的选择与国家宏观经济形势紧密相连，在经济高速发展时期，房地产作为先导产业就会有旺盛的需求，房地产价格上涨；在经济萧条时期，房地产会首先受到冲击，价格下跌。从理论上讲，最成功的房地产投资是在市场萧条时期以最低成本购入土地及完成建设，在经济复苏时期以最高价格出售。把握时机需要投资者具有多方面的知识以及作为职业房地产投资者的高度敏感性。在实际操作中，由于最佳时机常常稍纵即逝，因此，投资者必须时刻观察市场、研究市场，以便及时抓住并把握时机。

（二）注重市场

房地产投资的目的是为了获得高额回报，因此应将开发经营的房地产转卖出去为决定条件。房地产市场需求有近期和远期需求及主动和被动需求之分。

（三）注重策划

在进行一项房地产投资前，既需要抓住时机当机立断，又需要精心策划充分准备。房地产投资前的准备工作主要有：一是，充分了解房地产市场行情；二是，进行周详的实地考察；三是，充分研究地段区位，对投资地块的规划条件，周围环境、发展趋势等进行细致研究；四是，清晰了解产权关系，处理好各种可能发生的纠纷；五是，开发土地投资前要认真研究地块形状、承载力等问题；六是，开发房地产投资前要认真研究设计规定、施工队伍规定、商品预售规定等问题。这些准备工作应视实际项目有所侧重，以保证投资决策正确为标准。

（四）注重投资规模

房地产投资规模和投资回报率的关系是当投资规模由小逐渐增大时，投资回报率逐渐上升；当投资规模达到一定程度时，投资回报率保持不变；当投资规模进一步增大时，投资回报率逐渐下降，主要是由于随着投资规模的扩大，生产成本下降，所增加的回报率不足以抵偿由于管理费用的增加所引起的回报率的降低所致。因此，房地产投资规模的大小应根据投资者自身的实际情况通过认真分析与估算后确定。

（五）注重投资质量

投资质量指房地产投资对象的优劣程度。它不仅仅指建筑物的结实和安全程度，也包括建筑物的审美价值、建筑物的周围环境和建筑物的适用性及管理服务质量。

（六）注重信息

信息渠道的畅通与否往往是投资者的项目成功与否的重要因素。信息灵通的房地产投资者往往可以减少或避免风险，而获取较大收益；信息闭塞者，往往会遭受风险损失。例如：政治经济信息是政府的政策和变化趋势的反映，按政治经济信息投资，往往可以避免政治风险。又如，应密切注意与研究被公认为"领袖企业"万科的投资动向，这类企业往往信息灵、经验多、投资对象选择准确、投资的资金雄厚以及抗风险能力强，跟随这样的企业更能准确地把握投资方向，避免由于信息不通而导致方向性失误。

（七）注重收益风险的匹配

最理想的房地产投资项目是风险较小、收益较大的项目，但在投资实践中，却很难得一见。房地产投资的风险和收益是并存的，相互关系非常密切。正因为如此，房地产投资的一项基本原则就是风险和收益的比例关系合理。

（八）注重自身特色的发挥

房地产投资非常讲究创新，创新的房地产投资往往竞争能力强，吸引力大，所以该类房地产投资的回报往往很高。除了创新可以体现特色优势外，优质服务、良好地段、物美价廉、附加价值等也是发挥特色优势的常用手段。房地产投资时，最忌讳的是重复别人已进行过的投资；除此之外，还应注重投资自己熟悉的有开发经验的项目，这样做往往可节省开发成本，提高开发项目的质量，缩短开发周期。

（九）科学化、民主化原则

科学化是指房地产投资决策过程中必须尊重客观规律，按照一定的科学决策程序进行决策。民主化就是要求运用民主的原则，依靠群众的集体智慧，广泛集中经济的、技术的和管理的专家意见，集思广益，发挥他们的聪明才智，实行民主化决策。

第二节　房地产投资风险分析

一、房地产投资风险

（一）风险的内涵

1. 风险的概念

风险研究首先产生于西方发达国家，并在这些地区发展后逐步引入推广到发展中国家。风险是人们非常熟悉的概念，但要确切地给它下一个定义却不容易，不同的著作对其有不同的解释。风险的概念最早出现在1901年美国的A·M·威利特所著的博士论文《风险与保险的经济理论》一文中："风险是关于不愿意发生的不确定性的客观体现。"其后许多学者在此基础上对风险下了多种定义，如英国的史蒂芬·鲁比认为："在投资决策活动中，风险被认为是决策的实际结局可能偏离它所期望结局的程度。"美国的佩尔等人也在著作中提到："风险是投资者不能收到期望的或要求投资收益率的偶然性或可能性。"1983年日本学者武井勋在《风险理论》一书中，对风险的定义作了一个总结，归纳出风险定义应有的三个基本因素：一是，风险与不确定性有所差异；二是，风险是客观存在的；三是，风险可以被测算。我国不少学者认为：风险是实际结果与预期结果相背离从而产生损失的一种不确定性。

根据风险理论研究者的研究结论，人们现在普遍认为风险是人们对未来行为的决策及客观条件的不确定性而可能引起的后果与预定目标发生多种负偏离的综合。简单地说，风险就是某种不利事件或损失发生的概率及其后果的函数。

2. 风险的特征

风险的特征是风险本质及其发生规律的表现。正确地认识风险的特征，对于建立和完善风险机制，加强风险管理有着重要的意义。风险的特征可归纳为以下几点：

1）客观存在性。风险是不确定的，但却是客观存在的，它的存在和发生都是独立于人类意识之外的，是不以人的意识为转移的。人们应正视其存在，并采取积极的态度，认真地对待；

2）不确定性。任何一个具体风险事项发生的时间、地点以及具体表现形式，都是不确定的。风险是由于客观条件的不断变化产生不确定性所导致，即风险因素是各种不确定性因素的伴随物；

3）相对性。风险的存在是相对的，但它本身又是一个相对性的事物。一方面，风险存在的位置不固定，发生的时间不确定，对投资者影响程度的大小也不一定；另一方面，风险是可以通过一定的手段来进行控制、防范，从而人为的改变风险，选择风险种类、风险程度，在一定程度范围内尽量地降低风险；

4）可预测性。所谓可测性是指根据过去的统计资料来判断某种风险发生的频率与风险造成经济损失的程度，又叫可测量性、可预测性。风险因素虽不确定，但并不意味着风险是不可预知的，对于一种特定的投资，我们可以通过风险分析来弄清该投资面临着哪些风险，每一种风险的危害性有多大及其发生的概率是多少；

5）风险与收益的对称性。风险与收益被认为是正相关的。风险不只是灾难的象征，风险中也蕴藏着某种机遇。承担风险的结果可能会出现损失，也可能产生收益。正是由于这种结果的双重性导致了风险的诱惑效应和约束效应。

（二）房地产投资风险

1. 房地产投资风险的涵义

房地产业是一种先导性、基础性的第三产业，是一种比较敏感和活跃的产业。房地产投资风险在项目过程中无处不在，无时不有。房地产投资的投资金额大，回收周期长，由于受制于多方面因素的影响，以及由房地产项目自身特点所决定，房地产投资活动存在着相当多的不确定性因素，这些不确定因素可能会导致房地产开发活动的实际后果与预期收益的负偏离。在房地产投资活动中由于这些难以预测的因素的影响，导致房地产投资行为主体的期望目标与实际状况之间发生差异，给行为主体造成经济损失的可能性即为房地产投资风险。

2. 房地产投资风险因素细分

我国房地产市场起步较晚，但发展异常迅速，投资者在这样的市场状况下面临着巨大的投资风险。为了保证风险分析的质量，有必要对房地产投资过程中可能存在的各种风险因素进行科学的辨识与分析，使投资决策者能更好地把握风险的本质和变化规律，从而采取相应措施或对策来减少风险损失。房地产投资风险因素结构系统如图2-1所示。

(1) 自然风险。自然风险是由于自然因素的不确定性对房地产商品生产过程产生的影响,对房地产本身产生直接破坏,从而对房地产开发和经营者造成经济上的损失。一般包括火灾、风暴、地震、洪水等自然因素造成的影响。这类风险一旦发生,将产生非常严重的后果;

(2) 政治风险。政治风险是指由于政策的潜在变化给房地产市场中商品交换者带来各种不同形式的经济损失。政府的政策对房

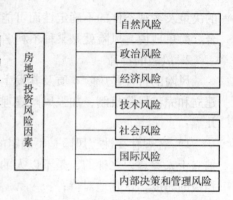

图2-1 房地产投资风险因素结构系统

地产业的影响是全局的,因而,由于政策的变化而带来的风险将对房地产业产生重要影响。特别是在市场环境还未完善的情况下,政治风险对房地产市场的影响尤为重要。

政治风险因素又可分为两大类:政治环境风险因素和政策风险因素。

① 政治环境风险因素。政治环境风险主要是指在一个国家和地区发生政治冲突、战争、社会动荡和工人罢工等社会性的政治事件而对整个市场经济带来的损失,当然对房地产市场也会带来严重的损失。具体分类如图2-2所示。

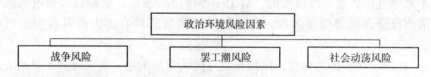

图2-2 政治环境风险因素分类图

② 政策风险因素。在我国政策风险因素如图2-3所示。

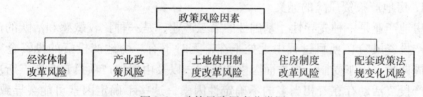

图2-3 政策风险因素分类图

(3) 经济风险。经济风险因素主要是指一系列与经济环境和经济发展有关的不确定因素,他们的出现会对房地产市场产生影响。这类风险因素可以分为以下几类,具体如图2-4所示:

① 市场供求风险。任何市场的供给与需求都是动态的和不确定的。而在房地产市场中,这种动态性和不确定性较其他市场有过之而无不及,因为房地产商品的价格受市场供求关系影响很大。比如当供给短缺或是需求不足时,都将令房地产市场中的主体,即买方或卖方中的一方受到损失。这种由于供给与需求之间的

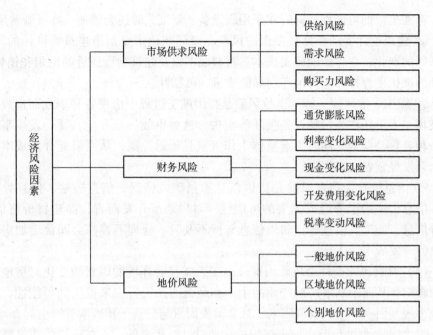

图 2-4 经济风险因素分类图

不平衡而导致房地产经营者的损失，就是供给风险。这是整个房地产市场中最重要、最直接的风险之一。

房地产市场供求风险又可以分为：供给风险、需求风险和购买力风险等。

由于房地产商品具有昂贵的价格，一般消费者很难有足够的储蓄一次性付清房价。绝大多数购买者通过银行按揭贷款而购买住房。消费者每月支付房款的能力存在一定的不稳定性，因为其收入受其工作情况的影响。如果其突然失去工作，他的付款能力突然降低，严重时他可能做出违约的行为。

② 财务风险。财务风险是经济风险中的一大类，它主要是由于各种财务因素变化而给房地产商品经营者带来的损失。财务风险分为：通货膨胀风险、利率变化风险、资金变化风险、开发费用变化风险和税率变动风险。

③ 地价风险。地价是房地产开发成本的重要组成部分，影响地价的因素很多，包括：一般地价风险因素、区域地价风险因素和个别地价风险因素。

（4）技术风险。房地产技术风险是由于科学技术的进步、技术结构及其相关变量的变动对房地产开发商和经营者带来的损失。比如，科技进步可能对房地产商品的实用性形成威胁，迫使开发商追加投资进行房地产的翻修与改造。造成技术风险的变量有很多，具体有以下几种：

① 建筑材料改变和更新的风险。装修潮流的变化或其他原因会导致建筑材料的更新和改变，建筑材料的更新与改变一方面迫使施工工艺随之改变，还有可能影响原有设计，进一步增加建设成本；另一方面，材料更新可能导致材料价格上涨而追加成本，最后转移到消费者身上。

② 建筑施工技术工艺革新的风险。采用新的施工技术或工艺，其可靠性就不

大,存在失败的可能性,同时在采用新设备、新工艺时还会增加一些试验费用。

③ 建筑设计变动和计算失误的风险。设计变化主要是指建筑物设计的风格、流派等的变化,它将影响施工成本、材料成本以及建筑物形成后的出租和销售量。设计的准确度直接影响房地产商品的质量和可靠性。

④ 施工事故风险。施工事故风险是指因施工过程中出现各种事故而造成房地产破坏、人员伤亡、机械设备损坏等损失,这类事故一旦发生,便会发生事故处理费和各种补偿费,同时影响整体工作气氛且延迟工期,从而引起开发成本的增加给开发经营者造成损失。

⑤ 信息风险。信息风险是指因信息不精确或错误、信息短缺、信息处理缓慢、信息传递错误等造成损失的可能性。对房地产开发而言,如建材价格信息、地价信息、施工队信息等,如果信息掌握不及时、管理不善都会间接增加房地产商品的开发成本。

(5) 社会风险。社会风险因素是出于人文社会环境的因素的变化对房地产市场的影响,从而给从事房地产商品生产和经营的投资者带来损失的可能性。主要由城市规划因素、区域发展因素、社会治安因素与公众干预因素等所引起。

① 城市规划的风险。城市规划的变动对已经建成的、正在建设的或将要建设的房地产价值量会产生影响。其负面影响是给房地产商品的经营者带来经济上的损失。容积率、建筑覆盖率的变化以及投资建设的物业必须与土地规划用途一致等都会带来规划面积、建设成本的变化而影响开发收益;

② 区域发展风险。区域发展风险是由房地产商品周围环境的变化而影响其他房地产商品价值和价格并为投资者带来损失的风险。主要表现在两方面:一是近郊地区发展风险,相邻区域的社会经济及各类设施的变化,如开通地铁、增设商业服务设施等都会使该地区房地产价格有所上升。二是类似地区发展风险,与本地区相类似的其他区域的繁荣与发展可能形成区域经济规模协同发展、优劣互补、共同繁荣;也可能分散购买力,使项目竞争力下降;

③ 公众干预风险。由于房地产兴建过程中,由于拆迁、扰民等因素使居民的利益受到影响而引起公众自觉的有组织地进行干预,使工程无法进展下去,从而给房地产开发商带来各种形式的损失;

④ 治安风险。房地产商品周边区域的治安状况,间接的影响周边房地产的销售价格。人们对居住、购物、消遣都希望找一个治安良好的地区,如果建筑物所在地区的治安状况不佳,则会使光顾的顾客大为减少,从而影响到该地区的房地产价格。

(6) 国际风险。国际风险将对一个社会的所有经济活动产生巨大影响,主要是指因国际经济环境的变化导致对地区性的经济活动的影响。主要有以下内容:

① 国家风险。在国际房地产投资中,由于一个国家的国际地位和主权行为的脆弱和不确定性而可能给投资者带来损失的风险,称为国家风险。这种风险的发生,个人或企业无法以自己的力量进行控制。国家风险的主要因素有负债率、战争、国内局势、人均收入、国民素质等;

②国际政治风险。国际政治风险是指因国际政治环境的变化影响了国际房地产投资活动,造成国际房地产商品的直接损失或对其开发过程的干扰;

③国际投资环境风险。国际投资环境风险是由于投资者对别国的环境不熟悉或认识不全面,从而导致投资损失的风险;

④货币汇率变化风险。国家之间货币兑换率的变化可能使国际投资者蒙受损失。汇率变化风险是一种高概率的风险,出现机会比较大。通常汇率风险主要表现在三个方面:外汇买卖风险、外汇交易风险和会计结算风险;

⑤国际货币利率变化风险。国际货币利率变化风险是指在一定时期内由于国际货币的利率变化而导致国际投资者的资产价值发生变化。主要发生在资本的筹集和运用过程中;

⑥国际经营风险。国际经营风险是指因国际经营环境和条件变化对国际房地产市场的投资经营者造成影响或损失。比如投资国发生严重的通货膨胀、经营环境日益恶化使成本急剧上升、产品竞争力下降而造成经济利益的损失。

(7) 内部决策和管理风险。内部决策和管理风险是指由于开发商决策失误或经营管理不善导致预期的收入水平不能够实现,包括投资方式、投资地点、类型选择风险和人、财、物、组织管理风险等。

①投资地点选择风险。投资地点选择的好坏,对房地产投资的成功与否有着极为重要的关系。投资地点的选择可以从宏观角度、微观角度来选择,宏观指选择哪个国家、或该国的哪个地区进行房地产投资,微观角度就是对一个城市或地区的合适地段的选择;

②投资方式选择风险。我国房地产开发投资的形式主要有合作开发和独立开发两种。合作开发是在互惠互利的原则下,合作双方共同承担风险,具有降低一方单独投资的直接投资额,分散风险、盈利分成的特点。这种投资方式虽然可以降低投资风险,但在市场条件较差的情况下,合作双方都要承担损失一部分利润的风险。独立开发比合作开发投资风险更大,但可以单独享受盈利;

③投资类型选择风险。房地产投资的种类很多,有土地开发、住宅(含公寓、别墅等)、商业设施(包括商场、旅馆、宾馆等)、工业设施(厂房、仓库等)、写字楼、文化娱乐设施(影剧院、体育场等)。房地产开发就如生产产品一样,只有生产出适合市场需求的产品,才能有销路。而房地产开发一旦进行,很难再作调整或更改。因此,对于投资者就存在着如何选择合适的投资类型,或者如何进行各种房地产投资类型合理组合问题。

二、房地产投资风险的分析

为了科学有效的防范房地产风险,必须首先正确认识和分析房地产投资风险。房地产投资风险分析是房地产投资者在处理风险问题时必须做的第一步工作,也是一项基础性工作。如果对房地产投资中的风险做出错误的分析,或者将重大的风险漏掉,那么,无论在处理风险的后几个环节中做出多大的努力,都将不可避免的导致风险管理的失败。

(一) 风险分析涵义

由于每个投资项目本身就是个复杂的系统,因而影响它的风险因素很多,影响关系错综复杂,有直接的、有间接的、有明显的、有隐含的、或是难以预料的,而且各种风险因素所引起的后果的严重程度也不相同。当进行项目决策时,完全不考虑这些风险因素或是忽略了其中的主要因素,都将会导致决策的失误。但如果对每个风险因素都加以考虑的话,则又会使问题极其复杂,这也是不恰当的。风险分析就是从系统的观点出发,纵观房地产项目所涉及的关键环节和项目建设的发展过程,将引起风险的极其复杂的事件分解成较简单的、容易被认识的基本单元,从错综复杂的关系中找出因素间的本质联系,在众多的影响中抓住主要因素,而且具体分析它们引起结果的严重程度。

风险分析过程通常由风险分析人员与房地产的规划、设计人员及有关专家一同进行。主要方法是通过调查、分解、讨论等提出所有可能存在的风险因素,并且分析和删除那些影响微弱、作用不大的因素,然后研究主要因素间的关系。

(二) 房地产投资风险分析方法

房地产投资风险分析,是在各种风险发生过程中,对风险的类型及风险生成的原因进行判断分析,以便实现对投资风险的计量和处理。进行房地产投资风险的分析就是要完成以下两项任务:一是正确判断房地产投资中存在着什么风险,即投资的房地产项目面临哪些风险;二是找出引起这些风险的原因,即是什么原因造成了这些风险的存在。只有这样,才能在风险管理阶段有的放矢采取切实有效的防范手段。

房地产投资过程中引起风险的因素众多,其后果严重程度各异。完全不考虑这些风险因素或忽略了主要因素,风险分析就失去意义。但把每个风险因素包罗万象的加以考虑,则会导致问题的复杂化,是不现实的也是不恰当的。风险辨识的目的就是要合理缩小风险因素的不确定性,寻找影响风险的主要因素,为投资决策者提供最恰当的风险对策。

传统的风险分析方法同样是从分析损失入手的,主要有风险问题问询法、财务报表法、环境分析法、现场观察法等,我们认为目前流行的风险分析方法都是基于传统风险分析方法,在"吸收精华,去其糟粕"原则上发展起来的,主要有:头脑风暴法、德尔斐法、幕景分析法、筛选——监测——诊断技术、故障树分析法等。

1. 头脑风暴法

头脑风暴法的组织形式是小组会议,这种方法的实质是通过相互讨论,产生思维共振,在相互智慧的补充和修正中,不断激发与会成员的灵感和思想,激发人们的创见性,以获得有价值的具有新意的观点、思想和创意。

组织头脑风暴会议,一般应注意遵守以下原则:①与会成员的选择与分析的决策问题的性质要一致,同时又要注意选择不同特点的专家参加。例如成员中既要有方法论学者、又要有擅长理论分析的专家,还要包括有丰富实践经验的专家;②参加小组讨论的专家最好是互不相识,讨论会上不公布专家所在的单位、年龄、职称和职务，让每一位与会成员感觉到人人都是平等的。便于人们在讨论时不会因某些已知的信息影响自己观点思想的表达；③要创造自由的、无拘无束的会议环境。会议主持人应说明会议的召开方式及特点，使与会成员没有任何顾虑，做到畅所欲言，最大限度地激发思维，使与会成员真正产生思维共振、交融与相互启迪；④鼓励与会成员对已经提出的想法进行修正和完善，为他们提供优先发言的机会；⑤主持人还应在适当的时候作诱导性发言，尽量启发专家的思维、引导与会成员开展讨论和提出质疑。

2. 德尔菲法

德尔菲法又名专家意见法，是依据系统的程序，采用匿名发表意见的方式，即团队成员之间不得互相讨论，不发生横向联系，只能与调查人员发生关系，以反复地填写问卷，以集结问卷填写人的共识及搜集各方意见，可用来构造团队沟通流程，应对复杂任务难题的管理技术。德尔菲法（Delphi Method）是在20世纪40年代由O·赫尔姆和N·达尔克首创，经过T·J·戈尔登和兰德公司进一步发展而成的。德尔菲这一名称起源于古希腊有关太阳神阿波罗的神话。传说中阿波罗具有预见未来的能力。因此，这种预测方法被命名为德尔菲法。1946年，兰德公司首次用这种方法进行预测，后来该方法被迅速广泛采用。

（1）德尔菲法的具体实施步骤：

① 组成专家小组。按照课题所需要的知识范围，确定专家。专家人数的多少，可根据预测问题的大小和涉及面的宽窄而定，一般不超过20人；

② 向所有专家提出所要预测的问题及有关要求，并附上有关这个问题的所有背景材料，同时请专家提出还需要什么材料；

③ 各个专家根据他们所收到的材料，提出自己的预测意见，并说明自己是怎样利用这些材料提出预测值的；

④ 将各位专家第一轮判断意见汇总，列成图表，进行对比，再分发给各位专家，让专家比较自己同他人的不同意见，并修改自己的意见和判断。也可以把各位专家的意见加以整理，或请身份更高的其他专家加以评论，然后把这些意见再分送给各位专家，以便他们参考后修改自己的意见；

⑤ 将所有专家的修改意见收集起来、汇总，再次分发给各位专家，以便做第二轮修改。在向专家进行意见反馈的时候，只给出各种意见，并不说明发表各种意见的专家的具体姓名。收集意见和信息反馈的过程重复进行，一般要经过三至四轮，直到每一位专家的意见逐渐趋于一致或不再改变自己的意见为止。逐轮收集意见并为专家反馈信息是德尔菲法的主要环节；

⑥ 对专家的意见进行综合处理。在此基础上，可以得到关于分析预测问题的最终结论。

（2）应用德尔菲法需要注意的问题：

① 并不是所有被预测的事件都要经过四轮意见收集和信息反馈。有的被预测事件在第二轮或第三轮时专家的意见就逐渐趋于一致或不再改变自己的意见。

② 如果在第四轮收集意见和信息反馈结束后，专家对各事件的预测还不能达

到意见逐渐趋于一致或不再改变自己的意见,可以采用中位数和上下四分点来做出结论。

3. 幕景分析法

幕景分析法是一种能在风险分析中帮助辨识引起风险的关键因素及其影响程度的方法。应用幕景分析,是在计算机上实现各种状态变化条件下的模拟分析。当某种因素发生不同的变化,它对整个决策问题会产生什么影响?影响程度如何?有哪些严重后果?像电影上的镜头一样可以一幕一幕地展现出来,供分析人员进行比较研究。幕景分析的结果一般可分为两类:一类是对未来某种状态的描述;另一类是描述目标问题的发展过程,预测未来一段时期内目标问题的变化链和演变轨迹。

在风险决策分析中,幕景分析可以发挥如下作用:①把采取的决策措施和政策看作单个影响因素,能揭示这些因素对决策系统发生的影响及可能发生的风险或不利后果,提醒决策者进一步修正和完善即将推出的决策措施;②发现决策系统中某些关键性因素对目标问题的重大影响;③提供关于对决策系统或目标问题发展变化过程中需重点关注和监测的风险范围和主要参数。如果这些参数超出了一定范围,就能自动为决策者提供预留信息,具有动态模拟和情景分析的功能,能使各种因素在不同状态条件下对决策系统的影响及后果动态显现出来,以利于决策者及时根据变化的情况,进行决策调整或修正,尽可能减少因客观条件发生变化而发生的风险损失。

当各种目标相互冲突排斥时,幕景分析就显得特别有用。它可以被看做是扩展决策者的视野,增强他们确切分析预测能力的一种思维程序。幕景分析特别适用于以下几种情况:第一,提醒决策者注意措施或政策可能引起的风险及后果;第二,建议需要监视的风险范围;第三,研究某些关键性因素对未来过程的影响;第四,当存在各种相互矛盾的结果时,应用幕景分析可以在几个幕景中进行选择。

4. 筛选—监测—诊断技术

筛选是依据某种程序将具有潜在危险的影响因素进行分类、选择的风险分析过程;监测是对于某种险情及其后果,进行监测、记录和分析显示的过程;而诊断则是根据症状或其后果与可能的起因等关系进行评价和判断,找出可疑的起因并进行仔细检查。筛选、监测和诊断是紧密相连的。由于客观事物的复杂性和可变性,往往一次筛选—监测—诊断过程不能彻底解决问题,在诊断之后还有可能会产生新的风险因素,因此需重复进行这一过程。上述每种过程都使用着相似元素,即疑因估计、仔细检查和征兆鉴别,但其顺序不同:即筛选:仔细检查—征兆鉴别—疑因估计;监测:疑因估计—仔细检查—征兆鉴别;诊断:征兆鉴别—疑因估计—仔细检查。

5. 故障树分析法

故障树分析法也叫风险树法,也叫鱼刺图法,是分析问题原因时广泛使用的一种方法,其原理是将复杂的事物分解成较简单的、容易被认识的事物。具体做法是利用图解的形式将大的故障分解成各种小的故障,或对各种引起故障的原因进行分解、细化。该法可以将企业面临的主要风险分解成许多细小的风险，将产生风险的原因一层又一层地分析，排除无关的因素，从而准确地找到对企业真正产生影响的风险因子。

6. 盈亏平衡分析

盈亏平衡分析又称量本利分析，可用于研究项目投产后产量、成本、销售收入的变化对项目盈亏的影响。此法的关键是求出盈亏平衡点（BEP），然后用该点分析项目承受经营风险的能力。

盈亏平衡分析模型，按成本、销售收入与产量之间是否成正比例关系，可分为线性、非线性盈亏平衡分析模型，其中以线性模型应用较为普遍。

盈亏平衡分析，主要是根据房地产开发经营成本、产（销）量（建筑面积）、售价和利润之间的函数关系，进行预测、分析房地产开发项目盈利能力和考察项目承受能力的一种技术方法。但应用这一方法只能对项目的风险做出定性分析，而无法定量测度其风险的大小，即对项目的风险只能进行程度上的描述，这是盈亏平衡分析在技术上的局限性。

7. 敏感性分析

敏感性分析又称灵敏度分析，是分析和预测由于客观原因（如政治形势、通货膨胀、市场需求等）的影响，使项目的主要变量因素（如投资、生产成本、销售价格、产量等）发生变化，导致项目经济效果主要评价指标（如净现值、内部收益率、投资回收期等）发生变动。敏感性分析作为一种测试工具，可以帮助我们确定影响项目经济效益的敏感因素，并计算出它对经济指标的影响程度，使投资者在房地产开发经营过程中，有目的地控制那些最为敏感的风险因素，以便及早采取对策，增强项目的抗风险能力。

常规投资项目的经济评价是以其净现值（NPV）和内部收益率（IRR）作为主要指标，对于房地产项目经济评价的结果，从利润最大化的角度分析，方案的NPV 或者 IRR 是越大越好。

敏感性分析是房地产投资风险分析的常用方法，但具有一定的局限性，主要有三点：首先，敏感性分析需要的数据多，计算上工作量大；其次，敏感性分析对项目的风险因素只能做程度上的评价，而不能对其做大小测定；再次，敏感性分析所涉及的因素变化范围实际上是按照分析人员的主观意志所确定的，因而在分析中具有一定的主观性和猜测性，在这一点上，它存在着明显的弱点。

8. 概率分析法

在房地产投资风险分析中，概率分析法是另一个主要的评价手段。它根据不确定性因素在一定范围内的随机变动，分析确定这种变动的概率分布和它们的期望值以及标准差，进而为投资者决策提供可靠的依据。当各种方案的收益期望值相同时，方案的标准差越小，风险越小，反之，风险越大。

利用标准差或者变异系数评价投资项目风险时，首先应当确定项目的经济评价指标（如净现值）的概率分布。常见的概率分布形式有直方图分布、均匀分布、三角分布和正态分布等。

实践经验表明,头脑风暴法可以排除折中方案,对所讨论问题通过客观、连续的分析,找到一组切实可行的方案,因而头脑风暴法在军事决策和民用决策中得到了较广泛的应用。德尔菲法能发挥头脑风暴法的优点,即能充分发挥各位专家的作用,集思广益,准确性高;也能把各位专家意见的分歧点表达出来,取各家之长,避各家之短;同时,德尔菲法又能避免头脑风暴法的缺点,即权威人士的意见影响他人的意见;有些专家碍于情面,不愿意发表与其他人不同的意见;出于自尊心而不愿意修改自己原来不全面的意见等。德尔菲法的主要缺点是过程比较复杂,花费时间较长。筛选—监测—诊断技术主要用于有一种或者几种随机变量因素的情况。当项目有若干个变动因素,每个因素又有多种甚至无限多种取值时,就需要采用蒙特卡洛法进行分析。故障树分析法体现了以系统工程方法研究安全问题的系统性、准确性和预测性,它是安全系统工程的主要分析方法之一,一般来讲,安全系统工程的发展也是以故障树分析为主要标志的。盈亏平衡分析一般只用于财务评价。敏感性分析和概率分析可同时用于财务评价和国民经济评价,在实际工作中有可能出现下面的情形,敏感性分析找出的某个敏感性因素在未来发生不利变动的可能性很小,引起的项目风险也不大,而另一种因素在敏感性分析时表现不太敏感,但其在未来发生不利变动的可能性却很大,进而会引起较大的项目风险,因此为了弥补敏感性分析的不足,在进行项目评估和决策时,尚需进一步做概率分析。

在我国的房地产实践中主要采用的方法有:头脑风暴法、盈亏平衡分析、敏感性分析和概率分析等。

三、房地产投资风险防范与处理方法

房地产投资风险一般经历三个阶段,一是潜伏阶段;二是发生阶段;三是造成后果阶段,房地产投资风险防范与处理就是通过制定和实施各种风险防范与处理措施,在风险潜伏阶段,正确预见和及时发现风险苗头,消除各种隐患,以阻止风险损失的发生;在风险发生阶段,积极实施抢救与补救措施,将由风险导致的损失减少到最低限度;当风险损失发生后,即在造成后果阶段,迅速对风险损失进行充分有效的经济补偿,在尽可能短的时间内,排除直接损失对开发项目正常进行的干扰,同时减少间接损失。

房地产投资风险防范与处理主要通过风险控制、风险非保险转移、风险保险转移、风险分散和风险自担五种方法来实现,这些方法往往不是单一使用,而是经常通过合理组合来达到以最小成本获得最大安全保障的目的。

(一) 房地产投资风险控制

房地产投资风险控制是指房地产开发商在房地产投资风险事件发生前、发生时及发生后,在风险识别与衡量的基础上,及时预测和发现可能存在的风险,采取相应的风险控制措施,化解、调节、控制风险因素,以回避、消除和降低风险事件发生的概率以及风险损失的程度,从而最终实现降低房地产投资者的预期收益损失。根据房地产投资中风险事件孕育发展的不同时期和房地产投资风险控制

的侧重点不同，具体又分为风险回避、风险预防和风险抑制。

1. 房地产投资风险回避

房地产投资风险回避是指房地产开发商通过对房地产投资风险的识别和衡量，发现某项房地产投资活动可能带来风险损失时，事先就避开风险源或改变行为方式，主动放弃或拒绝实施这些可能导致风险损失的投资活动，以消除风险隐患。就风险的一般意义而言，风险回避是处理房地产投资风险最强有力、最彻底的手段，是一种完全自足型的风险管理技术，即：有效的回避措施可以在房地产投资风险事件发生之前完全消除其给开发商造成某种损失的可能。

（1）风险回避虽然能有效地消除风险源，避免可能发生的潜在损失或不确定性，但其在房地产实际开发运作中的应用也具有很大的局限性：

① 风险回避只有在开发商对风险事件的存在与发生、对损失的严重性完全确定时才具有意义，而一般开发商不可能对房地产投资中所有的风险都能进行准确识别和衡量。

② 由于风险回避措施通常与放弃某项开发活动相联系，这虽然使开发商遭受损失的可能性降为零，但同时也使其失去获得相关收益的可能性。

③ 某种房地产投资风险的风险回避不可能实现，或采用风险回避措施在经济上不合理。房地产投资中潜在的各种经济风险、社会风险和自然风险，如社会经济发展的周期性、气候异常等都是难以回避的。

④ 房地产投资风险无处不在，有时避开某一种风险却又可能导致另外产生一种或几种新的风险，不同的开发方案还具有不同的风险，避不胜避。

虽然房地产投资风险回避具有上述种种局限性，从某种意义上讲是一种消极的房地产投资风险管理措施，不宜大量采用，但其在以下两种情况仍然不失为一种处置房地产投资风险的恰当方式，可使开发商受损的可能性为零：第一，某种特定房地产投资风险发生的概率和所导致的损失程度十分大，且不能被转移或分散；第二，应用其他风险处理方法不能处理或成本超过其产生的效益。

（2）在实际的房地产投资活动中，开发商常用的风险回避措施有：

① 放弃或终止某项可能引起风险损失的房地产开发活动。在房地产投资决策阶段，开发商常常通过可行性研究来进行房地产投资风险的识别和衡量，放弃在风险较大的某个时间或某一个开发位置，或以某种物业类型和投资方式乃至整个开发方案进行的房地产开发活动。

② 改变房地产投资开发活动的性质、地点或工作方法。在投资决策阶段，开发商通过可行性研究发觉在某地块进行商业楼宇开发风险较大，而进行住宅开发市场前景乐观且收益有保障，此时开发商通过改变开发性质从而回避开发商业楼宇的风险。在前期、建设、租售和物业管理阶段，开发商可以通过拒绝采用某种建筑方案、结构类型或施工方法以及通过对融资方式、招标发包方式、合同类型、营销渠道和方式以及物业公司的选择，达到回避其中风险的目的。

2. 房地产投资风险预防

房地产投资风险预防是指房地产开发商在房地产投资风险损失发生前采取某

些具体措施以消除或减少可能引致风险损失的各项风险因素,实现降低风险损失发生的概率,同时也能达到减少风险损失程度的作用。风险预防措施可以是一种行动或一套安全设备装置,开发商在深入研究风险损失是怎样发生的基础上,在风险损失发生前将引发事故的风险因素或环境进行隔离,即切断风险事故链,从而预防风险损失的发生。

(1) 在投资决策阶段,开发商预防风险的首要任务是建立一支高水平、多学科的开发队伍,把握国际、国内和地区当前和今后的政治、经济形势,经济政策、产业政策和发展规划以及拟开发地区的基本情况,诸如工商业状况、人口结构与密度、居住条件、基础设施现状、建设规划、交通和污染情况等,了解和掌握该地区商业服业、住宅、工业分布情况及未来发展趋势等,理性研究该类物业的市场供求状况并进行科学的项目可行性研究,合理评价和选择开发投资方案;其次,要树立全员正确的风险态度,加强风险资料搜集、整理和比较,强化对房地产投资风险管理理论的研究和学习,高度重视企业风险管理;最后,要建立风险管理制度,制定科学的考核标准和奖罚措施,并在实际中严格执行,建立健全风险管理机构,编制并推行风险管理计划。

(2) 在开发前期阶段,开发商应主动与地方政府、各专业管理部门、金融机构、原土地、地上建筑物所有者搞好关系,密切双方联系,征得其理解和支持;了解地块的自然属性、使用属性及地下埋藏物情况,以适当的方式在适当的时机购买土地;及时同有关部门沟通,获取对地块使用意图的确认,妥善处理征地、拆迁和补偿问题;委托水平高、信誉好的勘察、设计单位进行勘察、设计,并就初步设计方案与政府有关管理部门进行沟通,认可后方才进行详细设计,同时严格控制设计进度及设计质量;根据资金需求量、使用时间和融资成本确定最佳融资方案;及时落实建设条件并根据开发商自身招标能力、管理能力、工程特点、工程规模等选择适当的招标、发包方式,严格承包商和分包商的资格审查,并选择合适的合同形式签订工程承包合同。

(3) 在工程建设阶段,开发商应明确工程开竣工日期,确定质量标准和进度、质量、安全要求,严格审查承包商和分包商的施工组织设计、技术方案,特别是新材料、新技术和新工艺的应用,以及承包商和分包商的进度、质量、安全保证体系并督促其落实;进行设计交底,严格控制设计变更,做好现场施工日志并注意资料收集和保存,按时支付工程预付款、进度款,确保按施工总进度计划和年、季、月进度计划进行施工,妥善、及时处理施工索赔与反索赔;坚持以人为控制中心,从人、材料、机械设备、方法和环境五个方面严格进行质量、安全控制,建立健全质量、安全负责制;严格按照概预算控制建筑成本;加强工程监理,定期视察现场,定期、及时召开现场例会以及临时协调会等。

(4) 在房地产租售阶段,开发商应充分了解市场需求,包括供求状况、消费者购买力和消费偏好、房地产市场竞争程度、竞争规模及竞争方式、房地产市场的性质、结构及发育程度等,并结合所推出物业的特点制定营销策略,进行房地产市场合理定位,确定房地产的租售价格,同时在考虑成本及投资收益目标的前提下选择适当的租售渠道及营销方式，通过广告、宣传推广、人员推销及促销措施，明确房地产租售指标，制定营销奖罚制度，加强营销人员的业务培训；在租售后应选择那些管理水平高、经验丰富、服务周到和信誉良好的物业服务企业，建立健全物业管理制度、收费体系及收费措施，加强物业服务人员上岗培训；配备消防器材，及时对建筑物及附属设备进行定期检查维修并消除火灾、事故隐患等。

3. 房地产投资风险抑制

房地产投资风险抑制是指在房地产投资风险损失发生前、发生时或发生后，房地产开发商通过采取相应措施以减少风险损失发生范围或减轻损失程度。房地产投资风险抑制措施大体分为两类：一是事前措施，即在房地产投资损失发生前为减少损失程度所采取的系列措施，宗旨是使某项房地产投资风险发生时产生的损失最小化。在损失发生前所采取的风险抑制措施，会减少损失发生的可能性，起到风险预防作用；一是事后措施，即在某项房地产投资损失发生时或发生后为减少损失程度所采取的一系列措施，目的是阻止损失范围的扩大、减轻损失程度，并进行有效的恢复，防止开发工作中断。

在房地产投资实践中，开发商可采用系列风险抑制措施将开发过程中的风险降到最低程度。

（1）针对开发中存在的风险，制定详尽而周密的风险管理计划，制定费用、进度和技术后备措施，建立有效的风险管理系统；

（2）进行设计和施工招投标，选择信誉良好、设计水平高的设计单位和报价合理、工期短的承包企业；

（3）充分考虑市场消费特点，建筑平面布局尽可能灵活，户型多样化，高中低档次齐全，适应各种消费需求；

（4）及时提供开工条件并按时支付工程预付款、进度款，按时并尽可能提前完成开发项目；

（5）通过多种合同形式，固定风险变量，减轻风险损失。例如：开发商与承包商签订固定总价合同减轻工程造价上升的风险以及与金融机构签订固定利率贷款减轻贷款利率上升的风险等；

（6）预租预售。通过对房地产项目的预租预售可以减缓工程完工后找不到承租者或购买者的风险以及租金和售价下降的风险等，同时也可以尽早实现资金的回笼，加速开发项目的建设。

（二）房地产投资风险的非保险转移

房地产投资风险非保险转移是指房地产开发商在房地产开发过程中，有意识地采取某些非保险措施将风险转嫁给其他经济单位承担，从而达到降低其自身投资风险发生频率和损失程度的目的。房地产投资风险的非保险转移可通过两种途径来实现：一是转移会引起投资风险及损失的某项开发活动；二是将风险本身予以转移。风险转移对房地产开发商来说可以消除风险，但与风险控制不同的是，它不是通过放弃、中止投资活动或采取积极预防的抑制措施直接调节风险因素来达到消除、降低风险损失概率和损失程度的目的,而是允许风险继续存在,但将风险转嫁给其他经济单位承担从而间接达到降低自身风险损失概率和损失程度。当然,房地产投资风险转移必须通过正当、合法的手段,而非无限制地、任意地、带有欺诈性的转嫁。另外,房地产投资风险的转移虽然可以使风险在开发商和其他风险损失承担者之间进行移动,但却不能因此而将投资风险本身消除或从总量上减少。

1. 房地产投资风险合同转移

房地产投资风险合同转移是指房地产开发商通过变更、修改、承诺、签订各种合同条款,将相关风险的财务负担和法律责任转移给其他经济单位承担。在房地产开发过程中,开发商通常采用的转移风险的合同形式有建筑安装工程承包合同、商品房预租预售合同、房屋租赁合同和商品房出售合同等。

2. 房地产投资风险担保转移

担保,是指合同的当事人双方为了使合同能够得到全面按约履行,根据法律、行政法规的规定,经双方协商一致而采取的一种具有法律效力的保护措施,包括保证、抵押、质押、留置和定金五种。房地产投资风险担保转移是指房地产开发商为避免因对方违约而给自己造成损失,要求对方提供可靠的担保,将对方不履约可能给自己带来的风险转移给担保人,常用的主要有保证和定金两种方式。在房地产开发实践中,开发商对担保的应用必须强调审查担保人的主体资格、资信状况、经济实力、担保方式、担保范围以及担保期等,例如,《担保法》明确规定党政机关、学校和医院等不能作为担保主体提供担保,以避免因此给开发商带来无谓风险。

（三）房地产投资风险的保险转移

保险是指投保人根据合同约定,向保险人支付保险费,保险人对于合同约定的可能发生的事故因其发生所造成的财产损失承担赔偿保险金责任,或者当被保险人死亡、伤残、疾病或者达到合同约定的年龄、期限时承担给付保险金责任的商业保险行为。保险具有风险转移与风险组合两种性质,被保险人通过交付一定的费用,以获得保险人可能造成的意外损失给予一定经济补偿的保证,从而将被保险人的风险转移给保险人,增强了被保险人自身抵御风险的能力。

保险合同是赔偿性质的合同,当被保险人发生保险责任范围内的损失时,保险人应按合同所规定的条件进行赔偿。保险人的赔偿金额是有一定限度的,主要有三种形式,一是以实际损失为限,被保险人不能得到超过其实际损失的赔偿;二是以保险金额为限,赔偿金额只能低于或等于保险金额;三是以可保权益（对一项财产具有的某种法律承认的权利和收益）为限,被保险人不能从赔偿得到额外的权益。通常,根据保险对象不同,保险分为财产保险、责任保险、人身保险和再保险四大类。目前我国涉及房地产开发的险种并不多,主要有建安工程保险、房地产开发责任险和房地产投资保险。

（四）房地产投资风险分散

房地产投资风险分散是指房地产开发商通过企业内部资产结构的调整,即通过投资组合及共同投资方式达到分散风险的目的。在长期的房地产投资实践活动中，人们发现保持单一的资产结构会导致风险的过于集中化，虽然单一资产结构常常可能会带来较高的收益，但是一旦发生风险，就可能使多年积累的财富毁于一旦。

1. 房地产投资组合

房地产投资组合是指由不同类型的房地产、不同地区的房地产投资或混合使用所构成的投资组合。房地产商品从类型上可以分为住宅、商业建筑和工业厂房等，各自皆有其特有的本质，使得各类房地产投资的报酬率亦有不同的波动幅度和方向。另外，房地产投资的区位也会导致报酬率的差异。因此，在房地产开发投资实践活动中，房地产开发商可以通过房地产开发投资的多元化，形成不同地域、不同开发类型，长、中、短期结合的开发资产结构，从而在风险和收益之间寻求一种最佳的、均衡的投资组合，即使某一方面发生风险损失，开发商都可以从其他方面的收益中得到补偿，即"东方不亮西边亮"，从而在一定程度上降低总体投资风险。

2. 房地产共同投资

共同投资也是一种积极的房地产投资风险分散手段。房地产共同投资是指投资主体的分散，即多个房地产开发商集合资本，共同进行一项房地产开发活动，其基本动机是通过利益共享，达到分散风险的目的。因此，为实现对风险的最有效管理、最大限度地控制风险、调动各方面的积极性和充分发挥各自优势，就必须要保证各方面能够优势互补，充分利用各方面在资金、土地、技术、管理、社会、环境和政策等方面的优势，齐心协力，取得良好的投资效益。例如与原土地所有者合作，可以避免土地自然属性、使用属性不明确带来的风险，减少投资总额；与专业管理部门合作，可以充分利用他们的技术和管理优势；与外商合作，可以利用政策优势，获得免税、减税等优惠待遇。

（五）房地产投资风险自担

房地产投资风险自担，是指房地产投资中的某种风险不能避免、控制、转移或因冒该风险可能获得较大利润时，房地产开发商采取较现实的态度，在不影响其大局利益的前提下，自身将这种风险承担下来，并承担风险所致的损失。风险自担是一种重要的财务型风险处理手段，其实质是在风险发生并造成一定损失后，房地产开发商通过内外部资金的融通来弥补受损单位所受损失，即在损失后为其提供财务保障。风险自担不同于风险控制、风险转移和风险分散措施，它不是在风险事件发生前采取措施以消除或降低风险的发生概率、受损范围和损失程度，也不是把风险转移、分散给别的经济单位，而是把风险留给自己承担，并在风险事故发生后处理其财务损失。同时，风险自担还是处理残余风险的一种技术手段，在某些情况下也是唯一的风险对策。例如，对于消费者购买力、消费偏好变化等预防不能，回避不得，且又无处转移的风险，房地产开发商只有作自担处理。

风险自担分为两大类：一是消极的或非计划性的风险自担。对于某些风险，由于没有意识到其存在性和重要性而没有作处理风险准备时，或明知风险的存在却因疏忽、怠慢和低估了潜在风险的程度时，或有些风险过于微小时所产生的风险自担，都属于消极的或非计划性的风险自担，或称为被动性自担。在房地产开发实际运作中，开发商应尽可能将被动自担风险限制在尽可能小的范围内。二是积极的或计划性的风险自担。风险管理者在识别和衡量风险的基础上，对于存在且无可避免、其他方法又无法处理的风险，或自己承担风险比其他处理方法更经济合理，或风险损失小且自己有能力承担的情况，都属于积极的或计划性的风险自担，也称为主动性自担。随着企业风险管理的发展与完善，主动自担风险必将在房地产企业风险管理中发挥更大的作用。在房地产投资过程中，计划性风险自担的具体措施有以下几种：风险损失摊入成本、风险自保、借款补偿风险损失和专属保险四种。

1. 房地产投资风险自担主要适用于以下情况

（1）使用其他方法处理某种风险的成本大于风险自担所应付出的代价；

（2）可以预计某种风险发生可能造成的最大损失，该风险较小且开发商自身可以完全承担；

（3）在风险识别与衡量的基础上，某些不能回避、控制、转移的风险或残余风险，如大雨延误一定的建设工期等；

（4）风险事件属于保险合同中的免责条款，不能获得保险赔偿的风险；

（5）由于管理人员缺乏风险管理的技术知识，或疏忽处理，或没有察觉风险的存在，以致开发商自己承担风险损失。

2. 风险损失摊入成本

风险损失摊入成本是指房地产开发商在风险损失事件发生后，将这种风险损失计入企业当期损益的一种风险处理方法，即将其计入短期的现金流通中。这种方法的优点是房地产开发商在风险损失发生前无需支付任何费用，仅在损失发生后按实际损失额做出补偿，通常只适用于处理那些损失概率高但损失程度较小的风险。

3. 借款补偿风险损失

借款补偿风险损失是指房地产开发商在风险事件发生后，通过借贷筹集资金用以补偿风险事件所造成的损失。采用这种方法，房地产开发商只需在风险发生后根据实际损失情况通过各种借款来弥补，而在事前不需任何支出，其所借款项在以后较长的一段时间逐步偿还。

需要注意的是，借款补偿风险损失的风险处理方法本身也具有较大的风险。实际上，当风险事件发生后，房地产企业的资产价值减少、经营状况不稳定、信誉度降低，从而使企业处于不利的借款地位。同时，此时企业对现金的需求又十分急迫，其所能得到的贷款条件必然常常是十分苛刻的，此时可能根本就借不到一分钱，这样可能会使得风险程度加剧。显然，房地产开发商在运用借款补偿风险损失的方法时应三思而后行，最好尽可能在风险事件发生前能够与金融机构签订一项应急贷款协议，确保风险事件发生后企业可按事先商定的融资条件获得必要的资金，以及时应付不时之需。

第三节 房地产投资决策

一、房地产投资决策的涵义

（一）房地产投资决策的概念

房地产投资决策就其本质而言是一系列围绕房地产综合开发目标的实现而进行的思维过程和行为过程的总和，这个过程集中体现了人们分析、推理和判断等一系列逻辑思维和创造性思维的能力。具体地说，房地产投资决策是指房地产开发企业及其决策者，按照国家规定的建设程序，根据房地产业乃至整个国民经济的规模、方向、结构、布局及有关方针政策，在市场研究的基础上，运用科学分析的方法，对拟建综合开发项目进行技术经济分析和综合评价，选择一个能实现预期目标的最佳方案，做出决定的过程。

正确的房地产投资决策不仅取决于决策者个人的素质、知识、能力、经验以及审时度势和多谋善断的能力，并且与认识和掌握决策的理论知识、基本内容和类型，以及与应用科学决策的理论方法有着密切的关系。

（二）房地产投资决策的程序

1. 确定房地产投资的目标

房地产投资决策的目的就是达到房地产投资所预定的目标，所以确定房地产投资的目标是投资决策的前提和依据。房地产投资的目标很多，获取高额、无形收益、社会效益、环境效益等都是投资者所追求的目标。对于任何自主经营、自负盈亏、自我积累、自我发展的房地产投资者而言，都是在高额利润这个主要目标的前提下，去追求社会效益和环境效益。因此，在投资利润这个总目标的前提下，还应考虑：投资资本金的安全性、变现性、远期与近期收入、对通货膨胀的防范等。

2. 制定房地产投资的可行方案

决策在于选择，没有选择就没有决策，在进行房地产投资决策中，制定供决策者选用的各种可行方案，是房地产投资决策的基础。制定房地产投资的可行方案时必须注意各方案在整体上的详尽性和个体间的排斥性。只有这样，才有可能进行方案的全面比较和有效选择，并可以避免遗漏最佳方案。

3. 分析与评价投资方案

方案的分析与评价就是要对每一个备选方案，在进行选择之前，对各个方案的经济、社会、环境等各方面的条件、因素以及潜在的问题做可行性分析，要求对方案的环境、风险、经济效益等方面做出评价。

4. 选择投资方案

选择方案不仅是整个决策过程的中心环节，也是房地产决策者的重要职责，同时，也是科学性和技巧性的综合体现。正确、有效地进行方案选择，必须掌握方案的优选标准。房地产投资决策过程可用图2-5表示。

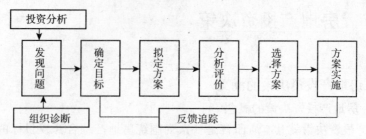

图 2-5 房地产投资决策基本程序图

二、国内外现有的房地产投资决策方法

（一）定量决策方法

1. 指标直接对比法

将不同方案的同一种分析指标进行直接对比，判断方案优劣的方法称为指标直接对比法，这类方法可以看做由以下三种基本方法组成：总额比较法，比较的指标主要为净现值等；比率比较法，比较的主要指标为内部收益率、现值指数等；期限比较法，比较的主要指标为投资回收期。

这类方法是目前房地产投资项目评价的常用方法。

2. 风险分析选择法

有关风险分析选择法，主要有头脑风暴法、德尔菲法、幕景分析法、筛选—监测—诊断技术、故障树分析法、盈亏平衡分析、敏感性分析和概率分析等方法，具体内容在本章第二节房地产投资风险分析的内容中有介绍，请参见相关内容的讲述。

（二）定性决策方法

1. 经验判断法

在房地产公司的投资决策中，这种方法被普遍应用。它是利用一般房地产投资的经验积累进行投资判断。这种方法直观易用，但分析不深入，只能做一些直观的表面性的描述。

2. 创造工程法

这一方法是建立在人的直观、灵感和经验以及形象思维和创新能力基础上的创造技术的总称。

（三）定性和定量相结合的决策方法

层次分析法（The Analytic Process 简写 AHP）是 20 世纪 70 年代美国著名运筹学家、匹兹堡大学教授萨蒂（T. L. Saaty）于 1971 年提出的一种多目标、多准则的决策方法，它是一种将定性、定量分析相结合的系统分析方法。它的基本思想是把一个复杂的问题分解为各个组成因素，并将这些因素按支配关系分组，从而形成一个有序的递阶层次结构。通过两两比较的方式确定层次中诸因素的相对重要性，然后综合人的判断以确定决策诸因素相对重要性的总排序。层次分析法的出现给决策者解决那些难以定量描述的决策问题带来了极大的方便，从而使它的应用几乎涉及任何科学领域，并在解决问题时对定性、定量转换、综合计量等以及在解决问题过程中对人们所作判断的一致性程度等问题进行科学的检验。

层次分析法大体分为3个基本步骤：第一步，由给定的评价指标体系的层次结构构造比较判断矩阵；第二步，计算比较判断矩阵A的最大特征根、最大特征根对应的特征向量和指标的权重；第三步，一致性检验。

三、现行主要的房地产投资方案优选方法

房地产投资决策中，分析和评价备选方案优劣的专门方法很多，最常用的是指标直接对比法。大体上可分为贴现的方法和非贴现的方法两大类。贴现的方法是结合货币时间价值来决定方案取舍的，也叫做"折现的现金流量法"，或"动态评价方法"，常用的动态指标分析法主要有净现值法、内部收益率法、动态投资回收期法等。非贴现的方法是决定方案取舍不考虑货币时间价值，也叫做"非折现的现金流量法"或"静态评价法"，常用的静态指标分析法为静态投资回收期法、投资利润率法、成本利润率法等。此外还有风险分析选择法。

（一）动态评价法

1. 净现值法

$$NPV = \sum_{t=0}^{n} (CI - CO)_t (1 + i_c)^{-t}$$

式中　NPV——方案净现值；

$(CI - CO)_t$——第 t 年的现金净流量；

i_c——利率（基准收益率或企业要求的报酬率）；

n——项目的开发或者经营周期。

一个项目的净现值大于零，则该项目是不亏损的，在财务上是可以接受的项目。对于某一项目而言，如果存在几个互斥方案可供选择时，可利用净现值法计算出各互斥方案的净现值，再按照如下比较与选择标准进行方案选择：

1）净现值大于零的方案是可以接受的方案；

2）经营周期相同时，所有互斥方案中净现值最大的方案为最优方案；

3）有资金保证的方案才是可行方案。

在投资中使用净现值最大原则进行决策时，我们应该明确而在实际中却并未明确的是，该方案的净现值是在付出多大代价的情况下取得的，也就是方案的初始投资额是多少。我们考虑初始投资额的原因是，资金的使用是有成本的，因此资金的使用必须以获得最大收益为目的，投资多的项目，其成本也大，那么原则上也应该是收益最大的。但净现值标准却没有考虑到资金成本的大小，而只是绝对的比较各方案净现值的大小，并据此做出决策。那么这种在忽略成本大的前提下来选择收益的决策，势必不能选出最优方案。

综上所述，净现值指标并不能全面地反映投资方案的经济效益，同时也说明，在没有明确的限制条件下，单独使用"净现值最大"原则是错误的。

【例题2-1】　已知某个房地产投资项目的现金流量如表2-1所示，如果投资者目标收益率为 $i_c = 10\%$，求该项目的净现值。

现金流量表（单位：万元） 表2-1

年份	0	1	2	3	4	5	6
现金流出量	1000						
现金流入量		300	300	300	300	300	300
净现金流量	-1000	300	300	300	300	300	300

解：已知：$i_c = 10\%$，利用净现值公式 $NPV = \sum_{t=0}^{n}(CI-CO)_t(1+i_c)^{-t}$，该项目的净现值为：

$$NPV = -1000 + 300\ (P/A, 10\%, 6)$$
$$= -1000 + 300 \times 4.36$$
$$= 308 \text{万元}$$

2. 内部收益率法

内部收益率是使投资项目的净现值等于零的贴现率。内部收益率实际上反映了投资项目的真实报酬率，计算公式为：

$$\sum_{t=0}^{n}(CI-CO)_t(1+IRR)^{-t} = 0$$

式中 $(CI-CO)_t$——第 t 年的现金净流量；

IRR——内部收益率；

n——项目的开发或者经营周期。

内部收益率应用于方案比较选择时，其选择标准：

（1）内部收益率最大的方案为经济效果最优方案；

（2）最优方案的内部收益率大于或等于基准收益率时为可接受方案。

内部收益率法可以通过内插法求得。公式为：

$$IRR = i_1 + \frac{|NPV_1|}{|NPV_1 + NPV_2|} \times (i_2 - i_1)$$

式中 i_1——当净现值为接近于零时的正值的折现率；

i_2——当净现值为接近于零时的负值的折现率；

NPV_1——采用 i_1 时的正值的净现值；

NPV_2——采用 i_2 时的负值的净现值。

由于计算内部收益率使用的是数学中的相似三角形的方法计算出来的相似值，因此式中 i_1 和 i_2 之差不能超过2%，否则误差太大。

内部收益率法作为房地产投资方案优劣评价与选择的方法之一，其优点是：与净现值法相比，在反映项目经济性方面更直观，因为它显示了项目投资获利的能力；与净现值一样，它完整地反映了项目全部计算期的经营情况，同时考虑了资金的时间因素。不足之处在于内部收益率的高与低不能说明具体净收益，而且基准收益率的确定也带有较大的主观性。

【例题2-2】 已知某房地产投资项目的现金流量如表2-2所示，如果投资者目标收益率为 $i_c = 10\%$，求该项目的内部收益率，并判断项目是否可行。

现金流量表（单位：万元） 表2-2

年份	0	1	2	3	4	5	6
现金流出量	250	2500	2600	400	450	500	500
现金流入量				700	800	1300	1300
净现金流量	-250	-2500	-2600	300	350	800	800

解：1）当 $i_1=10\%$ 时

$$NPV_1 = -250 - \frac{2500}{(1+10\%)} - \frac{2600}{(1+10\%)^2} + \frac{300}{(1+10\%)^3} + \frac{350}{(1+10\%)^4} +$$

$$\frac{800}{10\%} \times \left[1 - \frac{1}{(1+10\%)^{21}}\right] \times \frac{1}{(1+10\%)^4}$$

$$= 518.71 \text{ 万元}$$

2）当 $i_2=12\%$ 时

$$NPV_2 = -250 - \frac{2500}{(1+12\%)} - \frac{2600}{(1+12\%)^2} + \frac{300}{(1+12\%)^3} + \frac{350}{(1+12\%)^4} +$$

$$\frac{800}{12\%} \times \left[1 - \frac{1}{(1+12\%)^{21}}\right] \times \frac{1}{(1+12\%)^4}$$

$$= -274.25 \text{ 万元}$$

3）根据内插法的公式

$$IRR = 10\% + \frac{518.71 \times (12\% - 10\%)}{518.71 + |-274.25|} = 11.31\% > 10\%$$

该项目是可以被接受的。

3. 动态投资回收期法

动态投资回收期（P_b）是指在考虑资金的时间价值时，项目以净收益抵偿全部投资所需要的时间。其公式为：

$$\sum_{t=0}^{P_b}(CI-CO)_t(1+i)^{-t} = 0$$

上述公式为动态投资回收期的定义式，其计算式为：

P_b =（累计净现金流量现值出现正值的年份 -1）+ 上期累计净现金流量现值的绝对值/当期净现金流量现值

动态投资回收期法应用于方案比较时，根据回收期的长短给出如下比选方案：

（1）投资回收期最短的方案为最优方案；

（2）最短投资回收期小于或等于标准投资回收期，并且小于或等于项目有效使用期的方案为可接受方案。

动态投资回收期标准虽然易于理解，但其最大的问题在于忽视了投资回收期之后项目的现金流量状况，不能反映投资的主要目标——期望收益的大小。因此，此标准难以对不同方案做出明确判断。另外，运用投资回收期这一指标，标准回收期是方案取舍的依据。但标准回收期一般都是以经验或主观判断为基础来确定的，缺乏客观依据。

【例题 2-3】 已知某房地产投资项目的现金流量如表 2-3 所示，如果投资者目标收益率为 $i_c = 10\%$，求该项目的动态投资回收期。

现金流量表（单位：万元）　　　　　　　　表 2-3

年份	0	1	2	3	4	5	6
现金流出量	250	2500	2600	400	450	500	500
现金流入量				700	800	1300	1300
净现金流量	-250	-2500	-2600	300	350	800	800

解：计算过程见表 2-4 所示

计算过程表（单位：万元）　　　　　　　　表 2-4

年份	净现金流量	$(1+i)^{-n}$	现值	累计净现值
0	-250	1	-250	-250
1	-2500	0.9091	-2272.75	-2522.75
2	-2600	0.8264	-2148.64	-4671.39
3	300	0.7513	225.39	-4446
4	350	0.6830	239.05	-4206.95
5	800	0.6209	496.72	-3710.23
6	800	0.5645	451.60	-3258.63
7	800	0.5132	410.56	-2848.07
8	800	0.4665	373.20	-2474.87
9	800	0.4241	339.28	-2135.59
10	800	0.3855	308.40	-1827.19
11	800	0.3505	280.40	-1546.79
12	800	0.3186	254.88	-1291.91
13	800	0.2897	231.76	-1060.15
14	800	0.2633	210.64	-849.51
15	800	0.2394	191.52	-657.99
16	800	0.2176	174.08	-483.91
17	800	0.1978	158.24	-325.67
18	800	0.1799	143.92	-181.75
19	800	0.1635	130.80	-50.95
20	800	0.1486	118.88	68.93
21	800	0.1351	108.08	177.01

因为项目在第 20 年累计净现金流量出现正值，所以

P_b =（累计净现金流量现值出现正值的年份 - 1）+ 上期累计净现金流量现值的绝对值/当期净现金流量现值

$$= 20 - 1 + \frac{|-50.95|}{118.88} = 19.43 \text{ 年}$$

(二) 静态评价法

1. 静态投资回收期法

静态投资回收期（P_b'）是指不考虑资金的时间价值时，项目以净收益抵偿全部投资所需要的时间。其公式为：

$$\sum_{t=0}^{P_b'} (CI - CO)_t = 0$$

上述公式为静态投资回收期的定义式，其计算式为：

P_b =（累计净现金流量出现正值的年份 – 1）+ 上期累计净现金流量的绝对值/
当期净现金流量

确定静态投资回收期指标的方法：

1）列表法。是指通过列表计算"累计净现金流量"的方式，来确定包括建设期的投资回收期，进而再推算出不包括建设期的投资回收期的方法。因为不论在什么情况下，都可以通过这种方法来确定静态投资回收期，所以此法又称为一般方法。

该法的原理是：按照回收期的定义，包括建设期的投资回收期满足上述关系式。这表明在现金流量表的"累计净现金流量"一栏中，包括建设期的投资回收期恰好是累计净现金流量为零的年限。

2）公式法。如果某一项目的投资均集中发生在建设期内，投产后一定期间内每年经营现金流量相等，且其合计大于或等于原始投资额，可以按简化公式直接求出不包括建设期的投资回收期：

不包括建设期的投资回收期 = 原始投资合计/投产后前若干年每年相等的净现金流量

包括建设期的投资回收期 = 不包括建设期的投资回收期 + 建设期

静态投资回收期的优点是能够直观地反映原始总投资的返本期限，便于理解，计算简单；可以直接利用回收期之前的净现金流量信息。缺点是没有考虑资金时间价值和回收期满后发生的现金流量；不能正确反映投资方式不同对项目的影响。只有静态投资回收期指标小于或等于基准投资回收期的投资项目才具有可行性。

【例题 2-4】 已知某投资项目的现金流量如表 2-5 所示，求该投资项目的静态投资回收期。

现金流量表（单位：万元） 表 2-5

年份	0	1	2	3	4	5	6	7	8
现金流入量		200	300	200	200	400	400	400	800
现金流出量	1000								
净现金流量	–1000	200	300	200	200	400	400	400	800

解： 如表 2-6 所示，因为在第 5 年净现金流量开始出现正值，所以

P_b = (累计净现金流量出现正值的年份 – 1) + 上期累计净现金流量的绝对值/当期净现金流量

= (5 – 1) + 100/400 = 4.25 年

计算过程（单位：万元） 表2-6

年份	0	1	2	3	4	5	6	7	8
现金流入量		200	300	200	200	400	400	400	800
现金流出量	1000								
净现金流量	–1000	200	300	200	200	400	400	400	800
现金净流量累积	–1000	–800	–500	–300	–100	300	700	1100	1900

2. 投资利润率法

投资利润率的计算是以会计核算数据为基础的。一般投资项目经济评价中的投资利润率是指项目达到设计生产能力后的一个正常生产年份的年利润总额与项目总投资的比率，它是考察项目单位投资盈利能力的静态指标。对生产期内各年的利润总额变化幅度较大的项目，应计算生产期内年平均利润总额与项目总投资的比率。其计算公式为：

投资利润率 = 年利润总额或年平均利润总额/项目总投资 × 100%

原国家建设部发布的《房地产开发项目经济评价方法》中定义投资利润率为：

投资利润率 = 年平均利润总额/项目总投资 × 100%

在实际操作中，在讨论出售型的房地产投资项目时一般是指整个投资项目的总投资利润率，即项目开发期内的总利润与总投资的比率。总利润额是房地产开发商品的销售净收入，如住宅销售净收入、土地使用权转让净收入等。投资是包括建设期内贷款利息在内的总投资。

同投资回收期一样，投资利润率计算简单，使用方便，而且投资利润率还考虑了项目开发期内的全部现金流量。但投资利润率没有考虑资金时间价值，也没有考虑投资规模的大小，仅采用这种方法进行项目评价时，可能认为一个投资利润率为12%的10000元投资项目比11%的100000元投资项目更好。

【例题 2-5】 已知某房地产投资项目的购买投资为450万元，流动资金为50万元。如果经营期内的年平均利润总额为65万元，试计算该项目的投资利润率。

解： 投资利润率 = 年利润总额或年平均利润总额/项目总投资 × 100%

= 65/(450 + 50)

= 13.0%

3. 成本利润率法

成本利润率是指开发商利润占开发成本的比率，是初步判断房地产开发财务可行性的一个经济评价指标。其计算公式为：

成本利润率 = (项目总开发价值 – 项目总开发成本)/项目总成本 × 100%

计算项目总开发价值时，如果项目是出售的，则其等于扣除销售税费后的净销售收入;如果是用于经营的,为项目整个持有期内的净经营收入和净赚售收入的现值累计之和。项目的总开发成本一般指项目在开发经营期内的实际支出的成本。项目的利润是指项目总开发价值扣除项目总开发成本的剩余。

【例题2-6】 某房地产开发商以5000万元的价格取得了一宗占地面积为$4000m^2$的土地50年使用权,建筑容积率为5.5,建造成本为3500元/m^2,专业人员费用为建造成本预算的8%,行政性收费等其他费用为460万元,管理费为土地成本、建造成本、专业人员费用和其他费用之和的3.5%,市场推广费、销售代理费和销售税费分别为销售收入的0.5%、3.0%和6.5%,预计建成后售价为12000元/m^2。项目开发期为3年,建造期为2年,地价于开始时一次投入,其他费用在建造期内均匀投入;年贷款利率12%,按季计息,融资费用为贷款利息的10%。问,该项目开发商成本利润率为多少?

解:
1) 项目总开发价值:
(1) 项目总建筑面积:$4000 \times 5.5 = 22000 m^2$
(2) 项目总销售收入:$22000 \times 12000 = 26400$ 万元
(3) 销售税费:$26400 \times 6.5\% = 1716$ 万元
(4) 项目总开发价值:$26400 - 1716 = 24684$ 万元
2) 项目总开发成本:
(1) 土地成本:5000万元
(2) 建造成本:$22000 \times 3500 = 7700$ 万元
(3) 专业人员费用:$7700 \times 8\% = 616$ 万元
(4) 其他费用:460万元
(5) 管理费:$(5000 + 7700 + 616 + 460) \times 3.5\% = 482.16$ 万元
(6) 财务费用:
土地费用利息:$5000 \times [(1 + 12\%/4)^{3 \times 4} - 1] = 2128.80$ 万元
建造费用、专业人员费用、其他费用、管理费用利息:
$(7700 + 616 + 460 + 482.16) \times [(1 + 12\%/4)^{(2/2) \times 4} - 1] = 1161.98$ 万元
融资费用:$(2128.80 + 1161.98) \times 10\% = 329.08$ 万元
财务费用总计:$2128.8 + 1161.98 + 329.08 = 3619.86$ 万元
(7) 市场推广及销售代理费用:
$$26400 \times (0.5\% + 3.0\%) = 924 \text{ 万元}$$
(8) 项目开发总成本总计:
$5000 + 7700 + 616 + 460 + 482.16 + 3619.86 + 924 = 18802.02$ 万元
3) 开发商利润:$24684 - 18802.02 = 5881.98$ 万元
4) 开发商成本利润率:
$$5881.98 / 18802.02 = 31.28\%$$

(三) 风险分析选择法

常用的风险分析选择法是变异系数法。它是通过各方案的风险指标——变异系数大小的对比，评定各方案的风险大小，以选择风险最小的方案。运用该法选择方案的程序是：计算各方案的期望值、均方差和变异系数→比较各方案变异系数的大小，确定风险最小的方案→以风险最小的方案作为被选择方案。

某房地产公司一块土地上可建商住楼也可建写字楼，根据分析得出两方案的预计净现值及相应概率见表2-7所示。

经过计算，商住楼方案变异系数 $\gamma_1 = 0.049$，写字楼方案变异系数 $\gamma_2 = 0.178$，比较两方案的变异系数可知：$\gamma_1 < \gamma_2$，所以商住楼方案风险较小。

从两方案最可能净现值大小来看：商住楼方案期望净现值 $E(X_1)$ 为760万元，写字楼方案期望净现值 $E(X_2)$ 为840万元，商住楼方案期望净现值小于写字楼方案期望净现值。

预计净现值的概率分布（单位：万元） 表2-7

商住楼方案净现值	写字楼方案净现值	概率
800	1000	0.4
750	800	0.4
700	600	0.4

综上分析，如果决策者不愿意冒风险的话，就应当选择商住楼方案，如果决策者宁愿冒风险而追求更高净现值的话，就可选择写字楼方案。对于这类经济效益分析指标与风险分析指标所给出的方案选择结论不一致时，最终的决策取决于决策者的偏好，即效用函数的形式，即期望效用决策法。但在实际操作中，效用函数的形式是否能够合理确定，将直接影响投资决策的正确与否。

房地产投资方案评价与选择的动态分析法和静态分析法，其本质是单目标决策方法，决策标准是期望收益最大化，但净现值、内部收益率或者投资回收期都不能单独的充分反映投资项目的整体经济效益，投资方案的优劣并非一个评价指标就能确定。而且从房地产投资本身的特性来看，房地产投资决策应为多目标决策体系，所以单独的采用某种动态分析法或静态分析法，将影响决策的精确性和客观性。虽然房地产投资决策的风险分析选择法既考虑了投资项目的经济效益水平，同时也考虑了投资者所承担的风险大小，但如何合理确定经济指标的先验分布和决策者的效用函数在实际操作中有很大的难度，而且往往具有很强的主观性和模糊性，在一定程度上会影响决策的客观性。

四、房地产投资组合

房地产投资的组合就是指将房地产市场按照投资环境、物业形态、使用用途、消费层次和流动形式等因素为依据进行细分的基础上，通过分析各种类别房地产投资的风险与收益的关系以及在统一市场条件下各类房地产的相关性，针对各个不同房地产类型的需求差异加以区别，评价和选择两个或多个不同类型的房地产产品或经营方式进行投资的过程。房地产投资的组合是房地产业发展的必然趋势，作为房地产企业分散投资风险和适应市场竞争的有效途径和手段,体现了房地产投资发展的方向和前途。

(一) 投资组合理论概述

现代投资组合理论也有人将其称为证券组合理论或投资分散理论,由马柯维茨教授首开先河。1952年,马柯维茨教授发表了一篇题为《证券组合选择》的论文,对充满风险的证券市场的最佳投资问题进行了开创性的研究。马柯维茨提出和建立的现代证券投资组合理论,其核心思想是要解决长期困扰证券投资活动的两个根本性问题。马柯维茨的现代证券投资组合理论运用数理统计方法全面细致地分析了何为最优的资产结构和如何选择最优的资产结构。在马柯维茨所做研究的基础上,现代证券投资组合理论朝气蓬勃地沿着三个方向发展,使自身的理论体系不断得到丰富和完善。现代投资组合理论主要包括马克维茨的"均值—方差"投资组合理论;夏普的"资本资产定价"投资组合理论;詹森的"非常规收益率"投资组合理论;罗斯的"套利定价"投资组合理论等。

(二) 房地产投资组合

1. 房地产投资组合的涵义

投资组合可以简单地形容为"不要将鸡蛋放在同一个篮子里",应用到房地产投资上,就称为房地产投资组合。

房地产投资组合是房地产投资风险分散的重要手段。投资组合是如何分散风险的呢?仅以两个投资方案为例说明:当两种投资方案为完全相关时,不确定因素对它们的影响效应是完全一样的。二者的期望回报率会一同上升或一同下降。在这种情况下投资组合的风险与个别投资的风险相同。因此,当两种方案完全正相关时,组合投资对于风险的降低不起作用。例如,将一笔资金分别投资于两幢住宅楼,甲的价格上升,乙也上升;甲的价格下跌,乙也下跌,并且其幅度也相同,这就起不到分散风险的作用。另一方面,当两种投资方案为完全负相关时,不确定因素对他们的影响效应恰恰相反。因此,其回报率正好反向变化即当一个回报率上升,另一个则下降;反之亦然。在这种情况下两种方案的组合投资,会将独立投资的风险抵消。当然实际的房地产投资组合中,很少有完全正相关或完全负相关的投资方案,但是,应用组合投资能在一定程度上减少总体投资风险。

房地产开发项目投资组合是基于"不要把鸡蛋放在同一篮子中"的思想,为了分散房地产开发项目投资的非系统风险而投资于不同类型或不同地区的房地产,或与其他投资项目组合,以期在分散风险的前提下获得最大的收益。房地产投资具有较大的投机性,这是由其不可分割的特性决定的。

2. 房地产投资组合中的风险分析

投资组合中各项投资都有风险,一般可用方差来表示,但要全面认识投资组合的风险仅识别单项投资的风险是不够的,还必须考虑它与其他投资的相互作用。投资组合风险是指作为一个整体的投资获得预期收益所要承担的风险。假设投资组合有 n 项单项投资,则组合风险的数学表达式如下:

$$\sigma = \sqrt{\left(\sum_{i=1}^{n} x_i^2 \sigma_i^2 + \sum_{i=1}^{n} \sum_{i=1/j=1}^{n} x_i x_j \sigma_i \sigma_j \rho_{ij}\right)} \quad 或$$

$$\sigma = \sqrt{\left(\sum_{i=1}^{n} x_i^2 \sigma_i^2 + \sum_{i=1}^{n} \sum_{i=1/j=1}^{n} x_i x_j \rho_{ij}\right)}$$

式中，σ 为投资组合风险；x_j 为投资组合中投资 i 的百分比或权重；σ_i 为投资组合中投资 i 的预期收益的标准差；ρ_{ij} 为投资 i 与投资 j 之间的相关系数；σ_{ij} 为投资 i 与投资 j 之间的协方差，其中 $\sigma_{ij} = x_i x_j \rho_{ij}$。

3. 房地产投资组合风险分散原理

所谓风险分散，就是通过投资结构的多元化，达到减少整体风险的目的。而投资组合是投资风险分散最基本的也是最有效的手段。所以，在进行房地产投资时，可以选择一组而不是一种房地产进行投资（即项目组合）或者选择周期长短不同的房地产进行投资（即时间组合）。当然，这种选择不是任意的，选择哪几种投资方案（考虑到它们之间的关系）、各种方案的投资所占的比例等，都是用严密的数学方法推导出来的。

需要强调的是，这里我们假定所有的投资者都是风险厌恶型的，即其效用函数的一阶导数大于 0，二阶导数小于 0。

4. 房地产投资组合选择模型

1）房地产投资组合选择模型概述。投资组合能够降低房地产投资风险，并且组合中各投资方案的相关程度越低、种数越多（有一定限度），投资组合的风险越小。

房地产投资组合选择模型应用了马柯维茨的均值—方差模型的基本原理和方法。马柯维茨不采用指数或回归估计量进行分析，而是认为某一投资项目的回报率与一个满秩的方差—协方差矩阵相关，这对于房地产投资组合的研究具有较大的意义。马柯维茨的投资组合的均值—方差方法是寻找投资组合的最大回报率，而同实施的回报率的变化最小（即投资组合的风险最小）。更为重要的是，马柯维茨方法是在所有可能的（或可接收）回报率的水平中寻找最小风险的投资组合，通过不断提高回报率而得到所谓的最优函数，即有效边界函数。

这里需要指出的是，马柯维茨模型作为一个成功的连续型资产模型在诸如房地产（要么全赚，要么全赔特征）等离散型资产的投资组合选择中很少应用。投资组合选择模型应用了马柯维茨模型的原理和方法，却适用于诸如房地产等离散型资产的投资组合分析。

2）房地产投资组合的概念。房地产投资组合就是指将房地产市场按照投资环境、物业形态、使用用途、消费层次和流动形式等因素为依据进行细分的基础上，通过分析各种类别房地产投资的风险与收益的关系以及在统一市场条件下各类房地产的相关性，针对各个不同房地产类型的需求差异加以区别，评价和选择两个或多个不同类型的房地产产品或经营方式进行开发投资的过程。

3）房地产投资组合的传统决策方法及其评价。目前，房地产企业在进行投资组合决策时，常常是采用定式法来确定投资目标和投资规模。它通常是把房地产投资类型按照投资风险的大小，划分为两大部分，一是防御部分，是指市场需求稳定，价格变动平稳，时空波动小的房地产；二是进取部分，是指市场需求变化大，增值和贬值潜力都大的房地产。

房地产投资具有周期长、数额大、变现能力差、风险大、收益高、区位固定性、易受政策制约和影响等特征，这些决定了其投资的风险是客观存在的。据调查，中国房地产企业的破产率不断上升，因而，只有运用科学的决策评价方法，科学深入地对房地产开发项目进行分析研究和科学决策，才能成功地避开风险，使企业立于不败之地。

复习思考题

1. 房地产投资必须注意的三要素以及房地产投资的特性是什么？
2. 简述房地产投资的原则。
3. 简述风险的概念以及房地产投资风险的涵义。
4. 房地产投资风险种类有哪些？
5. 列举房地产投资风险分析方法。
6. 论述房地产投资决策方法。

第三章

房地产资产管理

房地产是社会最主要的财富,其价值不仅与资产的自然禀赋、原始设计、施工等先天因素密切相关,更取决于原始开发以后很长时期内的管理。因为在房地产全部生命周期中,开发仅占其中非常小一部分,开发仅是房地产资产管理中的一个环节。随着国内房地产市场的迅速增长与成熟,银行紧缩贷款,政策的规范,房地产业的竞争日益激烈,创新成为房地产业竞相探讨的一个话题。研究房地产资产管理理论有助于房地产企业提升竞争力和长远发展能力,解决房地产市场增长迅速与效率低下同时存在的矛盾,促进房地产资产保值增值化解市场风险。中国的投资者和房地产企业正逐步认识到资产管理是决定总体投资回报的重要因素,是未来房地产业发展的方向。卓越的资产管理是房地产企业成功的关键。

第一节 房地产资产管理概述

一、资产管理

(一) 资产管理的涵义

资产管理范畴丰富,内容广泛,凡涉及财产、资金以及能带来经济利益的物质等方面接受委托,进行保管、处理并使委托者经济利益获得保障的行为均可称之为资产管理。

资产管理以价值形态为特征,通过对资产的存量和增量进行管理、重组和交易等途径,以实现最大限度的资产增值为目标的一种企业经营行为。资产管理是适应社会化大生产的一种经济管理模式,是市场经济发展到一定阶段的产物。现代企业成长的历史告诉我们，单靠生产经营，企业只能按常规的速度发展，开展资产管理，把产业资本和金融资本很好结合起来，便能使企业资产呈几何级数增长。资产管理不是把生产要素中的资本要素简单加总，而是不断调整各种资本要素间的比例、布局，不断优化资本的结构，这包括：产业结构、组织结构、技术结构、市场结构等。我们不难理解，资本结构优化与否是企业整体素质高低的根本体现。只有资本结构的不断优化，才能实现良性循环，保证投资—增值—更大投资—更大增值不断循环。

资产管理的重要目标是以较低的风险获得较高的投资回报率，实现价值的增值，因而集中反映在资产的保值、增值能力上。与传统的企业考核办法相比较，它不只重视销售总额、利税总额，更重视资本的投入时机和水平，用投资回报率即总预付资本的回报率才能完整地、真实地说明企业的绩效。

因此，从生产迈向资产管理的现代企业经营方式的变化，使资产管理必将带动企业管理模式的整体创新，标志着企业管理思想和实践的新的飞跃。

(二) 资产管理的放大效应

1. 结构放大效应

资产管理跳出了传统的只对产品进行生产经营提供劳务的模式，对经营对象作了极大扩展，它把厂房、设备、产品、货币、债权等有形资产，以及商标、专利、技术、人才、商誉、管理、营销网络等无形资产全部利用起来，通过在资本市场上的运作，实现资源的优化配置和资产的快速增值。把经营对象由单一的产品或劳务的简单结构，扩大到了创造经济效益的所有生产环节和生产要素，从而形成企业利润的立体结构，推动企业的调整增长。

2. 交易放大效应

随着经营对象的扩大和完善，资产管理的交易规模也随之急速扩大，交易量与产品经营相比往往会呈现几何级数的增长，这是产品经营所无法比拟的。

3. 市场放大效应

在资本市场日趋国际化的今天，由于资产经常是通过价值形态、资本形态的交易方式进行的，不仅可以运用资本市场的各种投资工具，还可利用资本市场特有的流动性强，不受空间、时间的限制的特点，与世界上任何地方进行交易，从这种意义上讲，市场容量几乎是无限地扩大。

4. 融资放大效应

资产管理把产业资本与金融资本结合起来进行融资，与一般融资方式相比，具有非常明显的特点：一是直接融资，它依托资本市场进行，资金来源面广；二是融资工具多元化，可根据条件和时机，灵活运用配股、注资、分拆、可转换债券、股份出售等各种融资工具；三是资金量大；四是股份制结构，无负债，可增强企业财务基础；五是无次数限制，只要企业经营好，在资本市场上进行扩股和配售基本上不受时间约束；六是具有兼容性，它不排斥一般融资方式，而且成功的资产管理还可以提高企业知名度，更有利于企业进行其他方式的融资。

5. 时间放大效应

产品经营从建设、生产到销售，投资回收需要较长的周期。而资产管理由于它一般经营已进入销售阶段，且有3年以上盈利佳绩的资产，因此它的投入和产出的周期集中在一个特定的时间内，然后在特定的市场交易中释放出来。因此投入产出时间大为缩短，这也意味着资金循环的时速大大扩大。

6. 效益放大效应

资产管理通过对资产存量和增量进行管理、重组和交易，可在短期内使资产获得最大限度的增值，为企业带来巨大收益。资产管理的交易有另一个特点，就是其交易不是以资产的当时实际价值进行，而是以溢价方式进行，不仅包括了当时价值，还能提交获得未来价值和利润，这就使资产管理的投入产出比大大提高。

二、房地产资产管理

（一）房地产资产管理的含义

随着房地产市场的发展，在满足基本居住需求之后，以房地产尤其是以收益性房地产为目标对象的投资活动的增加，市场中涌现出的越来越多的投机者使房地产资本市场风险骤增，这一状况使正常的投资行为充满了不可预知的巨大风险。如何规避风险、使所拥有的房地产资产价值最大化？

房地产资产管理是指从开发项目竣工投入使用开始，对房地产资产进行全寿命周期的管理，是由包括物业管理、设施管理、物业资产管理和组合投资管理在内的房地产管理。虽然房地产资产管理的上述四个职能之间有一定的冲突和重叠，但都有一个共同的目标，这就是使房地产的价值最大化。物业管理、设施管理、资产管理和组合投资管理的关系中，物业管理和设施管理以运行管理为主，资产管理和投资组合管理以策略性管理为主。面对市场风险，聘请高水准的资产管理专业机构对资产进行管理，是非常有效的途径。对于投资机构来说，专业的物业资产管理机构将以其专业技能实现资产的保值增值；对于个人投资者来说，选择由高水准专业管理机构管理的项目资产，将大大节省个人管理成本，明显降低投资风险。

（二）房地产资产管理的内容

1. 物业管理

我们这里所用的物业管理是狭义的涵义，即：接受委托，对物业进行维护、修缮等方面的管理，其目的是保障房地产资产的价值。物业管理是伴随房地产市场发展而在我国发展起来的服务行业，它综合运用多学科的知识，通过人员、场所、过程和相关技术的整合，来确保建筑环境和设施的正常运行。物业管理的核心工作，是对房地产资产进行日常的维护与维修，并向入住的客户或业主提供服务，以保障其始终处在正常的运行状态，即主要是保值的内容。对于居住物业，物业管理在某种意义上就是房地产资产管理。然而，对于收益性物业或大型非房地产公司拥有的自用物业，除物业管理外，还要进行相应的资产管理和组合投资管理工作。此时的物业管理除进行物业的日常管理外，还要执行资产管理所确定的战略方针，以满足组合投资管理的目标。

物业管理关注的重点，是租用建筑物的租户对其所使用的物业的环境感到满意，并希望继续租用本物业。所以，物业管理工作中的每一部分工作，都应以满足当前租户的需要并吸引未来的新租户为中心。

物业管理更多体现的是物业本体的具体维护，从而使资产拥有或使用者在生活方面得到方便；而资产管理所涉及的范围比物业管理大得多，资产管理将房地产当做盈利工具，使资产拥有者实现利益最大化。但是尽管物业管理与资产管理之间依然存在这些差别，物业管理还是可以将资产管理的管理方式、经营理念及服务手段等运用到服务过程当中，成为企业盈利、业主受益之新的管理与服务模式。

2. 设施管理

设施管理是融合了企业管理、建筑学、行为科学和工程学等多学科的交叉学科。许多企业越来越强烈地认识到，拥有一个管理有序、高效率的办公环境，对企业的成功非常重要。新技术、环境意识和对健康的日益关注，也导致了对设施管理专业服务需求的日益增加。

设施管理的传统服务主要集中在设施的运行管理与维护，但目前已扩展到为物业内的人员提供一个安全、有效率的工作环境，为物业提供设施设备维护、空间环境维护服务等方面。例如，设施管理人员要负责保持物业内的良好空气质量，为楼宇更新安全控制系统，为残疾人提供无障碍的通行设施，保证设施符合政府法规和环境、健康、安全标准等。

3. 物业资产管理

物业资产管理是介于物业管理和组合投资管理（代表物业所有者）之间的中间层次经营管理。资产管理者一般可以管理许多物业，主要根据不同区域和物业种类而设立，如许多组合资产管理者旗下拥有专门从事高档住宅物业管理的机构。物业资产管理者为所管理的诸多物业制定发展营运战略，雇佣合适的物业管理者，审核批准物业管理者根据物业发展营运战略而制定的物业营运计划和财务计划。对物业的营运绩效和财务状况进行及时总结，向组合投资管理者汇报。考核和评价物业管理者的工作绩效，根据物业所处市场环境变化情况和最佳、最适用原则，提出事关物业结构功能改变的资产改造计划，最大限度提高所管理的物业的价值。资产管理者虽然不经常驻在物业现场，但一般会定期或不定期到现场检查物业管理者的工作，对资产组合投资管理者（资产所有者）负责。

4. 房地产投资组合管理

房地产投资组合管理所涉及的范围更广，它涉及多个物业的协调管理、组合投资等内容。组合投资管理者是物业所有权和最终控制权的代表，是整个物业资产管理的战略决策层，可依据其专业经营管理能力管理旗下多个物业资产管理者，决定对不同区域和种类房地产市场上的物业进行购买、持有、出售。即在整个房地产市场上决定资产组合的布局、结构、规模。审核批准物业资产管理者提出的物业资产改造计划，对资产管理者的绩效和物业运营效率进行评价，以最大限度提高所有者投资的回报，降低和化解组合投资的风险，对投资者（所有者）负责。

第二节 房地产资产管理的方式和途径

房地产资产管理将房地产本体作为能带来经济效益的工具和载体，通过对房地产这一资产的运作获取收益和回报，从而促使房地产的保值和增值。资产管理是房地产企业发展的必由之路，我国房地产企业要迅速壮大实力，扩大规模，提高经济效益，必须走资产管理的路子。

一、房地产资产管理的主要方式和途径

（一）上市经营

上市经营是指将资产进行整合重组，对外公开招募股份，在证券市场上市交易。这是资产管理的一种主要方式。企业上市既可以通过公开发行股票直接上市，也可以通过买壳等形式间接上市。这样企业可以在证券市场源源不断筹集资本、开展资产管理，且随企业的发展可以不断地注入新资产。也可以发行新股，在时机成熟时还可以将部分业务分拆独立上市，使整个集团不断成长壮大。通过股市筹资，不仅不要还本、无固定支付股息的约束，而且增资扩股相对灵活，从而可以增强企业财务基础。只要企业经营得好，注资和分拆上市时通过溢价可使企业经营得到较高回报。如香港华资首富李嘉诚，以发展房地产为主业，同时通过收购兼并，重组上市，形成了以长江实业、和记黄埔等香港恒生指数为主的上市公司体系，在不到30年时间内，聚集了市值达6000亿港元的庞大资产。其每年产值甚至超过了国内一些大城市。近几年来大量的国内房地产开发企业如：金地、建业、复地、碧桂园等纷纷上市就是一个体现。

（二）兼并与收购

兼并与收购是指一家企业，部分地甚至全部地获得另一家企业的资产。美国经济学家、诺贝尔经济学奖获得者乔治·斯蒂格勒曾说："一个企业通过兼并其竞争对手的途径成为巨型企业是现代经济上的突出现象"，"几乎没有一家大公司主要依靠内部扩张成长起来的"。兼并与收购可以通过多种方式来实现：一是以现金购买资产；二是以现金购买股票；三是以股票换取资产；四是用股票换取股票。后两种方式虽然互换股票的数额完全相同，但实际上在各自企业资产中所占的比例却各异，从而达到取得控股权的目的。

（三）产权转让

对不需要或不符合经营策略方向的业务或资产，在需要筹措资金，或资产的市场较为理想时，可以考虑进行产权转让出售。从某种程度来说，产权转让是资产管理的最终实现环节，是资产管理的关键内容。产权转让的对象可以是兼并收购来的资产，经过调整，可将其中优质资产直接出售套现。同时，对于效益较差的资产，在重组和加强管理后，待时机成熟时也可出售。产权转让的资产也可以是

企业原有的资产，对于那些增长潜力有限，或对企业长远发展战略关联不大的资产，可以通过转让获得资金，用来发展新的或效益更好的项目，产权转让可以在证券市场实现，也可以在产权交易市场、资本市场上实现。

（四）租赁与托管

这是指以法人财产权为基础，以短期经营利润为指标的经营权转让，托管是租赁的延伸和完善。租赁和托管也是一种企业资产市场化运作方式，它们并未改变资产所有权的性质，而经营权和处置权发生有条件的转移，并在租赁和托管过程中使双方都能受益。作为租赁方和受托方，可以凭借其管理才能进而以较少的投入，借助他人资产进行经营，从而达到获取经济利益的目的。作为被租方和委托方，可改善原来资产的盈利状况，获得收益。

（五）投资基金

组建方向性投资基金，在各地市场上配售上市，吸引国际中小投资者的资金，投向获利较高的项目，也是一种资产管理的方式。基金属于长期性股本融资方式，适宜长期性投资项目，并可获得战略投资者的资金、技术及管理，且不影响企业资产负债比例。目前，这种方式国有企业运用较少，但就长远而言则大有发展前途。

（六）抵押经营

抵押可在短期内弥补企业资金的不足，使企业得以将固定资产折价计入流动资产，共同支持企业的发展需要。但企业面临贷款利息过重，到期需要将资产套现还款，从而对企业发展不利，这是由于企业要承担较大的投资盈利风险的缘故。

（七）房地产信托投资

房地产信托就是房地产投资者借助较权威的信托责任公司的专业理财优势和运用资金的丰富经验，通过实施信托计划，将多个指定管理的开发项目的信托资金集合起来，形成具有一定投资规模和实力的资金组合。房地产信托的操作方式是，信托公司集合委托人（机构或个人）的资金，以贷款、股权投资或两者组合的方式介入房地产项目，委托人从而获取信托资金运作的投资回报，信托公司收取一定手续费。2003年12月，北京国投隆重推出"北京国投法国欧尚天津第一店资金信托计划"。该信托计划集合运用信托计划资金，购买法国欧尚天津第一店的物业产权，以物业的租金收入实现投资人长期稳定的高回报。此外，投资人亦可享有该物业升值和该项目可能上市流通等潜在利益。它被认为是中国大陆第一个真正意义上的房地产信托投资。就目前而言，我国房地产信托还处在探索阶段。

就以上七种房地产资产管理方式而言，上市经营方式就是进行房地产资产管理的一个体现，如近几年来金地、建业、复地、碧桂园等房地产企业的上市。兼并与收购的方式为房地产企业的进一步扩张提供了有力的支持，2007年年底至2008年年初万科集团董事长推出拐点论，然后万科开发的房地产项目集体大幅度降价，被外界指责为对中小开发商的"屠杀"，在这个过程中整个房地产市场下行，销售惨淡，很多中小开发商纷纷破产，万科和其他较有实力的开发商通过收购与兼并中小开发商的方式获取了大量的土地资源。产权转让方式可解决资金的不足,如中信泰富将恒昌大厦和投资股份高价出售,分得现金11.7亿港元,部分地解决了资金需求,并且调整了公司的战略发展方向。租赁与托管这种方式经常用于零售商业物业的经营,例如房地产投资公司针对商业物业,可以承诺先出售然后回租,这种方式大大减少了资金的投入,降低了风险,而对于另一方可以改善资产状况,提高了盈利的能力,同样降低了风险。对于投资基金这种方式,我国房地产企业应用较少,近年来也有一些国际上知名的投资基金公司试水,如:倒闭前的摩根士丹利下属房地产投资基金 RSREF、荷兰国际房地产、瑞安集团、新加坡嘉德置地等,但规模不大,效果也差强人意。抵押经营方式一般不会被采用,只有在企业没有更好的选择时才会被采用。

二、房地产资产管理方式选择中需要注意的问题

由于每种房地产资产管理的方式都有相应的优、劣势,所以房地产资产管理注重多种方式的组合运用,使之达到以小控大、资产迅速扩张、效益迅速增长的目的。要搞好房地产资产管理,必须注意以下几点:

(一) 选好选准项目

项目选得好,房地产资产管理就成功了一半。要选好选准项目,就必须进行充分的市场调查和科学客观的项目论证。组织专门力量开展此项专业性的工作,为投资决策提供科学的参考依据。事实证明。资产管理搞得比较成功的公司都以相当大的投入来抓好这个环节。

(二) 抓好房地产企业经营管理

无论是不直接介入企业经营管理的股权交易业务,还是涉及企业经营管理的活动,企业经营管理的状况都是关键因素。只有企业经营管理处于良好的状况,资产管理才能顺利进行。大多数投资项目的效益得到保证,资产管理才能进入良性循环。

(三) 组织好房地产资产管理的专业力量和渠道

无论是哪种方式的资产管理业务都涉及大量专业性操作业务。如招股、注资、分拆资产等;同时产生的交易是实现资产管理效果的最终环节。能否便捷及时地购入或卖出有关的资产,对资产管理的顺利进行具有关键影响。因此,应当组织专业力量来从事资本市场的具体操作事务,并在资本市场和产权交易市场设立自己的交易渠道,使资产管理渠道从操作到交易都能顺畅便利。

三、房地产资产管理的启示

根据中国物业管理协会2007年《物业管理行业生存状况调查报告》显示,参与调查的4600家企业中管理的"物业项目总数30831个,总建筑面积203906.4万 m^2,其中住宅项目数21428个,建筑面积154286万 m^2,分别占总项目数的69.50%和总建筑面积的75.67%;办公楼及商业用房项目5825个,建筑面积20976.66万 m^2,分别占18.89%和10.29%。"可以看出,在中国房地产市场化与专业化、产业化程度尚不完全成熟的今天,中国物业资产管理服务对象主要还是

以消费性与自用型为主的住宅类物业资产，其占总资产量的三分之二比例；而投资性与经营型的商业地产类，仅占物业资产的10%~20%之间，不到三分之一。

而根据2009年12月25日发布的第二次全国经济普查主要数据公报显示，2008年末，我国房地产开发企业有87881家，物业服务企业有58406家，分别比2004年末增加28639家和26724家；我国房地产开发企业从业人员207.7万人，物业服务企业从业人员250.1万人，分别比2004年末增加49.2万人和106.7万人；我国房地产开发企业主营业务收入26694.2亿元，物业服务企业主营业务收入2076.7亿元，分别比2004年增长100.5%和204.5%。

我国一些城市2008年物业管理行业经营总收入的情况为：上海市由2002年的78.5亿元提高到2008年的324.4亿元，占全市GDP的2.48%；北京市为255.4亿元，占全市GDP的2.48%；成都市为138.32亿元，占全市GDP的3.55%；深圳市为169亿元，占全市GDP的2.14%。

总之，虽然我国的房地产资产管理发展的时间不长，但是得益于我国经济的快速发展，可以想象随着我国房地产市场不断繁荣，房地产资产管理也会走向繁荣。

（一）以资产经营管理的角度看待房地产开发，夯实我国房地产市场基础

房地产开发企业必须有资产经营管理的观念，以资产经营管理的角度去做开发，从房地产资产的整个生命周期考虑问题。房地产生命周期发展经营战略、营运计划、营运预算、管理细则必须从项目创意开始认真制定或筹划，并及早与可行性研究报告一同展现给投资者、各合作方、潜在最终使用者和政府等。开发周期内市场吸纳价格、吸纳率和开发成本比较分析得到的可行性仅仅是第一层次的可行性，是非常狭隘和短浅的，即使开发商在短期内成功销售所开发的房地产，但如果未来这宗房地产的生命周期和收入大大低于销售时的预期时，那对整个房地产市场和开发商本身的危害是巨大的。所开发的房地产资产在整个生命周期中的地位和营运状况是房地产开发商价值的根本，任何开发商不可能长远离开这一根本。

（二）实现从开发主导向经营管理主导的转变，提升房地产市场效率

目前我国房地产经营管理已经有了许多比较成功的探索和尝试，如上海锦江旅馆投资管理公司是目前全国最为成功的经济旅馆投资开发商之一。其经营管理水平虽然尚待改进的余地仍然巨大，但正是仅仅因为找准了目前我国经济旅馆业市场需求旺盛而进入者较少的市场空白，"锦江之星"连锁经济型旅馆短短3年内在"长三角"区域迅速扩张，显示了非常好的市场成长性。类似的市场机会还非常多，为我国房地产企业从开发主导型向资产经营管理型转变提供了历史性机遇。而且我国房地产市场总体和许多房地产开发企业正在面临着资产经营管理环节薄弱的严重制约，导致我国房地产市场增长迅速与效率低下同时存在，使房地产企业在市场风险中的暴露越来越严重，发展越快而经营基础越显薄弱（因为效率是任何产业和企业竞争力的根本，任何产业和企业不可能长久维持没有效率的增长而不付出代价）。坚决走资产经营管理型的长远稳健发展之路，才是我国房地产企业突破市场瓶颈和化解市场风险的根本出路。

（三）着眼于全球市场范围发展我国房地产组合投资机构，增强房地产业竞争力

房地产资产的价值本质上是房地产经营管理中的净收益和效用。房地产资产管理的三个不同层次都应当围绕提高房地产市场上资产的素质和营运绩效展开，在区域经济一体化与经济全球化的背景下，我国房地产市场只是全球市场体系中的一个环节。

成熟的房地产业是资金、技术高密集型行业，国际经验表明：房地产业竞争力的提升和效率提高是在广阔的市场背景下整合人才、资本等要素，并最终依赖于专业组合投资机构的涌现和成长。我国房地产市场必须着眼于全球大市场环境以提高竞争力，专业组合投资机构的关键功能是提高我国房地产市场资源配置效率。这必须依靠其在房地产资产三个管理层次上的技术经验和主导地位，最终在房地产市场的开发、经营、投资活动中处处体现房地产资产保值增值的三个关键管理层次，即精细的物业管理、高效的资产管理、专业的组合投资。

第三节　物业重新定位

一、概述

物业重新定位主要是企业通过兼并、收购或者产权转让方式获得物业后需要对物业进行改造，以便适应市场和企业的需要，是房地产资产管理的重要内容。

房地产是由土地及其定着物组成，土地同其定着物之间有一个特殊的关系，它们的结合增加了房地产的价值，而不是二者的简单组合。土地及其定着物的不同构成了不同类型的房地产。根据土地的利用方式可以把房地产分为：工业物业如工业厂房等；商业物业如写字楼、商场等；住宅物业如普通商品房、别墅等；特殊物业如学校、庙宇、军营等。以工业物业、商业物业和住宅物业三种物业为主，其中以工业物业和住宅物业被改造为商业物业居多。

二、物业重新定位的程序

（一）发现或寻找目标物业

对于物业资料的收集一定要注意平时的积累，做到日积月累、时刻留心，不能等到需要时才去做。而且收集资料时要有针对性，收集那些公司主要涉及的类型。

（二）对物业的价值重新评估

对物业价值的重新评估一定要遵循房地产估价相关原则，运用相关的房地产估价方法。具体的估价方法主要有：

1. 市场比较法

市场比较法是最常用、最能反映房地产估价的价值标准的方法，其实质就是房地产估价过程。即根据估价人员掌握的市场资料，采用房地产交易中的替代原则，通过选取与估价对象有相关性的可比实例，并分别进行实地勘察，做出交易情况、交易日期、区域因素与个别因素的修正，以此估算出估价对象客观合理的价格或价值。

采用市场比较法有三个必要条件：第一，需要收集大量、正常的房地产交易数据；第二，在房地产市场上不存在垄断或者寡头垄断。市场比较法的使用前提是充分竞争；第三，采用市场比较法必须要求房价相对稳定。

2. 成本法

成本法是求取估价对象在估价时点的重新购建价格，然后扣除折旧，以此求取估价对象的客观合理价格或价值的方法。成本法的本质是以房地产的开发建设成本为导向求取估价对象的价值。

成本法这个概念中的"成本"，并不是通常意义上的成本，而是指价格。成本法的理论依据是生产费用价值论——商品的价格是依据其生产所必要的费用而决定。具体又可以分为从卖方的角度来看和从买方的角度来看。从卖方的角度来看，房地产的价格是基于其过去的"生产费用"，重在过去的投入，具体一点讲，是卖方愿意接受的最低价格，不能低于他为开发建设该房地产已花费的代价，如果低于该代价，他就要亏本。从买方的角度来看，房地产的价格是基于社会上的"生产费用"，类似于"替代原理"，具体一点讲，是买方愿意支付的最高价格，不能高于他所预计的重新开发建设该房地产所需花费的代价，如果高于该代价，他还不如自己开发建设（或者委托另外的人开发建设）。

由上可见，一个是不低于开发建设已经花费的代价，一个是不高于预计重新开发建设所需花费的代价，买卖双方可以接受的共同点必然是正常的代价（包含正常的费用、税金和利润）。因此，估价人员便可以根据开发建设估价对象所需的正常费用、税金和利润之和来测算其价格。

3. 收益法

收益法又称作收益资本化法、收益还原法，是预测估价对象的未来收益，然后将其转换为价值，以此求取估价对象的客观合理价格或价值的方法。收益法的本质是以房地产的预期收益能力为导向求取估价对象的价值。

根据将未来预期收益转换为价值的方式，即资本化方式的不同，收益法可分为直接资本化法和报酬资本化法。直接资本化法是将估价对象未来某一年的某种预期收益除以适当的资本化率或乘以适当的收益乘数转换为价值的方法。其中，将未来某一年的某种预期收益乘以适当的收益乘数转换为价值的方法，称为收益乘数法。报酬资本化法即现金流量折现法，是房地产的价值等于其未来各期净收益的现值之和，具体是预测估价对象未来各期的净收益（净现金流量），选用适当的报酬率（折现率）将其折算到估价时点后累加，以此求取估价对象的客观合理价格或价值的方法。采用收益还原法计算房地产价格可表达如下：

$$p = \frac{a_1}{1+r_1} + \frac{a_2}{(1+r_1)(1+r_2)} + \cdots + \frac{a_n}{(1+r_1)(1+r_2)\cdots(1+r_n)}$$

这里 P 为房地产价格，$a_1, a_2, \cdots, a_n$ 表示各期纯收益，$r_1, r_2, \cdots, r_n$ 表示各期的还原利率，n 为该房地产的使用年限。假定房地产的纯收益不变，使用年限无穷，还原利率为常数，上式可以简化为人们一般所熟悉的形式：

$$p = \frac{a}{r}$$

（三）决策和执行

评估后需要根据所作物业重新定位的价值评估，结合相关的其他研究，若综合研究的结果可行，就需要决策，然后进行相关的改造工作；若不可行就需要重新回到第一个阶段重新进行。

（四）物业投入运行后的评估、总结

物业投入运行后，需要不断地对物业运行的收益等情况进行监控，并不断地进行评估、调整，总结经验教训，为今后工作的顺利进行打下基础。

三、物业重新定位的方式

物业重新定位基本上有两种方式：第一种为房地产商拥有或者通过委托代理等形式获得已存在物业的使用权，期望通过对其重新改造定位而获得更大的收益；第二种为某一区域市场上没有特定用途的某一物业，房地产商自身或者接受委托要在现有市场上寻找能够改造的物业，对其进行重新改造定位获得收益。

随着我国经济的不断发展，第三产业的发展突飞猛进，商业物业的需求越来越大，且商业物业可改造的形式可以多种多样，因此由其他种类的物业改造成商业物业的比较多，诸如超级市场、便利店、写字楼、或者几种的结合等。另外近年来也有将烂尾楼重新定位改造成小户型公寓、酒店公寓的案例。

复习思考题

1. 什么是资产管理？
2. 房地产资产管理方式包括哪些？
3. 简述物业重新定位的程序。
4. 什么是物业资产管理？

第四章

房地产市场营销

著名的营销专家菲利浦·科特勒提出:"销售仅是市场营销'冰山'的顶端。"房地产市场风云变幻,这对房地产企业进行营销提出了更高的要求。房地产营销成功与否,决定着新旧楼盘的租售和房地产市场的有效启动,进而影响着房地产业作为支柱产业的地位。因而房地产企业要想抓住机遇、迎接挑战,必须树立现代经营观念,引入市场营销理念,掌握现代化的营销技术,更好地满足社会对房地产商品的需求,增强房地产企业的经营管理水平,促进房地产商品的开发、流通的良性循环,使房地产市场营销真正成为房地产开发、销售等的先行者和组织者。

第一节 房地产市场营销概述

一、房地产市场营销概念

（一）市场营销与房地产市场营销

随着我国房地产开发量和开发规模的扩大,房地产市场供给量将不断增长,在这种大的趋势下,房地产企业的经营理念也逐步从生产观念向营销观念转变。

1. 市场营销

市场营销学译自英文"marketing"一词,原意是指市场上的买卖交易活动,它作为一门学科,在我国被译为市场营销学、市场学和销售学等,是适应现代市场经济高度发展而产生和发展起来的一门关于企业经营管理决策的科学。

美国著名市场营销专家麦卡锡对市场营销的理解是:"市场营销应该是从顾客

开始，而不应该从生产过程开始；应该由市场营销而不是由生产决定将生产什么产品。诸如产品开发、设计、包装的策略，各种价格的确定，赊销及信用政策；产品的销售地点以及如何做广告和如何推销等问题，都应该由市场营销决定。"市场营销是通过市场促进交换以满足人类需要和欲望的活动。

市场营销的目标是满足顾客的需要，是为顾客提供符合顾客需要的产品，顾客是市场营销的核心，这就要求首先明确顾客有什么样的具体需要，然后满足需要，并实现企业的目标。由于顾客的需要是不断变化的，因而就需要对顾客的要求进行动态监测和评估。正确预测顾客未来的需要，是建立竞争优势的关键。满足顾客需要的手段是建立一个有效的市场营销组合。市场营销组合的基本要素是产品、价格、地点、促销，简称"4p 模型"。使这四个要素组成最优组合，是市场营销的基本任务。

市场营销应该是一个全过程的营销。也就是说，市场营销从产品设计开始，一直到产品的售后服务的全过程营销。如果在产品生产出来后再谈营销，只能说是销售或促销，不能说是市场营销。但是如果从产品设计、市场调研开始，根据市场情况制定自己的促销、价格等策略，并在产品生产出来后立即组织实施，就是市场营销的一部分工作，属于市场营销范畴。

2. 房地产市场营销

通过对市场营销概念的分析，我们可以将房地产市场营销定义为房地产企业开展的创造性的、适应动态变化的房地产市场的活动以及由这些活动综合形成的房地产商品、服务和信息从房地产企业流向房地产购买者的社会管理过程。其实质是以消费者对各类房地产商品的需求为出发点，房地产企业通过有效地提供住宅、办公楼、商业楼宇以及厂房、仓库等房地产商品和与此相关的服务来满足消费者的生产和生活、物质或精神的各种需求，并获取利润。

3. 市场营销和房地产市场营销的关系

市场营销是一个大概念，其内涵已经涵盖了房地产市场营销的内容。房地产市场营销是市场营销的一个分支，是市场营销观念应用于房地产企业而形成的一种全过程营销观。根据市场营销的有关理论，房地产市场营销也应该是全过程营销。对于不同的企业，如房地产开发企业、房地产代理企业和房地产居间服务企业等，其具体步骤存在一定程度的差异，但是一般步骤应该是相同的，即不管什么类型的房地产企业进行市场营销活动都要经历的步骤包括：分析和研究市场机会、研究和选择目标市场、制定房地产营销策略（含产品策略、价格策略、渠道策略和促销策略）、制定房地产营销计划、组织执行和控制市场营销计划。

（二）房地产企业的市场营销观念

1. 房地产市场营销的共性

不论是什么样的房地产企业，其营销都具有共同的性质：

1）营销的产品都是房地产，并要考虑房地产产品的特性

由于房地产和其他一般产品具有不同的特征，因此在房地产市场营销中也具有了房地产市场营销的特点。房地产产品具有异质性、价值昂贵性以及不可移动

性等特点，因此房地产市场营销在制定具体的营销策略时必须考虑这些特点，不可能将房地产产品拿到展销会上进行展览。这是所有房地产企业市场营销的共性之一。

2）房地产企业的营销活动是以顾客为中心的，不能将其核心转移到产品中去

这是与一般商品共有的特性，也是市场营销的核心所在。如果背离了这一点，就不能说是遵循了市场营销观念。比如某房地产开发公司，只是为了寻找买主而卖房，而不管住房的需求者需要什么样的房子，并以此通过宣传等手段进行促销寻找买主。我们说这种观念并不是市场营销观念，而是一种生产观念，也就是说，其关心的是如何增加自己产品，将自己掌握的房源的数量作为自己的营销核心，不属于真正的市场营销观念。

2. 房地产企业的营销观念

我国的房地产企业营销活动相对于其他从事房地产销售活动的企业来说，起步较早。同时房地产领域的竞争也日益激烈，因此，房地产的市场营销观念被广大房地产企业利用并且越来越关心市场调研活动，并根据市场调研结果来论证自己的选择或进行项目的定位，也就是根据选择和确定目标市场，设计和开发满足目标市场需求的房地产产品来实现企业的目标。因此，房地产企业的市场营销观念还是与市场营销观念基本一致的。

二、房地产市场营销的作用

房地产市场营销是一门新兴的应用学科，是市场营销学的一个分支。研究房地产市场营销对于提高房地产企业的营销素质，增强房地产企业的活力和竞争力，健康、稳步地发展房地产业，更好地满足人们生产以及生活的需要，都具有现实意义。

（一）有助于提高房地产企业的营销素质和竞争力

市场营销的研究对房地产企业的发展起到了重要的作用。如果房地产企业只以产品观念为经营理念，一味追求高利润，不分析市场的结构和消费者的需求，盲目经营，往往会导致经营和资金周转困难，最终造成亏损甚至破产。如果房地产企业以推销观念为导向，开发什么样的房地产产品，就向市场提供和推销什么样的房地产产品，最后也会造成房地产商品的滞销。而房地产市场营销可以指导房地产企业寻找最佳的经营方向，选择最佳的市场运作方式，根据消费者的需要来开发和推出房地产产品。

通过对房地产市场的研究，可以为房地产企业寻找投资机会，确定具体的目标市场，为具体的房地产商品营销制定详细的营销计划，确定科学的产品、定价、分销和促销等策略。同时，根据房地产供求关系和政策、经济、法律等情况的变化调整营销计划和内容。因此，房地产市场营销不论是对房地产企业开拓市场、获取更多的利润或提高产品的市场占有率，还是对房地产企业树立良好的社会形象，都具有举足轻重的作用，使房地产企业能够在瞬息万变的市场环境中、激烈的市场竞争中审时度势，客观地分析市场，抓住机遇，占领市场。

(二)有利于房地产市场的发育和完善

房地产市场存在并得以正常运行的前提是房地产商品交易的形成。房地产市场的不完全竞争性、信息的非畅通性,使房地产再生产的生产、交换、分配和消费在空间、时间、价格、数量、产权以及质量在信息的交流和获取方面的困难程度都高于一般商品。这一问题的解决或缓解,当然需要方方面面的努力,但加强房地产营销理论的研究和应用,可以通过了解消费者需求,开发适销对路的房地产产品,加速房地产产品由商品形态向货币形态转化,缩短房地产商品的流通周期,降低房地产生产的盲目性,是培育和完善房地产市场的重要措施。

(三)有利于消费者需求的满足

房地产市场营销观念强调以市场为导向,以消费者需求和利益为出发点,按市场需求组织房地产产品的生产和流通,有利于消费者需求的满足。由于消费者对房地产的需求具有多样化、层次性和复杂性的特点,使房地产企业不可能完全和及时把握市场需求的脉搏。运用房地产市场营销的理论,通过正确的市场调查和市场预测,就能够及时地了解消费者的需求,并把握市场需求进行有效的房地产经营,以进一步地满足不同需求层次的消费者对房地产商品的需求。

(四)有利于房地产业和国民经济的发展

消费者需求的满足、房地产市场的正常运行,都会促进房地产业的发展。而房地产业的发展,又将从投资和消费两个角度对国民经济的发展带来推动作用。因为在任何一个国家和地区,房地产业都是国民经济的一个重要组成部分。研究房地产市场营销,认识市场机制和价值规律的调节作用,合理配置土地、资金以及劳动力等资源,提高房地产企业的经营管理水平和经济效益,都将促进房地产业和国民经济的繁荣与发展。

第二节 房地产市场调查与预测

在社会主义市场经济条件下,房地产市场机制正在逐步完善,房地产企业必须要依照市场供求关系的经济规律办事。因此,市场调查与市场预测自然成为房地产企业经营决策的重要依据,也是决定房地产企业近期目标和长远目标的关键环节。

一、房地产市场调查的含义与作用

(一)房地产市场调查的含义

《孙子·谋攻篇》说:"知己知彼,百战不殆;不知彼而知己,一胜一负;不知彼,不知己,每战必殆。"作为房地产企业,首先要知己,了解自己的优势和劣势,做到扬长避短;其次要知彼,了解环境提供给房地产企业的机遇和带来的威胁,以便把握机会而避开威胁。而要做到知己知彼,对于房地产企业来说必须开展房地产市场调查。

房地产市场调查是企业运用科学的方法,对影响房地产市场变化及发展的因素、条件等所进行的收集资料,掌握客观情况,以及对房地产市场分析研究,为企业制订正确的经营方针和合理的经营决策提供可靠依据的一系列工作。

房地产市场调查研究,是经营者了解、认识房地产市场的主要手段,也是企业经营管理必须要加强的基础性业务工作之一。其主要目的是收集有关房地产市场的情报资料,并对所收集资料的整理、分析和研究,找出房地产市场变化的原因,分析其中的规律性,相对准确地估测出未来市场的状况。这样,把历史、现在和未来结合起来进行调查研究,就能为企业的市场经营战略决策提供依据。

(二)房地产市场调查的作用

市场调查是房地产企业最基本、最重要的一项工作。企业只有开展好市场调查,才能掌握有关信息资料,才能做出正确的市场预测和营销策略,房地产市场调查的作用可以概括为以下几个方面:

1. 市场调查是房地产企业经营决策的基础

决策就其实质来说是选择未来行动方案,因而离不开市场调查。在市场经济条件下,正确的决策来源于正确的判断,正确的判断来源于市场信息的掌握和科学的分析,房地产企业可以根据自身的实力,制定竞争策略,使之处于竞争的有利地位。决策过程即是市场调查过程。

2. 市场调查和市场预测是可行性研究的源泉

可行性研究取之于市场调查和市场预测,没有市场调查和市场预测,可行性研究必然成为无源之水。没有市场调查和市场预测就不会有可行性研究,没有可行性研究,经营决策便没有科学依据。

3. 市场调查和市场预测有利于企业作出销售计划和销售价格的决策

房地产开发企业掌握了市场供求情况和销售价格后,就能够制订自己的销售计划和销售价格,可以选择有利的时机和有利的价格,把商品房投入市场,为企业取得最佳经济效益提供情报。

4. 市场调查和市场预测是使市场经营组合经常处于最佳状态的手段

房地产企业市场经营组合是运用系统的方法对企业内部可控制的各种因素的综合运用。所谓企业市场经营组合的最佳状态,最根本的要求是企业内部的经营组合,要适应外部环境的发展,提高企业的应变能力。企业经营组合适应外部环境,就能满足需要,取得一定的经济效益,否则,就会失误、给企业带来损失,而市场调查与预测是掌握企业外部环境的唯一手段。

5. 市场调查有利于房地产企业在竞争中占据有利地位

知己知彼是每一个房地产企业对付市场竞争的有效方法。企业要想在竞争中占据有利地位,就必须掌握竞争对手的产品优势、促销手段、营销策略和未来的发展意图等。通过市场调查,了解竞争对手的数量、市场占有率、房屋销售量等情况,房地产企业就可以在竞争中绕开竞争对手的优势,发挥自己的长处,制定出强有力的营销竞争策略。

二、房地产市场调查内容

房地产市场调查的内容十分广泛，凡是与房地产企业生产经营活动有关的资料，都是市场调查的内容。

（一）市场环境的调查

市场环境调查主要是对影响房地产企业生产经营活动的不可控制的外部宏观环境的调查。房地产市场环境调查包括以下内容：

1) 国家的房地产政策和法规；
2) 经济指标、国民经济的结构和发展水平；
3) 人口政策和家庭人口的构成情况；
4) 房屋经济管理体制及其改革情况。

当然这些内容涉及整个社会的资源、经济、文化、法律以及自然地理等各方面。

（二）房地产市场需求的调查

房地产市场需求调查包括以下几方面：

1) 房地产市场需求的潜量；
2) 房地产市场对本企业产品的需求总量；
3) 房地产市场对某类房地产产品的供求状况；
4) 房地产市场需求的因素。

（三）消费者的调查

消费者调查包括以下几方面：

1) 消费者的特征，包括职业划分、受教育程度、家庭结构及消费者的购买行为；
2) 消费者的收入状况、购买能力；
3) 消费者的购买倾向，包括户型、面积、位置、价格、环境、配套设施、物业管理等。

（四）竞争者的调查

竞争者调查包括以下几方面：

1) 竞争者及潜在竞争者的实力与优势、劣势分析，包括企业规模、生产能力、经营方式、管理水平；
2) 竞争者的商品房设计、装修标准、配套设施、物业服务水平；
3) 竞争者采用的新技术、新理念。

三、房地产市场调查的方法

房地产市场调查的方法主要包括全面调查法、抽样调查法和重点调查法等。

（一）全面调查法

此种方法又称普遍调查法、简称普查。它是在一定时间内，一定区域内，对所有单位和个人的房屋进行普遍的调查。这种调查工作量巨大，需要耗费大量的人力、物力和财力，通常是由国家房管部门组织进行，这种调查方法可以获得全面的情况和资料。

（二）抽样调查法

它是从全部用房单位和个人中抽选出一部分具有代表性的对象进行调查，然后再根据局部调查的资料，推算出全面调查的结果。这种调查法的优点是省费用、收效快，但缺点是容易产生误差。抽样调查法适合于房地产企业的市场调查。

（三）重点调查法

它是选择若干个具有代表性的用房单位和个人进行调查，以获得点上的资料。这种资料比较细致，便于深入分析，它既适合于国家的房管部门，又适合于房产企业的市场调查。

以上介绍了三种房产市场调查方法。至于采用哪种调查方法，取决于进行调查的单位，以及调查的目的和任务。

四、房地产市场的预测

市场预测是房地产市场营销活动的重要组成部分，是企业制定营销策略的前提和基础。房地产企业不仅要通过市场调查了解市场需求的现状，还要通过市场预测未来房地产市场的需求的变化趋势，及时调整企业的营销策略，掌握操纵市场的主动权。

房产市场预测就是房地产企业运用科学的方法，借助于调查的数据资料和一些历史统计资料，对房产市场的未来发展趋势进行分析和推测，进而掌握市场供求变化规律，为房地产企业经营决策提供可靠的依据。

房地产市场预测包括房地产市场需求预测和房地产市场供给预测。

（一）房地产市场需求量预测

进行房地产市场需求量的预测，一方面要了解该产品的社会饱和点，另一方面要了解该产品的社会拥有量，两者之差就是市场需求量。要搞好房地产市场需求量的预测，必须研究影响市场潜在的各种因素，例如城市人口增长，家庭人口结构的变化，国家的城市发展政策，国民收入水平及其分配结构的变动，居民的收入和生活水平的提高，旧城区的改造以及住宅价格的高低等。因此，房地产市场需求量预测就是要对这些因素的变动情况及其所产生的影响进行分析和预算，来确定未来房地产市场的需求量。

（二）房地产市场供给预测

市场供给预测是对进入房地产市场的房地产商品总量及各种房地产商品市场可供量的变化趋势进行的预测。供给预测首先要预测整个房地产行业的供给能力，包括从事房地产同类产品的企业数量、生产规模、技术状况、管理水平；其次要预测本企业的发展能力，最后预测宏观调控政策对企业未来的发展会有哪些影响。

因为房地产的供给受到很多因素制约，例如城镇房地产建设的投资量和国民收入的增长率，信贷资金的多少及银行利率的高低，建筑工业的发展水平，建筑材料供应情况，国家的土地政策，房地产流通渠道的多少以及房地产价格的高低等。这其中影响最大的因素是房地产建设投资的数量和信贷资金的多少。因此，房地产的供给预测，就要对上述诸因素的变动情况及其产生的影响进行分析和测算，来确定未来房地产的供给量。

房地产市场的调查重点在于掌握历史和现状，而房地产市场的预测重点在于把握未来。对于现代房地产企业来说，房地产市场的调查和房地产市场的预测缺一不可。忽视了市场调查则市场预测就会失去科学性，反过来，忽视了市场预测则市场调查也就失去了应有的重要性，所以二者都不可偏废。

第三节　房地产市场营销策略

房地产市场营销策略的目的是通过为购买者提供比竞争对手更好的产品和服务，从而将竞争对手击败，实现企业自身的销售目标。它作为房地产企业经营策略，已经成为房地产企业在竞争中取胜的不可或缺的重要因素，从而也得到了管理者的重视和运用。本节重点介绍房地产市场营销的四个策略：房地产产品策略、房地产市场营销价格策略、房地产市场营销渠道策略及房地产市场营销促销策略。

一、房地产产品策略

随着科学技术的飞速发展和消费者需求的不断变化，市场上新产品层出不穷，新产品开发直接关系到房地产企业的生存和发展。美国学者彼得·德鲁克认为："任何企业只有两个基本功能，就是贯彻市场营销观念和创新。因为它们能创造顾客。"其基本含义就是指明任何企业都应积极开发新产品，以推动整个社会经济的发展。

在房地产市场营销活动中，企业满足顾客需要并通过提供满足顾客需要的产品而获取利润，是通过开发不同用途的房地产产品来实现的。为满足消费者不同的需求而开发建设的各种用途的产品，是买卖双方交易的基础。因此，房地产产品策略是房地产企业市场营销活动的核心，是制定其他市场营销策略的基础，也是产品定位的基础。

房地产产品策略是指房地产企业以向目标市场提供各种适合消费者需求的房地产产品和服务的方式来实现其营销目标。包括产品的规划、设计、建造、质量、环境、物业管理、品牌等可控因素的组合和运用。产品策略很多，主要介绍四种策略，包括房地产产品策略、产品差别化策略、产品品牌策略和产品的组合策略。

（一）房地产产品差别化策略

在现代经济环境中，我们经常会遇到一种现象，即在同一市场上会发现很多相似的房地产产品，如"××花园"、"××豪宅"，但这些产品很难给顾客留下深刻的印象。企业要使自己的产品获得发展，就必须与众不同，富有特色，即"人无我有，人有我优，人优我变"，开发出企业自身的优势，这就是产品差别化策略。

房地产企业应在目标市场确定后针对目标客户的需求，结合自身的优势，最大限度地挖掘房地产产品的特色，甚至是创新点，使自己的产品在某方面比竞争者更具优势，更好地满足客户的需求。房地产企业可以从以下四个方面来塑造产品的差异化，即：产品的特色；产品的性能；产品的规划设计；产品的服务。

1. 房地产产品的特色

产品特色是指房地产产品基本功能的增加和补充，也可以说是项目的卖点，而卖点是整个项目的灵魂，它是对项目从建筑形态、景观规划到生活方式、邻里关系的一种阐释。就北京润地房地产综合开发有限公司在西山风景区开发的"御墅临枫"项目来说，它以"山光、水色、天骄"将整个项目的最大卖点呈现给购房者。"山光、水色"不仅是对项目外部环境的一种描述，将人们向往的依山傍水的理想生活方式描绘出来，也是对开发商致力于建设山水家园的目标进行更深层次的阐述。现在开发商在项目西侧建设的 170 万 m^2 的绿色体育休闲园和 37 万 m^2 的水面和湿地就是最好的佐证。而"天骄"正是根据现在人们对邻里关系，居住人群细分的要求，将项目的目标客户群定位为在事业上颇有建树，对生活品质要求较高的这部分高素质人群。

2. 房地产产品的性能

就住宅而言，房地产产品性能认定对住宅品质提升的具体表现是：

1）适用性能的提升。住宅的适用性能对小区的共性要求是单元平面布局合理，功能关系紧凑，空间利用充分；住宅平面设计符合模数协调原则，起居厅、卧室有自然通风和采光，无明显视线干扰和采光遮挡，套内交通组织顺畅，不穿行起居厅、卧室，厨房有直接采光和自然通风，且位置合理；

2）环境性能的提升。A级住宅对环境性能的共性要求是楼盘远离污染源，避免和有效控制水体、空气、噪声、电磁辐射等污染；道路系统架构清晰、顺畅，避免住区外部交通穿行，满足消防、救护要求，出入口选择合理，方便与外界联系，机动车停车率符合当地标准；造型与外立面效果衔接良好；绿地配置合理，位置和面积适当，绿化率大于30%；配套公共服务设施齐全，智能化系统配置高；

3）经济性能的提升。经济性能按照节约型社会要求，要大力发展节能省地型住宅建设，全部采用具有节能、节水效果的新材料、新产品、新技术、新设备，充分体现住宅的"节能、节地、节水、节材"性能。如"松石名邸"采用先进的雨水收集系统和太阳能、小区智能化系列产品，节约了水、电资源；"现代城"在施工过程中采用大模板体系等技术，而且采用科学的施工现场管理技术手段，保证了工程质量，工期进度也大大提前；

4）安全性能的提升。建筑的结构设计、防火等级要符合规范要求，工程质量验收合格；

5）耐久性能的提升。建筑结构设计使用年限符合50年的要求，防水、防潮、管线工程符合设计使用年限。

3. 房地产产品的规划设计

产品规划设计的原则有：

1）产品的规划设计应满足目标客户市场的需求；
2）产品规划设计需要符合城市规划的要求和各项法规；
3）产品的规划设计应顺应市场趋势，引导消费时尚；
4）产品的规划设计应兼顾成本与利润。

如"御墅临枫"项目的建筑设计上就完全考虑了客户的实用性和舒适性：六层板楼、四层花园洋房、TOWNHOUSE 的设计是体现项目生态、健康的主题；外挂观光电梯的设计使观景公寓名副其实，在归家途中享受无尽的田园风光，还能促进邻里关系，使大家有更多的交流；而说到 TOWNHOUSE，它不仅仅是一种建筑形态，本身它也是一种特色的体现。它大大地改善了人们的居住环境和居住理念。例如中庭设计，使业主除了拥有私家花园外，在屋内还能拥有一个私密性更好的花园，它不仅是业主会晤密友的最佳场所，还能将阳光直接引入每个房间。

4. 房地产产品的服务

随着房地产核心产品和有形产品差距的缩小，延伸产品在房地产市场竞争中的作用越来越重要。一般来说，房地产营销服务可分为：售前咨询服务、售中代办手续服务和售后物业管理服务，这些被视为房地产延伸产品的内容。不同类型、不同档次的房地产硬件产品需要配以适宜的物业管理的软件服务，才能构成完整的房地产商品使用价值。物业管理可以营造安全、良好的工作和生活环境，提升房地产产品品质，创造房地产产品的差异性，增强产品的竞争优势。如有些房地产企业确定企业使命是"服务业主，报效社会"，并导入以"顾客满意"为导向的物业管理模式，合理配置公司的各种资源，不断改进服务，以提高客户满意度。

可以通过具体项目—阿联酋迪拜阿拉伯塔的酒店看房地产产品差异性策略的应用。

阿联酋迪拜阿拉伯塔的酒店无论是从功能、结构设计、造型特点，还是从创新和差异化，该酒店都是成功的典范。该项目在设计上有三个特点：第一，酒店建在海滨的一个人工岛上，这样使得所有的客房都成为了海景房，客房的价格也以海景房为标准，获得了更多的利润；第二，由著名的英国设计师设计把 321m 高的建筑建在海上，酒店采用双层膜结构建筑形式，这本身就是对结构的一大挑战，设计人员采用了三角形的建筑平面，中间是一个中庭，这样的结构比较稳定，而且造型轻盈、飘逸，具有很强的膜结构特点及现代风格；第三，设计时考虑到波斯湾地区航海的传统，设计人员将整个建筑的外立面设计成桅杆状的帆船造型，即增强了建筑质感，又凸现了地域文化和历史文脉。

（二）**房地产产品品牌策略**

1. 房地产产品品牌的概念

20 世纪 80 年代中后期，我国众多企业逐渐认识到品牌在市场竞争中的巨大作用，并将打造强势品牌作为提升房地产企业核心竞争力的重要手段。而在房地产业内，也已经出现像万科、中海地产等一批具有一定品牌影响力的企业。

品牌是房地产产品策略的一个重要组成部分。以品牌来建立产品在市场上的地位，树立良好的企业形象是房地产企业提高竞争能力的重要手段。品牌是社会公众对产品认知度和认可度的积累，外化表现为商标或标识，它能给房地产企业及其产品产生量化的附加值。

房地产产品品牌是指房地产企业给自己开发的房地产产品规定的名称与标识。通常是由文字、标记、符号、图案和颜色等要素组合构成的。房地产产品品牌在整体产品营销中起着越来越重要的作用，成为房地产企业普遍重视的竞争手段。

2. 房地产产品品牌的作用

1）品牌是房地产产品的象征。由于品牌总是依附于某种特定的房地产产品，是房地产产品的形象代言。当人们看到某一品牌时，就会联想到它所代表的房地产产品的品质和服务；

2）品牌有助于突出产品的特点。品牌的建立往往是抓住产品的某一特点，予以突出和夸大，有利于企业进行广告宣传，特别是企业新产品推广。如谈到现代城，大家就会想到SOHO，想到时尚的家居办公；

3）品牌有助于树立形象，增强竞争。通过建立优秀或知名的品牌，使市场对企业及企业的产品产生认同感，并进而达到提高市场占有率的目的。如谈到"四季花城"，无论是深圳的四季花城、武汉的四季花城、上海的四季花城、沈阳的四季花城、南昌的四季花城还是成都的四季花城，大家就会想到万科、高品质、欧洲小镇等，其销售价格高于同品质的周边的房地产产品，且在各地均取得了不菲的销售业绩；

4）品牌有助于企业经营战略的选择。品牌可以帮助房地产企业细分市场，采用多种品牌，就可以进入各个细分市场。

3. 房地产产品品牌的建立和维护

1）品牌的建立。① 房地产企业是否需要建立品牌。房地产企业是否需要建立品牌是品牌策略的第一步。由于建立品牌需进行大量的广告、包装策划，耗费较大，因而为了降低成本，使房地产产品价格降低，增强竞争力，很多房地产企业最初不愿意建立品牌。但是，随着市场竞争的加剧及消费者品牌意识的增强，有品牌的房地产产品更容易在市场产生影响，良好品牌的产品的售价高于同档次的其他产品且市场占有率高，加之品牌还可以作为房地产企业的无形资产，因而大多数房地产企业越来越重视品牌的建设。② 房地产品牌如何建立。房地产产品的品牌与企业的品牌相结合并以企业品牌为重点。房地产企业在初期创造市场时主要依赖产品品牌来迅速获得市场的认知，但随着项目的增多，项目的多元化，逐渐将成功的项目品牌延伸为企业品牌，并加以保持和发扬，还可以促进新的项目品牌的建立。如在深圳，万科"四季花城"以其准确的市场定位、新颖的规划设计获得市场强烈反应，被评为"国家康居示范小区"、"全国物业管理优秀示范住宅小区"，继深圳万科四季花城成功后，短短几年，万科四季花城系列迅速在全国主要城市（武汉、上海、沈阳、南昌、成都等）遍地开花，牢牢建立和巩固了四季花城的项目品牌，也建立了万科的企业品牌，并有助于万科企业的其他产品品牌的建立，如其后的城市家园等项目。现在，人们只要听说是万科开发的产品，就会产生高品质的概念。

2）品牌的维护。当房地产企业发展到一定规模，品牌建立以后，就会进入房地产品牌的维护阶段，这个阶段，除了关注品牌的正常运营和持续发展，还要密切注视潜在竞争对手的品牌战略。

4. 房地产产品的品牌策略

市场经济体制的一个重要特征就是竞争比较激烈，精明的商人都已意识到产品的质量是企业的生命。随着消费者品牌意识的增强以及品牌效应给企业带来的良好的经济效益和社会形象，房地产企业越来越重视品牌策略。

1）统一品牌策略。统一品牌策略是指企业生产的所有产品都同时使用统一的品牌，如沈阳奥林匹克花园在19个城市都是统一品牌；

采用这种策略的特点是有利于建立一整套"企业识别体系"。企业统一的品牌商标，能广泛传播企业精神和特点，让产品具有强烈的识别性，提高企业的声誉和知名度。有利于树立产品的专业化形象，还可以节省品牌设计费用和促销费用，提高广告效果。

2）多品牌策略。多品牌策略是指企业对各种不同的产品分别使用不同的品牌、商标，即企业按产品的品种、用途和质量，分别采用不同的品牌。如天津泰达建设集团分别开发了风荷新园、天江·格调花园、格调春天、格调故里、云琅新居等项目。

采用这种策略的优点是能够区分不同产品和品种，区别质量档次，个别产品的失败不会影响企业的声誉，有利于新产品和优质产品的推广。能够适应不同层次的消费水平，扩大市场容量，取得规模效益。

3）副品牌策略。又称母子品牌策略。它是以一个成功品牌作为主品牌，涵盖企业的系列产品，同时又给不同产品起一个生动活泼的名字作为副品牌，突出产品的个性。如万科—金色花园、万科—四季花城等。

副品牌策略的特点是直接表现产品特点，与某一具体产品相对应，大多选择内涵丰富的词汇，因此适用面要比主品牌窄。

已经建立的品牌并不是永恒存在的，它会随着项目的完成而淡化甚至退出市场。因此更需要企业注重产品品牌的延续性，并将产品的品牌与企业的品牌相联系。

一个好的品牌建立之后，会产生良好的经济和社会效应，也必将带来竞争对手的效仿和仿制，因此，必须不断加强品牌的宣传，特别是品牌特征的宣传，强调品牌之间的差异性。

（三）产品组合策略

现代企业往往需要经营多种类型和规格的产品来满足目标市场的需要，扩大销售，分散风险，增加利润。但是，由于企业在不同的产品生产经营方面的成本、质量优势不同，市场对不同产品的接受能力和程度不同，不同产品给企业带来的效益和风险差别很大，所以，企业需要对产品组合进行认真的研究和选择。

1. 产品组合策略的概念

产品组合是指房地产企业销售给购买者的全部产品线和产品项目的组合式搭配,即经营范围和结构。所谓产品线是指一组密切相关的产品,它们有类似功能,只是在户型、档次、设计等方面有所不同,如住宅包括低档住宅、普通住宅、高档住宅、别墅等。产品项目是指那些不同的户型、档次、设计风格的单个物业。

房地产产品组合包括产品组合的广度、长度、深度和关联性四个要素。房地产产品组合的广度是指一个房地产企业生产的产品大类。拥有的产品线多少,多则宽,少则窄。如图 4-1,产品组合广度是 4。房地产产品组合的长度是指企业所有产品线中的产品项目的综合。如图 4-1 所示的产品组合的总长度为 12,每条产品线的平均长度是 3。产品组合深度是指产品线中每种产品所提供的款式、建筑风格,如某公司开发建设的住宅有两种规格、三种建筑风格,则这种产品的深度就是 $3 \times 2 = 6$。产品组合关联度是指产品线之间在最终用途、开发建设条件或其他方面的相互关联程度。

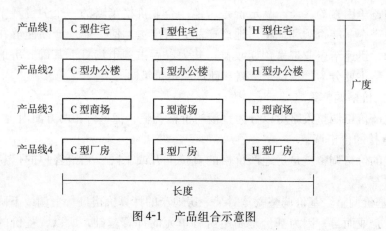

图 4-1 产品组合示意图

2. 产品组合策略

最优产品组合可以通过扩大和缩减产品组合来实现。

1) 扩大产品组合策略。扩大产品组合是指增加产品组合的广度和深度。前者是指在原产品组合中增加产品线,扩大房地产企业的经营范围;后者是指在原产品线中增加新的产品项目,增加房地产产品的规格和品种。当现有的产品线销售量、利润呈下降趋势时,房地产企业需要考虑增加新的产品线,创造新的利润点。当房地产企业希望满足更多的细分市场、扩大销售时,其可以通过增加新的项目类型来达到这一目标。因此,扩大产品组合有利于房地产企业充分利用各种资源,发挥生产潜能,降低经营成本;有利于企业适应顾客多方面的需求,拓宽市场,增加销售额;有利于企业开展多元化经营,降低经营风险。

2) 缩减产品组合。缩减产品组合策略就是从产品组合中剔除那些获利小甚至不获利的产品线或产品项目,是扩大产品组合的反向运动。20 世纪 70~80 年代的房型、厨、卫、厅的面积很小,已经过时且不能满足当今人们的需求,但一些房地产企业新建商品房时，不注意市场需求，仍沿用这类"淘汰"房型，结果是房地产产品大量积压。在这种情况下，缩减产品组合有助于降低成本，集中优势发展利润高的产品，反而会使总利润上升。

采用什么样的产品组合需要根据市场，根据各类产品的优势、价格和成本来确定。以京郊的雁栖湖项目为例，该项目近临雁栖湖公园，占地达两百多亩。由于自然环境很好，所以开发商想设计成酒店式公寓、分时度假的低密度住宅以及联排别墅等几种类型的产品。设计人员通过对70多种不同的组合方案的详细对比研究，最终选择把酒店式公寓的占地面积控制在比较小的范围内，更多的土地用于修建独立式别墅。酒店式公寓虽然占地面积有限，但是都面向湖面，有比较好的景观，这样一松一紧的组合使项目的利润率达到了最高。

二、房地产市场营销价格策略

影响价格的因素有很多，主要包括：成本、楼盘素质、顾客承受的价格、同类楼宇的竞争因素等。新产品定价是房地产企业价格策略的一个关键环节，它关系到房地产企业能否顺利地将房地产产品销售出去，使房地产产品能够在市场上站得住脚，迅速给企业带来预期收益，并为以后占领市场打下基础。房地产产品的定价策略主要分为价格调整策略和新产品定价策略。

（一）价格调整策略

房地产价格调整策略可以分为直接的价格调整、优惠折扣两方面内容。

1. 直接的价格调整

直接的价格调整就是房地产价格的直接上升或下降，它给客户的信息是最直观明了的。

1）基价调整。基价调整就是对某一房地产的计算价格进行上调或下降。就房地产开发企业而言，因为基价是制定所有单元的计算基础，所以，基价的调整便意味着所有单元的价格都一起参与调整。这样的调整，每套单元的调整方向和调整幅度都是一致的，是产品对市场总体趋势的统一应对；

2）差价系数的调整。每套单元因为产品的差异而制定不同的差价系数，每套单元的价格是由房屋基价加权所制定的差价系数而计算来的。差价系数的调整就要求我们根据实际销售的具体情况，对原先所设定差价体系进行修正，将好卖单元的差价系数再调高一点，不好卖单元的差价系数再调低一点，以均匀各种类型单元的销售比例，反映出市场对不同产品需求的强弱。差价系数调整是开发商经常应用的主要调价手段之一。有时候一个楼盘的价格差价系数可以在一个月内调整近十几次，以适应销售情况的不断变化。

2. 优惠折扣

优惠折扣是指在限定的时间范围内，配合整体促销活动计划，通过赠送、折让等方式对客户的购买行为进行直接刺激的一种方法。优惠折扣通常会活跃销售气氛，进行销售调剂，但更多的时候是抛开价格体系的直接让利行为。优惠折扣和付款方式一样，有多种多样的形式，譬如一个星期内的现实折扣；买房送空调、送冰箱，或者送书房、送储藏室，购房抽奖活动等。优惠折扣要做得好，首先要让客户确实感受到是在让利，而不是一种花哨的促销噱头。同时，优惠折扣所让的利应该切合客户的实际需要，是他们所能希望的方式，只有这样才便于促进销售。

（二）新产品定价策略

1. 撇脂定价策略

撇脂定价策略是一种高价格策略，它是指房地产企业推出的产品在上市之初，把价格定得很高，以求在短期内获取高额利润。这种定价策略如同在牛奶中撇取奶油一样，取其精华，所以被形象地称为撇脂定价策略。

这种定价策略主要针对那些收入水平较高的购房者，从消费需求看，房地产产品的独特性和优越性能够满足高收入人群的潜在需求；从消费心理看，又能满足消费者"一分钱，一分货"的高价优质心理。

这种定价策略的优点：一是，由于新产品价格定得比较高，房地产企业能迅速实现预期的盈利目标，掌握市场竞争及新型房地产商品开发的主动权。二是，当企业设计某种新房型或开发使用新材料的产品进入市场时，竞争对手还未进入，消费者对新产品尚无理性的认识，以较高的价格来刺激消费，以提高产品的知名度，创造高价、品牌的印象。

撇脂定价的缺点是在高价抑制下，销路不易扩大。同时容易引来其他竞争者，迫使企业产品价格下降，撇脂定价策略难于长期使用。

2. 渗透定价策略

与撇脂定价策略正好相反，渗透定价策略是一种低价投放策略，它是新产品上市初期，将价格定得很低，以低价获利，使新产品迅速占领市场。

低开高走是现在不少楼盘都采用的定价策略。发展商为了吸引顾客，以较低价格开盘，以聚集人气，形成热销局面，随后再根据施工进度和销售情况把售价提高，达到最终的销售目的。

这种定价策略的优点是：先发制人的竞争策略，有助于企业夺取市场占有率。每次价格上涨都能够给前期购房者以信心，还可以刺激未购房者尽快购房。但并非每个项目都可使用。首先，楼盘的发展商必须有足够实力，只有优秀物业才会受到买家追捧。其次，必须控制好升价的幅度，升幅不能过多过快，否则容易让竞争对手夺走顾客。

渗透定价策略的缺点是：价格太低，投资回收期长。如果初次价格定得过低，当竞争者进入市场后，不易再降价与之竞争。

三、房地产市场营销渠道策略

房地产企业开发出来的产品项目，如何以最快的速度、最低的费用销售到购买者手中，是房地产企业提高经济效益，实现缩短项目周期、加速资金周转的重要环节。因此房地产营销渠道的设计和策略构成了房地产市场营销策略的重要组成部分。

（一）房地产商品销售渠道的定义

市场销售渠道是指产品从生产领域进入消费领域的途径以及相应的组织机构。正确选择销售渠道有助于尽快将房地产产品传送到最终用户手中，达到扩大销售量，加速资金周转，满足生产、生活需要的目的。

房地产市场销售渠道就是房地产商品的流通途径，具体而言，房地产销售渠道应包括以下三层涵义：

1）房地产销售渠道的起点是房地产商品的所有者，终点是消费者（可以是购买者，也可以是使用者）。

2）房地产销售渠道的积极参与者，是房地产商品流通过程中各种类型的中间商，即房地产中介代理机构。

3）在房地产销售渠道中，房地产的所有者向消费者转移房地产商品时，既可转移房地产的所有权，又可转移房地产的使用权。

（二）房地产销售渠道的结构

房地产销售渠道，根据其在房地产所有者和消费者之间是否使用中间商或者中间商类型的多少，可以分为如下几种模式：

1. 房地产直接销售渠道

直接销售是指没有中间商介入，由房地产所有者把房地产商品直接租售给消费者。直接销售是最短的销售渠道又称零级销售渠道。

2. 房地产间接销售渠道

间接销售渠道也称是代理销售模式，是指房地产商品从所有者转移到消费者需要经过中间商环节。根据经过中间商的多少划分为一级、二级、三级等不同层次的间接销售渠道。这一模式充分利用了委托代理机构的信息优势、专业优势、客户优势，有时甚至可充分利用其作为房地产代理机构的品牌优势而达到交易各方多赢的结果。

3. 房地产多渠道销售

房地产多渠道销售是指房地产企业通过若干不同类型的房地产销售渠道将房地产商品送到消费者手中。具体地说就是房地产开发商同时通过开发商直销，中间商代理多种销售渠道将房地产商品租售给消费者，这种情况在目前的房地产销售中是比较常见的。

4. 网络营销

网络营销作为一种新型的销售模式，是以网络技术的不断完善和发展为依托的，现在的作用在不断扩大，但从严格意义上讲它并不是一种独立的销售渠道。

四、房地产市场营销促销策略

房地产营销作为市场营销的一种，其目的是满足顾客的需要，而满足顾客需要的手段是建立一个有效的市场营销组合。市场营销组合的基本要素是产品、价格、地点、促销。在产品、价格、地点已定的情况下，只有通过促销才能实现营销目标。

促销是与潜在消费者进行沟通的艺术,它是房地产项目营销组合的一个关键环节。促销活动是一种在规定时间内,向确定的顾客提供具有特定意图的产品或服务的行为,其直接的目的是为了激发顾客消费欲望,促进其购买行为,以达到扩大销售的目的。

房地产促销策略主要可以分为广告促销、营业推广、人员促销、公共关系四种方式。

(一) 广告促销

房地产广告的诉求重点有:地段优势、产品优势、交通便捷优势、学区优势、社区生活质量、开发公司的社会声誉等。房地产广告的突出特点是广告期短、频率高、费用大。房地产广告可供选择的形式有印刷广告、视听广告、现场广告、交通广告等类型。据统计,西方国家房地产广告费占销售额的3.1%,这一比例仅次于酒、清凉饮料的广告费用所占比例,高于其他许多行业。通过广告促销能够增强房地产竞争力、提高品牌知名度、提高企业信誉,从而达到树立企业形象的效果。

(二) 营业推广

营业推广是指为了迅速地刺激需求和鼓励消费而采取的一种促销方式。营业推广一般由一系列具备短期诱导性的促销方式所组成。营业推广是为了在一个较大的目标市场上刺激需求、扩大销售而采取的鼓励购买的各种措施。开发商可以举行开盘或认购仪式、项目研讨会、新闻发布会、寻找明星代言人、举办文化与休闲活动、业主联谊会等,这些活动可以极大地提高房地产企业的知名度,从而使企业的销售业绩不断上升。目前天津每年都要举办两次房地产交易展览会,据统计,每次房地产交易展览会上各房地产开发商都会有一个不凡的成交量。

(三) 人员促销

房地产人员促销是指房地产企业的推销人员通过与消费者进行接触和洽谈,向消费者宣传介绍房地产商品,达到促进房地产租售的活动。大多数的房地产开发企业都设有售楼处,由该部的售楼人员负责接待顾客,与之洽谈磋商,并促使其达成交易。

人员促销的优点在于:目标客户明确,促销力量集中,成交率高;与客户面谈,有利于联络与密切同客户的感情,有利于了解同行业的开发建设和营销动向。当然,人员促销方式对促销人员的素质要求比较高。促销人员一般必须具备以下条件和素质:具有丰富的房地产知识和合理的知识结构;及时掌握正确的房地产市场信息;具有良好的经营理念和业务素质。

(四) 公共关系

房地产企业公共关系策略,就是房地产企业为了提高企业形象,通过增强房地产企业竞争和发展能力,优化企业经营的内外环境,加强与房地产企业内部公众和外部公众进行双向沟通的措施、策略的实施,最终是为了树立和改善房地产企业在公众中的良好形象。

房地产公共关系促销活动包括:

1. 制造噱头和危机公关

人为制造新闻点,引得媒体争相报道,享受无偿广告。这其中也包括危机公关,如针对当前屡屡发生的入住纠纷问题,如处理得当,或许可在众多消费者与媒体的关注下,以坦诚的态度重树项目良好形象,化不利为有利。

2. 建立与各方面的良好关系

房地产企业应当重视消费者导向。强调通过企业与消费者的双向沟通,建立长久的稳定的对应关系,在市场上树立企业和品牌的竞争优势。

第四节 房地产网络营销

网络营销相对传统营销而言,具有跨时空、多媒体、交互性、拟人化、高效性和经济性等优点,但具体运用到房地产行业,其所具备优势并不是全部适用的。因此必须根据房地产的特殊性进行探讨,将网络营销应用于房地产企业,以网络营销的优势为切入点(如图4-2所示)。

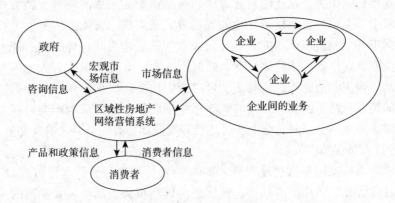

图4-2 区域性房地产网络营销系统

网络营销对于房地产的适用性分析表　　　　表4-1

	网络营销优势	房地产的特殊性	房地产与网络营销的切入点
范围	跨越时空	显著的区域性特征	建立区域性的房地产网络营销系统
表现	多媒体技术和3D科技	极其复杂,难以全面表现	采用多媒体技术与传统方式表现房地产产品
信息传递	高效率	信息需求量大	借助网络提升信息
价值	适销低价值、高科技的产品	高价值	避开网上销售

随着电子信息技术日新月异以及互联网的出现与迅速普及,运用现代互联网技术进行市场营销已成为房地产营销的重要方式。房地产营销的主旨是用户导向,然而传统的市场营销是依赖各种各样的媒体广告来促进顾客的接受,再以各种各

样的调查研究方式了解顾客的需求。房地产企业与客户之间的信息传递、反馈，速度慢，成本高，容易造成信息不对称。而网络营销则正好解决了这个问题，借助网络手段，可有效化解交易信息不对称。房地产商建立自己的网站，提供购房的各种信息，并设置互动的栏目，解答客户提出的问题。消费者通过访问网站，可以获得比平面媒体宣传材料上提供的要详细得多的相关信息，并实现与开发商的互动。由于计算机技术和互联网技术的飞速发展，使得房地产网络营销成为可能，并有取代传统市场营销的势头。

一、房地产网络营销的含义

（一）房地产网络营销的基础

信息化浪潮正席卷全球，企业正逐步从传统市场转向网络市场。网络化所带来的不仅是信息的沟通，它将在更深层次上改变我们的开发模式、管理模式、营销模式直至生活方式。房地产网络营销是现代信息技术和现代营销理念催生的产物。电子技术、信息技术的发展推动了数字信息的传播，而消费者增强沟通的理念呼唤更加便捷的信息传播手段，房地产网络营销正由于适应这种需要应运而生。

（二）房地产网络营销的涵义

房地产网络营销（Realty Network Marketing）是指房地产企业借助联机网络、电脑通信、数字交换式媒体等工具来实现营销目标的一种新型营销方式。

具体说房地产网络营销就是建立自己的网页（homepages），借助一定方式，让各个消费者知晓企业在互联网上的域名地址，而消费者则根据自己的需要浏览房地产企业的网页，通过网页了解正在营销的房地产项目，同时向房地产营销网站（web）反馈一些重要的信息。如果有网上支付的货币手段，还可在网上签订购房合同。这种网络购房的方式，最大特色即在于"顾客不出门，尽选天下房"，不需要从一地赶到另一地选房看房，仅在房地产中介公司里，利用互联网，就可了解整个小区的规模和环境，进行各种房屋的查询和观看，购房者所关心的一切重要信息如房屋的外观、房间的布局、周围的社区环境、公园、学校等只要用自己的手指轻轻一击鼠标就一览无余、尽收眼底，在对各种房地产项目进行了全面而审慎的选择、比较后，购房者即可找到符合自己心目中理想需求的房屋，过去十分耗费时间、口舌和精力的选房过程，在网络营销的环境中，变得十分轻松有趣和迅速快捷。

房地产营销适应目前大盘时代的营销特点，在北京、广州、深圳、上海有多个楼盘的万科房产已经着手重建他们的房产营销管理系统，以适应集团化运作的需求。在网络营销时代，买方不仅可以透过网络寻找中意的楼盘，而且可以在网上看到物业实景、图片等资料，甚至还可以进行物业比较，从而使房地产交易信息的展示变得有声有色。网络技术的推广，将给房地产信息的沟通、传播、展示带来全新的理念。在网络经济条件下，网上直播、电子商务、房产超市等新兴事物的出现对传统营销渠道提出了挑战。可以肯定地说网络营销必将在未来的房地产营销中占据绝对重要的作用。

房地产市场是一个典型的信息不对称、垄断竞争的市场，所以网络对市场环境的影响十分明显，就房地产开发的各个环节而言，网络对销售环节的影响最大。互联网在当代房地产营销模式中起到的作用越来越大。它可以不断的使市场与渠道创新、产品与品牌创新、价格与竞价创新、房地产中介服务创新、房地产开发与促销创新等。房地产企业完全可以建立起自己的网络营销模式。

二、房地产网络营销特点

（一）信息传递更快捷更丰富

互联网可以承载海量的信息。其所提供的多媒体信息，不但可以提供商品的文字和图片介绍，还可以通过虚拟实景技术实现对商品的三维动态展示，这一点对于房地产商品尤为有利。

房地产产品是一种复杂产品，消费者购买房产时需要获得大量的信息，同时还要仔细考虑许多问题，如销售合同的签订与公证、产权证的办理、房屋产权是否合法；住宅设计是否合理、物业管理是否优良；付款方式能否接受等。对于这种消费模式，商品提供者提供的信息越全面越细致越有利于把握消费者。

通过网络，企业可以及时了解到消费者对其产品的反映情况，以便能够对其产品、款式做出调整。

（二）全面介绍房地产项目

现今互联网上的软件技术能集现有各种媒体的功能于一体，结合文字、图形、图像、声音等多种媒体传播信息，甚至利用计算机虚拟现实技术让消费者能"身临其境"地体验自己选择的房屋的大小、光线的明暗、周围的环境等。至此，互联网上传播的不再是简单的文字信息和价格数字，而是有声有色、活灵活现的多媒体信息，在声音和图像等多种媒体综合的渲染下，精心构思和设计的3W（World Wide Web）站点会给每一位访问者留下非常深刻的印象和美好的记忆，对每一个潜在的房地产商品需求者产生吸引力。

（三）减少信息不对称，驱动房地产质量和服务提升

网络营销要求房地产企业的各种信息公开化，并受消费者的监督，减少黑箱操作，逐渐缩减二者间信息掌握程度的差距。同时，消费者还可以对已购房地产进行评价，与别人一起分享消费体验，这样好产品会被越来越多的人知晓接受，劣质产品会被淘汰出市场，网络营销成为一种驱动房地产质量、服务提升的力量。网络营销还可降低企业的成本，提高工作效率。房地产与网络结合，可以通过网上采购和网上销售，大大降低诸如采购费、租赁费、广告费及大量的销售人员工资等期间费用，从而大幅度降低成本。

（四）提供全天候房地产营销服务

以网络为媒体的专事营销服务的计算机系统能实现24小时服务。只要不受黑客和病毒攻击，3W站点能够全天24小时，全年365天不知疲倦地持续工作，随时响应来自全国各地甚至全球的消费者的要求，这给平时白日工作繁忙的消费者带来了极大的便利。他们可以下班以后在家里连接互联网络，浏览房地产营销网

页，了解房地产信息，选择自己需要的房地产商品，而不一定要在上班时间去拜访房地产营销商。

（五）真正以消费者为中心，增进房地产企业与消费者的沟通

网络营销是一种自下而上的营销方式，与传统营销相比，它更强调互动式的信息交流，由强势促销转为软促销。消费者可以通过网络主动查询分散在各处的、感兴趣的房地产的价格、地理位置、品牌、咨询有关信息、通过网上提问并及时得到解答，房地产企业与消费者保持密集的双向沟通和交流，大大提高了营销过程中消费者的地位。企业也可以通过有效的沟通，充分了解消费者的需求，树立企业及产品在消费者心目中的地位。

（六）拓宽房地产营销的活动空间

作为房地产企业要想把自己的各类房地产商品让全国各地，甚至境外的消费者都知道，完全可以借助互联网这种远程信息传递形式，让原本地区性极强的房地产营销活动的空间拓展到全球范围，突破房地产营销活动的地域特征，使房地产的营销活动在更广阔的舞台开展。这一点尤其有利于开发档次高、目光远大、营销定位目标高的房地产企业。

三、房地产网络营销的主要手段

（一）房地产企业网站

房地产企业网站主页一般应包括企业介绍、企业组织结构、企业新闻、主要产品与品牌、营销与服务、企业管理与文化、财务与经营状况披露，行业动态与政策法规、房地产知识在线、BBS 在线、站内搜索、联系方式等内容。房地产企业网站建设的着重点在于提升企业的品牌形象。设计独特、内容详实、实时更新的网站更能吸引消费者的目光，更容易在消费者群体中树立品牌形象。

（二）网络广告

房地产网络广告主要包括固定广告、弹出窗口广告、浮动广告、Flash 广告等四种类型。网络广告具有受时空限制少、信息容量大、即时更新、自由查询等特点，同时它还具有很强的交互性与感官刺激性，并且可通过点击次数准确统计浏览量，正好匹配房地产广告信息量大、时效性强、广告受众经济层次高的特征。目前，房地产网络广告正以其制作成本低、超越时空限制、可随时更新、动态跟踪统计效果等优势而日渐成为房地产广告的中坚。

（三）电子邮件（E-mail）

电子邮件的主件与附件可作为房地产商品宣传的载体。由于互联网上电子邮件的普遍使用，使得电子邮件已经超越了原有的网上通信交流工具的范畴，成为网络营销的重要促销手段。电子邮件营销的优势主要体现在四个方面。一是，电子邮件适于最新的交互式个性营销典型模式，即一对一营销；二是，电子邮件营销成本较电话、传真、邮寄等促销方式要低得多，营销成本降低意味着竞争力的提高；三是，电子邮件营销具有直观、简洁的特点，容易被接受；四是，通过电子邮件，企业与客户可以建立信任与友谊，使它们之间的关系由买卖关系变为朋友关系，符合关系营销法则。电子邮件营销日益成为房地产网络营销的主要手段。

（四）网上中介

房地产中介是最早应用电子商务的行业之一，而房地产中介行业电子商务化的最终表现形式是目前流行欧美国家的 MLS（Multiple Listing Service）。欲购买房地产的消费者只需在中介商所设电脑终端上输入目标房地产的特征参数，就可查阅所有符合条件的房地产类型，并且还可以通过网上电子地图查看目标房地产的准确位置，通过网上播放的实地互动画面"考察"目标房地产的外观、环境、内部构造及结构细节；若房源不够充足，还可委托中介商把其要求上传至房地产专业网站，在更庞大的数据库中查找。MLS 使房地产中介商的服务更加专业化，更能有效地满足消费者需求的选择性。

四、网络时代房地产业的发展趋势

网络经济作为一种新经济模式，与传统经济相比，无疑将为社会带来更多突破性的影响。互联网所引发的种种变革，也是所有尚处于传统经济模式里的房地产企业都无法回避的现实。

美国在短短的 7 年里，房地产网站增长了一百余倍。在 1995 年，美国只有 100 家房地产网站，到 2002 年房地产网站已经突破了一万家。其中，最大的房地产网站"家居顾问"，拥有待售房屋一百万单位以上，占全美房地产销售量的 20%。

纵观我国房地产网络化经营的发展现状，可以预计今后将会呈现以下几大趋势。

（一）信息透明化

互联网是在数字化虚拟世界中将千家万户串连起来的桥梁。这样，整个社会将变得更信息化、更透明化，竞争也更加公平化。

房地产需求者在互联网上已不仅可以找到专业的房地产资料，他们更可轻易地查到与房地产交易相关的有关政策法规、装修设计、银行贷款、物业保险等信息。换句话说，传统中介公司提供的资讯，网上中介都可办到。这样，传统中介公司为了求生存，则不得不改变其经营模式，而房地产发展商也必须相对地谋求新的对策，以保障产品的销售。

（二）管理跨域化

由于网络信息把整个世界变成了一个"地球村"，现在地理距离相对变得越来越模糊，而立足于网络的经济活动，又成功地把空间因素的制约降到最低限度，故使整个管理的跨域化进程大大加快。

1. 跨域管理

大家也许还记得，在香港拍卖四件国宝的第一天，保利集团的代表易苏昊就是在现场直接给在京的集团领导打电话请示，并果断地将两件正在拍卖的牛头和猴头买下。虽然，这种跨域管理还是比较原始，但我们不难预期网上直播势必会在日后大行其道，而网络在房地产管理工作上的应用，亦将与日俱增。

2. 网上管理

随着房地产企业品牌的建立，同一房地产企业在各地营销的房地产商品，正好是其实力展现的丰碑，再通过硬件和软件的结合，买家、租客、管理者、承办商均可在互联网、企业内部网和企业外部网上互相结合起来，进行异地联网沟通，这样网络管理便得以轻松实现。

（三）产品直销化

由于网络经济中房地产企业架构的中间层次作用减弱，行政结构逐渐趋向扁平化，房地产商品需求者与房地产企业在网络终端可以直接沟通，使得房地产企业日后将更需要适时地掌握客户的思维、喜好和他们对价格的承受能力。

1. 网上售房

以往开发商开售楼盘，事前必定做足报刊、媒体、广告宣传等基本动作，再通过中介公司进行内部认购，然后在售楼处开盘当天，以抢购热潮来烘托明星楼盘的风采。在今后，开发商一方面将楼盘的网站介绍（电子楼书）做得美轮美奂，另一方面尽量增加与网民活跃参与的知名网站、房地产专业门户网站及各搜索引擎的链接，以加强在售项目的"曝光率"。

2. 网上调研

通过针对网上客户行为的种种调研，发展商主要有三个基本问题需要解决，即应该建什么样的房子、房子建给谁住和应该建多少房子。

（四）经营全球化

网络的发展从它的最初设计就已经注定其必然走向世界。随着电子商务的不断发展，国内和国外的差距得到最有效的减缩，而房地产企业在减少种种繁文缛节方面将节省大量费用。据统计，1996年跨国贸易的杂项开支约为3500亿美元，如今以电子商务开展国际贸易，所省掉的费用估计可达1000亿美元。尤其对于中小型房地产企业开拓国际市场和利用各种国外资源，电子商务则更是好机会。

1. 网上营销

房地产企业已经开始意识到传统的媒体促销，如报纸杂志、电视、广播的局限性，广告效应亦不断淡化。随着IT技术的发展，"网络"作为"第四媒体"将会成为21世纪无时区、无疆界的主流营销工具，并以广招顾客为主。

2. 国际分工

由于网络经济的发达，房地产企业可以将部分职能部门以分包、顾问方式，或直接设立分支机构于世界各地。总之，任何职能要求只需考虑它最适合在哪里执行，而成本又可降到最低即可。将来，我们不难发现有些发展商可能总部设在北京，采购部设在意大利或德国，市场营销部设在香港，而实际建设的项目则在上海浦东，而最重要的是发展商作为老板，还可以安坐家中监测整个企业在世界各地的工作进度。

（五）资产虚拟化

传统的价值观告诉我们，房地产是投资者稳健之选，土地开发是进可攻、退可守的上佳策略，尤其身处地少人多的中国。但是当我们踏进网络时代，却是看不见、摸不到的虚拟资产夺走了投资者的所有目光。香港一向以房地产投机著名，地产股的股价一直居高不下，但自从房地产泡沫经济幻灭之后，股价一直向低徘徊，直至通讯股和网络股大放异彩后，股价才开始回升。按最近的统计数据反映，不少投资人士已将房地产等实质资产视为"实用工具"，而不再是投资工具。一方面，现实空间的价值大不如前；另一方面，虚拟空间的价值，却有超越实质资产的趋势。例如，AOL美国在线上一则不到5cm^2的黄金位置广告，竟然价值1600万美元，远远超越占地万平米的豪宅大院的价值。

（六）服务个性化

1. 眼球价值

在网络环境下，每个"个人"都显得尤为重要。据权威人士估计，每双雅虎（Yahoo.com）的"眼球"（阅览流量），均为雅虎创造了2609美元的价值，而每双停驻在亚马逊书店（Amazon.com）的眼球，则价值更高达2699美元。可见企业聚集的"眼球"越多，企业自身的价值也越高。

2. 个人服务

个人既然贵为网络时代的VIP，对房子的要求就绝不会妥协于廉价的、标准化的商品房，而应该是根据他们个别的特点来专门设计、量体制造的个性化精品，将来他们更需要的是全程的售前和售后服务，而且发展商要提供的服务应该是长远的，专家顾问式的。

五、房地产网络营销的发展方向

（一）从平面型、文本式的广告模式向立体型、多媒体的数字化广告模式发展

目前最常见的网络广告是文本式的网络广告，即在一个网络页面上用文字表述该项目的地理位置、周边配套、交通状况、小区总建筑面积、绿化率等属性数据。当然，也会在其中穿插一定量的图片，用一种"看图说事"的方式介绍产品。这种广告和楼盘的售楼书制作思路和表现效果一样，但却没有普通售楼书的可携带性和方便阅读性，因此，其广告也就很难能达到售楼书的宣传效果。

随着计算机软、硬件技术的发展，房地产的网络广告将是充分应用数字化技术，集声音、动画于一体，运用"互动参与"的宣传模式，采用"体验式购房"的模拟手法，向消费者充分展示项目的开发理念和产品特征，以达到说服消费者购买的目的。

（二）从产品推销式向全程营销模式发展

目前的房地产数字化营销主要还处于推销的阶段，即仅在网络上做楼盘广告，只注重产品的广告宣传推广，没有把消费者对该产品的感受和建议融合在产品设计和建造中。

网络是一个强大的宣传媒体，同时也是一个高效的互动媒体，网络营销最终发展趋势是实现在网上菜单式选择，客户可以根据个人喜好选择定制户型、建筑风格、家居布置等。开发商根据消费者的定制菜单，在技术和环境许可的情况下最大限度地满足消费者的个性需求，把消费者对该产品的感受和建议融合在产品

设计和建造中，真正做到产品的设计、建造过程中的"以人为本"，实现产品的全过程营销，生产出顾客满意的产品。

和传统意义上的市场推广相比，网络营销推广有着无与伦比的超越性优势。在经济全球化的今天，对具有显著区域化特征的房地产来说，网络媒介凭借其传播范围广、速度快、无时间地域限制、无版面约束、内容详尽、形象生动、双向交流以及反馈迅速等方面的优势，能够全面、迅速、准确地把房地产市场信息传递到全国各地，乃至世界各地。房地产的推广范围得以从区域市场向外延伸。特别是我国加入 WTO 后，国际间的经济活动日趋频繁，将会有更多的外商到中国投资置业，对房地产需求也会随之增加，尤其对公寓、办公楼、商场等物业的需求明显增加。面对如此难得的发展机遇，房地产企业必须开阔思路，打破传统营销观念，加强网络推广意识，进行立体营销，以争取市场主动权。

第五节 房地产市场营销应注意的问题

随着房地产业的迅速发展，各种房地产营销手段也随之快速发展起来，然而在实际运行当中，大多数依然是开发商独自跑项目、跑贷款、跑销售，依然是一种简单化的经营模式。发展商凭感觉定位已既成事实的楼盘，事后策划，更多的是一种营销策划与销售推广。同时，由于房地产市场化的程度越来越高，个人消费已成为市场主流，"策划大师"依靠"点子"制胜的时代已经过去，各种专业人员利用先进的信息系统，通过对房地产项目各种资源的整合，理性运作，立体作战，科学、严谨、规范成为房地产全程策划的运作原则。

房地产商品的非标准化，导致了营销的非标准化。由于在房地产经营中存在某些误区，致使房地产营销也出现了误区，所以有些问题应给予重视，这就是房地产市场营销应注意的问题。

一、应重视房地产的商品属性

在市场经济条件下，房地产具有价值和使用价值，房地产应先有商品属性再有房地产属性。就是说要以商品概念去看待房地产，绝不是房地产产品形成后再把它当作商品去看待。以商品概念去看待房地产融入了营销成分，房地产产品形成后再把它当作商品去看待是简单的买卖关系。

客户是"上帝"，但当前许多房地产企业并未真正如此看待。从房地产企业的角度来说，经营房地产商品的目的是盈利。艺术作品和进入流通的房地产商品，其归属的渠道不同，片面地按照房地产企业的意愿去构筑理想的房地产商品，又尽力想去引导某种潮流或观念，让客户适从市场，这是一种误区。

任何一个房地产企业只能创造出某些"卖"点，但绝不可能替代客户的意愿，房地产商品再好，如果无人问津，也绝不可能被称之为优秀的房地产商品。

客户是圆心，房地产企业的商品是圆弧，营销仅仅是一种途径、一条线路。

按客户的意愿去开发和经营房地产商品,适当引导客户适应所开发和经营的房地产商品,是房地产营销的基础。

二、全过程营销是第二代营销的核心

房地产营销和开发不可分离,营销是开发的龙头,同时又服务于开发。就目前的现实性状况分析,涉及房地产销售的三种模式为:企业自产自销、代理销售、营销指导或分销。从营销角度看,这三种模式本质上没有好坏之分。

开发和销售的分离只是一种形式,实质上不可能分离,完全独立于开发的销售,不能称之为房地产营销,或者仅能称之为第一代营销。营销的前期介入和全过程性,是第二代营销的根本点。

国内许多大型房地产开发企业把原来的销售部都纷纷转制为营销公司,负责企业所有楼盘的销售,尽管形式上似乎走出了市场化的第一步,重视了房地产营销,其实又犯了一种错误,即把营销完全独立于开发。

房地产营销,是个人和集体针对特定的楼盘,通过创造性劳动来挖掘市场的兴奋点,在获得购房者认同的前提下实现买卖并提供服务。开发商较多关心产品本身,而营销商较重视服务和产品的推广、包装,注意市场的需求水平和时机。因此,把营销与开发结合起来,实行全过程营销,则开发项目会有良好的市场前景。

三、避免营销近视症

房地产作为一种特殊形态的商品,有着其特殊的市场群体,需要具备营销的条件和前提,才有可能热销。制约营销的因素很多,诸如总量因素、区域因素、社会因素、政策因素、文化因素、需求因素和购买力因素。需求量很大但实际支付能力不足,也不可能出现房地产热销。

急于求成的"营销近视症",左右了房地产营销的发展。营销的过程是一个产品推销、引导过程,是一种提炼。急于求成的心理追求,使发展商常常把营销和热销等同,这是一种十分明显的误区。跟踪一些项目的销售过程,不难发现大多数企业都存在着深浅不一的营销近视症,主要表现为:价格近视症,为了得到利润最大化,忽略了房地产的增值空间;节奏近视症,整个楼盘同时上市,结果剩下的"死角房"无人问津;效应近视症,片面地运用营销技巧来产生效应,项目面市无计划,前后矛盾。

营销近视症的关键原因在于:开发商仅仅注意到了成交消费区域,而忽略了客户培养区域,难以产生市场恒稳效应。

解决这一问题的关键,是处理好营销导入区域、发育区域和运作区域的关系。导入区域包括了广告、包装等对外宣传手段。积聚人气的导入是重要的第一步;较好的广告、包装等可吸引众多的购买者。如何发育有效购买队伍以及拿出怎样的售房方案,这应该是营销方案的核心,并不是任何人都可以挂牌上岗搞销售。营销操作人员的水准直接影响到成交量。

四、营销方案的各异性

没有完全相同的物业，也没有完全一样的营销。即使在同一座城市、同一个地区、同一条街坊，不会有完全相同的物业出现。因此，所谓营销不是万能的，从某种意义上说，就是没有一个完全相同的营销方案会同时完全适应于两个或两个以上物业的推广之中。防止在这方面出现营销误区的关键，主要是注意如下三个环节中存在的问题。

（一）市场调查缺乏真实性

一些企业在市场营销方案制订时，往往以见报的信息为依据，其收集的信息偏差较大。需求调查方面既缺少专业咨询，也很少进行实地调研，从目前可见的营销报告中，对房地产消费者的调查（包括购买类型及购买者心理调查）和对竞争者的调查（包括销售动态、优势、借鉴经验等）分析不足，这在一定程度上制约了房地产营销水平的提高，直接影响到了房地产企业经济效益和社会效益。

（二）价格策略单一陈旧

从定价角度看，大多是以低价开盘，逐步提高，缺少有机的调节和合理的升降。从价格策略看，如折扣价格策略、变动价格策略等都基本类同，虽然普遍懂得时间变动的价格策略，有些楼盘也推出个案变动策略，但大多停留在实际操作过程，缺少先期的理论定位。

（三）促销策略单一

从表面上看，房地产营销气氛比较浓烈，但深入分析便不难发现问题不少。从广告策略方面看，仅仅局限于一般的信息发布广告，最多在编排形式上作些处理，至于广告目标、针对性、物业命名及形象、媒体运作、文案处理等方面都远远滞后于行业对房地产营销的要求。

复习思考题

1. 市场营销学中的"4P"指的是什么？
2. 何谓房地产市场营销？
3. 房地产市场营销的作用是什么？
4. 房地产市场调查的涵义与作用是什么？
5. 房地产市场调查内容和方法有哪些？
6. 什么是房地产产品的差别化策略？可以从哪些方面创造房地产产品的差别化？
7. 什么是房地产产品的组合策略？什么是产品的深度和广度？
8. 简单介绍房地产产品策略、价格策略、渠道策略以及促销策略。
9. 简述房地产网络营销的优点。

第五章

房地产置业

　　房地产置业是指购房者购买用于自己居住、生产经营或投资（主要指出租或再出售）的房地产的行为。房地产置业的对象可以是开发商建成的新房，也可以是房地产市场上的二手房。置业的目的一般有两种：一是满足自身生活居住或生产经营的需要即自用；二是作为投资者将购入的物业出租或转售给其他的置业者，获取较为稳定的经常性收入或转售收益。

　　由于房地产具有与其他商品不同的特质，例如，使用的长期性、位置的固定性、建设的长期性与投资的高额性、价值上的保值性与增值性、明显的法律与政策制约性等特点，加之房地产受制于各项复杂的技术标准和市场供求形势的变化，其价值较难用固定的标准去衡量，因此作为一般的购房者都需要具有专业知识的人员给予指导。

第一节　房地产置业

一、房地产置业对象的类型

（一）居住型物业

　　居住型物业一般是指供人们生活居住的建筑，包括各类住宅、公寓、别墅等。这类物业可以满足消费者自用的目的，同时也可以作为投资供出租之用。由于人人都希望有自己的住房，而且在这方面的需求随着人们生活水平的提高和支付能力的增强不断向更高的层次发展，所以居住物业的市场最具潜力，投资风险也相对较小。此外，居住型物业以居民个人的购买行为为主，单宗交易规模较小，但市场容量十分巨大。

除了传统的公寓式住宅、别墅等之外,当前也出现了一些新型的居住型物业,主要有以下几种:

1. SOHO（SMALL OFFICE HOME OFFICE，即小的家居式办公间）住宅

SOHO起源于20世纪80年代的纽约,因艺术家云集而出名。那里风情独特,有纽约最有品位的商店、画廊和餐厅。进入信息时代,SOHO一族日渐壮大,他们利用传真、电话和电子邮件等手段直接在家里上班。尽管伦敦、纽约都有一条街叫SOHO，但真正有SOHO概念的建筑出现在东京。在北京,SOHO现代城是将这种概念演绎成现实的第一次尝试。

居住在SOHO物业中的人们普遍是一批正在创业、有宏伟志向的青年人,他们没有足够的资金购买装潢华丽的住宅,所以SOHO房应是上班和下班都可利用的,一套房子可以当两套房子用。这类物业以最低的成本和最高的效率被现代人誉为时代与个性的体现。

2. 海滨住宅

海滨住宅主要是针对沿海城市而言的。海景对人有一种独特的魅力。它不是简单的天与地之间的海平线,其内涵是丰富的、多层次的,是人类文化在海洋与陆地交融处的运用和开发。海滨住宅既有天然的景色、规划合理的人工植被、完善的配套设施,又有现代科技的运用和对海洋气息的体验。以厦门为例,具有优美海洋景观的住宅价格普遍要比其他非海洋景观住宅价格高30%～40%。

3. 老年公寓

老龄化是世界各国人口的发展趋势,人口老龄化预示着需求的变化。修建老年公寓是时代的需求,是历史的必然。兴办老年公寓促进了由传统家庭养老向社会化养老的过渡,它不仅解决了家庭纠纷与矛盾,而且也消除了老年人的孤独和寂寞。此外,随着老年公寓的增多,它还解决了大批下岗工人的再就业问题。

4. 学生公寓

随着高等院校招生规模的不断扩大,相应的学生住宿基础设施投入势必也应越来越大,但是目前高等院校学生宿舍只有部分能够满足和符合学生学习和住宿需求,据调查资料显示,居住6个人以上的宿舍占到60%～70%。因此,改善学生居住条件,投资高等院校学生公寓成为当前房地产开发商瞩目的焦点。

(二) **商业物业**

商业物业也称经营性物业、收益性物业或投资性物业,是指能出租经营、为投资者带来经常性收入现金流的房地产,包括酒店、写字楼、商场、商住楼等。这类物业的置业者大都以投资为目的,靠物业出租经营的收益来回报投资并赚取投资收益;也有一部分是为了自用、自营的目的。商业物业市场的繁荣除与当地社会经济状况相关外,还与金融保险、顾问咨询、工商贸易、旅游等行业的发展密切相关。另外,商业物业对所处地理位置的要求是非常高的,越靠近城市的最佳方位（市中心）,越能发挥其潜在的价值。

(三) 工业物业

工业物业是指为人类生产活动提供入住空间的房地产，包括工业厂房、仓储用房、高新技术产业用房、研究与发展用房（又称工业写字楼）等。工业物业既有出售的市场，也有出租的市场。一般来说，重工业厂房由于其建筑物的设计需要符合特定工艺流程的要求和设备安装的需要，通常只适合特定用户使用，因此不容易转手交易。高新技术产业用房和研究与发展用房则有较强的适应性。轻工业厂房介于上述两者之间。随着物流行业的发展，传统的以自用为主的仓储用房也越来越多地用于出租经营，成为工业物业的重要组成部分。

(四) 特殊物业

特殊物业是指物业空间内的经营活动需要得到政府许可的房地产，包括赛马场、高尔夫球场、汽车加油站、飞机场、车站、码头、高速公路、桥梁、隧道等。特殊物业很少交易，因此对这类物业的投资属于长期投资，投资者靠日常经营活动的收益来收回投资、赚取投资收益。

二、房地产置业的目的

无论是购买哪一种物业类型，如果按照置业的目的都可以分为自用型和投资型两种，或者是二者的结合。

(一) 自用型置业

是指置业者购买物业的主要目的是为了满足自己的生活、生产的需要，在这种置业目的下考虑更多的因素是置业者本身的需求能否得到满足，比如说公寓、别墅、厂房等。

(二) 投资型置业

主要是指置业者有额外的经济实力，通过购买物业收取租金或者通过出售物业来达到资金的保值和升值的目的，此时置业者需要考虑的更多的因素是今后房价的走势、房屋租金的走势以及该物业能否受到承租方的青睐。

例如：某公司以 300 万元投资买了一个 250m² 的写字楼，并将其中的 100m² 用做自己公司办公楼，将另外 150m² 出租给另外一个单位使用，每年扣除维修管理费用后净租金收入是 50 万元。经过 10 年之后，该公司为了财务安排方面的需求，将拥有的 250m² 写字楼全部转售出去，扣除销售税费后的净转售收入为 450 万元。可以看出，该公司的置业投资，同时达到了自用（消费）、获取经常性收益、投资保值和增值等几个方面的目的。

三、投资物业的方式

(一) 购买新上市的商品房

这些楼盘可能是现房销售，也可能还处于预售状态。近几年随着房地产市场化机制的日益完善、房地产开发企业素质的不断提升，精品楼盘层出不穷。这些楼盘得到了市场的充分肯定和接纳，从而在价格上呈攀升状态。若能把握住这种潜力楼盘，就有可能在中短期内获取丰厚回报。

（二）以租买房

过去购房者往往要卖掉自己的旧房，再贴上一笔钱去调换更大更好一点的房屋，而现在则可把自己的旧房作抵押，然后用这笔抵押款去买新房，同时出租自己的旧房，以租金去归还新房的贷款。当最终把两处房屋的贷款全部还清，也就获得了两份产权。

（三）买二手房出租

买二手房，将它修缮装修，然后出租，也是适合于企业和个人投资的一种选择。在很多城市人们买旧房也可以去银行办理住房贷款，为这种投资提供了方便。

（四）批量购买空置房、旧房改造后出售

这方面的投资主体一般是企业机构。由于前几年房地产商的盲目投资等原因，有许多商品房由于定位不准确造成了整栋的空置。还有一些旧的办公楼由于企业的外迁等原因腾出，这其中有部分旧楼地理位置十分优越，建筑结构也较好，只要稍加整修，就能焕发出新的活力。这种楼盘的收购价格相对较低，若处置得当，可能获取高额回报。

四、房地产置业应考虑的因素和注意事项

（一）房地产置业应考虑的因素

1. 购买住宅应考虑的因素

（1）看位置。房地产作为不动产，所处位置对其使用和保值、增值起着决定性的作用。作为一种最实用的财产形式，购买房产的首要目的是为了居住，同时其还是一种较经济的、具有较高预期潜力的投资。房产能否升值，所在的区位是一个非常重要的因素。看一个区位的潜力不仅要看现状，还要看发展，如果购房者在一个区域各项市政、交通设施不完善的时候以低价位购房，待规划中的各项设施完善之后，则房产大幅升值很有希望。

（2）看配套。居住区内配套公建是否方便合理，是衡量居住区质量的重要标准之一。稍大的居住小区内应设有小学，以排除城市交通对小学生上学路上的威胁，且住宅离小学校的距离应在300m左右（近则扰民，远则不便）。菜店、食品店、小型超市等居民每天都要光顾的基层商店配套要齐全，服务半径最好不要超过150m。

（3）看绿化。量居住环境的好坏有一个重要的硬性指标——绿地率，指的是居住区用地范围内各类绿地的总和占居住区总用地的百分比。值得注意的是："绿地率"与"绿化覆盖率"是两个不同的概念，绿地不包括阳台和屋顶绿化，有些开发商会故意混淆这两个概念。由于居住区绿地在防风防尘、杀菌消毒等方面起着重要作用，所以有关规范规定：新建居住区绿地率不应低于30%。

（4）看布局。容积率是居住区规划设计方案中的主要技术经济指标之一。容积率高，说明居住区用地内房子建的多，人口密度大。一般说来，居住区内的楼层越高，容积率也越高。以多层住宅（6层以下）为主的居住区容积率一般在1.2~1.5左右，高层高密度的居住区容积率往往大于2。

(5) 看区内交通。居住区内的交通分为人车分流和人车混行两类。目前作为楼盘卖点的"人车分流",即汽车在小区外直接进入小区地下车库,车行与步行互不干扰,因小区内没有汽车穿行、停放、噪声的干扰,小区内的步行道兼有休闲功能,可大大提高小区环境质量,但这种方式造价较高。人车混行的小区要考察区内主路是否设计得"通而不畅"以防过境车流对小区的干扰。判断是否留够了汽车的泊位,停车位的位置是否合理,一般的原则是露天停放的汽车尽量不进住宅组团,停车场若不得不靠近住宅,应尽量靠近山墙而不是住宅正面。

(6) 看价格。看价格时,首先要弄清每个项目报的价格到底是什么价,有的是"开盘价",即最底价;有的是"均价";有的是"最高限价";有的是整套价格;有的是套内建筑面积价格等。但最主要的是应弄清(或换算)所选房屋的实际价格,因为不同含义房价出入很大,不弄明白会影响购房者的判断力。另外在房屋出售时是"毛坯房"、"初装修",还是"精装修",也会对房屋的价格有影响,比较房价时应考虑这一因素。

(7) 看日照。万物生长靠太阳,特别是对经常在家的老人和儿童来说,阳光入室是保证他们身心健康的基本条件。有效的日照能改善住宅的小气候,保证住宅的卫生,提高住宅的舒适度。住宅内的日照标准,由日照时间和日照质量来衡量。北京地处北纬39°57′,日照时间以大寒日不少于两小时为标准。按照《住宅设计规范》规定:"每套住宅至少应有一个居住空间能获得日照,当一套住宅中居住空间总数超过4个时,其中宜有两个获得日照。"

(8) 看通风。在炎热的夏季,良好的通风往往同寒冷季节的日照一样重要。一般来说,板楼的通风效果好于塔楼。此外还要注意住宅楼是否处在开敞的空间,住宅区的楼房布局是否有利于在夏季引进主导风,保证风路畅通。一些多层或板楼,从户型设计上看通风情况良好,但由于围合过紧,或是背倚高大建筑物,致使实际上无风光顾。

(9) 看户型。平面布局合理是居住舒适的根本,好的户型设计应做到以下几点:

① 入口有过渡空间,即"玄关",便于换衣、换鞋,避免一览无遗;

② 平面布局中应做到"动静"分区。动区包括起居厅、厨房、餐厅,其中餐厅和厨房应联系紧密并靠近住宅入口。静区包括主卧室、书房、儿童卧室等。若为双卫,带洗浴设备的卫生间应靠近主卧室。另一个则应在动区;

③ 起居厅的设计应开敞、明亮,有较好的视野,厅内不能开门过多,应有一个相对完整的空间摆放家具,便于家人休闲、娱乐、团聚;

④ 房间的开间与进深之比不宜超过1比2;

⑤ 厨房、卫生间应为整体设计,厨房不宜过于狭长,应有配套的厨具、吊柜,应有放置冰箱的空间。卫生间应有独立可靠的排气系统。下水道和存水弯管不得在室内外露。

(10) 看设备。住宅设备包括管道、抽水马桶、洗浴设备、燃气设备、散热器设备等。主要应注意选择这些设备质量是否精良、安装是否到位,是否有方便、实用、高科技的趋势。以散热器为例，一些新建的小区，有绿色、环保、节能优点的壁挂式采暖炉温度可调，特别是家里有老人和儿童时，可将温度适当调高，达到最佳的舒适状态。另外，在选择住房的时候，也应当注意配套设备技术的成熟度，即是否被广泛使用，是否经过市场检验。一些开发商为制造卖点，盲目使用不成熟的高科技产品，最终有可能造成用户的使用不便或是高额支出。

（11）看节能。住宅应采取冬季保温和夏季隔热、防热及节约采暖和空调能耗的措施。屋顶和西向外窗应采取隔热措施。

（12）看隔声。噪声对人的危害是多方面的，它不仅干扰人们的生活、休息，还会引起多种疾病。《住宅设计规范》规定，卧室、起居室的允许噪声级白天应小于50dB，夜间应小于或等于40dB。购房者虽然大多无法准确测量，但是应当注意：住宅应与居住区中的噪声源如学校、农贸市场等保持一定的距离；临街的住宅为了尽量减少交通噪声应有绿化屏幕、分户墙；楼板应有合乎标准的隔声性能，一般情况下，住宅内的居室、卧室不能紧邻电梯布置以防噪声干扰。

（13）看私密性。住宅之间的距离除考虑日照、通风等因素外，还必须考虑视线的干扰。一般情况下，人与人之间的距离24m内能辨别对方，12m内能看清对方容貌。为避免视线干扰，多层住宅居室与居室之间的距离以不小于24m为宜，高层住宅的侧向间距宜大于20m。

（14）看结构。住宅的结构类型主要是以其承重结构所用材料来划分的。砖混结构的主要承重结构是黏土砖和小部分钢筋混凝土构件，只适用于多层住宅；钢筋混凝土结构适用于中高层住宅，其中高层住宅以全现浇剪力墙结构为佳；多层或小高层、高层住宅常用的有框架结构、大模结构、大板结构等。总体说来，钢筋混凝土结构抗震性能好，整体性强，防火性能、耐久性能好，室内布局较砖混结构灵活。但这种结构的施工难度相对较大，结构造价也相对较高。

（15）看抗震防火。地震烈度表示地面及房屋建筑遭受地震破坏的程度。19层及19层以上的普遍住宅耐火等级应为一级；10～18层的普通住宅耐火等级不应低于二级。19层及19层以上的普遍住宅、塔式住宅应设防烟楼梯间和消防电梯。

（16）看年限。住宅的使用年限是指住宅在有形磨损下能维持正常使用的年限，是由住宅的结构、质量决定的自然寿命。住宅的折旧年限是指住宅价值转移的年限，是由使用过程中社会经济条件决定的社会必要平均使用寿命，也叫经济寿命。住宅的使用年限一般大于折旧年限。不同建筑结构的折旧年限，国家的规定是：钢筋混凝土结构60年；砖混结构50年。

（17）看面积。住宅档次的高低其实不在于面积的大小，专家认为，三口之家面积有70～90m²就基本能够满足日常生活需要，关键的问题在于住宅是否经过了精心设计、是否合理地配置了起居室、卧室、餐厅等功能，是否把有限的空间充分地利用起来。

（18）看分摊。商品房的销售面积＝套内建筑面积＋分摊的公用建筑面积；套内建筑面积＝套内使用面积＋套内墙体面积＋阳台建筑面积。套内建筑面积比较直观，分摊的公共面积则可能会有出入。分摊的公共建筑面积包括公共走廊、门厅、楼梯间、电梯间、候梯厅等。购房者买房时，一定要注意公摊面积是否合理，一般多层住宅的公摊面积较少，高层住宅公摊面积较多。同样使用面积的住宅，公摊面积小，说明设计经济合理，购房者能得到较大的私有空间。但值得注意的是：分摊面积也并不是越小越好，比如楼道过于狭窄，肯定会减少居住者的舒适度。

（19）看物业管理。买房时购房者一定要问清楚，物业服务公司是否进入了项目、何时进入项目、是否是有资质的公司等。一般来说，物业服务公司介入项目越早，买房者受益越大。

2. 购买商铺应考虑的因素

（1）价格。购买商铺首先要问价格，不仅要问，还要比，要与周边商铺价格进行比较，如果高出许多，意味投资回收期的增加。

（2）租金。购买商铺后出租对于初次投资者来讲，可能对租金不太在意，但这一点很重要。如果开发商不管出租，也不确定租金水平，那就要了解周边商铺的租金价格，再根据本项目售价计算本项目租金水平，如果本项目租金水平大大高于周边，则招商的压力就会加大。

（3）位置。位置虽然能看出来，但却有好坏之分，商业有一步差三市的说法。那些太偏、太深的位置还是不选为好。另外，楼层也很重要，三层以上招商出租的压力较大，就是租出去，租金也不会太高。还有，要看项目所在区域位置即主要是看项目所处地域交通环境，一般在道路交叉点为好，商业有金角、银边之称。

（4）类型。如果是大型商业打散了销售，投资时要慎重一些。大型商业后期能否成功有赖于统一经营管理，但产权分散的商铺很难实现，所以，投资的风险较大。如果是沿街或社区底商，投资风险稍小。

（5）体量。如果项目体量太大，后期招商及长期可持续经营的风险压力很大，所以，体量较大的商业的投资风险也会加大。

（6）开发商背景。主要是看开发商实力、专业背景和业绩。很多住宅开发商首次开发商业往往专业性不够，第一个作品其实是个实验品。投资者投资商铺项目时还是要选择有过成功商业项目开发经验或者有较强实力的开发商。

（7）专业商业经营公司。商业最终要由商业公司来运作，越是大型项目，对商业统一经营管理要求就越高，有专业商业经营管理公司的合作，无疑给项目增加了成功的砝码。

（8）有无统一经营管理。统一经营管理的商业项目成功的可能性较大，其会尽量缩短市场培养期，保证长期可持续经营。

（9）售后包租。售后包租并不能包风险，有时开发商也会跑掉。前景较好的项目一般不用售后包租，那些包租十年，回报8%以上的项目反而要小心。

（10）有无主力店签约。主力店往往成为带动整体商业发展的龙头，如已有品牌百货、超市、专卖店、大型品牌餐饮等店签约，那么整体商业发展前景将看好。例如天津万达商业广场引进了包括沃尔玛、百盛、百安居等国际商业巨头作为主力店，地处天津核心商圈的万达商业广场已成为地标性商业地产项目。

3. 投资写字楼应考虑的因素

写字楼由于供给量小、需求量大,因而会有较高的投资回报率,近年来成为广大投资客户的新宠。但同时由于写字楼投资总价很高,并且变现期长,对于个人投资来说就更需要理性和专业的分析。

(1) 计算年回报率。在准备投资写字楼之前,应该首先计算其年回报率,如合适则具有投资价值。年回报率=(每平方米的租金÷每平方米的售价)×12个月。如果某个写字楼单位年回报率达到8%~10%,则可投资购买,若超过10%的年回报率,自然更佳。

(2) 选择区位。由于房产的增值主要来源于土地的增值,而城市主中心区土地的稀缺性更强,因此增值空间很大。同时,主中心区的区位成长性显而易见,区位资源优势得天独厚,通常是人流、物流、信息流、资金流汇聚之处。所以说,是否位于城市的主中心区,是衡量一幢写字楼的档次和是否具有投资价值的首选要素。

(3) 注重档次形象。投资写字楼时,要瞄准客户群来投资。作为企业,选择写字楼办公的首要目的,往往是为了提升企业形象,不少企业将写字楼的档次形象放在仅次于区位的重要因素之一。如果投资,应选择那些最小的租客也需要大约500~1000m^2建筑面积的写字楼,因为这表明入驻这个物业的公司水平相差不大,物业档次高,今后可能有较为稳定的回报。当然,这同时也要求投资者有很高的支付能力。如果投资那些切成小块面积进行出售的物业,应注意,虽然总价可能会便宜,但由于小业主太多,将影响到该物业的物业管理水平和回报能力。

(4) 关注品质。对于实际使用的企业来说,写字楼的品质至关重要,如交通的便利程度、停车场的设计是否合理、物业建筑立面、建筑品质、大堂的品位和布置、电梯质量与配置状况、结构布局是否适用、采光通风是否良好等,因此,投资者也需要对上述内容逐一比较,并现场观察、实地感受。如果某个写字楼地处偏远交通不便,或交通拥挤,那肯定不适合投资。

(5) 周边自然景观及楼层、小花园、绿化。如果某个写字楼周边全是高层建筑物,其视线必然被挡,就谈不上什么自然景观了。楼层里设置的公共小花园及小花园里的植被绿化,可以达到放松身心的目的。而写字楼外的自然景观,则可以让人凭栏远眺心旷神怡,以利于休息养神。

(6) 选择好的物业服务企业。作为投资型物业,写字楼增值、保值是通过物业管理服务来实现的,物业服务企业直接决定某个写字楼的用水、用电、垃圾清运、空调供应、车位管理等方方面面的问题。没有公司喜欢在垃圾满地的写字楼里办公。因此选择投资某个写字楼时,调查物业服务企业的情况亦不容忽视,最好选择国际性的物业服务企业。香港的许多写字楼都是通过品牌物业服务企业在资产运营管理中实现后期价值的。

(二) 房地产置业需注意的事项

房地产置业除了自用以外,用于投资是现在越来越多购房者置业的主要目的。房地产置业投资是一项复杂的经济活动,涉及的面很宽,需要大量的资金投入,在获得高额回报的同时也具有一定的风险,盲目投资可能导致投资失败,造成巨大的经济损失。因此,在房地产置业时应注意以下事项:

1. 了解市场

投资的奥妙就在于一个时机问题。投资者如有分析整个投资环境变动情况的能力,往往就有可能以比较低的价格购进房地产,而在恰当的时候以比较高的价格售出。

2. 资格审查

根据国家有关规定,在购房时卖方应出示承建该物业的"五证"、"两书"。"五证",即计委立项、可行性研究的批件;规划局的建设用地规划许可证;国土房管局的土地使用证(证明卖方已交纳了土地出让金;拥有产权保证);建委的开工建设许可证;国土房管局的商品房预售许可证。"两书",即建设部从1998年9月1日起要求房地产商向住户出具的《住宅质量保证书》和《住宅使用说明书》及相应的包修、包退、包赔制度。

3. 确定付款方式

购房者购买物业时,有三种常见的付款方式,即一次性付款方式、分期付款方式以及其他方式(一般为贷款方式,包括商业银行贷款、公积金贷款和组合贷款)。

(1) 一次性付款。是指购房者与开发商签约后,立刻将全额购房款一次性付清。一次性付款,一般来说都有优惠或折扣,买现房的一般按房价的2%~5%左右的折扣优惠;买期房的一般可按房价的5%~10%左右的折扣优惠。但对购买期房者来说,虽然得到折扣,但是购房的风险也随之加大,诸如开发商工程延期、造价上涨需追加资金及"一女二嫁"等,都是购房者所无法掌握的。因此,对选择一次性付款购买期房者来说,应把自己所得到的折扣回报与所承担的风险作一番仔细的比较和分析。

(2) 分期付款。是购房者根据购房合同的约定,按约定的时间分几次付清全额房价款。分期付款一般情况下多在购买期房时采用,对开发商来说,因资金没有一次到位,房价的折扣优惠自然小于一次性付款,有的甚至没有折扣;对购房人来说,分期付款可分批筹款,分期支付,有利于减轻付款压力,同时可选择地段、层次、朝向、面积、户型等均比较满意的住房,当然,从风险的角度来看,与购买期房一次性付款所承担的风险类似,所不同的是,购房者可通过分期付款来监督开发商工程的进度,因此,带来的风险程度相对于一次性付款来说要小一些。

(3) 按揭付款。是指购房者在购房时,因资金不足,向银行提出购房贷款申请,经银行审核同意取得贷款,申请人依抵押约定,按规定时间向银行偿还贷款本息。申请按揭购房后,房产所有权的转移与房屋交付使用不同时进行,一般情况是房屋交付购房者使用后,出卖人或提供按揭的银行仍保留房产所有权,直至购房者付清贷款本息,当购房人不履行支付房款义务时,按揭银行则有权取得该房屋的产权并予以拍卖,以清偿欠款。按揭付款,对购房者来说,首期只需支付30%的资金,70%的资金可申请银行按揭付款,且还款时间长、次数多、金额小,购房者可根据自己的预期收入选择 1~20 年的还款期限；按月或按季付款；同时因为有银行方面的审核认可，购房风险要小得多。当然，实行按揭购房后，购房者、银行、开发商三者相互挂在了一起，购房者在按揭时承担了保险费，使其房产在遇到了意外损失时有了经济保障。

三种付款方式，对资金不足的购房者来说，按揭付款是一种必然的选择。对资金比较充裕的购房者而言，因根据其不同的理财思路选择适合自己的付款方式，比如银行存款型购房者，应考虑选择一次性付款获取折扣优惠，或选择分期付款挑选一处理想的物业。对于投资型购房者，若年投资收益率高于银行贷款利率，则选择按揭付款是较为理想的。

4. 了解和掌握房地产交易流程，规避投资风险

在房地产交易过程中购房者需要审定、订立合同，要对房屋的价格及付款方式与销售方进行讨价还价，另外还要对合同即产权进行公证、登记，并交纳相关税费等程序，如果购房者对其不了解，往往会因为操作的失误而造成较大的风险。

五、挑选二手房的注意事项

（一）挑选二手住宅的注意事项

近年来住房销售呈现出少有的火爆场面，尤其"二手房"市场表现突出。由于二手住房所涉及的诸如产权、房屋结构、物业管理等问题比买新房要更为复杂，所以，在挑选二手住房时应注意：

1. 查明产权状况

"二手房"由于大多是随着住房商品化才成为个人消费品的，"身份"比较复杂，了解其产权状况非常重要。购房人第一步是要卖方提供产权证书、身份证件、资格证件以及其他证件；第二步应向有关房产管理部门查验所购房产产权的来源和产权记录，包括房主、档案文号、登记日期、成交价格等；第三步要查验房屋有无债务负担。另外，购房者还需了解所购房有无抵押、是否被法院查封。特别注意的是，产权有纠纷的或是部分产权（如以标准价购买的公有住房）、共有产权、产权不清、无产权的房子，即使房子再好也不要买，以免成交后拿不到产权证。

2. 看清房屋结构

"二手房"的结构通常比较复杂，有些房子还经过多次改造，结构一般较差。选购时，不仅要了解房屋建成的年代，现有建筑面积和使用面积是否与产权证上所标明的一致，房屋布局是否合理，设施设备是否齐全以及完好等级情况，更要详细考察房屋的结构情况，了解房屋有无破坏结构的装修，有无私搭、改建造成主体结构损坏等隐患。为此，可以到房管部门的档案室查询原建档案，看看图纸资料，打消疑惑。

3. 考察环境和配套

旧房子一般位于市区地带，建筑密度大，周边环境已经形成多年，一般较难改变。要认真考察房屋周围有无污染源，如噪声、有害气体、水污染、垃圾等，以及房屋周围环境、小区安全保卫、卫生清洁等方面的情况。对房屋配套设施的

考察主要有：水质、水压、供电容量、燃气供应、暖气供应情况和收费标准以及电视接收的清晰度等。走访一下周围的邻居，对这里的环境和生活方便度会有更深入的了解。

4. 了解物业管理状况

对物业管理的考察，主要是考察物业服务企业的信誉情况和服务到位程度，看看保安人员的基本素质、保安装备和管理人员的专业水平、服务态度如何，小区环境卫生、绿化等是否清洁、舒适，各项设施设备是否完好、运行正常等。还要了解物业服务费用标准，水、电、气、暖的价格以及停车位的收费标准等，了解是否建立了公共设施设备、公共部位维修养护专项基金，以免日后支付庞大的维修养护费用，出现买得起住不起的情况。许多公房出售后陷入了"无人管"的状态，选择时宜慎重。

（二）挑选二手商铺注意的事项

购买商铺投资的目的一是用以出租赚取收益；二是作为资金保值并升值的手段。二手商铺的投资风险其实与一手商铺的风险没有太大的区别，一手商铺是从开发商手里买的，二手商铺是从小业主或者产权转让购得，形式上有差别，本质上没有差别。所以，投资二手商铺时，投资者需要具备独到的眼光，这样才能降低本身存在的风险。商铺的土地问题，应该是交易中的关键性所在，对于土地性质的了解，也是规避风险的重要举措。

1. 注意商铺的土地使用年限

商铺一般可分为两类：一种是商住综合用地，其土地使用年限为50年；另一种是商业用地，土地使用年限为40年。购买二手商铺时尤其要注意看清土地使用年限。有的商铺在挂牌出售时，实际已经使用了十几年甚至二三十年，剩下的使用年限很少。年限到期后，还需交纳土地出让金。购买这类商铺时应充分考虑"折旧"因素。

2. 注意区分商铺的土地使用权性质

目前市场上大多数商铺的土地使用权性质为出让，但也有部分商铺的土地使用权属划拨性质。特别是一些单位自建房的底楼店面。购买这类店面时要了解清楚土地是出让的还是划拨的。如果是划拨土地的，需要交纳多少出让金。

3. 注意商铺土地使用证上注明的用途

目前城市市区有些地段的商铺是由住宅"改造"而来，土地使用证上注明的仍然是"住宅用地"，但房东出售时很可能按"商铺"出售。投资者购买的时候就要特别注意。另外，有的商铺出售时，产权证上注明的面积可能会跟实际使用面积不符，购买时要看清产权证上的面积。

第二节 代理客户置业

房地产置业其投资数额较大，如何达到理想的投资效果是每个置业者都应考虑的，而房地产置业者并非都是房地产专业机构或人员。作为房地产中介服务机构，因它们能够向购房者提供在置业中所需要的信息服务、交易咨询、法律、保险、房地产估价、物业管理等各种服务，房地产置业者通过中介机构进行置业，可以达到实现房屋价值、规避风险、减少置业的难度，并赢得法律保护的目的。因此作为专业性的房地产中介机构，特别是受置业者委托从事代理服务的经纪人，更需要竭尽职责，通过过硬的基本功、熟练的专业知识、良好的职业修养，为缺乏经验的委托人提供系统、全面的服务，使委托人购买到最满意的房子。

一、代理客户置业流程

（一）全面认识各种类型的房源

作为一名房地产经纪人一定要对各种类型的房源了解得十分清楚，才可以更好地向客户推荐房源，让客户感觉到你的专业和公司的实力。所以每天都要对新的房源向对待自己的孩子一样了如指掌，要像给自己的好朋友展示自己的宝贝一样具体、深刻地说明该房屋的优缺点。

（二）了解客户需求和置业目的

作为代理客户置业的经纪人首先要确实知道客户的全部需求，才能前往客户认为理想的地区去物色房屋。客户的需求包括想买的房屋类型及式样、产权状况以及房屋的特点。经纪人还要知道上述需求当中哪些是必须的，哪些是想要的。凡是基本的都是必须的，凡是可有可无的皆属于想要的。如果房价保持在客户可以接受的范围之内，购买的房屋又能全部满足客户需要的，或尽可能满足想要的项目，那是最理想的。

其次要明确置业者的购房目的，即用于自用、保值还是投资。

(1) 自用。若是自用，所要考虑的不外乎三点，地点和环境、房屋的大小与格局以及购房者的经济承受能力。

(2) 保值。若是保值，就是说有一笔资金，把它投在房子上，房子用来出租。若是用贷款购房，需用租金支付贷款本息；若全是用自有的资金则租金就为购房者增加了一笔固定的收入。

(3) 投资。若是投资，房子的选择就十分重要。一般说来要尽量选择具有下述条件的房屋：

① 应该选择租金高的房屋。例如在高校附近或市区商业中心附近的房屋，空闲机会不多，出租容易，而且租金较高；

② 应选择转手容易、地段好且前途看好和脱手容易的房屋。遇到此种机会，应该好好把握，不要错过；

③ 应选择投资以增值为主，出租以收取租金为辅且增值性高的房屋。前者为手段，后者为目的。简言之，房子增值后实现的价差收益，远远高于靠收取租金赚取的收入。

（三）达成代理置业协议

当经纪人了解到客户的购房需求及目的后，便会给购房者提供一些专业性的知识及一些关键性的建议,这对一名房地产经纪人来讲平时需要不断地积累与学习。比如根据客户的财政状况提出其所购房的价格范围、付款方式、地点选择及需要支付的其他额外费用等。当经纪人以其良好的服务、真诚的态度打动客户后,双方便达成了代理置业协议。在代理协议中明确了双方的责任及义务、代理的服务事项与服务标准、违约责任、解决争议的方式及劳动报酬或佣金等条款。

(四)选择合适的置业对象

当经纪人与客户达成代理置业协议后,便会开始为客户物色合适的物业。通过其公司的联网系统,经纪人能找出所有上市楼盘的资料,并能为客户约见合适的房屋。好的经纪人在找到好的房屋之后便会立即着手展开调查,了解该房屋出售的背景资料并会及时告诉客户,因为这些资料对于出价买房有很大参考价值。所以,经纪人在挑选物业时,基本包括以下几步:察看地段环境→察看房屋本身状况→调查本地段市场行情→根据实际情况,分析财务利润→收集有关房地产资料,查清产权→进行谈判,找出屋主出售房子的真正原因,摸清底价。

上述第四步的财务利润分析主要有以下三方面内容:第一,现金收入。即营运收入、营运支出两者相抵后的结余;第二,增值。购买房屋的目的之一在于谋求它的增值潜力,即在未来的某日能将其加价转手,获得相当的盈利;第三,综合评价。从环境地段(好、可以或不好)、购入价格(太贵、市价或低于市价)、付款条件(很好、可以或不好)、投资报酬率(高、中等或低于5%)、出租(容易、可以或不容易)、脱手(容易、可以或不容易)、自住(合意、一般或不合意)等方面进行。

(五)交付目标房地产并结算

当经纪人选择到其客户满意的物业后,应按协议的规定为客户提供有关贷款的咨询,帮助客户签订买卖合同并替其办理过户手续。交易过程完成后,房地产经纪人应及时与客户进行佣金结算,佣金金额和结算方式应依照代理协议的约定。房地产经纪人在按时完成代理的经纪任务后,也应善于把握好这一环节,以保护房地产经纪机构及其个人的合法权益。

(六)售后服务

与客户依然保持联系,对其了解及关心,收尾工作依然认真仔细打点,亲自服务,让客户没有后顾之忧,等客户认可以后还可能挖掘更多的潜力资源。

二、代理客户置业技巧

(一)房地产经纪人应以物业投资顾问的方式为顾客选房

例如代理客户购买商铺,房地产经纪人不能以寻找住宅的方式去代理商铺,应以物业投资顾问的方式去推介给客户。因为购买商铺是一种投资计划又或是一门生意的推广,因此购房人是从做生意的角度去考虑所有问题,离不开成本、利润、风险等问题,故此代理人员给客户推介商铺时,应给予购买者有一种站在其利益出发的感觉,并且能与买家沟通做生意方面的问题。如买家是经营者就站在针对其行业的独特性去推介对应的商铺,并站在经营成本方面给予考虑,以最大限度地争取纯利的思路去推介合适的商铺，并强调有投资性的退路，给予买家信心，强调"进可经营、退可投资"的保障。若委托人是投资者时，则站在"为投入资金争取最大利润"的角度去分析，强调高回报、无风险的特点，以最大的货币时间价值去吸引委托人，以无风险的保底性投资计划去消除委托人的顾虑。

整个过程步骤大致可分为介绍项目情况，对比其他楼盘去分析本项目卖点的独特性、吸引力和人流竞争力，让客户产生兴趣，再以顾问推介方式介绍商铺，最后介绍"有关投资计划"，令客户认同无风险、高回报。因此，客户由于了解了项目情况而形成在心中的价值，再对照接着介绍的价格和促销措施优势，分析投资本项目具备无风险、高回报、低支出的优点，最终令客户认同该商铺超值及回报高、低风险，则可达到成功代理。

因此，客户喜欢的置业顾问应具备的业务素质包括：

1. 工作专业

仪容得体、外表整洁；热情、友好、乐于助人；有礼貌、有耐心、有爱心；提供优质快捷服务。

2. 知识渊博

掌握房地产知识，是置业居家生活方面的专家，并能和客户建立起朋友般的关系。

3. 关心客户

记住客户偏好；关心客户利益；竭力为客户服务，耐心倾听客户意见和要求；帮助客户做正确选择。

(二) 代理客户置业应具备的谈判技巧与说服能力

1. 谈判技巧

谈判技巧包括能够激发客户的购买欲望；给予客户好的感觉；激发客户的购房兴趣；激发客户下定决心购买。

谈判注意的事项有：勿悲观消极，应乐观看世界；知己知彼，配合客人说话的节奏；多称呼客人的姓名；语言简练，表达清晰；多些微笑，从客户的角度考虑问题；与客户产生共鸣感；千万别插嘴打断客人的说话；合理批评，巧妙称赞勿滥用房地产专业术语；学会使用成语和幽默。

2. 说服能力

(1) 要有自信和专业水平。自信可磨炼谈判技巧，有自信的说话技巧才能抓住客户的心理；专业水平就是说具有丰富的房地产专业知识和清晰的表达能力，对所推介楼盘的结构、单位面积、朝向、楼层间隔、建筑材料、购楼须知、价格、付款方式、销售手册、周边环境、配套设施及周边楼盘非常了解；同时应熟悉、掌握发展商名称、楼盘详细地址、银行账号、签订认购书、交款手续、签合同、办按揭、入伙手续、办房产证等有关手续及收费标准。

(2) 推介技巧。推介技巧主要是指诚意（诚恳友善）、创意及热意（热情、积极）。

(3) 在说服方面，脸部表情可发挥很大作用。根据美国心理学家梅班恩的研究资料得知,说服的三大构成要素为脸部表情占55%、声音占30%、语辞占7%,要注意脸部表情应与语辞语气相一致。同时要微笑服务,笑脸是万国共通的语言。

(4) 说服时,要尽量满足客户的三大渴望。即接纳(希望被接受)、认可(希望被认同)和重视(希望被重视)。否则不论在推介或人际关系方面都将难以成功。

第三节 房地产置业交易及程序

一、商品房置业交易及程序

(一) 商品房置业交易

商品房置业交易就是指新房置业交易,一般分为购买现房与购买期房两种。

(二) 商品房置业交易程序

由于购买房屋不同于购买普通商品,其交易流程具有自身的特点,不论是购买现房还是购买期房,主要有以下五个步骤:

1. 签订认购书

在置业者选好房源,谈妥价格后,便应签订认购书,此时需交付一定额度的定金,销售人员此时会把有关的资料和相关文件交给购房者,并讲清项目进展情况。认购书主要内容包括:①认购物业;②房价,包括户型、面积、单位价格(币种)、总价等;③付款方式,包括一次付款、分期付款、按揭付款;④认购条件,包括认购书应注意事项、定金、签订正式条约的时间、付款地点、账户、签约地点等。

在签订完认购书后,销售方还应给购房人发放《签约须知》,以便使购房者明白下一个细节,购房人只有明白其中内容,才能顺利签订购房契约,其内容包括:签约地点、购房者应带证件、购房者委托他人签约时有关委托书的证明、有关贷款凭证的说明、缴纳有关税费的说明。

2. 签订预售或出售合同

签订购房合同时一定要慎重对待,因为购房者的权利和义务都体现在内了。另外,一旦将来与销售方发生纠纷,购房合同可是解决问题的重要根据和凭证。所以,在签合同之前,需要仔细查验发展商的资格和"五证"(即计委立项可行性研究的批件、规划许可证、土地使用证、开工建设许可证、商品房预售许可证)。如果是现房买卖,则由购房者和开发商签订出售合同;如果是预售商品房,则签订预售合同。

3. 办理合同登记备案手续

一般来说,预售合同或出售合同自签订之日起30日内向房地产交易中心办理登记备案手续。未经登记备案的合同尽管有效,但不得对抗第三人。

4. 验收房屋,办理交房手续

购房者接收房产时必须要求卖方再次陪同实地查验,看是否有所变动,是否按合同要求进行过维修改造，维修改造质量和水平是否满意，有关文件是否符合、齐全等，都应仔细查验。只有购房人对房屋进行验收并签署房屋交接单、领取房屋钥匙，开发商的交付义务才算履行完毕。

另外，国家对房屋交易的新规定，即：商品房交付使用时，预售人必须向预购人提供《商品房住宅质量保证书》和《住宅使用说明书》，其与合同具有同等法律效力。

在房屋满足合同中约定的交付条件后，购房者应根据开发商的通知及时办理交房手续，缴纳物业服务费和维修资金等。

5. 产权过户

购房人购买商品房时，按有关规定，开发商在交房时应向国土房管局做好商品房竣工产权总登记，并在领取《竣工验收证书》后的 5 个月内为购房者申办房产证。只有在进行了合法的产权登记，并取得《房屋所有权证》（即房屋产权证明文件）后，购房人对房屋的所有权及其他权利才会得到法律的保护，通过产权登记，可以验证所购买房产是否存在产权问题。若发现产权问题，可及时通过法律索赔。

二、二手房置业交易及程序

（一）二手房置业交易

自从住房二级市场开放后，已取得产权证的居民只要通过房屋上市审批程序，其房产就可上市出售，因此置业者也可以通过购买二手房来居住、经营或用于投资。但是，二手房置业的情况比商品房更为复杂，一定要及时了解买房手续、费用、程序上的变化。

（二）二手房置业交易程序

1. 看房、选房

当置业者决定购买二手房后，在看房、选房过程中应仔细了解房屋的质量、周围环境及邻居的情况等。

2. 调查产权

对二手房的产权进行调查是二手房交易过程中非常重要的一环节，以免成交后拿不到产权证，出现不必要的麻烦。

3. 签订二手房交易合同

与新房市场相比，中国的二手房市场还不够规范，风险较大，这要求购房人在签订二手房交易合同时一定要谨慎，最大限度地减少漏洞，规避风险。

4. 办理过户和资金交付

作为二手房置业的最关键环节，即产权过户和资金交付环节，国家和地方各级政府主管部门均颁布了相关的规定，以规范其各环节的流程，减少交易欺诈现象。根据《建设部中国人民银行关于加强房地产经纪管理规范交易结算资金账户管理有关问题的通知》（建住房〔2006〕321 号）的有关规定，要求规范房地产经纪行为，建立存量房交易结算资金管理制度和规范交易结算资金专用存款账户开设和资金划转。其后各地方政府又根据本地的具体情况，制定了针对本地区的存量房交易资金监管使用办法，并将其与房屋的产权过户相衔接，最大限度的保障了房屋交易的正常进行。

根据目前各地的二手房交易资金和产权过户监管办法，主要明确了以下的事项：

（1）明确流程各参与方的职责：建立房地产交易资金监管中心负责存量房屋交易资金监管，房屋权属登记机构负责具体办理存量房屋交易资金监管相关登记事务，与资金监管中心签订存量房屋交易资金监管合作协议的商业银行称为监管合作银行，负责完成资金账户的开立和资金的划转。以上三方共同在监管网络系统上完成信息的交流。

（2）对交易资金监管的范围加以明确：凡房屋交易没有贷款，出卖人为法人、其他组织，或交易双方为亲属关系的，可以自行交付房价款。交易双方需提供相关证明材料，并由交易双方签署自愿不纳入交易资金监管确认书。除此之外的二手房交易均应纳入交易资金监管。

（3）存量房屋交易双方办理房屋权属转移登记应当缴纳的相关税费，应随同存量房屋交易资金存入指定监管账户，实施监管。

（4）一般情况下，要实行交易资金的全额监管，对于满足特定条件的可以实行部分资金监管。

二手房资金监管交易流程（如图5-1所示）：

（1）存量房屋出卖人应当在监管合作银行开立结算账户，用于收取房价款。

（2）买受人持协议将应监管的全部房价款或者部分房价款及相关税费，存入监管账户；买受人需办理银行贷款的，应当委托贷款银行将贷款资金划转至监管账户，并由贷款银行向买受人出具收款凭证。

（3）监管合作银行收取存量房屋买受人缴纳的房价款及相关税费时，应核对有关的电子信息，并向买受人出具收款凭证，并将电子信息传至存量房屋交易资金监管网络系统。

（4）房屋交易双方到房屋权属登记机构受理房屋权属登记申请时，对监管合作银行出具的收款凭证核实无误后，应当向交易双方出具相关税费的收款凭证。

（5）市房地产交易资金监管中心应当于监管房价款全额到账的进账单与网络信息核实无误后，将到账信息传至监管网络系统。

（6）房屋权属登记机构应当在收到应监管房价款全额到账信息后的2个工作日内核准登记，同时将核准登记信息传至监管网络系统。

（7）市房地产交易资金监管中心应当在收到核准登记信息后的3个工作日内，将监管房价款划转至出卖人预留的收款账户中。

（三）二手房交易办证程序

1. 提交材料

二手房交易双方当事人或其代理人共同到房屋所在区、县房地产交易中心提交相关材料，买方填写房地产登记申请书，卖方填写房屋产权转移申请书。

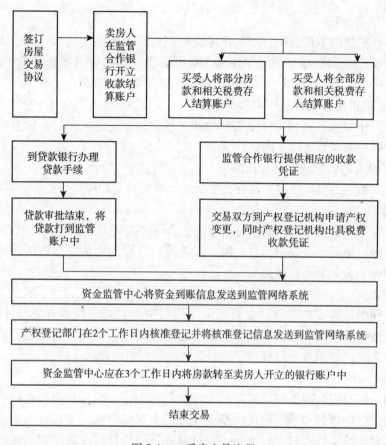

图 5-1 二手房交易流程

2. 初审

房地产交易中心经过初审认为合格的，送交房地产测绘部门配图，绘制房屋平面图和地籍图。如经初审，交易中心认为不合格的，则将有关材料退还给申请人，并说明不合格的原因所在。

3. 配图

房地产产权证应附有房屋的地籍图及平面图，这些图纸是对房屋及其相应分摊土地面积的确认和标定，因此必须由房地产管理部门认定的测绘部门绘制并加盖公章。买方也应在图纸上签字或加盖私章。地籍图和房屋平面图一式两份，一份用于制作房地产产权证，另一份则在房地产登记机构保存。配图过程中所发生的图纸费、勘丈费由购房者支付。

4. 交纳税费

经过房地产管理部门确认后，购房者则可正式办理房屋产权过户手续，并缴纳有关税费。

5. 审核

购房者在缴纳相关税费后，将二手房交易材料、身份证明、纳税证明送交房地产登记部门，由登记部门进行审核。

6. 制证和发证

如果登记部门审核合格，则制作房地产产权证并发给购房者。购房者应支付房地产产权证的工本费及 5 元印花税。从申请登记到购房者领到房地产产权证，一般要 30 天左右。

（四）二手房买卖合同中须具备的内容

依据《中华人民共和国合同法》的相关规定以及业务实践，一份有效的二手房买卖合同中必须具备以下内容：

1. 当事人的名称或姓名、住所

当事人填写的具体情况应确保真实准确，双方对此均应进行必要的调查。

2. 标的

在房屋买卖合同中的标的就是房屋。在合同中应明确房屋的位置、产权归属、面积、结构、格局、装修、质量及附属设施等；房屋的物业管理费用及其他交费状况和房屋相关文书资料的移交。

3. 价款

是合同中最重要的条款。在合同中主要写明总价款、付款方式、付款条件、如何申请按揭贷款、定金、尾款等。双方还要明确按国家规定缴交各自应当缴交的税费和杂费；如果双方另有约定，则应当在合同中明确这一约定。

4. 履行期限、地点、方式

合同中应写明合同签订的期限、支付价款的期限、交付房屋的期限等。交房时间、条件、办理相关手续的过程亦应在合同中明确写明。支付价款的方式，应明确以现金还是支票支付，付款是一次付清或分期交付以及缴纳定金的时间、数额、分期付款的步骤、时间和数额等。

5. 违约责任和解决争议的方式

明确双方当事人不履行自己在合同中约定的义务时，所需承担的责任。明确约定解决争议的方式是采用仲裁还是诉讼。

6. 合同生效、中止、终止或解除条款

双方在此约定合同生效或失效的时间；生效或失效的条件；合同中止、终止或解除条款等。

7. 合同的变更与转让。

8. 附件。

说明本合同有哪些附件、附件的效力等；以及还需签订有关的补充协议的约定等。

三、购房置业者需缴的税费

（一）契税

契税是指房屋所有权发生变更时，就当事人所订契约按房价的一定比例向新业主（产权承受人）征收的一次性税收。它是对房地产产权变动征收的一种专门税种。国家规定契税税率为 3%～5%。具体契税使用税率，由省、自治区、直辖市人民政府在税率范围内按照本地区的实际情况确定。从 1999 年 8 月 1 日起,个人购买自用普通住宅:1.5% × 总房价;非普通住宅:3% × 总房价。

（二）印花税

印花税是对经济活动和经济交往中书立、领受凭证征收的一种税。印花税的课税对象是房地产交易中的各种凭证,由应纳税凭证的书立人或领受人缴纳。由买卖双方各按房价款的 0.05% 缴纳。

（三）专项维修资金

专项维修资金是指业主或者公有住房售房单位缴存的,专项用于住房共用部位、共用设施设备保修期满后的维修和更新、改造的资金。《住宅专项维修资金管理办法》（2007 年 10 月 30 日建设部第 142 次常务会议讨论通过,经财政部联合签署,自 2008 年 2 月 1 日起施行）规定:商品住宅的业主、非住宅的业主按照所拥有物业的建筑面积交存住宅专项维修资金,每平方米建筑面积交存首期住宅专项维修资金的数额为当地住宅建筑安装工程每平方米造价的 5% ~ 8%。直辖市、市、县人民政府建设（房地产）主管部门应当根据本地区情况,合理确定、公布每平方米建筑面积交存首期住宅专项维修资金的数额,并适时调整。

（四）房屋买卖交易手续费

房地产交易手续费是指房地产交易机构为房屋权利人提供交易场所,对不同交易类别的房屋从收件、初审、权属调查、价格评估、公告、立契监证、批准及提供其他各项服务内容所发生费用的合理补偿。除此之外,房地产交易机构不得再向房地产交易双方收取其他任何费用。根据《国家计委、建设部关于规范住房交易手续费有关问题的通知》（计价格 [2002] 121 号）,办理了房屋买卖过户手续后,由买卖双方向房地产管理部门交纳手续费,征收的标准是按照国家房屋买卖成交价或最低保护价的 1%,由买卖双方各缴纳一半。

（五）房屋所有权登记费

根据《国家发展改革委、财政部关于规范房屋登记费计费方式和收费标准等有关问题的通知》（发改价格 [2008] 924 号）,房屋所有权登记费按件收取,不得按照房屋的面积、体积或者价款的比例收取。住房登记收费标准为每件 80 元;非住房房屋登记收费标准为每件 550 元。房屋登记收费标准中包含房屋权属证书费。房地产主管部门按规定核发一本房屋权属证书免收证书费。向一个以上房屋权利人核发房屋权属证书时,每增加一本证书加收证书工本费 10 元。

（六）房屋所有权证印花税

在领取房屋所有权证和土地使用证时按件缴纳,每件 5 元。

（七）中介费

根据规定中介费按 1% × 总房价收取。购买二手房还要两项费用,即保险费（贷款金额 × 年限 × 保险费率）和评估费（评估价 × 0.4%）。

复习思考题

1. 房地产置业对象的类型有哪些?
2. 房地产置业的目的分为哪两种?含义分别是什么?
3. 购买住宅、商铺、写字楼应考虑哪些因素?
4. 房地产置业应注意哪些事项?
5. 挑选二手房的注意事项?
6. 代理客户置业的流程?
7. 代理客户置业的技巧有哪些?
8. 商品房的置业交易程序?
9. 二手房的置业交易程序?
10. 房地产置业涉及的税费有哪几种?

第六章

房地产经营代理

本章主要讲述房地产经营代理的概念、特点、种类及原则；房地产经营代理运作环节；房地产买卖代理实务；房屋租赁代理实务；房地产抵押代理实务；房地产咨询服务代理实务以及房地产拍卖代理实务等内容。对其中的一些内容附有合同文本（在书后附录中），以方便学习和使用。

第一节 房地产经营代理的概念

一、代理的一般概述
（一）代理的概念

根据《民法通则》第63条的规定："代理，是指代理人在代理权限范围内，以被代理人（又称本人）的名义，同第三人（又称相对人）进行民事活动，由此产生的法律后果由被代理人承担的民事法律制度。"其中，代为他人实施民事法律行为的人，称为代理人；由他人以自己的名义代为实施民事法律行为，并承受法律后果的人，称为被代理人。例如，某甲接受某乙的委托，以某乙的名义与某丙签订房屋买卖合同，而在某乙和某丙之间形成债权债务关系。可见，代理活动涉及三方主体，其整体是代理法律关系，又包含着三部分内容。一是被代理人与代理人之间产生代理的基础法律关系，如委托合同；二是代理人与第三人所为的民事法律行为，称为代理行为；三是被代理人与第三人之间承受代理行为产生的法律后果，即基于代理行为而产生、变更或消灭的某种法律关系。

（二）代理的法律特征

与其他相近的民事法律制度相比较，代理具有下列法律特征：

1. 代理行为是能够引起民事法律后果的民事法律行为

就是说通过代理人所为的代理行为，能够在被代理人与第三人之间产生、变更或消灭某种民事法律关系，如代订合同而建立了买卖关系、代为履行债务而消灭了债权债务关系，这表明代理行为具有法律上的意义，同样是以意思表示作为构成要素。因此，代理行为区别于事务性的委托承办行为。诸如代为整理资料、计算统计等行为，不能在委托人与第三人之间产生民事法律关系，不属于民法上的代理行为。

2. 代理人一般应以被代理人的名义从事代理活动

我国《民法通则》第63条第2款规定："代理人在代理权限内，以被代理人的名义实施民事法律行为。"在代理关系中，代理人是代替被代理人从事法律行为，以实施被代理人所追求的民事法律后果。显然，基于代理行为所产生的民事法律关系的主体应是被代理人，因此，代理人一般应以被代理人的名义从事代理行为。

3. 代理人在代理权限范围内独立意思表示

这一特征有两方面含义：①代理人有权独立作为意思表示；②为了切实保障被代理人的利益，法律要求代理人必须在代理权限范围内独立作为意思表示。所以，代理人在代理权限范围内做出的意思表示才符合被代理人的民事利益。正是在此种意义上，代理人在实施代理行为过程中超过代理权限范围所做出的意思表示就是不真实的，其代理行为也应依法无效或被撤销、被变更。

依据这一特征，要注意区别代理与一些相似情况：①代理人区别于法人的法定代表人。法定代表人与其所代表的法人是同一主体。代表人是法人的组成部分，如经理是公司的组成部分，其所表示的意思就是法人的意思。而代理人与被代理人则是两个独立的民事主体；②代理人区别于居间人、传达人，居间人只是接受委托，为双方当事人建立民事法律关系提供条件，并不参加该法律关系，也不独立表达其意思；传达人则限于原封不动的传递委托人的意思表示，不提出自己的意思。

4. 代理行为的法律后果直接归属于被代理人

既然代理行为的目的是实现被代理人追求的民事法律后果。所以，代理人的代理行为在法律上视为被代理人的行为，其效力直接及于被代理人，因而《民法通则》第62条第2款规定："被代理人对代理人的代理行为，承担民事责任。"可见，代理人是代理行为的实施者，而被代理人则是法律后果的承受者，这是民事代理制度得以适用的本质属性。

（三）代理的种类

按照代理权产生的根据不同，代理可以分为法定代理、指定代理、委托代理三种。

1. 法定代理

法定代理是指依照法律规定行使代理权的代理行为。这种代理不需要被代理人的委托，而是直接由法律根据一定的社会关系，主要是一些身份上的关系而加以确定代理的。

2. 指定代理

指定代理是指人民法院或者指定单位根据需要指定公民或法人充当代理人的代理行为。人民法院或者指定单位的指定行为是以法律的有关规定为依据实施的，被指定的人如无正当理由，原则上不得拒绝。

3. 委托代理

委托代理是指代理人按照被代理人的委托行使代理权的行为，这种代理是基于被代理人的意思表示而发生的代理行为。

委托代理的委托可以采用口头形式，也可以用书面形式。但法律规定采用书面形式的，必须用书面形式。书面委托代理授权书应当载明代理人姓名或者名称、代理事项、权限和期间以及其他需要载明的事项，并由委托人签名或者盖章。委托书授权不明的，被代理人应当向第三人承担民事责任，代理人同时应负连带责任。

（四）代理的形式

按照代理方式的不同，代理可分为一般代理、独家代理和总代理。

1. 一般代理

一般代理又称佣金代理，是不享有代销专营权的代理，委托人在同一地区和期限内，可选定一家或几家客户作为一般代理人，根据代销商品的实际数量按协议规定的办法支付给佣金，委托人可直接与该地区的买主成交，其直接成交部分，不向代理商支付佣金。

2. 独家代理

是委托人给予代理人在规定地区和一定期限内享有代销专营权的代理，委托人在指定地区和时间内，不得委托其他代理人，独家代理与包销方式下的专营权不同，独家代理下的专营权指的是专门代理权，商品出售前所有权仍归委托人，由委托人负责盈亏。

3. 总代理

是委托人在指定地区的全权代理。总代理除了有权代理委托人进行签订买卖合同及商务活动外，也可进行一些非商业性的活动。总代理有权指派分代理，并可分享代理的佣金。

二、房地产经营代理概述

随着我国房地产市场的进一步繁荣和发展，交易活动日趋频繁，房地产经营代理活动就更需要得到进一步发展。在香港、台湾相对较成熟的房地产市场，这种专业的代理公司发展非常之快，而且逐步走上了代理品牌之路，如香港中原物业公司、台湾太平洋房屋等。仅中原物业公司在香港就有近三百家分行，网络连锁遍及香港、深圳。

（一）房地产经营代理的概念

房地产经营代理是指房地产经营代理商受委托人的委托，为委托人提供房地产经营活动的各项代理业务的经营活动。

房地产经营代理是一种专业性的经营活动，其活动内容相当广泛，如：房地产买卖代理、房地产抵押代理、房地产租赁代理等。

（二）房地产经营代理的特点

房地产经营代理作为一种房地产经营活动，与房地产开发、房地产交易相比较，具有以下特点：

1. 投资小、风险低

房地产经营代理商本身不需要投入巨资，他们主要以其拥有的信息、技术和劳务等为投资方、开发商、交易方提供代理或相关服务，从事咨询代理的机构，注册资金5万元，从事商品房销售的代理机构，注册资金50万元，从事咨询及商品房销售代理的机构，注册资金100万元，因此经营风险相对于开发商来说较小。

2. 专业性、技术性强

房地产市场是较为特殊的市场，房地产从开发到交易的各个环节中，代理商具有以下专业优势：①对本地房地产市场有详尽的了解和研究，能够提供市场定位、物业推广、销售策划一条龙服务；②拥有一支具有丰富策划、销售和管理经验的专业化队伍；③每家代理商都有自己潜在的影响和资源市场，这些专业优势在一定程度上弥补了中小型发展商的专业劣势；④中小型发展商缺乏成功操作楼盘的经验和能力，而房地产市场又具有高度的不确定性和风险性，中小型发展商需要代理商利用其专业知识帮助他们节省交易成本并降低专业风险。

3. 独立性与附属性并存

房地产经营代理是随着房地产开发和房地产交易的发展而发展的，它充当了房地产开发和房地产交易的媒介，离开了房地产开发和房地产交易活动，房地产经营代理就不会存在。但是，房地产经营代理商又是独立存在的，它是在房地产市场繁荣发展过程中逐渐形成的独立的专门行业，房地产经营代理活动的健康发展，可以更加规范和繁荣房地产市场。

（三）房地产经营代理的种类

1. 房地产买卖代理

房地产买卖代理是指房地产经营代理商接受房地产委托人的委托，按照委托人的基本要求进行房地产买卖代理活动并收取佣金的行为。房地产买卖是房地产交易最基本的形式。房地产买卖代理包括：预售商品房代理、商品房买卖代理、二手房买卖代理等形式。

2. 房屋租赁代理

房屋租赁代理是指房地产经营代理商接受房屋出租人的委托，按照委托人的基本要求进行房屋租赁代理活动并收取佣金的行为。房屋租赁代理包括：房屋出租、房屋转租代理。

3. 房地产抵押代理

房地产抵押代理是指房地产经营代理商接受房地产委托人的委托,按照委托人的基本要求进行房地产抵押代理活动并收取佣金的行为。房地产抵押代理包括:土地使用权抵押代理、建设工程抵押代理、预购商品房期权抵押代理、现房抵押代理。

4. 房地产咨询代理

房地产咨询代理是指房地产经营代理商接受委托人的要求,进行房地产咨询代理活动,并收取佣金的行为。房地产咨询代理包括:房地产投资咨询、房地产价格咨询、房地产法律咨询。

5. 房地产拍卖代理

房地产拍卖代理是指房地产拍卖代理商接受委托人的委托,进行房地产拍卖代理活动,并收取佣金的行为。

(四)房地产经营代理收费标准

凡依法设立并经房地产管理部门确认资质审查合格的,为企事业单位、社会团体和其他社会组织、公民及外国当事人提供有关房地产开发投资、经营管理、消费等方面的中介代理服务,可向委托人收取合理费用。

1. 房屋买卖代理收费

按成交价格总额分档累进计收(以天津为例,收费标准见表6-1)。

(津价房地字〔1995〕第248号) 表6-1

房地产价格总额(万元)	累进计费率(%)
500以下(含500)	2.5
501~2000	2
2001~5000	1.5
5001~10000	1
10001以上	0.5

2. 实行独家代理的收费

由委托方与房地产中介代理机构协商,其标准可适当提高,但最高不超过成交价格的3%。

3. 房屋租赁代理收费

无论成交的租赁期限长短,均按半个月至一个月成交租金金额标准,由双方协商议定一次性计收。

4. 房屋互换代理收费

按间数多少、难易程度每宗收取100~1000元。

5. 房地产咨询服务代理收费

房地产咨询服务代理收费按服务形式分为口头咨询和书面咨询两种。

1)口头咨询费(含提供调换、租赁、买卖房屋信息等)。按照咨询服务所需时间、内容繁简、人员专业技术等级，每次 10~50 元。

2）书面咨询费。按照咨询报告的技术难度、工作繁简、结合标的额大小计收。普通咨询报告，每份 300~1000 元；技术难度大、情况复杂、耗用人员和时间较多的咨询报告，可适当提高收费标准，其标准一般不超过咨询标的额的 0.5%。

房地产经营代理机构收取佣金，须由其所在的房地产经营代理机构开具财税管理部门规定的统一票据，依法纳税。

（五）房地产经营代理的原则

1. 畅通性原则

渠道的畅通是房地产流通的重要保证，作为连接委托方与第三方的纽带，渠道作用是否能充分有效发挥，其衡量标准就是渠道是否有序，畅通无阻，在委托方与第三方之间顺利搭建一条沟通的桥梁。要保证房地产经营代理商渠道的畅通，一方面必须对房地产经营代理商渠道进行整体设计和规划，从委托方发展的需要和房地产经营代理商所处的商业位置、经济实力和信誉等方面统筹考虑，另一方面渠道必须具有很强的反应能力，信息能够及时有效地双向流动。

2. 可控性原则

房地产经营代理商是独立的经济个体，他们与委托方之间是一种互利合作关系，为了保证委托方目标的实现，委托方必须从各个方面控制房地产经营代理商的行为，使其不偏离正常的轨道。一是从价格政策上进行控制，房地产经营代理商的竞争行为不能违反国家和委托方的价格政策；二是从佣金上进行控制，通过佣金来调整房地产经营代理商的经营行为；三是从服务上进行控制，包括企业形象、店面宣传品等方面。

3. 效益性原则

从成本上分析，代理商渠道相对于房地产开发企业自己经营，变动成本要远远高于自己经营，而固定成本要比自己经营低得多。从投资效益上分析，利用代理商渠道可以发挥其点多、面广以及接近客户的优势，迅速做大业务，而且可以减少房地产开发企业的固定资产投资。为了提高代理商渠道的效益，房地产开发企业应鼓励代理商代理房地产开发企业更多的业务（营销策划、商品房销售等），通过各项业务的交叉，发挥代理商渠道的整体效益，避免房地产开发企业在渠道建设上的重复投资。

4. 层次性原则

就代理商渠道而言，房地产代理商渠道包括有店模式和无店模式，直营连锁经营模式和特许加盟连锁经营模式。有店模式的房地产经营代理机构是依靠店来承接业务，一般分为从事二手房买卖居间、代理和房屋租赁居间、代理的房地产经营代理机构。其中，又可根据店数量的多少分为单店模式、多店模式和连锁店模式。无店模式的房地产经营代理机构不是依靠店来承接业务。它分为两种，一种是以个人独资形式设立的房地产经营代理机构，另一种是面向机构客户和大宗房地产业主的房地产经营代理机构，如专营新建商品房销售代理的房地产经营代理机构。直营连锁经营模式是由同一公司所有，统一经营管理，具有统一的企业识别系统，实行集中采购和销售，由两个或两个以上连锁分店组成的一种形式。特许加盟连锁经营模式是指特许者将自己所拥有的商标（包括服务商标）、商号、产品、专利和专有技术、经营模式等以特许经营合同的形式授予经营者使用的一种形式。

5. 激励性原则

对房地产经营代理商的激励是保证房地产开发商各项业务进一步发展的需要，为了提高房地产经营代理商的积极性，需要从以下几个方面激励房地产经营代理商，一是物质激励，如在完成既定目标任务的前提下，提高超额数量的佣金，也可开展销售竞赛，对获奖者进行物质等奖励；二是精神激励，如服务支持、广告支持、授予特殊称号等。

第二节　房地产经营代理运作环节

房地产经营代理业务的种类虽然很多，但其代理业务运作程序大致相同。主要包括以下步骤：

一、接受委托

接受委托即房地产经营代理人接受委托人的委托，进行房地产经营代理活动。在这一环节中代理人要做好以下工作：第一，交验委托人的合法证件，如：个人身份证、公司营业执照、公司资质等级证等。第二，向委托人介绍房地产经营代理机构的名称、资质、代理业务的类型等。第三，收费标准、采用的代理合同文本内容等符合规定且向委托人明示。

二、广告推介

争取客户是房地产经营代理机构生存、发展的关键，也是房地产经营代理业务开展的前提。一旦赢得客户，就要通过广告推介和公共关系活动来宣传自己。吸引客户和稳定客户群也是房地产经营代理业务开展的一个重要环节。

三、房地产查验

房地产查验的目的是使房地产经营代理机构对代理经营的房地产有充分的了解和认识，做到心中有数，为日后有效地进行房地产经营代理活动打下良好的基础。查验的内容包括：第一，委托房地产的实物状况，包括委托房地产所处的具体位置、形式、面积、结构、装修、设备和成新。第二，委托房地产的权属状况，在房地产经营代理业务中，一般被代理的房地产都是所有权，在二手房买卖代理业务中，一定要搞清被出售房地产是所有权还是使用权，如果是所有权，房地产权属为两人或两人以上所有的，应为共有房地产。如未经其他共有人书面同意，该房地产不得转让、抵押和租赁,其委托代理业务也不能成立。如果是使用权,根据各地的有关政策规定,应注意成套独用和成套伙用的区别。同时要注意被代理的房地产是否设定抵押权、典当权和租赁权等。第三,委托房地产的环境状况,包括被代理房地产相邻的房地产类型、周边的交通、绿化、生活配套设施、自然景观、污染情况等。

四、签订合同

为保护交易双方的合法权益,避免纠纷发生,房地产经营代理机构在接受委托人委托后应与委托人签订书面的房地产代理合同。只有签订了代理合同,双方之间的代理与被代理关系才在法律上得到明确和保护。签订房地产代理合同时,根据代理的种类不同,可选用不同的合同文本,一种是政府制订的代理合同示范文本,另一种可由双方自行拟订合同文本。对代理合同中的相关条款,双方要共同协商确定,代理合同要尽可能详细地规定委托代理双方的自身权利和义务。

五、房地产权属登记

房地产交易必然涉及房地产权属的变动,如土地使用权的转移、房屋所有权的转移等,而房地产权属登记备案是保证这些权利变更有效、受法律保护的基本手段。房地产经营代理业务中,代理人通常代理委托人办理各类产权登记或文件登记备案手续。

六、收取佣金

代理交易过程完成后,房地产经营代理机构应按合同规定与委托人进行佣金结算,佣金金额和结算方式按合同约定执行。房地产经营代理机构在按时完成委托的业务之后,要把握好这个环节,以保证房地产经营代理机构的合法权益。

第三节 房地产经营代理实务

一、房地产买卖代理实务

房地产买卖是指房地产产权人将其房屋的所有权和土地的使用权通过合法方式,一并转移给他人,由他人支付房价款的行为。

(一)商品房预售代理实务

1. 商品房预售的概念

由于房产的建设周期一般较长,房地产开发商为了及早回收资金,加快房屋建设速度,通常采取在房屋尚未建成以前即开始预售房屋。

商品房预售是指房地产开发商将正在建设或者即将建设的商品房销售给购房人,由房地产开发商与期房购买者签订预售合同,预购人支付定金或价款的行为。

预售商品房对于开发商而言具有重要意义。一个开发项目往往涉及大量的资金投入，如果开发商在商品房竣工之前按照规定提前向社会出售，无疑可以把一部分社会闲散资金吸引到房地产开发中来，从而减轻开发商的资金压力。但对于购房人来说，要承担一定的交易风险。同时，购房人在购房过程中也会因为购房资金短缺问题，需要对已经购买的预售商品房进行抵押从而获得购房贷款。

2. 商品房预售基本条件

预售商品房应将《商品房预售许可证》公示于经营场所，制作的售楼广告和售楼说明书必须载明《商品房预售许可证》的号码，同时房地产开发企业应当自商品房预售合同签订之日起30天内到商品房所在地的县级以上人民政府房地产开发主管部门和土地管理部门备案。

商品房预售对买受人来说，在房屋的价格上能获得优惠；对于开发经营者来说，可以加速资金的周转，所以是一种双方受益的交易方式。但同时由于房屋建设时间长，房地产价格的变化可能会引起投机炒作行为，因此具有较大的风险性。另外，期房的质量、规格、选材等方面可能与购房人的预期相差较大，容易产生纠纷。

按《城市商品房预售管理办法》和《城市房地产开发经营条例》中的规定，房地产开发企业进行商品房预售必须符合以下条件：

（1）已交付全部土地使用权出让金，取得土地使用权证书，且土地使用权未经抵押；

（2）持有建设工程规划许可证和施工许可证；

（3）建设项目各种批准手续齐备，已完成项目建设总投资的25%以上或已完成单体项目的基础工程，并已确定施工进度和竣工交付日期；

（4）已经向当地房地产市场管理部门申请，持有《商品房预售许可证》；

（5）已确定预售款的监管机构（银行）和监管方案。

3. 商品房预售基本流程

（1）预购人通过代理人寻找合适楼盘；

（2）预购人查询该楼盘的基本情况；

（3）预购人与房地产开发商签订商品房预售；

（4）办理商品房预售合同文本登记备案；

（5）商品房竣工后，房地产开发商办理初始登记，交付房屋；

（6）与房地产开发商签订房屋交接书；

（7）办理交易过户、登记领证手续。

（二）**商品房销售代理实务**

1. 商品房销售的概念

商品房销售是指房地产开发商将其依法开发并已建成能投入使用的商品房通过买卖转移给他人的行为。能投入使用的商品房是房地产开发商投资成果的具体体现，也是房地产开发企业继续投资开发、扩大再生产的重要保证。

2. 商品房销售的基本条件

商品房销售，应当符合以下条件：

（1）房地产开发企业应当具有企业法人营业执照和房地产开发企业资质证书；
（2）取得土地使用权证书或者使用土地的批准文件；
（3）持有建设工程规划许可证和施工许可证；
（4）已通过竣工验收；
（5）拆迁安置已经落实；
（6）供水、供电、供热、燃气、通信等配套基础设施具备交付使用条件；
（7）物业管理方案已经落实。

3. 商品房销售的基本流程

商品房销售的一般流程（如图6-1所示）为：
（1）购房人通过代理商、媒体等渠道寻找合适楼盘；
（2）购房人查询该楼盘的基本情况；
（3）购房人与房地产开发商订立商品房买卖合同；
（4）进行交易过户备案登记。

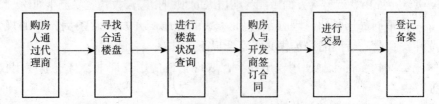

图6-1 商品房销售的一般流程

（三）二手房买卖代理实务

1. 二手房买卖的概念

二手房买卖是指房屋产权人将其依法拥有的二手房屋，通过买卖转移给他人，由他人支付价款的行为。

2. 二手房买卖应具备的基本条件

（1）出卖共有房屋，须提交共有人亲自出具的同意证明书；
（2）出卖出租房屋，须提交承租人亲自出具的弃权购买证明书，在同等条件下，承租人有优先购买权；
（3）产权人不能亲自到场的，须提交经公证机关公证的委托书；
（4）个人购买房屋，必须具有本市城镇居民常住户口；
（5）买卖双方须签订房屋买卖合同，并在一个月内持房屋合同到房地产管理部门办理买卖过户手续。

以下房屋不能买卖：
（1）无合法证件的房屋（包括违章建筑的房屋）；
（2）产权有争议的房屋；
（3）经批准由国家征用或划拨的建设用地范围内的房屋；
（4）经人民法院裁定限定产权转移或经市人民政府批准代管的房屋；
（5）市人民政府规定的其他不得出卖的房屋，一律不准进行房屋买卖。

3. 二手房买卖的流程（如图 6-2 所示）
(1) 通过代理机构或媒介进行前期咨询；
(2) 买卖双方交易意向确立；
(3) 买卖双方签订房屋买卖合同；
(4) 买卖双方进行物业交接。

① 前期咨询 1-1

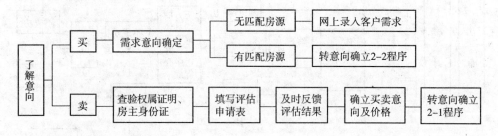

前期咨询 1-2

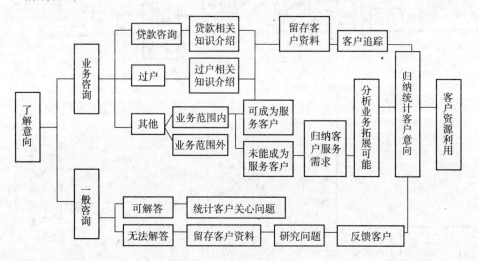

② 意向确立 2-1

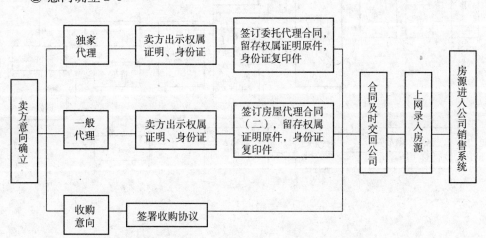

意向确立2-2（代理流程）

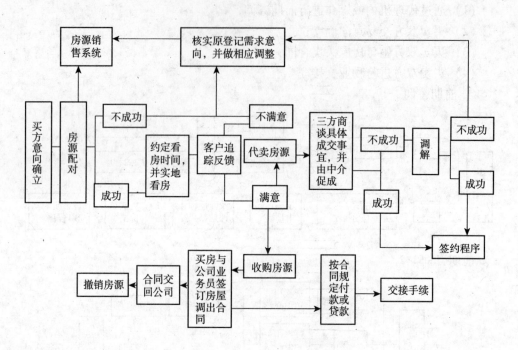

③ 合同签订

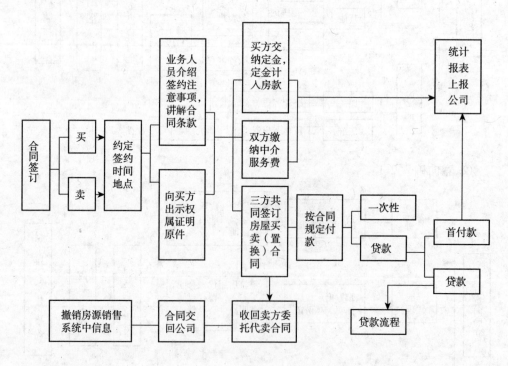

④ 手续办理

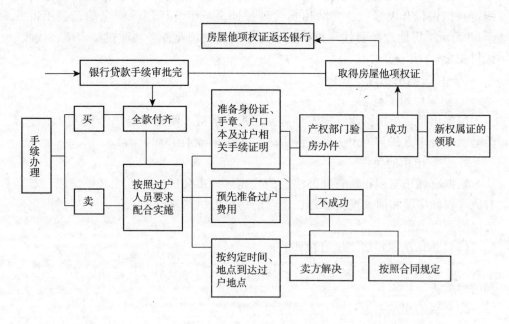

贷款流程

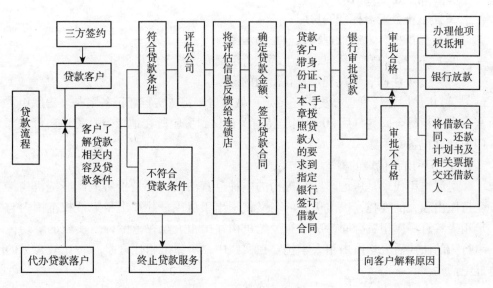

图 6-2 二手房买卖的流程

二、房屋租赁代理实务

房屋租赁是指出租人和承租人之间的一种经济关系，即承租人支付一定的租金，取得房屋一定时期的使用权；而出租人则通过让渡房屋的使用权以获取一定的经济收入。房屋租赁包括：房屋出租和房屋转租。从事房屋租赁代理业务的房地产经营代理机构须与指定银行签订租金代收、代付委托协议并按协议约定在该银行开设账户、交纳租赁代理保证金。租赁代理保证金的金额不得低于 60 万元。房地产经营代理机构从事房屋租赁代理业务必须通过指定银行代收、代付租金。

(一) 房屋出租代理

1. 房屋出租的概念

房屋出租是指房屋所有权人将房屋出租给承租人使用或提供给他人从事经营活动或以合作方式与他人从事经营活动，由他人支付租金的行为。

2. 房屋出租的条件

根据《城市房屋租赁管理办法》的规定：城市公民、法人或其他组织，对享有所有权的房屋和国家授权管理、经营的房屋可以依法出租；但有下列情形之一的房屋不得出租：

(1) 未依法取得房屋所有权证的；

(2) 司法机关和行政机关依法裁定、决定查封或者以其他形式限制房地产权利的房屋；

(3) 共有房屋未取得共有人同意的房屋；

(4) 权属有争议的房屋；

(5) 属于违法建筑的房屋；

(6) 不符合安全标准的房屋；

(7) 已抵押，未经抵押权人同意的房屋；

(8) 不符合公安、环保、卫生等主管部门有关规定的房屋；

(9) 有关法律、法规规定禁止出租的房屋。

《城市房屋租赁管理办法》还规定：城市房屋租赁实行登记备案制。房屋租赁当事人在租赁合同签订后 30 天内，持有关证件到房屋所在地市、县房地产管理部门办理登记备案手续。

3. 房屋出租代理的概念

房屋出租代理是房地产经纪机构的一种经营活动，它是指房地产经纪机构接受房屋出租人的委托，以出租人的名义代理出租房屋，并在出租人授权范围内与承租人签订房屋租赁合同，房地产经纪机构在出租人授权范围内所实施的一切民事行为的法律后果均由出租人承担。在实践中，房屋出租代理是一种比较常见的经纪活动。

4. 房屋出租代理的流程 (如图 6-3 所示)

(1) 根据委托人的要求寻找合适的第三方。代理人在进行房屋出租代理时，第一要确认委托人按规定出示的合法证件。如果委托人作为出租人而言，那么出租的房屋必须有房地产管理部门颁发的房地产权证为依据；已抵押的房屋出租，应征得抵押权人的同意；共有房屋出租则应得到共有人的同意。如果委托人作为承租人而言，则必须提供有效的户籍簿和身份证，单位则须提供工商注册登记证明；

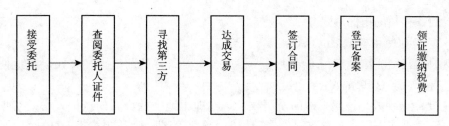

图 6-3　房屋出租代理流程

(2) 签订房屋租赁合同。房屋租赁合同可参照示范文本，也可由租赁双方协商拟订合同；

(3) 持房屋租赁合同及相关材料到房屋所在地的房地产登记机关申请办理房屋租赁合同登记备案；

(4) 领取房屋租赁证，缴纳相关税费。

(二) 房屋转租代理

1. 房屋转租的概念

房屋转租是指房屋承租人在租赁期间将承租的房屋再出租给第三人使用的行为。

2. 房屋转租的条件

房屋转租必须符合房屋租赁的必要条件，同时还要注意以下几点：

(1) 房屋转租必须取得原出租人的书面同意；

(2) 转租合同的终止日期不得超过原租赁合同的终止日期；

(3) 转租合同生效后，承租人必须同时履行原租赁合同的权利义务；

(4) 转租期间，原租赁合同变更解除或终止的，转租合同随之变更解除或终止。

3. 房屋转租的流程

(1) 转租人取得原出租人的书面同意，将其出租的房屋部分或全部再出租；

(2) 转租人与承租人签订房屋转租合同；

(3) 持房屋转租合同和房屋租赁证到房地产登记机关办理房屋转租合同登记备案手续；

(4) 领取加以注记盖章的原房屋租赁证，缴纳有关税费。

三、房地产抵押代理实务

房地产抵押是指债务人或者第三人以不转移占有的方式向债权人提供土地使用权、房屋和房屋期权作为债权担保的法律行为。包括土地使用权抵押、在建工程抵押、预购商品房抵押和现房抵押。

(一) 土地使用权抵押

1. 土地使用权抵押的概念

土地使用权抵押是指土地使用权的受让人以土地使用权作为履行债务的担保。当其不能履行债务时，债权人可以抵押的土地使用权折价或者以变卖的价款优先受偿的一种债的担保形式。

2. 土地使用权抵押的条件

根据我国法律规定，土地使用人在符合一定条件的前提下，有权以土地使用权进行抵押。这些条件主要是：

（1）抵押人是该幅土地的使用权人。亦即土地抵押合同的抵押人必须对抵押的土地享有使用权，不享有土地使用权的人，不能对土地使用权进行抵押。

（2）抵押的土地使用权通常是有偿取得的。经划拨取得土地使用权的，如符合下列条件，并经市、县人民政府土地管理部门和房产管理部门批准的，其划拨的土地使用权和地上建筑物、其他附着物所有权可以抵押：

① 土地使用者为公司、企业、其他经济组织和个人；

② 领有国有土地使用证；

③ 具有地上建筑物、其他附着物合法的产权证明；

④ 依照法律规定签订土地使用权出让合同，向当地市、县人民政府补交土地使用权出让金或以出租所获收益抵交土地使用权出让金的。

（3）土地使用权抵押合同不得违背国家法律、法规和土地使用权出让合同的规定。

（4）抵押人必须未丧失土地使用权。土地使用权若因使用期限届满或被国家依法收回而不复存在的，不得抵押。

（5）土地使用权抵押时，其地上建筑物、其他附着物也应随之抵押。地上建筑物、其他附着物抵押时，其使用范围内的土地使用权也随之抵押。

（6）土地使用权抵押，抵押人与抵押权人应当签订抵押合同，并应当依照规定办理抵押登记。

3. 土地使用权抵押的流程（如图6-4所示）

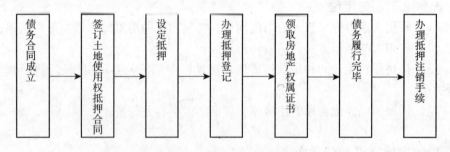

图6-4　土地使用权抵押流程

（1）债务合同依法成立，为履行债务合同，抵押人提供其依法拥有的土地使用权作担保。

（2）抵押人与抵押权人签订土地使用权抵押合同，将依法取得的土地使用权设定抵押。

（3）抵押双方持抵押合同、债务合同及房地产权属证书等有关资料到房地产登记机关办理抵押登记。

（4）领取房地产其他权利证明及加以注记的房地产权属证书。
（5）债务履行完毕，抵押双方向房地产登记机关申请办理抵押注销手续。

（二）在建工程抵押

1. 在建工程抵押的概念

根据建设部《城市房地产抵押管理办法》第三条第四款规定，在建工程抵押是指抵押人为取得在建工程继续建造资金的贷款，以其合法方式取得的土地使用权连同在建工程的投入资产，以不转移占有的方式抵押给贷款银行作为偿还贷款履行担保的行为。

2. 在建工程抵押的条件

（1）抵押人为主债务人；
（2）债权人为具有贷款经营权的金融机构并已签有资金监管协议；
（3）抵押人必须取得土地使用权证、建设用地规划许可证、建设工程规划许可证和施工许可证；
（4）担保的贷款须用于在建工程继续建造；
（5）投入开发建设的资金达到工程建设总投资的25%以上；
（6）该建设工程范围内的商品房尚未预售；
（7）抵押人已合法取得在建工程占用土地的使用权，且须将其合法取得的土地使用权连同在建工程的投入资产一并抵押；
（8）已确定施工进度和竣工交付日期。

3. 在建工程抵押的流程（如图6-5所示）

（1）债务合同成立，抵押人提供其合法拥有的在建房屋及土地使用权作担保；
（2）抵押人与抵押权人签订抵押合同，将在建房屋及相应的土地使用权抵押；
（3）抵押人与抵押权人持债务合同、抵押合同及房地产权利证书等有关资料到房地产登记机关办理抵押登记；
（4）领取房地产其他权利证明及加以注记的房地产权属证书；
（5）债务履行完毕，抵押双方持有关证件向房地产登记机关申请办理抵押注销手续。

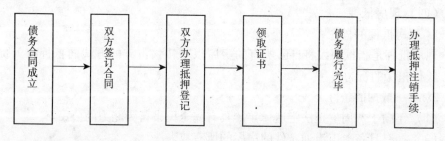

图6-5 在建工程抵押流程

（三）预购商品房抵押

1. 预购商品房抵押的概念

根据建设部《城市房地产抵押管理办法》第三条第四款的规定，预购商品房抵押是指购房人在支付首期规定的房价款后,由贷款银行代其支付其余的购房款,将所购商品房抵押给贷款银行作为偿还贷款履行担保的行为。

2. 预购商品房抵押的条件

(1) 商品房预购人必须按规定支付首期的房价款;

(2) 由贷款银行支付其余的购房款;

(3) 房地产开发商与购房人之间已经签订商品房预售合同;

(4) 必须按规定办理预售商品房抵押登记。

3. 预购商品房抵押的流程(如图6-6所示)

(1) 预购人与商品房开发商签订商品房预售合同;

(2) 持商品房预售合同到房地产登记机关登记备案;

(3) 将预购商品房设定抵押;

(4) 抵押人与抵押权人签订抵押合同;

(5) 抵押双方持抵押合同和经房地产登记机关登记备案的商品房预售合同到房地产登记机关办理抵押登记;

(6) 抵押权人保管其他权利证明,房地产权利人领取加以注记的商品房预售合同;

(7) 债务履行完毕或贷款已经清偿,抵押双方持有关资料到房地产登记机关办理注销抵押登记手续。

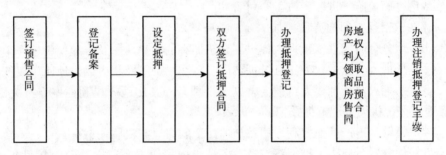

图6-6 预购商品房抵押的流程

(四)现房抵押

1. 现房抵押的概念

现房抵押是指抵押人将自己所有的房屋以不转移占有的方式向抵押权人提供债务履行担保的行为。

2. 现房抵押的条件

(1) 年满十八周岁至法定退休年龄具有完全民事行为能力的公民。

(2) 拥有具备上市流通条件的房屋的所有权。

(3) 有稳定、合法的收入来源,有按期偿还贷款本息的能力。

3. 现房抵押的流程(如图6-7所示)

(1) 债务合同的成立。债务人或第三人将自己依法拥有的房地产作担保。如果商品房购买人未支付全部房价款的,可向银行贷款,并将商品房设定抵押作为清偿贷款担保。

（2）抵押双方签订抵押合同。用抵押贷款购买商品房的，购买人先与开发商签订商品房买卖合同，然后再与银行签订贷款合同，最后签订抵押合同。

（3）抵押双方持抵押合同、房地产权利证书到房地产登记机关办理抵押登记手续。

（4）抵押权人保管房地产其他权利证明，抵押人保管加以注记的房地产权利证书。

（5）债务履行完毕，抵押双方持注销抵押申请书、房地产其他权利证明、加以注记的房地产权利证书到房地产登记机关办理注销抵押手续。

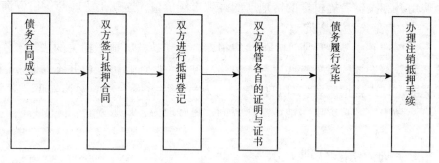

图 6-7 现房抵押流程

四、房地产咨询服务代理实务

房地产咨询服务是指为人们提供有关房地产政策、法规、技术、信息、投资、价格等咨询服务行为。

（一）房地产投资咨询

房地产投资已成为广大投资者为使资产快速增值、获取高额利润的重要方式。但是由于房地产商品的特殊性，房地产投资具有投资成本高、风险大、回收期长、所需专业知识广等特点，使得不少非专业的投资者尤其是个人投资者不敢介入到房地产投资中来。作为房地产投资咨询服务代理机构，由于其具有丰富的房地产专业知识和市场信息和经验，熟悉房地产投资方面的各个环节，因此可以为投资者提供可行性的投资建议和方案。房地产投资咨询包括：房地产经营投资咨询和房地产置业投资咨询两种。

1. 房地产经营投资咨询

房地产经营投资是指投资者以开发、买卖或租赁房地产等形式，进行的盈利性商业活动。其投资目的不仅是为了回收原垫付的所投资金，而且要获得盈利，其投资收益主要是通过经营来实现的。对于这种投资，房地产咨询服务代理机构关键是要把握房地产市场的变化，熟练掌握房地产投资分析的方法和技巧，并运用于实际中，才能为投资者提供科学、可行的投资方法。

2. 房地产置业投资咨询

房地产置业投资是指投资者购置房地产后，可供经营的一种投资形式。投资主要目的是出租经营，同时由于房地产具有与其他商品不同的性质，投资者也期望所购置的房地产在未来能够增值。对于这种房地产投资，房地产咨询服务代理机构要把握住宅市场供需的脉搏，抓住有利时机入市和出手，在满足投资者出租获利的基础上实现房地产未来的增值。

（二）房地产价格咨询

房地产交易中最敏感、最关键的因素就是价格。由于房地产价格的影响因素和价格形成、运动机制具有不同于一般作为完全劳动产品的商品的特性，投资者、购房者往往难以把握房地产市场价格，尤其是市场价格的变动趋势。而房地产咨询服务代理机构凭借其在房地产价格评估方面的专业知识以及丰富的市场经验就可为购房者和投资者提供标的房地产的客观市场价格，这就是房地产价格咨询。

（三）房地产法律咨询

由于房地产交易过程所涉及的法律很多，尤其是与房地产相关的法律、法规、政策非常复杂繁琐，对于有些房地产法律事务，一些律师可能也并不通晓。因此，这就需要房地产咨询服务代理机构的专业人员必须掌握丰富的法律知识，才能在房地产交易中为客户提供房地产法律咨询，更好地为客户服务。

五、房地产拍卖代理实务

房地产拍卖是一种通过公开竞价的方式将房地产标的卖给最高出价者的交易行为。房地产拍卖要遵循"价高者得"的基本原则，买受人以最高价购得拍卖的房地产标的物。其流程如下：

1. 接受拍卖委托

在这一阶段，委托人将有意要拍卖的房地产明确委托给拍卖行，双方签订委托拍卖协议，对委托拍卖达成基本意向。委托人在委托时一般要向拍卖行提供房地产权证、身份证明等相关证明文件。

2. 拍卖房地产标的的调查与确认

拍卖行对委托人提供的房地产产权证明、有关文件、证明材料等进一步核实，必要时到相关政府部门调查取证。与此同时，还必须进行现场勘查。

3. 接受委托、签订委托拍卖合同书

经调查确认后，拍卖行认为符合拍卖委托条件的，与委托人签订委托拍卖合同。委托拍卖必须符合《拍卖法》的要求。委托拍卖合同中要对拍卖房地产情况、拍卖费用、拍卖方式和期限、违约责任等加以明确。

4. 房地产拍卖底价确定

拍卖行对房地产市场进行调查和分析，必要时请专业的房地产估价人员对拍卖的房地产进行价格评估，与委托方共同商谈，最后确定拍卖底价和起拍价。

5. 发布拍卖公告，组织接待竞买人

拍卖行一般要在拍卖日前15～30天前登报或通过各种媒介以公告形式发布拍卖房地产的信息，拍卖行要对公告的内容真实性负责。同时，组织接待竞买人，向竞买人提供材料，审查竞买人资格，收取竞买人保证金（竞买人竞价成功，其保证金可转为价金,竞买未成功,保证金如数退还)。

6. 现场拍卖

拍卖行、竞买人按照公告的时间、地点、以正常的拍卖程序、规则对拍卖房地产进行公开竞拍。最后若竞买的最高价超过底价,由拍卖师击槌成交,应价最高者即为买受人;反之,拍卖行宣布不成交并撤回拍卖标的。

7. 产权过户

现场竞买成功后,买受人应立即支付成交价格一定比例的款项作为定金,并在拍卖行协助下与委托人签订拍卖房地产转让合同书。买受人在支付全部价款后,凭转让合同书和相关证明文件到房地产登记机关办理产权过户手续,取得房地产权证。

复习思考题

1. 什么是代理?代理有何特征?代理的种类有哪些?
2. 什么是房地产经营代理?房地产经营代理有何特点?房地产经营代理的种类有哪些?
3. 房地产经营代理运作包括哪些环节?
4. 商品房预售基本条件和流程是什么?
5. 二手房买卖的基本条件和流程是什么?
6. 房屋租赁的基本条件和流程是什么?
7. 房地产抵押代理实务有哪几种类型?

第七章

房地产租赁

通常意义上的房地产租赁是指房屋租赁。随着城市化发展的速度越来越快,城镇流动人口的不断增加,再加上本地区部分居民对租房的需求,租房俨然已经成为解决生产生活问题不可缺少的方式之一。任何一个健康完整的房屋市场,都应该由买卖和租赁两大部分组成,如果缺少租赁市场的支持,必然导致市场仅由消费性置业单独支撑,对房地产市场会形成不安定因素,最终对房屋市场产生破坏性伤害。大力发展房屋租赁市场是满足房地产市场有效需求的必然选择。由此可见,做好房屋租赁市场是促进房地产市场持续发展的关键。

第一节 房屋租赁概述与特征

一、房屋租赁的概念

房屋租赁实际上是房屋流通的一种特殊形式,它是指房屋所有权人或委托代管人将房屋出租给承租人使用,由承租人向出租人支付租金,并在租赁关系终止后,将所租房屋交还出租人的一种民事法律行为。其中,房屋所有权人是房屋出租人,房屋使用人是房屋承租人。出租的房屋主要包括住宅、办公用房、商业用房、厂房等。

二、房屋出租与出售的区别

尽管出租和出售都是房屋买卖的形式,但是两者在经营中有明显区别:

（一）转移或让渡的权属不同

房屋租赁实际上是房屋所有权人或授权经营者将房屋零星出售的一种形式，让渡的只是使用权，房屋使用权从出租人手中让渡到承租人手中，双方就建立了一种租赁关系；而房屋出售是所有权的转移或让渡，它是将房屋的使用权和所有权一次性一并出售。

（二）流通过程与消费过程中的关系不同

房屋租赁的流通过程与消费过程是互相交叉、同步转变的，即一边交换一边使用；而房屋出售中两者是分离的，是在流通过程结束后才开始其消费过程。

（三）房屋的投资和利息不同

租赁是在房屋达到使用年限前，经过多次交换实现房屋从实物形态到货币形态的转变；而房屋出售是通过一次交换，房屋就从实物形态转为货币形态。

三、房屋租赁的特征

房屋租赁是商品交换的一种形式，租金是双方当事人商品交换的价格。其具有以下特性：

（一）租赁的标的是作为特定物的房屋

房屋是一种不动产，是房屋租赁法律关系中，租赁双方权利义务共同指向的对象。房屋租赁不同于其他财产租赁，出租人只能向承租人提供特定的房屋，租赁期届满，承租人必须将房屋交还出租人。

（二）房屋租赁是一种物质形态向货币形态转换的过程

房屋租赁转移的是房屋的占有权和使用权，所有权仍属于出租人，房屋所有人通过出租房屋交出房屋的使用价值，换回房屋的交换价值，即分期收回房屋的价值，逐步完成租赁房屋的物质形态与货币形态的变化运动。

（三）房屋租赁的期限性

租赁期限是出租人与承租人权利义务开始与终止的界限，也是区分责任的时间依据。在租赁期限内，出租人不得收回房屋，如有特殊原因要收回房屋，应与承租人协商，并取得承租人同意，承租人有权要求因出租人提前收回房屋所造成损失的赔偿。租赁期限届满，房屋租赁关系即行终止。

（四）房屋租赁是一种双务有偿的债权关系

在房屋租赁关系中，出租人负责如期交付租约所规定的房屋给承租人使用，并负有租期内房屋维修的特有义务，以保证承租人的使用安全，出租人享有按期向承租人收取租金的权利。承租人负有按期交付租金，并不得毁损、转让、转租租赁房屋的义务。

（五）房屋租赁是一种要式行为

房屋租赁是一种重要的民事法律行为，为了防止在出现纠纷时难以取证以至于无法准确地分清责任的情况发生，《中华人民共和国城市房地产管理法》第五十三条规定："房屋租赁，出租人和承租人应当签订书面租赁合同，约定租赁期限、租赁用途、租赁价格、修缮责任等条款，以及双方的其他权利和义务,并向房地产管理部门登记备案。"因此,房屋租赁是一种要式的法律行为。

(六) 租赁双方都必须是符合法律规定的责任人

租赁作为一种民事法律行为,其主体是出租人和承租人。出租人必须是房屋所有权人,才能够有权将房屋的使用权转移给他人,同时享有收益权。而作为承租人,即应是具有民事行为能力的人(即自然人或法人)才能够签订租赁合同,并应按租赁合同规定缴纳租金。

四、房屋租赁管理模式

常见的房屋租赁管理模式主要有包租转租模式、出租代理模式和委托管理模式。不同的管理模式,业主与房地产企业在房屋租赁中各自承担的责任不同。

(一) 包租转租模式

1. 具体做法

房地产企业在接受业主房屋管理委托时,将出租房屋全部或部分包租下来;然后负责转租,即房地产企业再零星出租。

2. 双方责任及利弊

包租转租模式业主不负责房屋的租赁,不承担市场风险,只收取包租的租金。包租按惯例在租金上应有所优惠。在租赁市场不景气或不易把握时,业主通常选择包租转租模式将市场风险转移。房地产企业此时既要承担房屋的经营,又要负责房屋的管理服务工作。

(二) 出租代理模式

1. 具体做法

业主全权委托房地产企业负责房屋租赁活动以及租赁中的管理和服务。房地产企业只获得代理佣金,代理佣金以租金收入的一定比例收取。

2. 双方责任与利弊

出租代理模式,业主同样不负责房屋租赁,但要承担一定的市场风险。在租赁市场活跃时,业主通常选择出租代理模式。此时房地产企业按委托代理合同从事租赁活动以及租赁过程的管理和服务,并根据合同承担一定的责任,如管理不善或经租活动的失误都将受到惩罚,但风险较少,尤其是房屋的空置对业主的影响大,对房地产企业的影响小。

房地产企业所获得的收益主要是管理和服务费用,在经租活动中房地产企业所得到的只是佣金。虽然佣金多少与经租获利有关,但从性质上分析它得到的仍然是佣金而不是租金。

(三) 委托管理模式

1. 具体做法

业主自己直接负责租赁活动,不让房地产企业介入,业主只将房地产管理服务工作委托房地产企业负责。这种模式与多业主楼宇房屋管理中所做的工作近似,但房地产企业所面对的不是诸多业主,而是一个业主和诸多承租人。

2. 双方责任及利弊

委托管理模式，业主负责房屋租赁的所有活动，承担全部市场风险，也获取全部租金收入。房地产企业只负责房屋管理和服务，只要没有失职行为就不承担风险。经租中的风险完全由业主承担。因此经租所获得的利润与房地产企业无关，它只获取房地产管理和服务费用。

第二节 房屋租赁合同与流程

一、房屋租赁合同的概念及原则

（一）房屋租赁合同的概念

房屋租赁合同是出租人与承租人签订的，用于明确租赁双方权利义务关系和责任、以房屋为租赁标的的协议，是一种债权合同。租赁是一种民事法律关系，在租赁关系中出租人与承租人之间所发生的民事关系主要是通过租赁合同确定的。因此，在租赁中出租人与承租人应当对双方的权利与义务作出明确的规定，并且以文字形式形成书面记录，成为出租人与承租人关于租赁问题双方共同遵守的准则。

（二）签订物业租赁合同必须遵循的原则

1. 自愿互利原则

签订房屋租赁合同是双方当事人真实的意思表示。凡是不符合客观实际情况或采取胁迫、欺骗手段达成的租约以及租约以外的其他协议事项，法律是不予承认和保护的。互利是指签订房屋租赁合同的双方当事人都应享有一定的权利，承担相应的义务。

2. 公平合理原则

房屋租赁合同的内容必须公平合理，除了权利和义务要基本对等外，租金的确定也应按照合理租金和国家有关规定，经双方协商而定。

3. 合法原则

房屋租赁合同必须在遵守国家法律政策的前提下签订。违反国家法律、政策的房屋租赁合同，国家不予承认和保护。

4. 诚实信用原则

诚实信用原则是房屋租赁合同中最为重要的原则之一，在签订物业租赁合同时，应充分了解签约对象的主体资格。当前各种经营单位的性质和种类比较复杂，管理不到位的现象比较普遍。为防范欺诈行为，减少交易风险，有必要考察双方的主体资格、履约能力、信用情况等，查看对方的营业执照、年检证明资料等。

二、租赁合同的法律特征

作为民事法律行为中的一种，房屋租赁行为当然与其他民事法律行为一样，应具有主体合格性、意思表示真实性和内容形式合法性的特点，然而针对具体的民事法律行为来说却各有其特征，房屋租赁当然也不例外。房屋租赁的法律特征主要表现在：

（一）房屋租赁合同是双务合同

双务合同是指合同当事人都享有权利和负有义务的合同。这类合同的双方当事人既享有权利又负有义务，互为等价关系。对于合同的履行，任何一方在自己未履行合同义务的情况下，无权要求对方履行义务，否则就成了单务合同。

（二）房屋租赁合同是诺成合同

诺成合同是指当事人一方的意思表示一旦经对方同意即能产生法律效果的合同，即"一诺即成"的合同。特点在于当事人双方意思表示一致，合同即告成立，它不同于实践合同。

实践合同是指除当事人双方意思表示一致以外尚须交付标的物才能成立的合同。在这种合同中除双方当事人的意思表示一致之外，还必须有一方实际交付标的物的行为，才能产生法律效果。实践合同必须有法律特别规定，比如定金合同、保管合同等。

诺成合同与实践合同的区别并不在于一方是否应交付标的物，而在于二者成立的时间不同，承租方占有房屋才算租赁合同成立。

（三）房屋租赁合同是要式合同

要式合同是指要求有特定形式和履行一定手续的合同。房屋租约是法定要式合同。房屋租赁，当事人应当签订书面租赁合同，没有书面合同的租赁行为不受法律的保护。

（四）房屋租赁合同是有偿合同

有偿合同是指当事人享有合同规定的权利时必须付出代价的合同。有偿合同大多数是双务合同。

三、房屋租赁合同的基本条款

（一）当事人姓名或者名称及住所

租赁合同是房地产权益的转让证书。它必须包括租赁双方的姓名并且有承租户和业主或者业主授权代表的签名。如果租赁当事人是一个组织或公司，则必须有该组织或公司的名称并有该组织或公司的被授权代表签名及公章。当事人的住所也是租约的必要要素之一，法律上判定租赁当事人之间的有关通知的送达都是以租约上的地址为准。

（二）房屋坐落、面积、装修及设施状况

（1）该条款是对出租房屋的描述。如果出租房屋包括了土地，则在合同中必须有精确的法律描述。如果出租房屋只是一幢大楼的一部分，则写明大楼的地址及房间号已足够。

（2）对于商业铺面，最好是除了地址、房间号的描述以外还必须有承租户对使用公共部位如电梯、楼梯、大厅、停车场位置以及走廊等处的使用权的描述，

除此以外还要有一张表示铺面位置的平面图附在租约后。

(3) 房屋描述中可能规定了对租赁空间的间隔、装饰、设施方面的要求以及费用的分担方法。有时这些具体的要求会使租约显得冗长而复杂，这样租赁双方可另立一个补充合同作为正式合同的有效附件。

(三) 租赁用途

租赁用途是租赁合同中的一个重要条款，是指合同中规定的出租房屋的使用性质。承租人应当按照租赁合同规定的使用性质使用房屋，不得变更使用用途，确需变动的，应当征得出租人的同意，并重新签订租赁合同。

在写字楼和工业物业租约中往往有一些限制性条款，用于限制承租户使用房屋只能用于一般租约规定的用途，而不能用于其他目的。这些限制条款的用词必须清楚和不能含糊，因为法院是根据限制条款的含义来解决任何争端的。如果没有书面的限制性条款，承租户可以将物业用于任何合法的用途。对于多用户大楼来说限制房屋用途的另一方法是制订"大楼管理规则"，它规定了更为详细的处理日常事务的方法，如承租户如何使用公共场所、停车场和大楼的运营时间。这些规则是为了保护物业的良好状态，维护物业的声誉和安全以及促进所有承租户的和睦协调关系而设计的。

(四) 租赁期限

作为严格的租赁行为，必须有明确的租赁期限。租赁期限的表达应该完整、明确，写明开始和终止日期，并说明整个期限的时间长度。

(1) 出租人应当按照租赁合同规定的期限将出租房屋交给承租人使用，并保证租赁合同期内承租人的正常使用；租赁期满后，出租人有权收回房屋；出租人在租赁合同期满前需要收回房屋时，应当事先征得承租人同意，并赔偿承租人的损失；收回住宅用房时，同时要做好承租人的住房安置。承租人有义务在房屋租赁期满后返还所承租的房屋，如需继续租用，应当在租赁期满前，征得出租人的同意，并重新签订租赁合同。

(2) 在实践中有一些未定租赁期限的租赁合同。未定租赁期限，房屋所有人要求收回房屋自住的，一般应当准许；承租人有条件搬迁的，应当搬迁，如果承租人搬迁确有困难的，可给予一定期限让其找房或腾退部分房屋。

(3) 在写字楼等经营性物业租赁时，租赁期限的条款中常常涉及续租的优先权条款。此条款给予承租户在规定的条件下，有权续约一段时间。优先权条款一般都规定了提前通知的时间要求，也规定了通知形式、递送方式、通知接受人、续约的期限以及租金等。

(4) 在某些租约的租赁期限条款中还常常包含了允许承租户在支付罚金后可提前终止租约的内容。有的租约中还有在租约期限到期后给予承租户优先购买该物业的权利。

(五) 租金及支付方式

租金标准是租赁合同的核心，是引起租赁纠纷的主要原因。租赁合同应当明确规定租金标准及支付方式。同时租金标准必须符合有关法律、法规的规定。出租人除收取租金外，不得收取其他费用。承租人应当按照合同规定交纳租金，不得拒交或拖欠，承租人如拖欠租金，出租人有权收取滞纳金。

（六）房屋的修缮责任

租赁双方必须在租赁合同中明确列出各自的修缮责任。

出租住宅用房的自然损坏或合同约定由出租人修缮的，由出租人负责修复。不及时修复、致使房屋发生破坏性事故、造成承租人财产损失或者人身伤害的，出租人应当承担赔偿责任。

租用房屋从事生产、经营活动的，修缮责任由双方当事人在租赁合同中约定。

房屋修缮责任人对房屋及其设备应当及时、认真地检查、修缮，保证房屋的使用安全。修缮责任人对房屋确实无力修缮的，可以与另一方当事人合修，另一方当事人因此付出的修缮费用，可以折抵租金或由出租人分期偿还。

租赁合同中还应说明，如果房屋在租赁期内被出售，业主的责任在出售之日结束，除了承担将保证金归还承租人或转移给新的业主的责任以外，其他责任均由新的业主承担。

（七）转租的约定

房屋转租，是指房屋承租人将承租的房屋再出租的行为。承租人经出租人同意，可以依法将承租房屋的部分或者全部转租给他人。出租人可以从转租中获得收益。这里需要注意的是，承租人在租赁期限内，如想转租所承租的房屋，在符合相关法律、法规规定的条件下，还必须征得房屋出租人同意后，承租人方可转租房屋。

房屋转租，应当订立转租合同。转租合同除符合租赁合同的有关规定之外，还必须在合同中有原出租人书面签字同意，或有原出租人同意的书面证明。转租合同也必须按照有关规定办理登记备案手续。转租合同的终止日期不得超过原租赁合同规定的终止日期，但出租人与转租双方协商约定的除外。转租合同生效后，转租人享有并承担新的租赁合同规定的出租人的权利和义务，并且应当履行原租赁合同规定的承租人的义务，但出租人与转租双方另有约定的除外。

转租期间，原租赁合同变更、解除或者终止，转租合同也随之相应的变更、解除或者终止。

（八）变更和解除合同的条件

在房屋租赁过程中，由于种种原因，租赁关系有可能发生变更甚至终止。房屋租赁关系的变更或终止主要是指房屋租赁合同的变更或终止。

1. 房屋租赁合同变更或终止的情形

根据我国《合同法》和我国《城市房地产租赁管理办法》的规定，有下列情形之一的，房屋租赁关系的当事人可以变更或终止房屋租赁合同：

（1）房屋租赁关系所依据的国家政策、法令被修改或取消而造成房屋租赁关系需要变更或终止；

（2）由于不可抗力造成房屋租赁关系需要变更或终止；

（3）当事人双方协商一致同意变更或终止房屋租赁关系且不因此损害国家和

公众利益。

此外，承租人有下列行为之一的，出租人有权终止合同，收回房屋，因此而造成损失的，由承租人赔偿：

(1) 将承租人的房屋擅自转租的；

(2) 将承租人的房屋擅自转让、转借他人或擅自调换使用的；

(3) 将承租人的房屋擅自拆改结构或改变用途的；

(4) 无正当理由，拖欠租金累计6个月以上的；

(5) 公用住宅用房无正当理由闲置6个月以上的；

(6) 租用出租人房屋进行违法活动的；

(7) 故意损坏出租人房屋的；

(8) 法律、法规规定其他可以收回的情形。

2. 租赁合同的终止

租赁合同的终止一般有两种情况：一是合同的自然终止，二是人为终止。

(1) 自然终止。租赁合同自然终止的情况包括：租赁合同到期，合同自行终止，承租人需要继续租用的，应当在租赁期限届满前3个月提出，并经出租人同意，重新签订租赁合同；符合法律规定或者合同约定可以变更或解除合同条款的；因不可抗力致使租赁合同不能继续履行的；当事人协商一致的。

(2) 人为终止。人为终止主要是指由于租赁双方人为的因素而使合同终止。一般包括无效合同的终止和由于出租人与承租人的人为因素而使合同终止。对于无效合同的终止，合同法中有明确的规定。

对于承租人有上述行为，出租人除终止租赁合同，收回房屋外，还可索赔由此而造成的损失。

(九) 租赁双方的权利与义务

权利与义务是构成租赁关系的主要内容，房屋租赁是出租方与承租方的商品交换。它以只转移使用权，而不转移所有权为主要特征。出租方除了按照租约条款收取租金外，在租赁关系终止时，还要收回维持原使用效能的房屋；而承租方在交纳租金的同时，也要得到能正常使用的房屋。因此，房屋租赁中出租方和承租方的特殊交换关系及房屋这种消费品的特殊性，就决定了在房屋租赁双方签定租赁契约后，双方都要承担一定的义务，并享有一定的权利，包括：

1. 出租人的权利

(1) 出租方有向承租方按期收取租金的权利。

(2) 出租方有对承租方使用房屋的经常监督、检查、指导消费，保护房屋设备完好的权利。

(3) 在承租人出现下列行为之一时，出租方有权终止租约，收回出租的房屋。

① 把承租的房屋转租或转让给第三方使用；

② 未经出租方同意，自行与第三方交换或匀出一部分给第三方使用；

③ 未经出租方同意，自行改变用途；

④ 长期拖欠租金或无故长期空置房屋。

（4）由于承租方使用不当，造成损坏，或自行拆改，故意损坏者，出租方有要求修复或得到赔偿的权利。

（5）有向承租人宣传、贯彻执行国家相关政策和物业管理规约、管理规定等权利。

2. 出租人的义务

（1）出租方有保障承租人对房屋合法使用的义务。房屋一旦出租，在正常使用范围和期限内，出租人不得干预或擅自毁约。

（2）出租方有保障承租人居住安全和对房屋装修设备进行正常维修的义务，这种修缮是有条件的，要根据实际需要与可能来确定，即修缮必须在合理、修缮投资有安排的情况下进行，尽量满足承租人的要求。

（3）在终止租赁关系前，不得将租约所指房屋出租给第三方使用。

（4）房屋需要大修，要求承租方迁出时，有为承租方解决临时房屋的义务。

（5）有接受租户监督的义务。

3. 承租人的权利和义务

（1）承租人的权利：

① 有按约使用房屋的权利。租赁契约期满，如出租人继续出租，原承租人在同等条件下有优先承租权。

② 有权要求出租方对房屋进行维修，保证使用安全的权利。如已报修而出租方未能及时修理，造成损失时有要求赔偿的权利。

③ 在征得出租方同意的情况下，有优先购买的权利。

④ 经出租人同意有转租获利的权利。

（2）承租人的义务：

① 有按期交纳租金的义务。付出租金才能取得房屋的使用权，承租人不得以任何借口拖欠租金。

② 有爱护、保管承租的房屋及其装修设备、附属物的义务，如因承租人的责任事故造成损坏时，应照价赔偿或予以修复。

③ 有按租赁契约的要求使用房屋的义务，承租人未经批准不得转让、转借，不得任意改变房屋结构和改变用途。否则，应负责修复和赔偿。

④ 在终止租约时，应负责将房屋及其设备完好无缺地交出租方接收。如因未终止租约自行迁出，造成房屋及设备受到侵犯或损失，应承担一切责任。

⑤ 有遵守国家政府有关法规和物业管理规定的义务。

四、房屋租赁流程

房屋租赁中由于出租人与承租人发生的租赁关系持续时间长，在租赁期可能会由于各类原因产生矛盾和纠纷，因此经纪人应在租赁业务中把握房屋产权、租赁合同、房屋交验等几个关键环节，才能保证租赁关系的稳定性以及双方当事人的利益。

（一）信息登记

客户在提交相应证件后，进行租赁信息登记，并与经纪人签订委托出租（承租）协议。经纪人根据信息库中的资料为其寻找合适的承租（出租）者，将信息提供给客户。

（二）现场察看

经纪人首先应该核实求租人的身份证明，登记后为其提供备选信息。确认租赁意向后，经纪人应为双方接洽察看事宜，向出租人预约上门察看时间，与求租人一起察看物业，并协调双方的细节问题。如果经纪人信息库中没有合适的信息，经纪人应将该委托意向通过其信息网络对外发布，直到委托方寻找到合适的信息为止。

（三）签订合同

在双方达成一致意见后，就可以签订租赁合同。

（四）租赁登记备案

房屋租赁登记备案的程序是：

1. 申请

签订、变更、终止租赁合同的，房屋租赁当事人应当在租赁合同签订后 30 日内，持有关部门证明文件到市、县人民政府房地产管理部门办理登记备案手续。出租共有房屋，还须提交其他共有权人同意出租的证明。

2. 登记备案

（五）房屋交验

登记备案后，在合同规定的交验期，经纪人将陪同并协助承租方进行房屋现场交验。双方填写交验单，向承租方交付钥匙，并向经纪人支付租赁居间服务的佣金。

（六）租后服务

在完成租赁后，经纪人应以跟踪服务的形式为承租人提供多方位房地产买卖及租赁服务，并定期回访，了解承租人的需要，协调与出租方的关系等。

房地产租赁业务流程如图 7-1 所示。

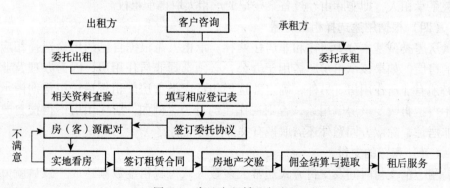

图 7-1 房地产租赁业务流程

五、房屋租赁注意事项

房屋租赁并不比买卖简单。按照标准租赁流程，租赁双方将经过现场察看、确定租价、房屋交验、签订租赁合同等几个过程。对于出租方，在租赁期限内房屋已脱离自己的实际掌控，要通过合同确保自己的租金收益，同时保护房屋不被人为损坏，更要避免面临租客违约提前退租后"人去楼空"的被动处境。对于承租方，因并非房屋的所有权人，其仅从所有权人处取得有限的使用权，在租赁合同中对房屋使用范围、相关设施的使用及费用承担等均有明确约定，但也可能会在租赁期限内发生一些变化。因此，在进行房屋租赁交易时，应注意以下事项的内容：

（一）租赁的相对人是否为房屋的权利人

承租人应当依据产权证上记载的权利人来确定与其签订租赁合同的相对人是否确有出租该房屋的权利。若承租人与实际上并无出租权的人签订租赁合同，则该合同须经有权出租的人认可。否则，在此之前该租赁合同的效力尚未确定。如果未经认可，承租人可能面临缺乏有效合同的不利处境。

（二）租赁保证金

为确保承租人能够合理、善意地使用房屋，并按时支付租赁期间应由其承担的各项费用，双方可于租金之外另行约定租赁保证金，即俗称的押金。押金通常为1~3个月的租金。租赁关系终止时，租赁保证金可用于抵充依合同约定由承租人承担的费用，剩余部分应返还承租人。在出现承租人提前退租、拖欠相关费用等情形时，允许出租人先行以租赁保证金抵充相关费用。

（三）必须进行合同备案登记

租赁合同经双方签章后即行生效，但承租人应于之后将该租赁合同至房屋所在区、县房地产交易中心作备案登记。至此，该租赁关系产生对抗第三人效力。签订租赁合同后，该合同于双方当事人之间虽然有效，但如果发生如"一屋两租"的情况，即之前该房屋已存在租赁关系，或此后出租人另行与他人设定租赁关系，而且该租赁关系经过登记备案，则其他承租人无法对抗已经过备案登记的租赁合同关系承租人，即实际由经过备案登记的承租人取得承租权。

（四）根据用途选择租赁房屋

房屋类型基本分为居住和非居住两种。承租人需根据自己的用途选择相应类型的房屋。如果该承租房屋需用于办公，必须选择非居住用房，因为办理营业执照必须有非居住用房。另外，确定并选择相适应类型房屋租赁后，租赁期内承租人不得擅自改变该房屋用途，否则视作违约行为。例如，居住用房不得擅自改变为非居住，除双方同意外还需取得有关部门的批准。

（五）租金的支付

租金的支付时间及支付方式通常大多数人认为就租金数额达成一致后就万事大吉了，其实租金的支付时间及支付方式同样具有举足轻重的地位。出现承租人拖欠租金的情形时，如果合同中事先约定有支付时间，这样出租人有权自该支付时间起向承租人加收滞纳金。法律规定承租人无正当理由未支付或者延期支付租金达一定期限，出租人有权解除租赁合同。法律允许双方当事人自行约定该期限。若无约定，出租人可以解除租赁合同，承租人亦应依照双方约定的支付方式支付租金。

（六）转租

转租中的承租人须知房屋的合法承租人在一定条件下有权全部或部分出租该房屋，转租在租赁范围、时间等方面很大程度受之前租赁合同的限制。转租的租赁条件不得超出转租人之前租赁合同中取得的租赁条件，主要是租赁范围、时间等，否则超出部分属无效。需要注意的是，在转租房屋时需要取得所有房屋产权人同意转租关系的证明。

第三节 房屋租金

一、房屋租金的概念

房屋租金即房屋租赁价格，简称房租，是房屋承租人为了取得一定时期的房屋使用权而付给房屋所有权人的经济补偿。它是房屋使用价值分期出售中逐渐实现其价值的货币表现。

房屋出租，即拥有房屋的出租方将房屋租借给需要房屋的承租方，后者向前者按契约交付一定租金。房屋租赁业的发展和完善还需要有成熟的房屋租赁市场和严格的管理制度，只有具备了这些条件房屋租赁业才能够有序地发展。

二、房屋租金的构成

出租房屋实际上是将房屋的价值一点点地租给承租人。从理论上讲房屋的价值通过承租关系逐渐地转化为租金，即房屋的价值等于各年租金的贴现值之和。但实际上全部租金之和远大于房屋的价值，这是因为房屋出租经营过程中要有一定的利润，房屋价值同租金总和之差就等于全部利润。

租金由下列 8 项因素构成：

（一）折旧费

折旧费是对房屋使用过程中因自然或人为损耗引起的房屋价值减少的补偿，提取折旧费的目的是为了维护房屋的简单再生产。房屋的折旧费总额应同房屋价值相当。折旧的计算方法有多种，通常采用直线法。对房屋折旧费的计算方法如下：

年折旧费总额 =（房屋价格 - 房屋残余价值）/ 房屋耐用年限（折旧年限）

房屋残余价值 = 房屋价格 × 残值率

残值率因房屋类型而不同，这些数据可以从一些参考资料查到。

（二）维修费

为了保证房屋的美观和耐用年限，对房屋及附属设施要经常地进行维修。这种费用应计入租金中。

(三) 管理费
它是房屋经营管理中支付的费用，包括管理人员的薪水、行政办公费和业务费等。

(四) 利息
租金中利息是对房屋投资在出租期间资金占用时间价值的补偿。房屋投资利息是房屋价值余值同银行利息的乘积。房屋价值余值的求算方法有多种。

(五) 保险费
保险费是房屋所有权人为房屋购买的诸项保险，是属于房屋经营中投资的一部分。

(六) 税金
税金包括房产税等，在出租情况下，房产税为租金的12%。

(七) 利润
房屋的经营过程中，出租人要对经营过程中各项投资取得一定的利润，如果没有利润，出租人是不会出租房屋的。

(八) 地租
房屋是固定在土地之上的，使用房屋的同时，也使用了土地，所以也应交一定的地租，这部分地租是土地价值的反映。

以上8项构成了租金的理论价格。实际租金的高低取决于市场供求关系、房屋区位以及房屋大小、类型、朝向等。

三、城市房租的计算原则

现阶段我国允许各地区根据本地区的实际情况确定租赁政策。无论哪种用途和什么地区的房屋，虽然租金的量不同，但其确定的原则是相同的。城市房租的计算应遵循以下几项基本原则：

(一) 以租养房的原则
房屋租赁必须是租金的收入能使投资者的投资得以收回，并能使投资者和经营者取得相应的合法利润，以保证投资者和经营者的利益，保证房屋资金的良性循环，保证租金能满足物业维修、保养的需要。以租养房的原则，就是房屋租金价格与房屋价值大体一致的原则，也是我国用经济手段管理房地产，指导房屋租赁价格的最基本原则。

(二) 按质论价的原则
所谓"质"，就是房屋的使用价值的大小。所谓"质高"就是指房屋建筑规格高，配套设施完善，设备齐全，装修考究，环境好，相应的租金就应该高；反之，租金就应该低一些。因此在制定房屋租金时，应考虑到房屋质量的差异性，从而制定出合理的租金标准。

(三) 调节供求的原则
要根据房屋租赁市场的供求情况制定租金，使房屋的供应和有支付能力的需求大体平衡，以抑制过量的需求，刺激有效供给。

四、影响房屋租赁价格的因素

租赁价格的形成受多种因素的影响，概括起来主要有：

（一）质量因素

根据按质论价的原则，房屋本身的质量好坏，直接影响租金的高低。质量好，租金则高，反之则低。房屋质量主要指结构、装修、设计规格、功能等；土地质量主要指土地地形、地势、地质、形状、开发程度等。

（二）环境因素

房地产的区域性极强，这种地域性表现为房地产所处城市或地区在整个政治、经济、文化的地位及其自然地理位置和对外经济关系及自身在城市或地区内部的具体位置。如沿海地区，土地租金就高，内地城市及欠发达地区，土地租金就低；房地产所处地区的市政、商业、配套设施好，租金就高，如北京的王府井、上海的南京路、广州的北京路等，反之则低。对于居住物业而言，高层房屋，6~10层被认为最佳；多层房屋，3~4层被认为最佳；朝南房屋为最佳。对于商业物业，一般来说，底层和二层最佳，但是，如果在商店的正门入口附近或正对正门安装滚动式电梯可直达5层，那么5层也可能为最佳，如北京隆福（商业）大厦。

（三）土地规划因素

对于土地，对其用途及地上物的建筑限制，如覆盖率、容积率、外观、朝向等都直接影响土地租金的高低。

（四）信贷税收政策因素

房地产税收的优惠与否、减免与否都将影响租赁价格，银行贷款期、利率的优惠或限制也将影响租赁价格。

（五）租赁合同因素

1. 租期

一般来说，由于受经济发展的影响，包括物价变动、利率变动等的影响，租期长，一次性订租的租金则高，租期短，租金则相对低。

2. 租金修订期

若租赁合同规定，在租期内要进行多次租金修订，这对初次租金的确定会产生影响，由于考虑到一定时期可对不适当的租金作调整，为先将房屋租出去，出租人也许会将初始租金定得低些。

3. 义务

若租赁合同中约定，维修由承租人负责，那么租金中就应扣除维修费。

4. 租金支付方式

租金的支付方式有逐年支付、总预付和总后付三种，在计算租金时，应考虑利率、物价的影响。

另外，还有市场供求因素、产业政策因素、社会因素、心理因素等也会对租赁价格产生影响。

第四节　写字楼与商业物业租赁经营形式

一、写字楼租赁经营

(一) 写字楼类型

写字楼按平面形式分，有单间式办公室、大空间式办公室、单元式办公室、公寓式办公室等。

1. 单间式办公室

是指以一个开间（亦可以二开间或三开间）和进深为尺度而隔成单间的办公室，一般为双面布房或单面布房形式。

2. 大空间式办公室

是指空间大而敞开（结构上布置亦是大空间），不加分隔或以不同高低隔断（或家具）分隔的办公室。

3. 单元式办公室

是指根据使用需要确定一种或数种平面尺寸组成带专用卫生间的单元式办公室（一个单元可只设一间也可设几间办公室）。

4. 公寓式办公室

是指在单元式办公室的基础上设置卧室、会客室及厨房等房间的办公室。

(二) 写字楼的租户选择

正像租户选择写字楼非常慎重一样，房地产企业或业主对于选择什么样的租户并长久与之保持良好关系也很重视。考虑的主要准则是潜在租户所经营业务的类型及其声誉、财务稳定性和长期盈利的能力、所需的面积大小及其需要提供的特殊物业管理服务的内容。虽然相对于居住物业的租户来说，写字楼租户的这些信息比较容易获得（公开的年度财务报告），但如果对这些信息研究不够也可能会给业主或房地产企业带来损害。

1. 租户的商业信誉和财务状况

一宗写字楼物业的价值在某种程度上取决于写字楼的使用者即租户的商业信誉。资产管理公司或者物业服务企业的经理必须认真分析每个租户的信誉对其租住的写字楼物业的影响。潜在租户的经营内容应该与写字楼中已有租户所经营的内容相协调，其信誉应能加强或强化大厦的整体形象。

物业经营管理企业还应当分析潜在租户在从事商业经营过程中的财务稳定性，因为这关系到潜在租户在租赁期限内能否履行合约中规定的按期支付租金的义务。

2. 所需面积大小

选择租户过程中最复杂的工作之一就是确定建筑物内是否有足够的空间来满足某一特定租户的需求。写字楼建筑内是否有足够的有效使用空间来满足寻租者对面积空间的特定需要，往往决定了潜在的租户能否成为现实的租户。

一般来说，为每个办公室工作人员提供 $15\sim20m^2$ 的单元内建筑面积比较合适，虽然每个工作人员封闭的办公面积一般只需要 $5\sim6m^2$，但接待室、会议室、交通面积、储藏面积、办公设备所占的面积以及公共活动所需的面积等应给予足够的考虑。

3. 需要提供的物业管理服务

在挑选租户的过程中，有些寻租者为了顺利地开展其业务，可能需要物业经营管理企业提供特殊服务。例如，寻租者可能要求物业经营管理企业提供更高标准的安保服务、对电力或空调通风系统有更高的要求、办公时间与大楼内其他租户有较大的差异、要求提供的服务与物业经营管理企业已提供的标准服务有较大差异等。如果物业经营管理企业没有适当的考虑这些问题，在将来的物业管理过程中就可能会出现许多矛盾。

（三）写字楼租金的确定与调整

1. 租金的确定

写字楼出租的常常是一个由外墙、隔墙、屋顶、楼面隔离出来的空壳子，当然里面可能会有一些设备或设施。其地面、屋顶、墙面、灯具等常常由租户根据自己的喜好进行设计和装修，即使前面的租户已经装修过，新租户往往还要根据自己的意愿进行装修。

租金常常以每平方米可出租面积为计算基础。如果租户初次装修其承租部分面积时的费用由业主垫付，租金内还可能包括业主垫支资金的还本付息。物业的一些经营费用（如房产税、保险费、公共面积和公共设施的维护与维修）可以包括在租金内，也可以根据事先的协议另收，租户的电费可以根据其用电量由供电部门直接收取或由物业经营管理企业代收代缴。物业经营管理企业在确定写字楼租金时，一般要认真考虑以下三个方面的因素。

（1）计算可出租或可使用面积

准确地量测面积非常重要，它关系到能否确保物业的租金收入和物业市场价值的最大化。如果一栋写字楼的可出租面积为20000m^2，1%的误差就是200m^2，而如果租金水平是3000元/（年·m^2），则年租金收入就会减少60万元。如果资本化率为10%，则物业的价值损失就是600万元。

（2）基础租金与市场租金

写字楼的租金水平，主要取决于当地房地产市场的状况（即市场供求关系和在房地产周期中处于过量建设、调整、稳定、发展中的哪一个阶段）。在确定租金时，一般应首先根据业主希望达到的投资收益率目标和其可接受的最低租金水平（即能够抵偿抵押贷款还本付息、经营费用和空置损失的租金）确定一个基础租金。当算出的基础租金高于市场租金时，物业经营管理企业就要考虑降低经营费用以使基础租金向下调整到市场租金的水平。在写字楼市场比较理想的情况下，市场租金一般高于基础租金，物业经营管理企业还可根据市场竞争状况来决定哪些经营费用可以计入租金，哪些经营费用可以单独收取。

（3）出租单元的面积规划和室内装修

租户选择写字楼时，非常关心其承租部分的有效使用和能否为其雇员提供一个舒适的工作环境，如果租户不能充分使用其所承租的单元建筑面积，就会白白浪费金钱，但如果为了少支付房租而使办公室过分拥挤，则会大大降低雇员的工作效率，这同样也是在浪费金钱。物业经营管理企业可以通过对出租单元进行面积规划，来帮助租户确定最佳的承租面积大小。

室内装修的费用由谁来支付，经常是租约谈判过程中的焦点问题。通常业主要就某些标准化的装修项目支付一些费用，例如每 $15m^2$ 安装一个电话插孔的费用、每 $30m^2$ 安装一个门的费用等。也可能由业主笼统地提供一笔按每平方米单元内建筑面积计算的资金，来补贴租户初次装修需支付的费用。

除标准化装修项目的费用外，其他装修费用由谁来支付，一般视市场条件和写字楼内入住率水平而定。一般有四种选择：由业主支付、由租户支付、业主和租户分担、业主支付后由租户在租约期限内按月等额偿还本息（作为租金的一部分）。在市场状况有利于租户而非业主的情况下，为租户提供装修补贴，常常被业主或其物业经营管理企业用来作为吸引租户的手段。

不论如何安排装修费用的支付，业主和其委托的物业经营管理企业都保留对整栋写字楼建筑进行统一装修或进行建筑物内部功能调整的权利，这有利于提高工作效率和降低装修的成本，也有利于保持整栋建筑的特色，保证租户的入住按计划进行。

2. 租金的调整

由于写字楼市场中供求变化比较剧烈，租金往往处于波动之中，因此需根据市场状况经常对租金水平进行调整。对于租期较短的租户，可设定一个租金水平，在租期中保持不变，而如果租户需要再次续租，需要按照当时的租金水平重新签订租约。对于租期较长的租户（例如 3~5 年以上），为保护业主和租户双方的利益，需要在租约中对租金如何调整作出明确的规定，以便使业主所收取的租金水平基本与市场状况相符。租金调整一般是基于消费者价格指数、零售物价指数或其他租赁双方商定的定期调整比率。

（四）写字楼的租约制定

通常情况下，业主会事先准备好一个适用于写字楼物业内所有出租单元的标准租赁合约，业主和潜在的租户可在这个基础上，针对某一特定的出租单元就各标准条款和特殊条款进行谈判，以便在业主和租户间就某一特定的出租单元形成一份单独的租约。标准租约中的许多条款只需要稍加讨论即可，但有些重要问题就需要进行认真的谈判。谈判中双方关注的其他问题还包括租金及其调整、所提供的服务及服务收费、公共设施如空调、电梯等使用费用的分担方式等。

具体的租约中，要规定代收代缴费用所包括的费用项目名称，以及每项费用在租户间按比例分摊计算的方法。最常见的代收代缴费用是除房产税和保险费外的水、电、煤气等资源的使用费。此外，设备使用费和写字楼公共空间的维护维修费用，也常常单独缴纳。设备和公共空间的更新改造投资，也要在租户间进行分摊，但要注意处理好更新改造投资周期与每一个租约的租赁周期间的关系。租约中还可能包括一些条款，在这些条款中，规定了业主所需承担的最大经营费用额，例如每年每平方米 40 元或每年总计 20 万元，而超过这个数额的经营费用就要由租户分担。

二、零售商业物业租赁经营

商业用房有许多种形式,典型的例子是大街上的商店,但也有普通的小商店和大型百货商场之分。最近几年来,许多城市都建设了大量的购物中心,在购物中心中,既有许多小型店铺单位,又设有许多其他类型的单位。如北京城乡贸易中心,它是一个大型的综合性百货商场,但同时又有写字间、银行、快餐店和较高档的餐厅、娱乐用房和附属停车场。实际上,许多购物中心的出现已使商业、办公、金融、饮食服务和娱乐等融为一体。此外,许多商业用途的物业往往在底层辟作商场、店铺用途,而上层则为居住或办公用途。

(一)商业所处位置对用房价格的影响

正像前面指出的那样,商业的类型千差万别,从普通的小铺档,到大型的购物中心,还有大型公共建筑(酒店、写字楼)底层或地下的商场,如北京中国国际贸易中心的地下商场、惠康超级市场等。坐落位置也有很大差别,且对物业的价值有很大影响,如市级商业中心、繁华闹市区(像北京的王府井、西单、大栅栏,上海南京路、西藏路、淮海路,天津的和平路、滨江道地区等)的商场、店铺,其营业额和净利润额要远远高于普通居住小区或里弄里的小型商场、店铺。

(二)房屋的类型对用房价格的影响

房屋的类型对用房价格有很大的影响。零售业通常要求尽可能大的开放空间,虽然通常设有高水准的内装修,但一些高档次的餐厅的内外装修费甚至达到或超过建筑造价。对大型购物中心,其设计和装修的标准也较高,这不仅对购物中心内部的各商业单位是这样,对购物中心的公共部分也有这个要求。早期建设的大型商场越来越多地要求重新装修,包括增加吊顶、改进楼地面质量、改善照明、对能引起顾客特别注意的部位重新设计等。这些工程对租金的影响是非常大的,一般租客能接受由此而引致的租金上涨,因为这可以通过提高营业额来弥补。

(三)租期的影响

商业用房可以按不同的修缮期限出租(一个租期满时,重新装修一次)。一方面,租客可以负责所有的装修和保险,但也可能导致另外一个极端,这就是由业主负责所有的装修。在这两种极端的情况之间,就有关责任问题有许多不同的安排方式。

租期的长短很重要。业主一般更愿意一次签约一个较长的租期,但租金可以定期调整。如果商业大厦上部楼层与商场是分租的,也须注意其租期的长短对物业租金产生的影响。

三、租赁管理中的市场营销

市场营销的主要目的是为了吸引潜在的租户,以获取一个理想的出租率。物业管理机构常被业主聘请为租务代理,对于一些大型的专业化物业服务企业来说,也常常设置市场营销部门,独立或配合物业代理机构,负责物业的市场营销工作。然而,不论市场营销人员从何而来,他们必须熟悉当地相关类型的物业市场,并在此基础上制定一个有效的市场宣传计划，采取一系列有效的营销手段，来影响潜在租户的寻租行为及其承租决策，进而达到提升物业租金、提高入住率的目的。

租户由于大都需要投入一笔数量可观的资金用于装修，且其在当前承租的物业内已建立起了广泛的业务联系，所以一般不愿意频繁更换办公或经营地点；如果由于业务拓展等原因必须更换时，也会希望在其新的办公或经营地点能保持较长时间的稳定。由于不愿经常更换办公和经营地点，又由于历时数载的长期租约会令租户支出成百上千万元的租金，所以市场营销人员常常采取主动出击的策略，即主动与潜在的租户直接接触，以保持物业较高的出租率。当然也不能忽视广告宣传的作用。

在对物业进行市场营销工作的过程中，最关键的就是要告诉潜在的租户，如果租住本物业，不仅能够顺利地开展其经营活动，而且其所要支付的租金物有所值。市场营销人员通常从四个方面来宣传其所推广的物业：

（一）价格优势

企业都会不断地为增加其盈利水平而努力。如果市场营销人员能够向其表明物业在租金上具有竞争力，能显著地减少其经营成本支出，同时又能满足其业务发展的需要，整栋物业适合其经营的内容及特点，则肯定会引起这些公司的兴趣。

（二）物业本身的素质

租户非常重视其所承租物业所处位置的交通通达程度、公用设施的完备情况及使用成本、为租户提供的服务的内容及收费标准、物业管理水平的高低、建筑室内空间布置的灵活性和适应性等。

（三）良好的声誉

就商业价值而言，声誉是一种可以推销的商品。声誉良好的物业的租金肯定会比较高，但也会使租户的商业机会增加，从而大大提高其营业额。这就会使物业租金在租户的毛经营收入中所占的比例下降。

（四）经济实用

对于一些中小型租户来说，房屋的豪华程度和优越的地理位置并不一定是其选择物业时要考虑的主要因素。例如，当通货膨胀严重或商业活动处于低潮时，一些大型租户也会为了控制成本支出而不再过分追求高档次的写字楼。所以，市场营销人员宣传物业空间的经济实用，就显得非常重要。

复习思考题

1. 物业租赁的特征是什么？
2. 物业出租与出售的区别？
3. 租赁合同的法律特征？
4. 租赁合同的终止分哪几种情况？
5. 物业租金由哪几部分构成？
6. 物业租赁管理模式有哪些？不同模式的利弊是什么？

第八章

房地产抵押、典当、拍卖

20世纪90年代中后期以来,在中国一系列鼓励住房消费政策的推动下,房地产投资保持较快的增长速度,我国房地产市场发展活跃,呈现出供求两旺的局面,对于改善人民居住条件、带动大量相关产业的发展,拉动国民经济增长做出了重要贡献。

与其他一般企业相比,房地产业是资本密集型行业,开发一个房地产项目仅仅依靠企业的自有资金,是不可能完成项目开发的,房地产开发商必须通过各种手段进行外援性融资,从今后的发展趋势看,我国房地产单纯依赖银行信贷的局面会有所缓和,将逐步演变为结构上的多元化。

第一节 房地产抵押

一、房地产抵押的概念

抵押是《担保法》规定的担保形式之一,抵押是以不转移财产占有权为条件的物权担保方式,抵押人对抵押财产仍然享有占有权、使用权、收益权和处置权。由于房地产具有价值量大、使用时间长、不可移动、产权管理严格等特点,因此以房地产作为抵押物是抵押担保中最普遍、最主要的内容。

(一)房地产抵押的一般概念

房地产抵押是指抵押人以其合法的房地产以不转移占有的方式向抵押权人提供债务履行担保的行为。债务人不履行债务时,抵押权人有权依法以抵押的房地产拍卖所得的价款优先受偿。

其中，抵押人是指将依法取得的房地产提供给抵押权人作为本人或第三人履行债务担保的公民、法人或者其他组织。抵押权人是指接受房地产抵押作为债务人履行债务担保的公民、法人或者其他组织。

（二）房地产抵押的方式

房地产抵押存在两种特定的抵押情况与方式，一是在建工程抵押；二是预购商品房贷款抵押。

1. 在建工程抵押

是指抵押人为取得在建工程继续建造资金的贷款，以其合法方式取得的土地使用权连同在建工程的投入资产，以不转移占有的方式抵押给贷款银行作为偿还贷款履行担保的行为。

2. 预购商品房贷款抵押

是指购房人在支付首期规定的房价款后，由贷款金融机构代其支付其余的购房款，将所购商品房抵押给贷款银行作为偿还贷款履行担保的行为。

二、房地产作为抵押物的条件

房地产抵押的抵押物随土地使用权的取得方式不同，对抵押物要求也不同。《城市房地产管理法》规定："依法取得的房屋所有权连同该房屋占用范围内的土地使用权，可以设定抵押权。以出让方式取得的土地使用权，可以设定抵押。"从上述规定可以看出，房地产抵押中可以作为抵押物的条件包括：

一是依法取得的房屋所有权连同该房屋占用范围内的土地使用权同时设定抵押权。对于这类抵押，无论土地使用权来源于出让还是划拨，只要房地产权属合法，即可将房地产作为统一的抵押物同时设定抵押权。

二是以单纯的土地使用权抵押的，也就是在地面上尚未建成建筑物或其他地上定着物时，以取得的土地使用权设定抵押权。对于这类抵押，设定抵押的前提条件是，土地必须是以出让方式取得的。

《城市房地产抵押管理办法》（建设部令第98号）规定下列房地产不得设定抵押权：

（1）权属有争议的房地产；

（2）用于教育、医疗、市政等公共福利事业的房地产；

（3）列入文物保护的建筑物和有重要纪念意义的其他建筑物；

（4）已依法公告列入拆迁范围的房地产；

（5）被依法查封、扣押、监管或者以其他形式限制的房地产；

（6）依法不得抵押的其他房地产。

三、房地产抵押的一般规定

（1）房地产抵押。抵押人可以将几宗房地产一并抵押，也可以将一宗房地产分割抵押。以两宗以上房地产设定抵押权的，视为同一抵押物，在抵押关系存续期间，其承担的共同担保义务不可分割，但抵押当事人另有约定的，从其约定。

以一宗房地产分割抵押的首次抵押后，该财产的价值大于所担保的债权的余额部分可以再次抵押，但不得超过其余额部分。房地产已抵押的再次抵押前，抵押人应将抵押事实告知抵押权人。

（2）以依法取得的国有土地上的房屋抵押的，该房屋占用范围内的国有土地使用权同时抵押。以出让方式取得的国有土地使用权抵押的，应当将该国有土地上的房屋同时抵押。以在建工程已完工部分抵押的，其土地使用权随之抵押。《担保法》还规定，"乡（镇）、村企业的土地使用权不得单独抵押。以乡（镇）、村企业的厂房等建筑物抵押的，其占用范围内的土地使用权同时抵押。"

（3）以享受国家优惠政策购买的房地产抵押的，其抵押额以房地产权利人可以处分和收益的份额比例为限。

（4）国有企业、事业单位法人以国家授予其经营管理的房地产抵押的，应当符合国有资产管理的有关规定。

（5）以集体所有制企业的房地产抵押，必须经集体所有制企业职工（代表）大会通过，并报其上级主管机关备案。

（6）以中外合资企业、合作经营企业和外商独资企业的房地产抵押的，必须经董事会通过，但企业章程另有规定的除外。

（7）以股份有限公司、有限责任公司的房地产抵押的，必须经董事会或者股东大会通过，但企业章程另有规定的除外。

（8）有经营期限的企业以其所有的房地产抵押的，所担保债务的履行期限不应当超过企业的经营期限。

（9）以具有土地使用年限的房地产抵押的，所担保债务的履行年限不得超过土地使用权出让合同规定的使用年限减去已经使用年限后的剩余年限。

（10）以共有的房地产抵押的，抵押人应当事先征得其他共有人的书面同意。

（11）预购商品房贷款抵押的，商品房开发项目必须符合房地产转让条件并取得商品房预售许可证。

（12）以出租的房地产抵押的，抵押人应当将租赁情况告知债权人，并将抵押情况告知承租人。原租赁合同继续有效。

（13）企、事业单位分立或合并后，原抵押合同继续有效。其权利与义务由拥有抵押物的企业享有和承担。

（14）抵押人死亡、依法被宣告死亡或者被宣告失踪时，其房地产合法继承人或者代管人应当继续履行原抵押合同。

（15）订立抵押合同时，不得在合同中约定在债务履行期届满抵押权人尚未受清偿时，抵押物的所有权转移为抵押权人所有的内容。

（16）抵押当事人约定对抵押房地产保险的，由抵押人为抵押的房地产投保，保险费由抵押人负担。抵押房地产投保的，抵押人应当将保险单移送抵押权人保管。在抵押期间，抵押权人为保险赔偿的第一受益人。

（17）学校、幼儿园、医院等以公益为目的的事业单位、社会团体，可以其教育设施、医疗卫生设施和其他社会公益设施以外的财产（包括房地产）为自身债务设定抵押。

（18）抵押物登记记载的内容与抵押合同约定的内容不一致的，以登记记载的内容为准。

（19）抵押人将以出租的房屋抵押的，抵押权实现后，租赁合同在有效期内对抵押物的受让人继续有效。

（20）抵押人将已抵押的房屋出租的，抵押权实现后，租赁合同对受让人不具有约束力。抵押人将已抵押的房屋出租时，如果抵押人未书面告知承租人该房屋已抵押的，抵押人对出租抵押物造成承租人的损失承担赔偿责任；如果抵押人已书面告知承租人该房屋已抵押的，抵押权实现造成承租人的损失，由承租人自己承担。

四、房地产抵押合同

房地产抵押合同是抵押人与抵押权人为了保证债务的履行，明确双方权利与义务的协议。房地产抵押是一种标的物价值很大的担保行为，法律关系复杂，法律规定房地产抵押人与抵押权人必须签订书面抵押合同。

（一）房地产抵押合同的特征

（1）房地产抵押合同是从合同。

房地产抵押合同的权利是以债务合同（贷款合同）即主合同的成立为条件的，它是为履行主合同而设立的担保，从属于主合同。因此，抵押合同随主合同的成立失效而成立失效，随主合同的灭失而灭失，而且当主合同无效时，抵押合同必然无效。

（2）房地产抵押合同所设立的抵押权与其担保的债权同时存在。

由于房地产抵押合同是从合同，因此主合同的债务履行未完毕，以作担保的房地产抵押继续有效，直至主合同的债务履行完毕。

（3）房地产抵押合同所设立的抵押权是一种他物权，可以转让，但其转让时连同主合同债务一同转让。

（4）房地产抵押合同生效后，抵押权人对抵押物不享有占有、使用、受益权。

（5）房地产抵押合同生效后，对抵押物具有限制性。

房地产抵押合同一旦生效，抵押人便不得随意处分抵押物，如要转让已设定抵押的房地产，必须以书面形式通知抵押权人，并将抵押情况告知房地产受让人，否则转让行为无效。

（6）抵押权人处分抵押物须按法律规定的程序进行。

虽然，一般房地产抵押合同对于如何处分抵押物都有了约定，无约定的也有法定的处分方式，但是依照法律规定，一旦合同约定的或法律规定的抵押权人有权处分抵押物的情形出现，抵押权人也应在处分抵押权时书面通知抵押人，抵押物为共同或者已出租的房地产还应当同时书面通知共有人或承租人。

处分抵押物可选择拍卖、变卖或者折价方式。处分抵押物时，按份共有的其他共有人，抵押前已承租的承租人有优先购买权。

一宗抵押物上存在两个以上抵押权的，债务履行期届满尚未受清偿的，抵押权人行使抵押权时，应当通知其他抵押权人，并应当与所优先顺位抵押人就该抵押权及其担保债权的处理进行协商。

（二）房地产抵押合同的内容

1. 房地产抵押合同一般应载明的内容

（1）抵押人、抵押权人的名称或者个人姓名、住所；

（2）主债权的种类、数额；

（3）抵押房地产的处所、名称、状况、建筑面积、用地面积以及四至等；

（4）抵押房地产的价值；

（5）抵押房地产的占用管理人、占用管理方式、占用管理责任以及意外损毁、灭失的责任；

（6）债务人履行债务的期限；

（7）抵押权灭失的条件；

（8）违约责任；

（9）争议解决的方式；

（10）抵押合同订立的时间与地点；

（11）双方约定的其他事项。

抵押物须保险的，当事人应在合同中约定，并在保险合同中将抵押权人作为保险赔偿金的优先受偿人。

抵押权人需在房地产抵押后限制抵押人出租、出借或者改变抵押物用途的，应在合同中约定。

2. 建设工程期权设定抵押的，应增加的内容

（1）《建设工程规划许可证》编号；

（2）国有土地使用权出让金的款额；

（3）总承包合同或者施工总承包合同约定的建设工程造价；

（4）已投入工程的款额，但不包括获得土地使用权的费用；

（5）建设工程竣工日期。

3. 设定最高限额抵押的，应增加的内容

（1）连续发生债务期间；

（2）最高债权限额。

在实际操作中，抵押合同的订立应着重把握抵押物的部位、面积等及抵押物的价值及担保责任的数额，以及抵押权人有权处分抵押物的前提条件和处分方式等。

如以已出租的房地产设定抵押的，应将已出租情况明示抵押权人。原租赁合同继续有效，如果有营业期限的，企业以其所有的房地产设定抵押，其抵押期限不得超过企业的营业期限，而抵押房地产有土地使用年限的，抵押期限不得超过土地使用年限。

当已设立抵押权的房地产再次抵押时，应将第一次抵押的情况告知第二抵押

权人，处分抵押物时，应以登记顺序为优先受偿的顺序。

以上种种情况，在签订抵押合同时都应一一明确约定。

（三）房地产抵押合同的成立

根据《担保法》的规定，房地产抵押合同签订后，应当向房地产抵押登记机关办理抵押登记，抵押合同自登记之日起生效，而不是自抵押合同签订之日起生效。

抵押人和抵押权人协商一致，可以变更抵押合同。抵押双方应当签订书面的抵押变更合同。一宗抵押物存在两个以上抵押权人的，需要变更抵押合同的抵押权人，必须征得所有后顺位抵押权人的同意。

抵押合同发生变更的，应当依法变更抵押登记。抵押变更合同自变更抵押登记之日起生效。

五、房地产抵押登记

（一）抵押登记

《城市房地产管理法》规定：房地产抵押应当签订书面抵押合同并办理抵押登记，《担保法》规定房地产抵押合同自登记之日起生效。房地产抵押未经登记的，抵押权人不能对抗第三人，对抵押物不具有优先受偿权。鉴于我国各地土地和房地产管理体制差别很大，有多种管理模式，法律规定以城市房地产或者乡（镇）、村企业的厂房等建筑物抵押的，其登记机关由县级以上人民政府规定。

由于抵押权是从所有权这一物权上设定的他项权利——担保物权，即限制物权，其主要作用在于限制抵押人对抵押房地产的处分权利，未经抵押权人同意，抵押物不得进行转让、出租等处分，以避免担保悬空，所以登记机关只能从不动产的交易权属登记机关中指定，不能委托其他部门。

房地产转让或者变更，先申请房产变更登记后申请土地使用权变更登记是《城市房地产管理法》规定的法定程序。为了简化程序，方便当事人申办，同时也为了保证抵押登记的安全性，部分地方规定，以房、地合一的房地产抵押的，房地产管理部门为抵押登记机关；以地上无定着物的出让土地使用权抵押的，由核发土地使用权证书的土地管理部门办理抵押登记。

《城市房地产抵押管理办法》规定房地产当事人应在抵押合同签订后的 30 日内，持下列文件到房地产所在地的房地产管理部门办理房地产抵押登记：

（1）抵押当事人的身份证明或法人资格证明；

（2）抵押登记申请书；

（3）抵押合同；

（4）《国有土地使用证》、《房屋所有权证》或《房地产权证》，共有的房屋还应提交《房屋共有权证》和其他共有人同意抵押的证明；

（5）可以证明抵押人有权设定抵押权的文件与证明材料；

（6）可以证明抵押房地产价值的资料；

（7）登记机关认为必要的其他文件。

登记机关应当对申请人进行审核，审查的内容主要包括：抵押物是否符合准许进入抵押交易市场的条件；抵押物是否已经抵押；抵押人提供的房地产权利证明文件与权属档案记录内容是否符合，查对权属证书的真伪等，并由审核人签字在案。对符合登记条件的应在法定期限内核准登记并颁发他项权利证书。

（二）房地产抵押的效力

抵押权为价值权而非实体权。设定抵押权后，并不转移抵押权人对抵押物的占有。抵押权成立后，房地产的所有权仍然属于抵押人，抵押人仍可以抵押物行使占用、使用、收益、处分的权利。抵押期间，抵押人转让已办理抵押登记的房地产的，应当通知抵押权人并告知受让人转让的房地产已经抵押的情况。抵押人未通知抵押权人或者未告知受让人的，转让行为无效。

转让抵押物的价款明显低于其价值的，抵押权人可以要求提供相应的担保；抵押人不提供的，不得转让抵押物。

告知抵押权人同意后，抵押人转让抵押物时，转让所得的价款，应当向抵押权人提前清偿所担保的债权或者向与抵押权人约定的第三人提存。超过债权数额的部分，归抵押人所有，不足部分由债务人清偿。

房地产抵押关系续存期间，房地产抵押人应当维护抵押房地产的安全完好，抵押权人发现抵押人的行为足以使抵押物价值减少的，有权要求抵押人停止其行为。抵押物价值减少时，抵押权人有权要求抵押人恢复抵押物的价值，或者提供与减少的价值相当的担保。抵押人对抵押物价值减少无过错的，抵押权人只能在抵押人因损害而得到的赔偿范围内要求提供担保。抵押物价值未减少的部分，仍作为债权的担保。

（三）房地产抵押的受偿

抵押是一种民事法律关系，抵押权人与抵押人在法律上有平等的法律地位。这就决定了抵押必须在双方自愿的原则上进行，并应符合《民法通则》、《担保法》规定的平等、自愿、等价、有偿的一般原则。抵押合同属于担保合同，依照合同履行债务是债务人的义务。房地产抵押合同一经签订，签约双方应当严格执行，债务履行期届满抵押权人未受清偿的，可以与抵押人协议折价或者以抵押物拍卖、变卖该抵押物所得的价款受偿；协议不成的，抵押权人可以向人民法院提起诉讼。

同一财产向两个以上债权人抵押的，拍卖、变卖抵押物所得的价款按照抵押登记的先后顺序清偿。

依法对抵押物拍卖的，拍卖保留价由人民法院参照评估价确定；未作评估的，参照市价确定，并应当征询当事人的意见。人民法院确定保留价，第一次拍卖时，不得低于评估价格或者市价的80%；如果出现流拍，再行拍卖时，可以酌情降低保留价，但每次降低的数额不得超过前次保留价的20%。抵押物折价或者拍卖、变卖后，其价款超过债务数额的部分归抵押人所有，不足部分由债务人清偿。抵押人未按合同规定履行偿还债务义务的，依照法律规定，房地产抵押权人有权解除抵押合同，拍卖抵押物，并用拍卖所得价款，优先得到补偿，而不使自己的权利受到侵害。

对于设定房地产抵押权的土地使用权是以划拨方式取得的,依法拍卖该房地产后,应当从拍卖所得的价款中缴纳相当于应缴纳的土地使用权出让金的款额后,抵押权人方可优先受偿。

房地产抵押合同签订后,土地上新增的房屋不属于抵押财产。需要拍卖该抵押的房地产时,可以依法将土地上新增的房屋与抵押财产一同拍卖,但对拍卖新增房屋所得,抵押权人无权优先受偿。此外,根据《最高人民法院民事执行中查封、扣押、冻结财产的规定》,对被执行人及其所抚养家属生活必需的居住房屋,人民法院可以查封,但不得拍卖、变卖或者抵债。

抵押权因抵押物灭失而消失。因灭失所得的赔偿金,应当作为抵押财产。

第二节 房地产典当

典当业在我国已经存在了两千多年,是一项古老的行业。现代经济中,典当业在企业和个人融资方面都发挥着其他融资方式所不能替代的作用,它能随时满足资金使用者的需要,使融资变得更加方便快捷,不仅是城乡居民融资的理想方式,也是企业尤其是中小企业的融资首选渠道,在金融系统中处于重要地位。

目前大部分房地产开发商自有资金不足,投资半数以上依靠银行贷款和定金预收款进行周转,融资渠道比较单一。与此同时,个人购房也大多依赖银行提供的按揭贷款,一旦外来资金流发生大的逆转,将陷入困境。从资金来源看,房地产开发对外资金的需求量非常大,需要有一个适合不同层次需求的解决房屋抵押融资的机构,而这正符合典当对银行拾遗补缺的特点。

一、房地产典当概述

(一) 典当的一般概念

1. 典当

典当是一种以实物为抵押,取得临时性贷款的融资方式,既表现为典当双方的质押担保关系,又表现为债权债务关系。2005 年 4 月 1 日,全国执行由商务部、公安部颁布的《典当管理办法》(2005 年第 8 号令),其中对典当行为进行了清晰的定义:本办法所称典当,是指当户将其动产、财产权利作为当物质押或者将其房地产作为当物抵押给典当行,交付一定比例费用,取得当金,并在约定期限内支付当金利息、偿还当金、赎回当物的行为。

2. 典当行

典当行是依法设立的专门从事典当活动的企业法人,常以股份制形式出现。典当行注册资本最低限额为 300 万元;从事房地产抵押典当业务的,注册资本最低限额为 500 万元;从事财产权利质押典当业务的,注册资本最低限额为 1000 万元。典当行的注册资本最低限额应当为股东实缴的货币资金,不包括以实物、工业产权、非专利技术、土地使用权作价出资的资本。典当的种类包括房地产、机动车、生产资料、艺术品、金银首饰等。

3. 典当实务

（1）当户。必须具有完全民事行为能力的个人和独立法人地位。凡个人典当的，查验当户本人有效证件，包括：身份证、户口簿、驾驶执照、军官证等。凡单位典当的，查验单位证明、经办人身份证，以及法定代表人签署的委托书或单位介绍信。单位证明一般包括各类法人营业执照、组织机构代码证或税务登记证等。

（2）当物。包括动产、不动产和财产权利。动产有金银饰品、珠宝钻石、名表、服装、机动车、古玩字画、机器设备、生产资料等。不动产主要指国家政策规定可以设定抵押的房地产。财产权利有银行定期存单、债券、本票、汇票、股权、专利权等。其中他人财产、非法财产和争议财产不在典当范围之内。

（二）房地产典当的概念

房地产典当是房地产权利特有的一种流通方式，它是指房地产权利人（出典人）在一定期限内，将其所有的房地产，以一定典价将权利过渡给他人（承典人）的行为。

二、房地产典当的相关规定

随着我国监管部门对房屋抵押典当等不动产项目的解禁，房屋正在成为今天典当行最大标的的业务。据了解，典当业以前有80%的典当品是金银首饰，而现在一些省份房地产典当业务呈上升趋势。河北省2002年房地产业务占典当业务总量的28%，浙江占15%左右，而且以房地产商为主要股东、并将房地产为主要业务提起的新设典当行申请数量正在增大。

典当行经营房地产抵押典当业务，应当和当户依法到有关部门先行办理抵押登记，再办理抵押典当手续。典当行可以占有、使用房屋；也可以行为上不占有、使用该房屋，但有权将出典的房屋出租或将房屋典权转让。典当时，一般应明确期限，出典人应在典当期限届满时交还典价和相应利息从而约定赎回出典的房屋，也可以双方约定，由典当行补足被典当房地产的差额而实际取得房地产的所有权。

三、房地产典当的优势

融资难一直是房地产商头痛的问题。一般情况下，银行对中小企业的信用程度要求会比较严格，融资手段较为复杂，很难满足房地产商短期融资的需要。一些非正规融资手段如民间借贷等不仅费用很高，而且可能引发一些不安全的后果；如果向亲戚、朋友借钱，又存在着无法还清的"人情债"。而通过典当行办理典当，不仅能盘活资产，使"死钱"变"活钱"，而且具有透明的、公开的办理程序和收费规定，让客户心中有数。另外，典当融资具有安全性和合法性，这是最关键的一点，使房地产商对所借的资金能放心使用、安全使用，从而很好地保护了自身的权益。具体说来，房地产典当融资有以下优势：

（一）借款速度快

只要手续齐全，当场就可以拿到借款。对房地产抵押来说，典当行比银行有着明显的优势，可以免去繁琐的手续，而银行信贷由于要控制信贷风险，往往要经过企业或者个人申请，银行进行信用调查等环节，从填表到放款，少说也得一两个星期，无形中抬高了信贷"门槛"，难以满足急需资金的要求。典当则手续简单，中间环节少，只要证件齐全，由典当行根据评估的结果决定典当额度，便可取得贷款。

（二）对融资者的信用度没有要求

只注重典当物品是否货真价实，只要质押物品的二次流通价格超过借款金额就可以了。一般典当双方对当物价值进行协商，如协商不成，再由专业评估师对当物进行评估，按评估价的50%～80%支付当金。在银行抵押贷款方式下，银行接收抵押品后，根据抵押品的账面价值决定贷款金额，一般为抵押品价格的30%～90%，这一比例的高低取决于抵押品的变现能力和银行的风险偏好。

（三）贷款用途不受限制

在一些银行的专项贷款中，例如旅游贷款、购房贷款等是有专门的使用要求的，否则银行有权收回贷款进行信贷制裁，而典当质押贷款用途可以不受限制，典当行对所有融通资金的用途也从不过问。对于房地产商来说，钱使用起来十分方便，可大大提高资金的使用率。

（四）当期短，利息支出少

银行抵押贷款一般期限较长，而典当行质押贷款回赎期较短，一般为一个月、两个月和三个月，最长不超过六个月（续当一次期限最长为六个月），比银行贷款灵活，从而减少了不必要的利息支出。

（五）认物不认人

使融资者免去人情之苦。当铺认物不认人，只要质押品符合条件即可贷款。典当这种为当物是从、不讲人情的间接信用特点，使不少融资者深感满意。

（六）只凭土地使用证

土地典当业务可以让开发商在"四证"办妥之前，只凭土地使用证即可到典当行进行抵押，以获得"过桥"资金。

四、办理房地产典当的一般手续

一般房产典当的过程包括验证、看房、估价、签署协议、办理公证、抵押登记、发放贷款、偿还本息、注销登记等环节。典当人必须将该房产的所有资料，如房产所有权证、土地使用证、契税证、购房发票、房产所有人（共有人）的身份证、户口本完整地交给典当行审核并保管，由典当行实地看房并由双方协商确定典当价格后，签署房产典当贷款合同和房产抵押合同，办理公证，在完成抵押登记手续并拿到他项权证后，典当行即可向典当人发放房产典当贷款。如果一切顺利的话，上述所有手续可在若干个工作日内完成，如某典当行要求如上手续须在7个工作日内完成，也就是说典当人在7日内就可以获得房产典当贷款，十分便捷。

在办房产典当时，典当人应注意已经抵押的、被查封的、将要拆迁的房产是不能典当的；典当贷款到期后，典当人应当及时办理续贷或还贷手续，以免产生不必要的损失；在归还贷款后，典当人应要求典当行及时注销抵押权登记，拿回所有房产资料，以保护自己的权利。

房地产抵押典当同一般典当业务相同，也有续当、赎当和绝当处理。

典当期限或者续当期限届满后，当户应当在5日内赎当或者续当，逾期不赎当，为绝当。绝当房地产可以按《中华人民共和国担保法》有关规定处理，也可以由典当行委托拍卖行公开拍卖。

处分抵押房地产所得金额，依下列顺序分配：
（1）付处分抵押房地产的费用；
（2）扣除抵押房地产应缴纳的税款；
（3）偿还抵押权人债权本息及支付违约金；
（4）偿还由债务人违反合同而对抵押权人造成的损害；
（5）剩余金额交还抵押人。

处分抵押房地产所得金额不足以支付债务和违约金、赔偿金时，抵押权人有权向债务人追索不足部分。

第三节　房地产拍卖

伴随着改革开放的步伐，拍卖业在我国经历二十年的恢复发展，正逐步走向成熟与规范。二十年来，拍卖的领域不断扩大，已涉及社会经济、文化、人民生活的多个方面，拍卖以其公开、公平、公正的中介服务在完善我国社会主义市场经济体系、促进商品流通、活跃文化艺术品市场、协助司法办案、加强国家机关廉政建设等各项事业中发挥了不可替代的作用。

一、拍卖的概念

对于拍卖的概念，东西方国家有着不尽相同的解释。在我国，不同的历史时期拍卖也有不同的解释。

在西方国家，经济学界对拍卖一词达成的共识是："拍卖是一个集体（拍卖群体）决定价格及其分配的过程。"

我国1997年1月1日起实施的《拍卖法》对拍卖下的定义是："拍卖是指以公开竞价的方式，将特定的物品或者财产权利转让给最高应价者的买卖方式。"这一定义包括四个方面的含义：拍卖是一种买卖方式；价格形成方式是通过公开竞价；标的物是特定的物品或者财产权利；买受人是最高应价者。

二、拍卖的特性

拍卖作为一种特殊的买卖方式,其特性包括三个方面的内容:

首先,拍卖是一种中介服务性的交易方式。在拍卖活动中,委托人不是直接把拍卖标的转让给买受人,而是通过拍卖人的中介服务达到这一目的,拍卖过程实际上由委托和竞买两个阶段构成,拍卖人则处于两个阶段的中枢和联结位置,一手托两家,操作整个拍卖活动的正常运转。

其次,拍卖是通过公开竞价成交的。拍卖交易的完成实际上就是通过众多竞买人在同一时间、地点公开竞价,实现价高者获得的过程,它不是一对一的谈判、协商和讨价还价,不存在价格形成过程中的秘密性因素。

再次,拍卖是受到法律严格规范的经济活动。由于拍卖是公开的交易方式,有可能涉及公共利益,为了防止出现对社会公众的欺骗,我国《拍卖法》及相关法律对拍卖过程的主要环节和因素,如拍卖当事人的权利义务、拍卖过程的操作程序、拍卖活动中的法律责任等,都有详细明确的规范和要求。

三、拍卖的基本原则

(一) 公开原则

拍卖活动必须是公开进行的民事活动,依照拍卖行为的基本特征,公开原则应包括以下内容:

1. 拍卖信息公开发布

拍卖人接受拍卖委托后,在举行拍卖之前必须在法律规定的时限内,以媒体公告的形式,提前公开发布拍卖信息,公布标的名称、拍卖时间、地点、竞买条件等,这是普通商品交易行为所不具备的。

2. 拍卖标的公开展示

除在拍卖公告中一般应标明拍卖标的基本情况外,拍卖人还应公开展示拍卖标的,允许竞买人查看、查验标的物,拍卖人还应提供有关标的物的品质、材质、数量等文字说明。在拍卖时还应以实物、图像等公开展示标的物,同时拍卖人应向竞买人说明拍卖标的是否有瑕疵。

3. 拍卖活动公开举行

拍卖活动公开举行包括两层含义:一是指竞买资格公开,即拍卖人应当公开说明哪些民事主体可以参加竞买,法律规定限制流通或定向拍卖的,必须公开说明竞买人应具备哪些资格;二是指竞买活动公开,竞买活动一经公布,视为拍卖人发出要约邀请,凡有两人以上符合资格的竞买人对拍卖标的提出竞买申请的,拍卖人不得无故撤回该标的或终止拍卖,更不得以其他形式转让拍卖标的。拍卖人必须公开举办拍卖会,允许所有具备资格的竞买人参与竞买。法律、法规所规定的原因及其他原因导致拍卖活动中止或终结的,拍卖人应当通过公开的方式予以说明。

(二) 公平原则

公平原则是我国民法平等原则在《拍卖法》中的具体要求和体现，它是指拍卖法律关系当事人在拍卖活动中其民事权利义务平等、民事法律地位平等。从立法目的上看，确立公平原则主要目的是要求拍卖人的拍卖活动必须公平进行，不损害其他当事人的合法权益，其具体内容是：

（1）任意拍卖中委托人与拍卖人是平等的民事主体，依拍卖行为的特征及所签署的合同，它们之间通常是一种委托代理和被代理的民事关系。

（2）凡具备相应的民事行为能力并符合竞买资格的民事主体，均可平等的参加竞买活动，拍卖人必须向所有符合条件的竞买人提供平等的、公开竞买的机会。不得以法律、法规另有规定以外的理由拒绝竞买人的竞买申请，妨碍其参与公平竞争。

（3）在竞买中，对同一应价或报价除法律规定允许竞买人有优先购买权的以外，当拍卖竞价已达到或超过保留价时，所有竞买人均享有以最高报价或应价取得拍卖标的的权利，《拍卖法》对每一竞买人的平等竞买资格予以保护。拍卖交易中任何当事人都不得强行要求成交或妨碍、影响其他竞买人自由竞买。

(三) 公正原则

拍卖是以拍卖人为中介并通过中介服务，代理委托人向不特定的竞买人以公平竞价的方式出售拍卖标的。由于拍卖人具有中介人的性质，拍卖又是一种即时兑现、不得反悔的成交方式，因此法律上要求拍卖法律关系当事人进行拍卖活动时必须公正。拍卖活动的公正具体表现为以下几个方面：

（1）拍卖人及工作人员不得以竞买人身份参加本拍卖机构举办的拍卖活动，也不得委托他人代为竞买。若有这种情形发生，可被视为不公正行为，一旦发现，竞买无效，还将追究法律责任。

（2）拍卖人不得有不公正对待竞买人的行为。拍卖活动过程中，拍卖人不得有歧视竞买人、故意误导竞买人使其无法成交或超高价成交的行为，更不允许对竞买人有欺诈、舞弊、私下交易侵犯竞买人民事权利的行为。

（3）拍卖各方当事人之间不得有串通、操纵竞价的行为。其主要表现有两种：一是拍卖人与个别竞买人事先串通，在拍卖交易时制造相互竞价的假象，致使报价或应价不断上扬，诱惑其他竞买人以高价竞买成交，达到从中获利的目的；二是竞买人之间相互合谋串通，达到以低价成交的目的。两种不公正的拍卖现象，或侵犯、损害了其他竞买人的民事权利，或给拍卖人、委托人造成经济损失。因此，一经发现和查实，拍卖活动无效并将追究有关当事人的法律责任。

（4）委托人应向拍卖人，同时拍卖人也应向竞买人指明或提示其知道或应当知道的拍卖标的的瑕疵。除法律、法规另有规定外，委托人、拍卖人对拍卖标的应当承担瑕疵担保责任。委托人如故意隐瞒标的瑕疵，由此而造成拍卖人、买受人损失的，或拍卖人隐瞒标的瑕疵而造成买受人损失的，视为有欺诈的不公正行为，责任人应负赔偿责任。

（5）委托人不得竞买本身所委托的竞买标的，也不得委托他人代为竞买。为确保拍卖活动的公正性,拍卖人应当认证审查竞买人的竞买资格,不得应允委托人或其他代理人参加为委托人本身委托拍卖标的的竞买,以避免出现委托人或其代理人故意哄抬价格,诱导其他竞买人以高价成交而从中牟利的不公正现象。上述情形一经出现并被确认,其竞买行为应视为无效或违法,造成买受人损失的,行为人应负赔偿责任。

(四) 诚实信用原则

拍卖法律关系当事人在进行拍卖活动时必须恪守诚实信用原则。

(1) 拍卖人与委托人及拍卖人与买受人之间应自觉履行委托拍卖合同、拍卖成交确认书所约定的各自的义务,以保证拍卖活动的顺利进行。

(2) 在整个拍卖活动中,拍卖法律关系各当事人的意思表示及行为应真实、善意和诚实。委托人不得有意隐瞒标的瑕疵;拍卖人不得做虚假广告、虚假说明,不得以假充真、以次充好;竞买人不得对自己的应价、报价反悔;买受人成交后不得不付款、少付款或拖延付款时间等。

四、房地产拍卖概念

随着市场经济的日益繁荣,房地产常被用于合作、入股、抵押等方式出资、贷款、筹资等,因而产生的与房地产相关的债权、债务纠纷等日益频繁,拍卖行受到司法部门委托强制拍卖的房地产标的也相对增多。近年来由于市场趋于活跃,由法人、公民委托拍卖的房地产也开始出现在拍卖舞台并呈现迅速增多的趋势。

房地产拍卖即通过公开竞价的方式将房地产标的卖给最高出价者的一种交易行为。

房地产拍卖标的必须是符合规定的房地产,基于房地产自身特性,造成房地产拍卖的不仅仅是物质实体更是房地产的权益。房地产拍卖的标的可以是国家允许转让的以出让方式取得的建设用地使用权、经过政府批准的可转让的以划拨方式取得的建设用地使用权、建设用地使用权及其地上建筑物、集体土地上房地产等。

五、房地产拍卖特征

(一) 房地产拍卖量多、价值高

房地产是价值高昂的商品且不可移动,在经济活动中容易用来作为担保抵押物品和债务偿还物品,也是法人、公民用作交易价值较高的财产,经过十多年的运作,房地产拍卖已经成为我国拍卖市场中数量最多、价值最高的标的物之一。

(二) 房地产拍卖法律性、政策性强

房地产和房地产业涉及的社会面广、资金量大、产权关系复杂,特别需要法律、法规的规范,以建立正常的房地产秩序,规范房地产市场行为,维护房地产权利人的正当权利。与房地产相关的法律、法规、规章、规范性文件有很多。其中主要法律有三部《中华人民共和国城市房地产管理法》、《中华人民共和国土地

管理法》和《中华人民共和国城市规划法》，其他法规有《中华人民共和国土地管理法实施条例》、《中华人民共和国城镇国有土地使用权出让和转让暂行条例》、《确定土地所有权和使用权的若干规定》，以及各地制定的相关政策法规等。进行房地产拍卖前必须认真调查，核实房地产产权及其办理过程的各项必需文件、手续的完整情况，理顺各方面关系，确保产权合法，协调与房地产开发、经营、管理相关的各方面关系，保证后续房地产产权变更顺利进行。

（三）房地产拍卖繁琐、复杂、时间长

房地产拍卖是一项复杂、拍卖周期较长的工作，无论是前期准备、拍卖期间还是拍卖后，都会涉及诸多部门、单位，还涉及各种法律、法规等许多具体问题。这主要因为房地产整个建设开发过程周期长，涉及政府部门和单位多，涉及的合同关系多，涉及的国家批文多。

（四）拍卖结束后续工作多

房地产拍卖必须在成交并收齐相关款项后，办理了房地产权属变更过户手续，买受人取得了房地产产权证时，拍卖才算完结。

六、房地产拍卖条件及主要交易规则

房地产拍卖特别需要掌握两个关键方面：一是判断拍卖标的是否符合国家房地产管理法、土地管理法及其他相关法律、法规和规定的转让和交易条件，虽然不符合，但经政府有关部门审批后，通过补办手续和补缴费用可以转让和交易的；二是遵守房地产交易的相关规则。

（一）**法律、法规禁止买卖和转让的下列房地产，通常情况下不得拍卖**

（1）未依法取得房地产产权证书的（包括土地使用权证书、房屋所有权证书和房地产产权证书）；

（2）共有房地产，未经其他共有人书面同意的；

（3）权属有争议，尚在诉讼、仲裁或者行政处理中的；

（4）权利人对房地产的处分权受到限制的，比如未得到政府批准的划拨土地转让，不符合条件的经济适用房、房改房的转让等；

（5）以出让方式取得土地使用权，但不符合政府相关转让条件的；

（6）司法和行政机关依法裁定，决定查封或者以其他形式限制房地产权利的；

（7）国家依法收回土地使用权的（如未按政府规定用途及时间开发建设的或拆迁）；

（8）法律、法规、规章规定禁止买卖、转让的其他情形。

（二）**以出让方式取得的建设用地使用权及其地上建筑物拍卖条件和交易规则**

以出让方式取得的建设用地使用权进行房地产开发建设，其土地使用权及地上建筑物需要拍卖的，应当符合国家法律、法规规定的可转让条件：

（1）按照出让合同的约定支付全部土地使用权出让金，且依法登记并取得土地使用权证（或房地产产权证）；

（2）按照出让合同约定进行投资开发的，属于房屋建设工程的，完成开发总

额25%以上，属于成片开发土地的，依照规划对土地进行开发建设，完成排水、供电、供热、道路交通、通信等市政基础设施和公用设施的建设，达到场地平整，形成工业用地或者其他建设用地条件；

（3）转让房地产时房屋已经建成的，还应当持有房屋所有权证书。出让土地使用权转让，应当签订书面转让合同，原土地使用权出让合同载明的权利、义务随之转移。转让后，其土地使用权的使用年限为原土地使用权出让合同约定的使用年限减去原土地使用者已经使用年限后的剩余年限。

（三）以划拨方式取得的建设用地使用权及其地上建筑物拍卖条件和交易规则

（1）以划拨方式取得建设用地使用权的，在进行房地产拍卖时，应当报请有关部门批准，由买受人按法律、法规、规章的有关规定，办理土地使用权出让手续，并交纳土地使用权出让金。

（2）可以不办出让手续的，应当由拍卖行将拍卖标的所得收益中的土地收益上缴国家。有批准权的人民政府决定不办理出让的情况主要有继续划拨、作价出资、入股等几种。对于房改房、经济适用住房上市转让，国家通过法规允许转让，因此转让时无需再分别办理审批手续，只要按规定缴纳土地出让金即可。

（3）划拨土地需要转为有偿使用土地的，应按出让土地使用权价格与划拨土地使用权价格差额部分核算出让金。

（四）以租赁方式取得的建设用地使用权及其地上建筑物拍卖条件和交易规则

（1）承租人在按规定支付土地租金，依法领取国有土地使用证，并按约定完成开发建设后，经土地行政主管部门同意或根据租赁合同约定，可将承租土地使用权转租、转让或抵押。

（2）承租人将承租土地转租分租给第三人的，承租土地使用权仍由原承租人持有，承租人与第三人建立了附加租赁关系，第三人取得土地的他项权利。

（3）承租人转让土地租赁合同的，租赁合同约定的权利义务随之转给第三人，承租土地使用权由第三人取得，租赁合同经更名后继续有效。

（4）地上房屋等建筑物、构筑物依法抵押，承租土地使用权可随之抵押，但承租土地使用权只能按合同租金与市场租金的差值及租期估价，抵押权实现时土地租赁合同同时转让。

（五）农村集体土地上建成的房屋拍卖转让条件和交易规则

（1）房屋所有权和该房屋占用范围内的土地使用权已经依法登记取得房地产权证书；

（2）集体土地上的房屋拍卖前应向当地乡镇人民政府申请，获批准后方可进行拍卖。

对于集体土地上建成的房屋，居住房屋的竞买人只能是房屋所在地乡镇范围内具备房屋建设申请条件的人；非居住房屋竞买人为房屋所在地乡镇范围内集体经济组织或者个体经营者；超过此条件的，应当依法办理集体所有土地的征用手续。禁止城镇居民在农村购置宅基地。

（六）已设定抵押权的房地产拍卖交易规则

（1）抵押期间，抵押人未经抵押权人同意转让抵押房地产的行为无效。如果未经抵押权人同意而因拍卖造成抵押权人经济损失的，须承担相应的民事责任。抵押期间，抵押人经抵押权人同意转让抵押房地产的，应当将转让所得的价款向抵押权人提前清偿债权或者提存。转让的价款超过债权数额的部分归抵押人所有，不足部分由债务人清偿。

（2）债务履行期届满，债权未受清偿的，抵押权人可以与抵押人通过协议以抵押房地产折价或者以拍卖、变卖该抵押房地产所得的价款优先受偿；协议损害其他债权人利益的，其他债权人可以请求人民法院撤销该协议。抵押权人与抵押人达不成协议的，抵押权人可以请求人民法院拍卖、变卖抵押房地产。

（3）抵押房地产折价或拍卖、变卖后，其价款超过债权数额的部分归抵押人所有，不足部分由债务人清偿。

（4）同一房地产向两个以上债权人抵押的，拍卖、变卖抵押房地产所得的价款依照下列规定清偿：抵押权已登记的，按照登记的先后顺序清偿；顺序相同的，按照债权比例清偿；抵押权未登记的，按照债权比例清偿；抵押权已登记的先于未登记的清偿。

（5）建设用地使用权抵押后，该土地上新增的建筑物不属于抵押财产。需要拍卖该建设用地使用权的，可以将该土地上新增的建筑物与建设用地使用权一并拍卖，但拍卖新增建筑物所得的价款，抵押权人无权优先受偿。

（6）房屋可连同占用范围内的划拨土地使用权一并抵押，但抵押权实现时，依法拍卖该房地产后，应当首先从拍卖所得的价款中缴纳相当于应缴纳的土地使用权出让金的价款后，抵押权人方可优先受偿。土地使用者依法取得的划拨土地设定抵押权时，划拨土地使用权价格可作为使用者权益，计入抵押标的；抵押权实现时，土地使用权可转为出让土地使用权，在扣缴土地使用权出让金后，抵押权人可优先受偿。划拨土地经批准可以转让，划拨土地使用权价格部分可计为转让方的合法收益。

（7）抵押人依法承包并经发包方同意抵押的荒山、荒沟、荒丘、荒滩等荒地的土地使用权，或者以乡（镇）、村企业的厂房等建筑物占用范围内的土地使用权抵押的，实现抵押权后，未经法定程序不得改变土地集体所有的性质和土地用途。

七、房地产拍卖的程序

房地产拍卖属特殊商品的拍卖，它较之其他商品的拍卖有一些特殊性。房地产拍卖会涉及国家有关房地产的法律、法规，涉及国家各行政主管部门的协调，涉及房地产标的当前产权证、原始证件和文件、政府各项批文、市场价值、产权过户等多方面因素，拍卖的程序会因为具体标的和条件以及各地方的具体情况有所差异，但一般应包括下述基本程序：

(一) 接受拍卖委托

如果房地产的卖方有意将房地产的拍卖业务交于拍卖行，拍卖行也有意承接该拍卖业务，在卖方向受理拍卖行作出明确委托后，双方应签订委托协议书。

房地产拍卖的委托一般需提供下列有关证明文件：

(1) 房地产的产权证；

(2) 产权人身份证明（私产）或企业法人营业执照；

(3) 法定代表人证明书和法人授权委托书；

(4) 对拍卖房地产有处分权的证明文件；

(5) 产权证上标明是共有的，需出具共有证及出具其他共有人同意出售（或部分出售）的经过公证的委托书；

(6) 拍卖房地产的详细资料，包括权属、位置、四至、数量、面积、性质、使用年限和当前使用状况、地籍图等；

(7) 其他有关证明资料或房地产交易管理部门要求提交的其他文件；

(8) 对于私产，如果拍卖委托人是受托人，要出示房地产权利人出具的经过公证的委托文件。委托人不在中国大陆的几种特殊情况：第一，委托人在国外的，委托书应是经所在国公证机关公证，并经驻所在国的中国使领馆认证，才能有效。如果是在未设中国使领馆的国家，则由驻该国的与我国建交的第三国的使领馆认证；第二，如果委托人是在中国香港或澳门特别行政区的，委托书经我国司法部门认可的当地律师公证后，到中国法律（香港、澳门）服务有限公司盖转地专用章；第三，如委托人是在中国台湾地区，则在台湾地区对委托书公证后，经台湾地区海基会转大陆海协会，由海协会转大陆公证人员协会，再转相应的交易管理部门；第四，注意委托书中是否有转委托权。

(二) 拍卖房地产标的调查与确认

这一程序是保证房地产拍卖得以顺利进行和拍卖成交后房地产交易手续顺利完成的重要环节。拍卖人应该对委托人提供的产权证明、有关文件批文、证明材料进一步核实，必要时需要到政府有关部门进行取证，查清拍卖标的是否具备齐全的手续和明晰的产权，同时进行现场勘查。主要目的是搞清拍卖标的房地产各方面的具体情况，涉及哪些方面和相关部门，及时发现存在的问题。并通过与相关部门的协调，确定这些问题能否得到解决，以及解决的方法、步骤，解决这些问题需要的时间等。符合房地产拍卖条件的应表示接受委托，并与委托人签订拍卖委托合同；否则应当拒绝接受委托。文件和资料核实内容主要包括：

(1) 拍卖标的与所提供的房地产权利证明是否一致，产权档案所标明产权人（姓名或名称）与产权证上产权人以及卖房人是否一致；

(2) 产权来源是否清楚，如新建、翻建，是否有规划、用地、施工管理等单位的批准文件，是否领有新证；

(3) 房地产面积是否与房地产测绘部门出具的勘测报告一致；

（4）产权证中"他项权利"一栏是否存在抵押权登记或租赁权登记等其他权利登记。查看房档中是否有记录，看抵押协议、抵押期、他项权利注销情况等是否与产权证一致；

（5）是否有被司法机关和行政机关依法裁定、决定查封或以其他形式限制房地产权利的文件；

（6）是否有他人声明对该房地产享有权利的文件；

（7）是否有产权证丢失的记录；现持产权证是原证，还是新证；是否登报声明；

（8）是否有关于产权纠纷的记录，处理情况如何；

（9）是否在拆迁范围、在被冻结和禁止买卖的范围内；

（10）土地来源和变更情况，包括用地性质、划拨、出让、转让、土地使用年限和剩余使用年限、用途变更及其他。

（三）接受委托、签订委托拍卖合同

具备接受拍卖委托条件后，应按照《拍卖法》的要求，结合所拍卖房地产标的的特点签订委托拍卖合同，对有关事项进行明确规定。

（四）房地产拍卖底价确定

确定科学、合理的拍卖底价有利于增强买方的信心，增加拍卖成功的可能性，拍卖底价确定的主要依据为：

（1）拍卖标的房地产估价报告。估价报告应该由具有资质和经验的房地产估价机构出具。

（2）对影响房地产价格的一般因素、区域因素和个别因素加以分析。

（3）拍卖人的经验。

（4）委托人的意愿。在与委托人共同对估价报告和各种因素进行客观、科学的分析，并在取得一致意见的基础上，确定拍卖底价。

（五）发布拍卖公告，组织拍卖

因为房地产拍卖标的金额巨大，竞买人须作资金筹措等准备工作，因此，拍卖行应在拍卖日前的半个月至一个月发布公告，司法强制拍卖不动产则须在拍卖日前15日发布公告，除《拍卖法》关于公告的法定内容外，还要告知与标的相关的其他问题。由于房地产的特殊性，要认真安排好实地查看，尽可能提供较好的看房条件，在公告规定的时间举行拍卖会。

（六）产权过户

拍卖成功后买受人应在拍卖人的协助下与委托人签订房地产的转让合同书。转让合同书一般按照国家规范的房地产交易合同格式和内容签署，买受人凭有关证明文件和转让合同书到房地产所在地的土地和房地产管理部门办理产权变更手续，并取得买受的房地产的产权证书。拍卖人应充分协助买卖双方做好房地产拍卖标的的转移、交接工作，协助买卖双方做好房地产权属转移和登记等各项工作，以最后取得房地产产权证书为拍卖过程的最终结束。

复习思考题

1. 什么是房地产抵押？作为抵押物的房地产应具备什么条件？
2. 抵押审查的内容有哪些？
3. 什么是房地产典当？房地产典当的优势有哪些？
4. 什么是拍卖？拍卖的特征有哪些？
5. 房地产拍卖条件及主要交易规则有哪些？

第九章 房地产信托

房地产行业与信托业是密不可分的。信托业具有悠久的历史，在经济生活中的各个领域都发挥着十分重要的作用。房地产行业是资金密集型行业，有效的资金支持是房地产业发展的必要前提。房地产信托作为信托业和房地产业的有机结合，不仅为信托业的发展做出了巨大的贡献，更是在长期的发展过程中为房地产业的发展提供了大量的资金支持。要想深入了解房地产信托的知识，首先应从信托的基本知识谈起。

第一节 信托概述

一、信托的概念和三要素

（一）信托的概念

要给信托一个准确的概念是比较困难的，因为信托包含的内涵非常丰富，涉及的领域也相当的宽泛。凡是符合以资产为核心、信任为基础、委托为方式的特点的信用委托和受托行为，都可以被归于信托。我们可以首先从简单的字面意思上入手，所谓信就是"信任"，所谓托就是"委托"的意思。可以看出信托实际上是两个过程：首先财产的所有者对于某人或者某个机构应该充分的信任，然后将自己的财产委托给这个人或者机构进行管理经营。在现代社会中，委托人和受托人之间必须达成某种形式的书面协议或者签署某种书面合同，对委托的事宜进行协商和约定，才可能达到真正的"信任"。

以上是从字面对信托的大概解释，我们知道法律的定义是十分严谨的，对于信托的本质阐述的非常透彻，因此本章借用《信托法》中的定义对信托进行阐释。根据《中华人民共和国信托法》第二条规定："信托是指委托人基于对受托人的信任，将其财产委托给受托人，由受托人按委托人的意愿以自己的名义，为收益人的利益或者特定目的，进行管理或者处分的行为。"

（二）信托的构成

信托体现的是一种多边的经济关系，这种多边的经济关系中，有三个当事人：委托人、受托人和受益人，他们构成了信托的三要素。

1. 委托人

又称信托人，指资金或资产所有者把自己的资金、资产以信托的方式，委托受托人代为管理或经营的人。委托人应当是具有完全民事行为能力的自然人，也可以是法人或者依法成立的其他组织。委托人既是信托财产的所有者或者是有权独立支配信托财产的人，又是最初提出信托要求的人，在整个信托关系中处于主动的地位。委托人提出的信托要求是整个信托行为的起点。

2. 受托人

指受信托人委托，并按约定的信托合同对信托资产进行管理或经营的人。受托人应当是具有完全民事行为能力的自然人，也可以是法人。受托人是讲信誉、有经营管理能力、为委托人所信赖的人。它接受并承办委托人的信托要求，根据委托人的要求对信托财产进行管理或处理。受托人对信托财产管理或处理的结果直接决定着是否能够达到委托人预期的目的或利益，也影响着这种信托关系能否继续维持。因而，信托关系中受托人的行为是关键，受托人在整个信托行为中处于关键环节。

3. 受益人

指在信托中享有信托受益权的人。委托人可以是受益人，也可以是同一信托的唯一受益人。受托人也可以是受益人，但不得是同一信托的唯一受益人。在信托业务中，如果没有受益人，信托行为就无效。在信托关系中受益人享受到应有的收益或信托财产，这是信托行为的终点。

二、信托的产生与发展

信托的产生，是与维护私有财产密切相关的，是私有制发展到一定阶段的产物。私有制产生后，财产的所有者不仅在活着的时候要对其财产占有和维护，而且也非常关心自己的财产在其死后的处置情况。在这种情况下，信托应运而生了。

最为原始的信托可以追溯到古代埃及的遗嘱，英国伦敦大学博物馆里收藏的一份古代埃及的遗嘱，上面记载了委托他人处理自己财产的行为，这可以看作是一种原始的信托。信托的萌芽出现在罗马法典之中的"信托遗赠"制度，它使罗马市民可以将自己的遗产给予非罗马市民，但是财产所有者首先要找到合法的继承人，再由继承人将财产赠与财产所有者真正想要赠与的人。这种制度成功地解决了关于财产的继承限制问题，后来逐渐成为一种通行的制度。这是信托关系首次在法律中体现,但是还不能称其为真正的信托,它还不具备现代信托的基本特征。

信托作为一种制度,起源于英国的尤斯制(USE)。中世纪早期的英国,宗教信仰浓厚,教徒死后往往把土地等财产赠送给教堂。按照当时的法律,封建君主对教会是不能够征税的,这样一来就影响了封建君主的捐税收入。英王亨利三世为了阻止这种遗赠,便制定了土地"没收法"。规定如果要将自己的土地赠与教堂必须经君王或者诸侯的允许,否则就没收土地。为了逃避"没收法",有土地的教徒,就采用把土地委托给第三者耕种的方法,再由第三者将土地上的收益转交给教会。渐渐的有的人想把土地转交给家人,也采用这种方法,于是出现了委托人、受托人和受益人三者之间的经济关系,这就是信托的雏形。随着商品经济的不断发展,信托的内容也发展到经济生活的各个领域,方式也多种多样,并且出现了以盈利为目的的专业信托机构。

现代信托产生在美国。南北战争结束后,政府和股份公司开始发行大量的有价证券,作为投资者,既想对有价证券的投资上获得成功,又不想暴露自己的财富,信托公司的设立刚好满足了投资者的要求。与此同时欧洲的主要资本主义国家也纷纷开办了信托业务。亚洲的国家以日本为代表,是作为一种经营活动和财产管理制度从美国引进的,引进信托之初,日本对信托的认识主要源于以信托作为筹资手段以发展重工业。在20世纪初信托从银行业务中脱离出来,20世纪40年代,日本的金融体制进行了规模比较大地改组,确立了信托业和银行业分离、长期金融和短期金融分离的方针,从此日本的信托业走上了快速、稳定发展的道路,为日本的经济起飞起到了很好的促进作用。

三、我国的信托产生和发展

我国的信托业务从20世纪初开始。在我国出现得最早的信托机构是由日本人于1913年在大连设立的"取引所信托株式会社"和由美国人于1914年在上海成立的"普益信托公司"。第一次世界大战期间我国的民族资本家成立了中国人自己的信托机构。1935年10月中央信托局成立,它是旧中国最大的官办信托机构。整体来看,旧中国的信托业发展得并不顺利,这是由于信托公司的设立主要是以投机为目的的并不是商品经济发展的结果。与此同时,缺乏良好安定的政治环境,私营机构受到官办机构的排挤,也使得旧中国信托行业先天不足。

新中国成立之后,我国政府对原有信托业进行了接管和改造,由于种种原因最终取消了信托业。党的十一届三中全会之后,我国的社会主义市场经济逐步建立和完善,信托业得到了恢复并有所发展。1979年中国国际信托投资公司成立,是我国信托业发展的里程碑。1980年,中国人民银行总行下达了"关于积极开展信托业务的通知",不久又发布了"金融信托投资机构管理暂行规定"。这些文件的发布和实施,对于推动我国信托行业发展起了重要作用。我国信托行业从恢复至今近30年来,经历了五次大规模的整顿,信托投资公司由最初的几家,发展到最多时千余家。同时我国相继出台了《中华人民共和国信托法》、《信托投资公司管理办法》、《信托投资公司资金信托管理暂行办法》，标志着我国的信托行业进入了一个历史性的转折时期，展现了广阔的发展前景。

四、信托的分类

信托按照不同的分类标准可以划分为不同的类型，不同类型的信托所包含的范围可以是相互交叉的。

（一）按照受益对象划分，信托可分为私益信托和公益信托

私益信托指以个人或法人团体自身的利益而举办的信托业务，这种信托的受益人与委托人是有利益关系的个人或法人。私益信托是信托业务中的主要部分。公益信托是由个人或团体捐赠或募集的资金，用于以公益事业为目的的信托。《信托法》规定，公益信托的目的可以是：救济贫困、救助灾民、扶助残疾、发展医疗卫生事业、发展环境保护事业、维护生态环境、发展其他社会公益事业等。公益信托的收益可免交或部分免交所得税。

（二）按照信托标的物的不同，信托可以分为货币信托、动产信托、不动产信托和货币债权信托等

货币信托是指受托人受领的信托财产是货币，即货币形态的资金，在信托终了时仍以货币给受益人的信托，它是各国信托业务中运用比较普遍的一种信托形式。动产信托是指以各种动产作为信托财产而设定的信托，动产包括的范围很广，主要为工业设备、交通车辆、飞机船只及其附属设施等。不动产信托是指以不能移动的财产，即移动后会引起性质、形态等变化的财产作为信托财产而成立的信托关系。货币债权信托是指委托人以货币债权移转给受托人，委托受托人保全债权，等此项债权给付清算后，再交委托人或受益人管理、使用、支配的信托行为。

（三）按信托是否向社会公众发行，信托可分为单独信托与集合信托

单独信托是指信托投资公司接受单个委托人委托、依据委托人确定的管理方式单独管理和运用信托资金的行为。集合信托是指信托投资公司接受两个或两个以上委托人委托、依据委托人确定的管理方式或由信托投资公司代为确定的管理方式管理和运用信托资金的行为。

（四）按受托人所承担的义务不同，信托可以分为积极信托和消极信托

积极信托又称主动信托，是指受托人不仅承受信托财产的户名，即作为该财产名义所有人，并且负有积极为受托人的利益而管理、运用或处理的义务，权限较大，责任较重。消极信托又称被动信托，是受托人仅承受委托人财产的户名，即只作为信托财产名义上的所有者，而不承担对信托财产管理、运用或处理的义务。

（五）其他划分方法

其他还有许多划分方式，如按信托目的划分，信托可分为民事信托和商事信托；按服务对象划分，信托可分为个人信托和法人信托等。按依托事项的性质不同，信托分为商事信托和民事信托。

五、信托的作用

（一）拓宽投资者投资渠道

我国传统的投资渠道是银行存款和购买国债等债券。对于投资者来说，存款或购买债券较为稳妥，但收益率较低；股票投资有可能获得较高收益，但对一般投资者来说，受资金量限制，很难运用组合投资分散风险，而股市中又存在信息不对称，致使投资风险大于收益。信托可以把众多投资者的资金汇集起来进行组合投资，由专家来管理和运作，组合资本市场、货币市场和实业投资领域，经营稳定。这既规避了投资风险，又获得了较高的收益。信托以其独特的优势，大大拓宽了投资者的投资渠道。

（二）全新的融资方式

通过把储蓄转化为投资，促进了产业发展和经济增长。信托把储蓄资金转化为生产资金，为产业发展和经济增长提供了重要的资金来源。针对投资规模较大的项目，如基础设施建设项目，个人投资者受资金规模的限制无法参与，但通过信托的方式，不仅增加了个人投资渠道，同时也为大型项目提供了新的融资方式。随着信托的发展壮大，这种作用将越来越大。

（三）促进金融市场的发展和完善

信托有利于证券市场的稳定。证券市场是信托重点投资的市场之一，信托投资公司以其拥有的精通的专业知识、丰富的投资经验、齐备的信息资料、先进的分析手段，经营管理信托财产，投资行为相对理性，客观上起到了稳定市场的作用。

信托有利于货币市场的发展。信托投资公司可以参与同业拆借，信托投资公司管理运用资产的方式可以采用贷款方式，信托投资公司可以用自有资产进行担保，这些业务不仅仅是银行业务的重复，还是对于中国货币市场的补充。信托虽没有商业银行的资金优势、网络优势，但其可以直接联系资本市场和实业投资领域，比商业银行的业务更具灵活性，对于企业的不同的融资需求和理财需求能够设计个性化的方案，丰富货币市场的金融产品。

第二节　房地产信托

一、房地产信托概述

房地产信托是指房地产信托机构以投资者身份，借助于金融机构为中介，直接或间接对房地产经营开发的投资行为。广义上与房地产相关的信托行为都可以被称为房地产信托，房地产信托同样存在资金信托和财产信托两种模式，从财产信托的角度出发，房地产信托则指房地产的所有人作为委托人将其所有的物业委托给专门的信托机构经营管理，由信托机构将信托收益交付给受益人的行为；从资金信托的角度出发，房地产信托是指受托人遵守信托的基本原则，将委托人委托的资金以贷款或入股的方式投向房地产以获取收益，并将收益支付给受益人的行为。

在国外，一般将房地产信托分为两大类，即传统的房地产信托和开发性房地产信托。传统的房地产信托主要包括第二次世界大战以前发展起来的宅地分块出售、不动产管理以及战后发展起来的中介业务、公寓分宅出售、海外不动产业务等。其又可分为管理信托和处分信托，所谓管理信托是指代收地租或房租一类的信托，这种信托有时还要承担交付固定房产税、房屋的火灾保险费以及修缮房屋等工作。这类信托由于都是小额生意，收费不高，信托银行或信托公司现在不愿意受理，因此都逐渐地转向承办租赁办公设施、写字楼或居民楼的收租、管理、修缮和纳税等业务。处分信托是指出卖土地或建筑物等不动产的信托。一般在把大面积的土地分成数块出卖，以及土地所有者把出租的土地卖给承租人的时候，多采用处分信托。因为土地作为出售地卖，需要有平整地面和划分土地的专业知识，而委托给信托银行或信托公司，既容易找到买主，又可以公平地解决价格问题。目前，在发达国家出现了许多不动产信托的新形式，这类信托称为开发性信托。其中有房产信托、房地产投资信托、土地信托等。

当前中国的房地产信托主要也是两种运作类型：第一种是资金信托类型，第二种是财产信托类型。在资金信托类型中根据投资方式的不同，又可分为间接投资的借款方式以及直接投资的股权投资方式。在财产信托类型中，转让财产信托优先受益权是大多数信托投资公司采用的方式。这种方式通过转让财产信托优先受益权为房地产财产的持有人募集资金。

二、房地产信托的职能

房地产信托是房地产金融的重要组成部分，对聚集房地产资金，促进房地产业的繁荣和发展，推动房地产企业管好、用好房地产开发资金，提高经济效益，协助房地产的拥有者和使用者将其不动产得到有效利用，充分发挥其不动产的使用价值，促进房地产的综合开发、加强横向经济联合具有重要作用。因此，房地产信托担负有融通资金、社会投资、财务管理和经济咨询等重要职能。

（一）融通与投资的职能

房地产信托是房地产开发和经营的重要资金来源，作为其信用中介之一，房地产信托机构具有为房地产生产、流通和消费筹集资金，并对需要资金的单位给予融通和调剂的职能。信托的融资形式不仅表现为货币资金的融通，还表现为物资的融通。房地产信托机构的资金融通还具有灵活多样、适应性强的特点。通过房地产信托的融通职能，支持房地产业的发展。

房地产信托的社会投资职能是指信托机构运用房地产信托业务手段参与社会投资行为所产生的职能。这种职能主要包括两个方面：一是房地产证券投资业务；二是房地产信托投资业务。

（二）财务管理与经济咨询的职能

房地产信托的财务管理职能是信托机构受托对信托房地产进行管理和处分的职能。通常，房地产信托机构开办多种信托业务，广泛灵活地为房地产生产和经营者提供管理、运用、处分、经营房地产的服务，这是信托机构的最基本职能。它有四个基本特点：第一，受托经营信托房地产只能为受益人谋利益，不能借此为自己谋利益。第二，受托代理的房地产只能按照目的运用，不能自行支配使用。第三，受托管理和处分房地产而产生的利益最终要归受益人，信托机构只能收取手续费和管理费。第四，受托对信托房地产进行管理和处分发生的损失，只要符合信托协议的规定，受托人不承担责任，如果是受托人的过失，受托人负有赔偿责任。

房地产信托的经济咨询职能主要是为受托人提供各种房地产咨询服务，包括开发咨询、财务咨询、资信咨询、金融咨询、经济信息和情报咨询以及受托人委托的其他咨询，通过这些咨询业务，加强横向经济联合，沟通与协调经济关系。

三、房地产信托的优势

我国房地产从20世纪90年代后期开始迅速发展，平均年增长率达到30%以上，而且在今后几年将会有更大的发展。作为国民经济发展的支柱产业之一，房地产行业的可持续发展，不仅需要大量的资金支持，而且需要开拓多种经营的模式。房地产信托作为新兴的信托模式，越来越受到房地产行业的关注和欢迎，因为房地产信托不仅可以为房地产行业提供大量的资金，而且经营方式灵活多样，种类繁多，具有其他经营方式不具备的特点。

第一，房地产信托通过集中化专业管理和多元化投资组合，选择不同地区和不同类型的房地产项目及业务，可有效降低投资风险，取得较高投资回报。传统的房地产投资经营方式中，受到地域影响特别严重，而房地产信托的出现，投资者可以不受地域和类型的限制。

第二，中小投资者通过房地产信托在承担有限责任的同时，可以间接获得大规模房地产投资的利益。投资于房地产信托，中小投资者也不受任何的限制，这不同于传统的房地产投资，需要高额的投资，也有利于资金的筹集。

第三，房地产信托提供了一种普通投资者进行房地产投资的理想渠道。其特有的运行机制、组织形式、有限责任、专业管理、自由进出转让、多样化投资、优惠税收与有效监管可以保证集中大量社会资金，具有较高的投资回报和较低的投资风险，是一种比较理想的资本市场投资工具。

第四，房地产信托可以降低房地产业整体的融资成本，节约财务费用，有利于房地产资金的持续应用和公司的发展。并且在供给方式上更加灵活，可以针对房地产企业本身运营需求和具体项目设计个性化的资金信托产品，以多种方式提升房地产业绩，从而增加了市场供需双方的选择空间。

第五，发展房地产信托，可以加大对房地产的有效投资，极大地促进房地产业和整个国民经济的发展。专业化和规范化的管理将提高房地产和房地产金融市场的经营效率。有效的房地产投资还将带动金融市场的健康发展，特别是房地产抵押贷款（按揭）市场、按揭二级市场、按揭证券市场，有利于稳定房地产和房地产金融市场。

四、房地产信托经营

房地产信托中的财产信托可以作为房地产经营的选择之一。当经营单位没有足够的人力、财力对自己所要经营的物业进行管理时，房地产信托是一种很好的选择。因为房地产信托机构专门从事物业的经营与管理，可以给受益人收益上的保证，而且经营的手段也是多种多样，可以使受益人的收益达到最大化。更重要的是，由于信托的特殊性质，委托人的监督力度比其他的合同关系要小。但是由于这种房地产信托对信托机构的经营管理能力要求非常高，而且所需管理的事项特别繁杂，所获利润不大，这种信托逐渐萎缩，取而代之的是资金类型的房地产信托。另外，无论是财产类的信托还是资金类的信托，在实际操作中的界限越来越模糊，很难加以区分。

第三节 房地产投资信托

一、房地产投资信托的概念辨析

房地产投资信托（REITs 即 Real Estate Investment Trusts 的简写），它是投资信托制度在房地产领域的应用，是一种集合不特定的投资者，将资金集中起来，建立某种专门进行房地产投资管理的基金或机构，进行房地产的投资和经营管理，并共同分享房地产投资收益的一种资金信托方式。房地产投资信托与房地产投资信托基金含义相同。

房地产投资信托（REITs）主要流行于美国，是房地产信托的一种特殊形式。如果投资人认为自己直接进行不动产投资有风险，投资人可以利用房地产投资信托（REITs）的方式来进行投资。房地产投资信托（REITs）与一般不动产信托的区别在于，它允许小投资者在多样化的不动产有价证券上进行投资。在实践中，房地产投资信托（REITs）是房地产信托的一种特殊形式，有时很难把房地产信托与房地产投资信托（REITs）加以明显的区分，它们之间具有以下共同点：

第一，房地产信托与房地产投资信托（REITs）都是代理他人运用资金、管理财产。房地产投资信托基金与房地产信托业务活动中的当事人都有委托者、受托者和受益者。受托者与委托者之间均有契约关系；受托者在契约和法律规定的范围内运用委托者的资金，并对受益者的利益负责。

第二，房地产投资信托基金与房地产信托都有将社会闲散资金集中化，将短期资金长期化的特点，能有效运用资金。两者之间可以相互结合。对于房地产投资信托基金，可以通过发起成立信托型房地产投资信托基金的形式，以信托的方式管理委托人的房地产或资金,这种方式既结合了投资基金组织结构严谨、运用透明度高以及规模效应等优势,又可以充分发挥信托的运用灵活、享受税收等优势。

但是房地产投资信托基金与房地产信托又不完全相同,它们之间又有区别:

首先,房地产投资信托基金与房地产信托业务范围不同。房地产信托业务范围广泛、灵活,可以包括各类型房地产商业信托和金融信托,而房地产投资信托基金只是金融信托的一种。

其次,资金运用形式不同。信托机构可以运用代理、租赁和出售等形式处理委托人的财产,既可以融通资金,也可以融通财物;而房地产投资信托基金主要是进行资金运用,不能随便融通财物,同时由于涉及社会公众的利益,因此在投资对象、投资方式和受益分配等方面受到证券监管当局的严格监督。

再次,当事人不同。房地产信托业务的当事人主要是委托者、受托者和受益者;而房地产投资信托基金业务的当事人除了上述三者外,还必须有一个保管者,它通常由一个机构来承担,并且,保管机构与投资基金建立机构不能是一个机构。

最后,体现关系不同。房地产信托主要指一种法律关系,它属于一种房地产与金融相结合的信托行为,一般由《信托法》来进行规范;而房地产投资信托基金则是指一种集合各种金融资本参与房地产领域的一个组织,依据的则是投资公司法或者投资基金法。

二、房地产投资信托发展历史

房地产投资信托(REITs)源于美国,从 1960 年算起,距今已有近 50 多年的历史,当时为了促进经济的发展,特别是房地产业的发展,美国出台了相关政策,房地产投资信托(REITs)按条例可以避免双重征税,享受税收优惠。1993 年对房地产投资信托(REITs)投资的限制被取消,这更激发了投资者对房地产投资信托(REITs)的兴趣,使房地产投资信托(REITs)自 20 世纪 80 年代以来有了迅猛的发展。截至 2007 年,在美国已有 300 多家房地产投资信托(REITs),市值达 3000 多亿美元。

1960 年,美国国会为了满足个体投资者对长期被动但仍具有较好流动性的房地产投资的产品的需求创设了房地产投资信托(REITs),国内税收法(Internal Revenue Code,IRC)从税收的角度对房地产投资信托进行了定义,其核心条款是房地产投资信托基金必须将 95% 的课税净收入以红利的形式分配给投资者,基金自身享受税收豁免,但是投资者则需要为所获的红利付税。

此外,法案对基金的规定还包括:组织形式为公司或者合伙;公司股东人数超过 100 人,且最大的 5 个或更少的股东不得持有超过 50% 的股份;信托单位可以转让;信托 75% 以上的资产应该是房地产、抵押贷款以及各种抵押贷款、现金和政府证券的利息;持有同一个非 REITs 或 REITs 子公司的公司具有投票权的证券不得超过 10%;投资于非 REITs 或 REITs 子公司的同一公司的资产不得超过总资产的 5%;总收入中 75% 以上来自租金收入、房产抵押贷款利息、出售房产利润、投资于其他房地产的投资信托基金、不动产税返还以及抵押贷款或购房手续费;95%以上的总收入来自于上一条规定的收入来源以及销售债券、红利以及利息;来自出售持有期少于4年的不动产或持有期不到1年的证券或禁止交易的资产的收入不得超过总收入的30%等。

美国、日本、韩国、新加坡、澳大利亚等国的交易所都已有REITs上市,与普通股票一样交易。近年来,欧洲、亚洲、南美洲的一些国家都针对REITs制定专门的立法,推进REITs的发展。所有国家的条例都是在美国的立法基础上略加修改,核心内容都是基本一致的,最大的不同之处是其限制条件有所不同。

三、房地产投资信托的性质和特点

作为投资信托制度在房地产投资领域的应用,房地产投资信托(REITs)的性质,可从其成立的动因来探讨。社会上分散的中小投资者不愿将其富余的资金参加国民储蓄,希望将资金投向利润较高的房地产领域,但个人单独进行势单力薄,风险较大。于是各投资人才有将分散的闲置资金集中起来,采取签订信托契约的形式,或类似股份公司的股份形式,成立某种基金,委托对房地产市场具有专门知识和经营经验又可以信赖的人从事这方面的投资。因而,房地产投资信托(REITs)具有三个主要性质:

(一)**储蓄性**

各投资资金持有人希望通过资金的运用,做到既保本又获利。这与银行储蓄存款类似,保本生息,使资金增值。投资信托方式的推行在于谋求以最小风险获得最大利益,所以说,投资信托类似银行储蓄而优于银行储蓄,其收益必然高于储蓄利息。

(二)**合作性**

各投资人一般都是有限的社会闲散资金持有者,资金运用实力差,如要个人单独投资于某几种有价证券或某项不动产,缺乏条件,可望而不可即。投资信托方式以一般社会大众为对象,将他们的资金集合起来加以运用,资金实力大为增加,投资条件就好得多,满足了各投资人的愿望。所以说,投资信托方式具有投资人目标一致基础上的合作投资性质。比如1937年日本就有"藤本有价证券投资合作社",即是这种投资信托模式。它既具合作性,又优于合作性,因为各投资参加者的信托是有一定期限的,如三年、五年不等,投资人所持的投资信托凭证还可以转让,这与常见的信用合作关系是不同的。

(三)**信托性**

这种投资方式是以信托形式为中介而建立的当事人间的信托关系。各个不特定的投资人既是委托人,又是受益人,它是一种自益信托。受托人当然是某种结合形式(契约型或公司型)的投资经营管理人。

四、房地产投资信托的类型

根据投资类型不同,房地产投资信托可以分为权益型(Equity)、抵押型

(Mortgage) 和混合型 (Hybrid) 三种。

（一）权益型（equity REITs）

权益型 REITs 直接投资并拥有房地产，其收入主要来源于旗下房地产的经营收入。权益型 REITs 的投资组合视其经营战略的差异有很大不同，但通常主要持有购物中心、公寓、办公楼、仓库等收益型房地产。投资者的收益不仅来源于租金收入，还来源于房地产的增值收益。投资方式主要有两种：一类是直接收购房地产进行经营管理；另一类为投资房地产公司，通过间接方式投资房地产资产，采用该类方式的主要目的在于通过投资企业的方式来适应房地产地域特性强的特点，可以实现多地区经营，同时也能满足房地产投资巨大的资金需求，实现多元化经营，从而达到降低房地产行业的系统风险的目的。

（二）抵押型（mortgage REITs）

主要以金融中介的角色将所募集资金用于发放各种房地产抵押贷款，收入主要来源于发放抵押贷款所收取的手续费和抵押贷款利息，以及通过发放参与型抵押贷款所获抵押房地产的部分租金和增值收益。

（三）混合型（hybrid REITs）

顾名思义，此类 REITs 不仅进行房地产权益投资，还可以从事房地产抵押贷款。早期的房地产投资信托主要为权益型信托，目的在于获得房地产的产权以取得经营收入。最近几年，抵押信托的发展较快，其主要从事较长期限的房地产抵押贷款和购买抵押证券（MBS）。混合型信托则带有权益型信托和抵押型信托的双重特点。

根据性质不同，房地产投资信托基金可以分为契约型和公司型。契约型的基础为契约信托；公司型则是设立股份有限公司，基金的投资者持有公司股份，并获取股利形式的收益。

根据经营期限可以区分为有存续期限及无存续期限两种。有存续期限的房地产投资信托基金在存续期到期后需进行清算。20 世纪 90 年代之前的房地产投资信托基金均规定存续期，需要在预先规定时间进行清算，20 世纪 90 年代后的房地产投资信托基金大多不规定存续期。

此外，由于房地产投资信托基金的构想基于共同基金，所以还可以根据股份是否可以追加发行分为开放型和封闭型房地产投资信托基金。

五、结构模式

（一）传统模式

房地产投资信托（REITs）通过在股票市场发行股票（IPO 或增发）募集资金后，持有和管理房地产资产，投资者通过购买房地产投资信托（REITs）股票间接投资房地产，并可以在股票市场进行交易，获得资本利得和流动性。房地产投资信托（REITs）的收入主要包括出租房地产的租金、投资于其他房地产投资信托（REITs）股票所得的股利、投资于房地产抵押债券和短期债务工具的利息收益。1986 年以前，REITs 的资产管理和运作、房地产投资信托（REITs）房地产租赁服务、向承租人收取租金等活动一般外包给独立的合约方进行。因此，当时的房地产投资信托（REITs）结构如下，房地产投资信托（REITs）直接拥有资产，而不是通过经营性合伙企业拥有资产，通过将房产经营权的转让、出租获得的收入来给予投资者回报（结构如图9-1所示）。

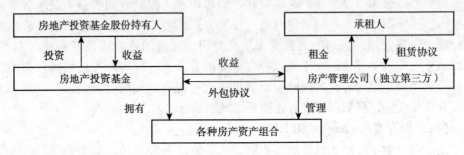

图9-1　传统模式房地产信托投资

（二）合伙结构

现代REITs是有限合伙制，其结构包括两个实体：REITs和经营性合伙企业（operating partnership），双方共同组成有限合伙企业。其中REITs作为普通合伙人，并不直接持有房地产资产，承担无限责任，而由经营型合伙企业来持有资产，房地产业主以物业资产加入经营型合伙企业获得在该合伙企业中的权益单位，成为有限合伙人，承担有限责任。由于合伙企业并非公司，故承担税务责任的主体仍然是合伙人，而并非合伙企业本身，只要合伙企业不对外出售房地产物业，原房地产物业权益转移给REITs持有的行为将不被视为法律实体间的交易行为，规避了交易所得税，从而既降低了交易双方的交易成本，又使原业主从持有单一物业转为持有多项物业。

合伙结构REITs解决了基金发展过程中资金和税收的两大难题，一是REITs增加有限合伙人的数目，扩大了基金的资金来源和规模，达到和满足上市融资关于资产和规模方面的条件，获得了证券市场低成本的资金，满足了扩张所需的大规模资金需求，弥补了成长性不足的缺陷。二是REITs结构以权益交换（股权转让）代替资产买卖后，避免和推迟缴纳交易所得税，规避税负和延迟纳税，实现了节税效应，满足了股东投资人利益最大化的公司目标，吸引了投资者参与（结构如图9-2所示）。

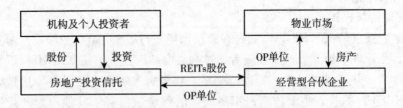

图9-2　合伙模式房地产信托投资

六、优势和缺点

（一）REITs 的优点

首先，房地产投资信托面向广大中小投资者。当代房地产价格的持续上涨，把众多中小投资者拒之于房地产直接投资门外。而房地产投资信托一般股价在 10~30 美元，投资者用 500~1000 美元就可选择多类型房地产投资信托的多种投资组合，分享专业房地产投资的高收益。

其次，房地产投资信托注重长期投资，高收益、低风险。房地产投资信托的投资目标是既获得稳定的当前收入，又得到富有潜力的资本增值，因而被投资界誉为全面收益型（Total Return）投资。各类房地产投资信托的收益率均高于 10 年期国库券收益率。为实现长期投资策略，房地产投资信托大部分是长期存在的，或有效期长达 20 年以上。

再次，房地产投资信托流动性强。房地产投资信托是房地产投资中流动性最强的，一是因为其股票在几乎所有重要的证券交易所上市流通，投资者可通过就近的交易所买到想要投资的任何 REITs 股票，而传统的房地产直接投资则有较强的区域性；二是因为投资者买卖房地产投资信托基金只需几分钟，十分便捷，有利于投资者把握获利机会，减少投资损失。而在传统的房地产投资中时间限制性强，无论买进或卖出房地产都要经过选择机会，寻找对象，洽谈签约，申请抵押贷款等诸多环节，周期长，风险大。

最后，房地产投资信托实现了分散风险和投资组合管理。房地产投资信托为分散风险，进行资产多样化投资管理，由投资经理负责投资组合（Portfolio）管理。房地产投资信托在市场趋势预测、财务分析及竞争性贷款招标等方面都具有专业化的整体优势。

（二）REITs 的缺点

1. 募集资金失败的风险

REITs 的资金募集来自一般社会大众或法人机构，由于投资者的投资意愿会受到市场景气及利率水平等因素的影响，因此募集工作未必能顺利完成。若资金募集失败或宣告解散时，募集者必须负担作业上的费用，投资者也将承担机会成本的损失。

2. 代理关系的风险

由于 REITs 的营运是将所有权与经营权分离，投资者以购买证券方式参与资金需求庞大的房地产投资，并非直接从事于房地产买卖，因此缺乏对房地产自主处分及经营的权利，尤其当 REITs 经营者经营不善或从事关系人交易时而损及所有人利益时，投资者除了撤换经理人外，只能于公开市场抛售其所持受益凭证。然而由于信息的效率性，证券价格将受到经理人行为的影响，使得投资者必须就此部分承担风险。

3. 易受房地产市场与利率市场波动的影响

REITs 的投资组合，大多数从事于房地产投资，因此房地产市场的景气将直接影响 REITs 证券的价格。其次，由于 REITs 的受益凭证一般于次级市场挂牌买卖，证券价格受到证券市场景气好坏影响，所以 REITs 证券价格同时受到此两市场波动的影响。

七、建立和发展我国的 REITs

目前房地产业发展遇到的问题就是房地产贷款在银行贷款比重过高，政府为了控制银行不良贷款额度，连续采取了一系列措施，在此环境下，银行为了降低风险，提高了房地产项目贷款的条件。除了银行贷款外，股市也应该是房地产的主要资金来源，但是，目前我国房地产业从股市直接融资额度很少，这与我国证券市场产品结构不平衡、风险结构不合理有关，在可交易投资产品中，大约只有百分之二十为债券类低风险产品。如何发展新的风险较低的投资品种、完善证券市场的产品结构、满足投资者的需求是我国证券市场发展面临的一个重要问题。

REITs 不仅为房地产业的发展提供了银行外的融资渠道，而且为投资者提供了具有稳定收入、风险较低的股权类投资产品。如何借鉴各国发展 REITs 产品的经验，对开发适合我国证券市场和房地产行业发展需要的投资产品具有重要的现实意义。

（一）法律进一步完善

目前的《信托法》、《信托投资公司资金信托管理暂行办法》、《投资基金管理办法》、《证券法》、《企业债券管理条例》及《公司法》等法律法规，仍然不能满足我国快速发展的房地产行业的要求，尤其是 REITs 这种新兴的投资产品的需要。我国的经济状况决定了我国的税收制度和法律不可能像美国一样给予房地产投资信托双重税收的优惠政策。房地产与其他资产管理和投资相比具有独特性，因此，对房地产投资信托不能完全套用信托"一法两规"，否则，将束缚房地产投资信托的发展。尽快出台《房地产投资信托基金管理办法》是发展房地产投资信托的迫切需要。

（二）加强监督机制和行业自律机制

监管主要从三个方面着手：对信托机构的监管，应由以前的以市场准入为核心的监管转变为以机制为核心的监管，把内控制度和治理结构的健全作为监管的重点；对信托人员的监管，要加强对从业人员的资格管理和高级管理人员的资格管理，对其进行信托业务资格考试和任职资格审查，信托投资公司对拟离任的高级管理人员应进行离任审计；对业务的监管，主要是按照设定的指标对信托业务的合规性和风险进行监管。

（三）完善人才培养和信息公开化制度

加强 REITs 的人才培养，发展 REITs 需要尽快建立起一支既精通业务，又了解房地产市场和熟悉业务运作的专门管理人才队伍，与此同时也应积极促进开展 REITs 业务所必不可少的律师、会计师、审计师、资产评估师等服务性人才的队伍建设。从国际 REITs 发展来看，信息越公开，基金市场越发达。因此，要尽可能使各类房地产信息、国家政策信息、金融证券信息及时、准确地传递给信息需求者，促使大家在信息公开的情况下，有效的从事 REITs 的运行。

（四）推行信托基金经理的资格考试认证制度

房地产投资信托基金属于产业投资领域内的直接投资业务，对信托公司和房地产投资信托基金经理提出了更高的素质要求，信托公司需要推行信托基金经理的资格考试认证制度，加快人才建设，特别是培养出既通晓金融规律，又擅长于房地产等实业运作的高素质专业人才队伍，提高信托公司在房地产领域的运作水平，形成市场核心竞争力。信托公司应当在理论上高度重视，在实践中积极探索，并结合自身特点，在房地产投资信托的市场上主动积累资源，形成运作优势，将房地产投资信托基金这一尚待争取的发展机遇，最终使其变为信托公司和信托行业的特色业务、主营业务和核心业务。

（五）完善信托税收制度

在英、美等国，与信托有关的税收主要有 5 种：资本利得税、所得税、印花税、遗产税、公司所得税。我国现行涉及房地产信托的税种主要包括：契税、印花税、房产税、增值税、营业税及附加、公司所得税、个人所得税。但目前在我国，对投资者的所得税征收无明确规定。

信托是不完全转移的财产管理制度，国外信托在设立时，需要将信托财产转移给受托人，信托完成以后，信托财产将交付给受益人。如果按照我国现行的税收政策，在信托活动中，信托设立、运用、转移、清算等诸多环节，都将产生纳税行为导致纳税义务，必然存在重复纳税，而显失公平。譬如对自益信托的受益人征收税金。将房地产投资信托基金作为金融工具，涉及大多数投资人的利益，需要像证券市场一样，建立公开信息披露制度，杜绝内幕交易和关联交易，维护公开、公正和公平的市场秩序，保护投资人利益。目前，信托信息披露采取向特定对象强制性披露，除信托公司财务信息（资产负债表等）和经营情况以外，其余信息均不公开披露。对信托财产管理、运作的状况以及风险向委托人和受益人揭示，建立公开信息制度，便于投资人获得产品信息，形成稳定的投资信息来源渠道，便于投资决策；也有利于基金产品的营销；通过公开信息披露，使信托公司接受公众的社会监督，规范行为，不断提高管理业绩，获得投资人的信任。

复习思考题

1. 信托的三要素是什么？
2. 房地产信托的作用是什么？
3. 房地产信托与房地产投资信托的区别和联系是什么？
4. 房地产投资信托的类型有哪些？
5. 如何发展我国的房地产信托？

第十章

房地产税收

房地产业在我国经济发展中起着举足轻重的作用,它为人民的安居乐业以及国家的繁荣昌盛贡献了巨大的力量,尤其是房地产的税收,为国家的财政收入提供了良好的税源。

第一节 房地产税收概述

一、房地产税收

(一) 税收的概念

房地产税收,是指国家税收管理机关或其委托机关依据法律、法规的规定无偿、强制地向房地产纳税义务人征收的税赋。房地产税收不是一个独立税种,而是房地产业务中所涉及的诸多相关税种的总称。

房地产税收与房地产收费不同。房地产收费是指依据法律、法规、规定和政策,由有关行政机关、事业单位等向房地产开发企业、房地产交易各方、房地产产权人等收取的各种管理性、服务性、补偿性费用。

(二) 房地产税收与房地产收费的区别

1. 主体不同

房地产税收只能由国家税务机关征收,有时由国家税务机关委托的行政管理机关征收。而房地产收费是由有关行政机关、事业单位等收缴。

2. 依据不同

征收房地产税赋,一般都根据国家有关部门制定的税收法律而实施;而房地产收费可以根据国家的法律、政策、地方性法规而实施，还可以根据收缴主体的自行规定而实施。因此，前者效力较高，后者效力较低。

3. 目的不同

房地产税收作为经济杠杆，可以调节社会关系，促进土地资源的合理配置和房地产有效利用，同时也是为了增加财政收入。而房地产收费是为了补充行政机关、事业单位的经费来源，因此所收费用一般由其自收自支，用于从事与其职能或业务相关的房地产管理或服务活动。

二、房地产税收的特征

税收是税法所确定的具体内容。其实质是国家为了行使其职能，取得财政收入的一种形式。房地产税收具有强制性、无偿性和固定性。

（一）强制性

强制性是指国家以社会管理者的身份，用法律、法规等形式对征收捐税加以规定，并依照法律强制征收。房地产税收相关纳税义务人须依法纳税，否则将受到国家法律的制裁。

（二）无偿性

无偿性是指国家在征收税款后，税款即成为财政收入，不再归还纳税人，也不支付任何报酬，它不同于市场经济下的等价交换。

（三）固定性

固定性是指在征税之前，以法律、法规的形式预先规定了课税对象、课税额度和课税方法等。

三、房地产税收体系

现行税制中，房地产税收按照征税环节的不同可以划分为四类：即房地产开发环节征收的税收、房地产保有环节征收的税收、房地产转让环节征收的税收、房地产出租环节征收的税收。按征税对象性质不同可以划分为四类：即商品流转税、财产税、所得税和行为税（资源税因我国现行的征税范围仅包括矿产品和盐两大类资源，故房地产经营中不涉及此类税种）。

（一）商品流转税

商品流转税是指以商品流转额和非商品流转额作为课税对象的税种。房地产经营中涉及此类的税种主要有营业税、城市维护建设税等。

（二）财产税

财产税是指以各种财产为课税对象的税种。房地产经营中涉及此类的税种主要有房产税、契税。

（三）所得税

所得税是指以企业利润和个人收入作为课税对象的税种。房地产经营中涉及此类的税种主要有个人所得税、企业所得税、外商投资企业和外国企业所得税。

（四）行为税

行为税是指以纳税人各种特定的行为作为课税对象的税种。房地产经营中涉及此类的税种主要有耕地占用税、城镇土地使用税、土地增值税、印花税、固定资产投资方向调节税等。

第二节 房地产税收

在房地产经营活动中主要涉及的税种包括营业税、城市维护建设税、土地增值税、契税、印花税、房产税、所得税等。

一、营业税

营业税是以在我国境内提供应税劳务、转让无形资产或销售不动产所取得的营业额为征税对象而征收的一种流转税。

（一）纳税义务人

根据1993年11月26日国务院颁布的《中华人民共和国营业税暂行条例》，凡在我国境内提供应税劳务、转让无形资产或者销售不动产的单位和个人，均为营业税的纳税义务人。

"我国境内"指实际税收的行政管理区域。

"提供应税劳务、转让无形资产或销售不动产"指的是有偿的活动，即取得货币、货物或其他经济利益。

"单位"指各种类型的企业、行政事业单位、军事单位和社会团体等。

"个人"指个体工商户或有其他经营行为的中国与外国公民。

（二）税目与税率

营业税税目按照行业、类别的不同分别设置。现行营业税共设置了9个税目，且按行业、类别的不同分别采取了不同的比例税率。销售不动产的营业税税率为5%。

销售不动产征收营业税的范围包括销售建筑物或构筑物、销售其他土地附着物。在销售不动产时，连同不动产所占土地使用权一并转让的行为，比照销售不动产的行为征收营业税。以不动产投资入股、参与投资方利润分配，共同承担投资风险的行为，不征收营业税。单位和个人自己新建建筑物后销售的行为，视同提供应税劳务。转让不动产有限产权以及将不动产无偿赠与他人的行为，视同销售不动产。

（三）计税依据

营业税的计税依据为营业额。营业额为纳税义务人提供应税劳务、转让无形资产或者销售不动产向对方收取的全部价款和价外费用。价外费用包括向对方收取的手续费、基金、集资费、代收款项、代垫款项以及其他各种性质的价外费用。

凡从事房地产开发经营的单位和个人，销售建筑物及其他土地附着物，以其销售收入额为计税依据。

转让土地使用权的，以其转让收入额为计税依据，按税率5%征收。

凡从事房地产代理、租赁等服务业务的单位和个人，以其服务费为计税依据，按税率5%征收。

物业服务企业代有关部门收取的水、电、煤气等费用，属于服务业中的代理业务，其所收取的手续费收入应当征收营业税。

在销售不动产时，价格明显偏低且无正当理由，由税务机关核定其营业额并作为计税依据。

（四）应纳税额的计算

应纳税额按照营业额和规定的适用税率计算。其公式为：

$$应纳税额 = 营业额 \times 税率$$

应纳税额以人民币计算。纳税人以外汇结算营业额的，应当按外汇市场价格折合成人民币计算。

（五）税收优惠

与房地产业务有关的税收优惠主要有以下三种：

（1）对住房公积金管理中心用住房公积金在指定的委托银行发放个人住房贷款取得的收入，免征营业税。

（2）对按政府规定价格出租的公有住房和廉租住房暂免征营业税；对个人按市场价格出租的居民用房，暂按3%的税率征收营业税。

（3）对个人购买并居住超过一年的普通住宅，销售时免征营业税；个人购买并居住不足一年的普通住宅，销售时营业税按销售价减去购入原价后的余额计征营业税；个人自建住房，销售时免征营业税。对企业、行政事业单位按房改成本价、标准价出售住房的收入，暂免征营业税。

为促进房地产市场健康发展，遏制投机炒作行为，国家对个人转让房地产营业税政策作出调整。自2005年6月1日起，对个人购买住房不足两年转手交易的，销售时按其取得售房收入金额征收营业税；个人购买普通住房超过两年（含两年）转手交易的，销售时免征营业税；对个人购买非普通住房超过两年（含两年）转手交易的，销售时按其售房收入减去购买房屋的价款后的差额征收营业税。2009年12月国务院常务会议决定：个人住房转让营业税征免时限由2年延长至5年，但部分省市并未彻底贯彻，因此，2011年1月国务院常务会议强调决定：个人转让不满5年的住房按销售总额征收营业税，个人将购买超过5年（含5年）非普通住房对外销售的，按照其销售收入减去其购买住房的价款后的差额征收营业税，将购买超过5年（含5年）的普通住房对外销售的，免征营业税。

（六）纳税义务发生时间及纳税期限

营业税的纳税义务发生时间为纳税人收讫营业收入款项或者取得索取营业收入款项凭据的当天。对一些具体项目规定如下：

（1）转让土地使用权或者销售不动产，采用预收款方式的，其纳税义务发生时间为收到预收款的当天。

（2）单位或者个人自己新建建筑物后出售，其自建行为的纳税义务发生时间为其销售自建建筑物并收讫营业额或者取得索取营业额凭据的当天。

（3）将不动产无偿赠与他人，其纳税义务发生时间为不动产所有权转移的当天。

营业税的纳税期限，分为5日、10日、15日或者一个月。纳税人的具体纳税期限，由主管税务机关根据纳税人应纳税额的大小分别核定；不能按照固定期限纳税的，可以按次纳税。

二、城市维护建设税

城市维护建设税是指国家对缴纳消费税、增值税、营业税的单位和个人征收的一种税。它属于特定目的税，是国家为加强城市的维护建设、扩大和稳定城市建设资金的来源而采取的一项税收措施。它本身无特定的征税对象，而以消费税、增值税、营业税税额为计税依据，随此"三税"附征，因此属于一种附加税。

（一）纳税义务人

城市维护建设税纳税义务人是指缴纳消费税、增值税、营业税的单位和个人，包括国有企业、集体企业、股份制企业、其他企业和行政事业单位、军事单位、社团、其他单位以及个体工商户及其他个人，但对外商投资企业和外国企业不征收城市维护建设税。

（二）税率

城市维护建设税税率是指纳税人应缴纳的城市维护建设税税额与纳税人实际缴纳的消费税、增值税、营业税税额之间的比率。

城市维护建设税实行地区差别比例税率，其纳税税率视纳税人所在地点不同而异，设置了三档差别比例税率。具体为：纳税人所在地在市区的，税率为7%；纳税人所在地在县城、镇的，税率为5%；纳税人所在地不在市区、县城或镇的，税率为1%。

（三）计税依据

城市维护建设税的计税依据为纳税人实际缴纳的消费税、增值税、营业税税额。如果对纳税人免征或减征消费税、增值税、营业税，也要同时免征或减征城市维护建设税。

纳税人违反消费税、增值税、营业税税法而加收的滞纳金和罚款，是税务机关对纳税人违法行为的经济制裁，不作为城市维护建设税的计税依据，但纳税人被查补消费税、增值税、营业税和被处以罚款时，应同时对其偷漏的城市维护建设税进行补税和罚款。

（四）应纳税额的计算

城市维护建设税纳税人的应纳税额大小是由纳税人实际缴纳的消费税、增值税、营业税税额决定的。其公式为：

应纳税额 =（实际缴纳的消费税 + 增值税 + 营业税税额）×适用税率

（五）纳税申报及缴纳

1. 纳税环节

纳税环节是指城市维护建设税税法规定的纳税人应当缴纳城市维护建设税的

阶段，实际就是纳税人缴纳消费税、增值税、营业税的环节。纳税人只要发生消费税、增值税、营业税的纳税义务，就要在同样的环节，分别计算缴纳城市维护建设税。

2. 纳税地点和纳税期限

城市维护建设税以消费税、增值税、营业税为依据，且与其同时缴纳，所以缴纳消费税、增值税、营业税的地点，就是缴纳城市维护建设税的地点（特殊情况除外）。

城市维护建设税的纳税期限与消费税、增值税、营业税的纳税期限也是一致的。消费税、增值税的纳税期限分别为 1 日、3 日、5 日、10 日、15 日或者一个月，营业税的纳税期限分别为 5 日、10 日、15 日或者一个月。城市维护建设税的具体纳税期限，由主管税务机关根据纳税人应纳税额的大小分别核定，不能按照固定期限纳税的，可以按次纳税。

3. 税收减免

城市维护建设税原则上不能减免，但因城市维护建设税具有附加税性质，当主税发生减免时，城市维护建设税相应发生税收减免。

三、土地增值税

根据 1993 年 12 月 13 日国务院发布的《中华人民共和国土地增值税暂行条例》和 1995 年 1 月 27 日财政部公布的《土地增值税暂行条例实施细则》，土地增值税是对转让国有土地使用权，地上的建筑物及其附着物并取得收入的单位和个人就其转让房地产所取得的增值额征收的一种税。其目的主要是抑制土地投机，防止国有土地资源的流失。

（一）纳税义务人

土地增值税的纳税义务人为转让国有土地使用权、地上建筑物及其附着物并取得收入的单位和个人。《中华人民共和国土地增值税暂行条例》对纳税人的规定有四个特点：

（1）不论法人与自然人，只要有偿转让房地产都是土地增值税的纳税人；

（2）不论经济性质，只要有偿转让房地产都是土地增值税的纳税人；

（3）不论内资与外资企业，只要有偿转让房地产都是土地增值税的纳税人；

（4）不论部门和行业，只要有偿转让房地产都是土地增值税的纳税人。

（二）征税范围

1. 征税范围

（1）转让国有土地使用权；

（2）地上建筑物及其附着物连同国有土地使用权一并转让。

地上建筑物指土地上的一切建筑物，包括地上地下的各种附属设施；附着物指附于土地上不能移动或一经移动即受破坏的物品。

2. 征税范围界定

征税范围按下列标准界定：

（1）转让的土地是否为国家所有是判定标准之一。在我国城市土地国家所有，农村土地集体所有。国家为了公共利益，可依法对集体所有土地进行征用，征用后即属于国家所有。属于国家所有的土地，在转让使用权时，属于土地增值税的征税范围。

农村集体所有的土地，是不得自行转让的。只有在征用变为国家所有后，才能进行转让，并纳入土地增值税的征税范围。

（2）土地使用权、地上建筑物及其附着物的产权是否发生转让是判定标准之二。土地增值税的征税范围不包括国有土地使用权出让所取得的收入。土地使用权出让行为属于政府垄断的土地一级市场，出让方是国家。其目的是实行国有土地的有偿使用制度，合理开发、利用、经营土地。因此土地使用权出让不属于土地增值税的征税范围。而国有土地使用权转让行为属于土地的二级市场，属于土地增值税的征税范围。

土地增值税的征税范围不包括未转让土地使用权、房产产权的行为。是否发生房地产权属的变更，是确定是否纳入土地增值税的征税范围的一个标准。凡土地使用权、房产产权未转让的，不征收土地增值税。

（3）是否取得收入是判定是否属于土地增值税征税范围的标准之三。土地增值税的征税范围不包括房地产的权属虽转让，但未取得收入的行为，如继承。只要转让房地产的权属并取得收入，均属于土地增值税的征税范围。

（三）应税收入的认定

根据《中华人民共和国土地增值税暂行条例》和《土地增值税暂行条例实施细则》的规定，纳税人转让房地产取得应税收入应包括转让房地产的全部价款及有关经济利益，包括以下几种形式：

（1）货币收入：一般比较容易确定（转让土地使用权、房屋所有权取得的价款）；

（2）实物收入：其价值不太容易确定，一般要对其进行估价；

（3）其他收入：因转让房地产而取得的无形资产或具有财产价值的权利，该类收入较少见，其价值需要专门评估。

（四）确定增值额的扣除项目

计算土地增值税，并不是直接对转让房地产取得的收入征税，而是要对收入额减除国家规定的各项扣除项目金额的余额（增值额）征税。因此，首先必须确定扣除项目，其主要包括：

1. 取得土地使用权所支付的金额

取得土地使用权所支付的金额包括：

（1）纳税人为取得土地使用权所支付的地价款。以出让方式取得的土地使用权，地价款为所支付的土地出让金；如以划拨方式取得的土地使用权，地价款为按国家有关规定补交的土地出让金；如以转让方式取得的土地使用权，地价款为向原土地使用人实际支付的地价款。

（2）纳税人在取得土地使用权时，按国家统一规定交纳的有关费用。有关费用指取得土地使用权过程中办理有关手续，按国家统一规定缴纳的有关登记、过户手续费。

对取得土地使用权时未支付地价款或不能提供已支付地价款凭据的，则不允许扣除。

2. 房地产开发成本

房地产开发成本指纳税人在开发中实际发生的成本，包括土地征用及拆迁补偿费、前期工程费、建筑安装工程费、基础设施费、公共配套设施费、开发间接费等。

3. 房地产开发费用

房地产开发费用是指与房地产开发项目有关的销售费用、管理费用和财务费用。这些费用根据现行的会计制度按期间费用处理，直接计入当期损益，不按成本核算对象进行分摊。因此，房地产开发费用不按纳税人实际发生的费用扣除，而应按《土地增值税暂行条例实施细则》的标准进行扣除。

纳税人能够按转让房地产项目计算分摊利息支出，并能提供金融机构贷款证明的，其允许扣除房地产开发费用为：利息加上取得土地使用权的金额与房地产开发成本之和的百分之五以内。利息最高不能超过按商业银行同类同期贷款利率计算的金额。

纳税人不能按转让房地产项目计算分摊利息支出或不能提供金融机构贷款证明的，其允许扣除房地产开发费用为：取得土地使用权的金额与房地产开发成本之和的百分之十以内。

此外，对扣除项目中利息支出的计算问题还专门作了规定：一是利息上浮幅度按国家有关规定执行，超过规定部分不允许扣除，二是对于超过贷款期限的利息和加罚利息不允许扣除。

4. 旧房及建筑物的评估价格

旧房及建筑物的评估价格是指在转让已使用的旧房及建筑物时，由评估机构评定的重置成本价乘以成新折扣率后的价格。评估价格须经当地税务机关确认。

5. 与转让房地产有关的税金

与转让房地产有关的税金是指在转让房地产时缴纳的营业税、城市维护建设税、印花税。因转让房地产而缴纳的教育费附加也可视同税金予以扣除。这里需要注意的是房地产开发企业在转让房地产时缴纳的印花税因列入管理费用中，故不允许扣除，其他纳税人缴纳的印花税允许扣除。

6. 其他扣除项目

对从事房地产开发的纳税人，可按《土地增值税暂行条例实施细则》的规定项目之和的20%扣除。这只是用于从事房地产开发的纳税人，其目的是为了抑制投机，保护正常开发者的积极性。

（五）增值额

增值额为纳税人转让房地产所取得收入减除规定的扣除项目金额后的余额。增值额是土地增值税的本质。准确的计算增值额，还需有准确的房地产转让收入和扣除项目金额。

纳税人有下列情况之一的,按房地产评估价格征收:隐瞒、虚报房地产成交价格的;提供扣除项目金额不实的;转让价格低于评估价格又无正当理由的。

(六)税率

土地增值税实行四级超额累进税率。内容如下:

(1) 增值额未超过扣除项目金额50%的部分,税率为30%;

(2) 增值额超过扣除项目金额50%,但未超过扣除项目金额100%的部分,税率为40%;

(3) 增值额超过扣除项目金额100%,但未超过扣除项目金额200%的部分,税率为50%;

(4) 增值额超过扣除项目金额200%的部分,税率为60%。

(七)应纳税额的计算

按纳税人转让房地产所取得的增值额和规定的税率计算征收的。公式为:

$$应纳税额 = \sum (每级距的土地增值额 \times 适用税率)$$

在实际中,分步计算比较繁琐,一般可采用速算扣除法进行计算。具体公式为:

1. 增值额未超过扣除项目金额50%

$$应纳税额 = 增值额 \times 30\%$$

2. 增值额超过扣除项目金额50%,但未超过扣除项目金额100%

$$应纳税额 = 增值额 \times 40\% - 扣除项目金额 \times 5\%$$

3. 增值额超过扣除项目金额100%,但未超过扣除项目金额200%

$$应纳税额 = 增值额 \times 50\% - 扣除项目金额 \times 15\%$$

4. 增值额超过扣除项目金额200%

$$应纳税额 = 增值额 \times 60\% - 扣除项目金额 \times 35\%$$

以上公式中5%、15%、35%分别为速算扣除系数。

(八)税收优惠

1. 对建造普通标准住宅的税收优惠

纳税人建造普通标准住宅出售,增值额未超过扣除项目金额20%的,免征土地增值税。超过扣除项目金额20%的,应就全部增值额按规定计税。如果纳税人既建造普通标准住宅又开发其他项目,应分别核算增值额,不分别核算或不能准确核算增值额的,不能适用这一免税规定。

2. 对国家征用收回的房地产的税收优惠

因国家需要依法征用、收回的房地产,免征土地增值税。

3. 对个人转让房地产的税收优惠

个人转让原自用住房,经向税务机关申报核准,凡居住满五年或五年以上的,免予征收土地增值税;居住满三年未满五年的,减半征收土地增值税;居住未满三年的,按规定计征土地增值税。

4. 对1994年1月1日前签发及转让合同的房地产的税收优惠

(1) 1994年1月1日前签订的房地产转让合同,不论转让在何时,均免征土地增值税;

（2）1994年1月1日前签订的房地产开发合同或已立项，并按规定投入资金的开发项目，在1994年1月1日以后的五年内首次转让房地产，免征土地增值税；大片、周转周期长的房地产项目，在五年免税期后首次转让的，经批准，可适当延长免税期限。

（九）纳税申报及缴纳

1. 纳税申报

应在转让房地产合同签订后的7日内，到房地产所在地的主管税务机关办理纳税申报及向税务机关提供房屋产权、土地使用权证书、土地转让、房屋买卖合同、房地产评估报告及其他相关材料，对难以在转让后申报的且经常发生转让，可经税务机关同意，定期进行纳税申报。

2. 纳税地点

纳税人应向房地产所在地的税务机关办理申报，并在税务机关核定的期限内纳税。在实际工作中，纳税地点分为：

纳税人是法人。如转让房地产的地点与其经营的地点一致，则在办理税务登记的税务机关申报纳税。如不一致，则在房地产坐落地所辖税务机关申报纳税。

纳税人是自然人。如转让房地产的地点与其住所所在地一致，则在住所所在地的税务机关申报纳税。如不一致，则在办理过户手续所在地的税务机关申报纳税。

四、契税

《中华人民共和国契税暂行条例》自1997年10月1日起施行。

（一）征税对象和纳税义务人

1. 征税对象

契税的征税对象是境内转移土地、房屋权属。具体包括以下五项内容：

（1）国有土地使用权出让。国有土地使用权出让，是指土地使用者向国家交付土地使用权出让费用，国家将国有土地使用权在一定年限内让予土地使用者的行为。

（2）土地使用权转让。土地使用权转让，是指土地使用者以出售、赠与、交换或者其他方式将土地使用权转移给其他单位和个人的行为。

（3）房屋买卖。房屋买卖，是指房屋所有者将其房屋出售，由承受者交付货币、实物、无形资产或者其他经济利益的行为。

（4）房屋赠与。房屋赠与，是指房屋所有者将其房屋无偿转让给受赠者的行为。

（5）房屋交换。房屋交换，是指房屋所有者之间相互交换房屋的行为。

随着经济的发展，有些特殊方式转移土地、房屋权属的，也将视同土地使用权转让、房屋买卖或房屋赠与。一是以土地、房屋权属作价投资、入股；二是以土地、房屋权属抵债；三是以获奖方式承受土地、房屋权属；四是以预购方式或者预付集资建房款方式承受土地、房屋权属。

2. 纳税义务人

契税的纳税义务人是在中华人民共和国境内转移土地、房屋权属的承受单位和个人。境内是指中华人民共和国实际税收管辖范围内。土地、房屋权属是指土地使用权、房屋所有权。单位是指企业单位、事业单位、国家机关、军事单位和社会团体以及其他组织。个人是指个体经营者及其他个人。

(二) 税率

契税实行 3%~5% 的幅度税率。实行该税率是考虑到我国经济发展不平衡，各地经济差异较大的实际情况。各省、自治区、直辖市人民政府可以在 3%~5% 的幅度税率规定范围内，按照本地区的实际情况决定。

(三) 计税依据

契税的计税依据为不动产的价格。具体计税依据视不同情况而定。

(1) 国有土地使用权出让、转让、房屋买卖以成交价格为计税依据。

(2) 土地使用权赠与、房屋赠与，由征收机关参照土地使用权出售、房屋买卖的市场价格核定。

(3) 土地使用权交换、房屋交换，为所交换价格的差额。当交换价格相等时，免征契税；不等时，由多交付的一方交纳。

(4) 以划拨方式取得土地使用权，在转让房地产时，由转让者补交契税。计税依据为补交的土地使用权出让费或土地收益。

成交价格明显低于市场价格且无正当理由的，或交换土地使用权、房屋价格差额明显不合理且无正当理由的，征收机关可以参照市场价格核定计税依据。

(四) 应纳税额的计算

契税采用比例税率，当计税依据确定后，计算就比较简单了。公式如下：

$$应纳税额 = 计税依据 \times 税率$$

(五) 税收优惠

(1) 国家机关、事业单位、社会团体、军事单位承受土地、房屋用于办公、教学、医疗、科研和军事设施的，免征契税；

(2) 城镇职工按规定第一次购买公有住房的，免征契税；

(3) 因不可抗力灭失住房而重新购买住房的，酌情准予减征或者免征契税；

(4) 土地、房屋被县级以上人民政府征用、占用后，重新承受土地、房屋权属的，是否减征或者免征契税，由省、自治区、直辖市人民政府确定；

(5) 纳税人承受荒山、荒沟、荒丘、荒滩土地使用权，用于农、林、牧、渔业生产的，免征契税。

以上经批准减免契税的纳税人改变土地、房屋用途，不在减免契税之列，应当补缴减免的税款。其纳税义务发生时间为改变有关土地、房屋用途的当天。

纳税人符合减征或者免征契税规定的，应当在签订土地、房屋权属转移合同后 10 日内，向土地、房屋所在地的契税征收机关办理减征或者免征契税手续。

(六) 纳税申报和缴纳

纳税人在签订土地、房屋权属转移合同的当天，或者取得其他具有土地、房屋权属转移合同性质凭证的当天,为纳税义务发生的时间。

纳税人应当自纳税义务发生之日起 10 日内,向土地、房屋所在地的契税征收机关办理纳税申报,并在契税征收机关核定的期限内缴纳税款。纳税人办理纳税事宜后,契税征收机关应当向纳税人开具契税完税凭证。

纳税人出具契税完税凭证,土地管理部门、房产管理部门才能办理有关土地、房屋的权属变更登记手续。

五、印花税

《中华人民共和国印花税暂行条例》于 1988 年 10 月 1 日起施行。它是对经济活动和经济交往中书立、使用、领受具有法律效力的凭证的单位和个人征收的一种税。是一种具有行为税性质的凭证税,凡发生书立、使用、领受应税凭证的行为,就必须按照印花税法的规定履行纳税义务。

印花税具有覆盖面广、税率低、税赋轻、纳税人自行完税的特点。覆盖面广是指凡税法列举的合同或具有合同性质的凭证、产权转移书据、营业账簿以及权利、许可证照等都必须依法纳税。税率低、税赋轻是指印花税最高税率为 1‰,最低税率为 0.5‰,按定额税率征收的,每件 5 元。纳税人自行完税是指印花税实行"三自"的纳税办法,即纳税人书立、使用、领受应税凭证,发生纳税义务的同时先根据凭证所载计税金额和应适用的税目税率,自行计算应纳税额,再由纳税人自行购买印花税票,并一次足额粘贴于应税凭证上,最后由纳税人对已粘贴的印花税票进行注销和画销,至此纳税人的纳税义务履行完毕。

(一) 纳税义务人

纳税义务人是指在中国境内书立、使用、领受印花税税法列举的凭证并依法履行纳税义务的单位和个人。这里所讲的单位和个人是指国内各类企业、事业、机关、团体、部队以及中外合资企业、合作企业、外资企业、外国公司和其他经济组织及其在华机构等单位和个人。这些单位和个人,按照书立、使用、领受应税凭证的不同,可分为如下五种:

1. 立合同人

是指合同当事人,不包括合同担保人、证人、鉴定人。合同当事人的代理人有代理纳税的义务,他与纳税人负有同等的税收法律义务和责任。

2. 立据人

产权转移书据的纳税人是立据人。

3. 立账簿人

是设立并使用营业账簿的单位和个人。

4. 领受人

权利、许可证照的纳税人是领受人,是领取或接受并持有该项凭证的单位和个人。

5. 使用人

在国外书立、领受,但在国内使用的应税凭证,其纳税人是使用人。

需要注意的是对应税凭证,凡由两方或两方以上当事人共同书立的,其当事人各方都是印花税的纳税人。

（二）税目、税率

1. 税目

税目即应纳税的项目。一般来讲列入税目的就应征税。印花税共有13个税目,其中与房地产有关的有：购销合同、建设工程勘察设计合同、建筑安装工程承包合同、借款合同、财产保险合同、产权转移书据、营业账簿、权利、许可证照共9种。

2. 税率

印花税的税率设计遵循税负从轻、共同负担的原则,所以税率比较低,其税率有两种,比例税率和定额税率。

比例税率。共分四个档次,分别为0.5‰、3‰、5‰、1‰,除权利、许可证照、营业账簿之外的各项税目,适用比例税率。

定额税率。权利、许可证照和营业账簿中的其他账簿,适用定额税率,均为按件贴花,税额为5元。

印花税的税票为有价证券,其票面金额以人民币为单位,分别为1角、2角、5角、1元、2元、5元、10元、50元、100元共九种。

（三）应纳税额的计算

应纳税额的计算,根据应纳税额的性质,分别按比例税率或定额税率计算。公式如下：

应纳税额 = 应税凭证计税金额（或应税凭证件数）× 适用税率

公式中的计税金额按税目的不同有一定差别,实际上就是印花税的计税依据。具体来说就是：

（1）购销合同的计税依据为购销金额；

（2）建设工程勘察设计合同的计税依据为收取的费用；

（3）建筑安装工程承包合同的计税依据为承包金额；

（4）借款合同的计税依据为借款金额；

（5）财产保险合同的计税依据为保险费收入；

（6）产权转移书据的计税依据为所载金额；

（7）营业账簿税目中记载金额的账簿计税依据为"实收资本"与"资本公积"两项合计金额,其他账簿的计税依据为应税凭证件数；

（8）权利、许可证照的计税依据为应税凭证件数。

（四）税收优惠

印花税中与房地产业相关的税收优惠主要有：

（1）对已缴印花税凭证的副本或者抄本免税,但是同正本使用的,则应另行贴花；

（2）对财产所有人将财产赠给政府、社会福利单位、学校所立的书据免税；

（3）对无息、贴息贷款合同免税；

(4) 对房地产管理部门与个人签订的用于生活居住的租赁合同免税。

（五）纳税办法

根据印花税税额大小、贴花次数以及税收征收管理的需要，分别采用以下三种纳税办法。

1. 自行贴花办法

一般适用于应税凭证较少或贴花次数较少的纳税人，其应根据纳税凭证的性质和适用的税目税率，自行计算应纳税额，自行购买印花税票，自行一次贴足印花税票并加以注销或画销，纳税义务才算履行完毕。

对已贴花的凭证，修改后所载金额增加的，其增加部分应当补贴印花税票。凡多贴印花税票者，不得申请退税或者抵用。

2. 汇贴或汇缴办法

一般适用于应税额较大或贴花次数频繁的纳税人。

一份凭证应纳税额超过500元的，应向当地税务机关申请填写缴款书或完税证，将其中一联粘贴在凭证上或由税务机关在凭证上加注完税标记代替贴花，即汇贴办法。

同一种类应纳税凭证须频繁贴花的，应向当地税务机关申请按期汇总缴纳印花税，获准汇总纳税的纳税人，应持有税务机关发给的汇缴许可证，汇缴期限最长不超过一个月。

3. 委托代征办法

主要是通过税务机关的委托，经由发放或者办理应纳税凭证的单位代为征收印花税税款。税务机关应与代征单位签订代征委托书。发放或者办理应纳税凭证的单位是指发放权利、许可证照的单位和办理凭证的签证、公证及其他有关事项的单位。如工商行政管理机关核发各类营业执照和商标注册证的同时，负责代售印花税票，征收印花税税款，并监督领受单位或个人贴花。税务机关委托工商行政管理机关代售印花税票，按代售金额5%的比例支付代售手续费。

六、房产税

房产税是以房屋为征税对象，以房产的价值和租金收入为计税依据，向房产的所有人或经营管理人征收的一种财产税。

根据国务院1986年9月15日发布的《中华人民共和国房产税暂行条例》规定，在城市、县城、建制镇、工矿区内的房屋产权所有人，应依法交纳房产税。

房产税以产权所有人为纳税人。对于产权为全民所有制的，房产税由其经营管理的单位缴纳；对于产权出典的，由承典人缴纳；对于产权所有人、承典人不在房产所在地的，或产权未确定、租典纠纷未解决的，由房产代管人或使用人缴纳。

房产税按房产余值缴纳的，税率为1.2%（房产余值依照房产原值一次减除10%~30%计算）；按房产租金收入缴纳的，税率为12%。其计算式为：

$$应纳税额 = 房产余值或租金收入 \times 适用税率$$

其中，房产余值＝房产原值×［1－（10%～30%）］
没有房产原值作为依据的，由房产所在地税务机关参考同类房产核定。
房产税按年征收、分期缴纳。

七、所得税

2007年3月16日第十届全国人民代表大会第五次会议通过了《中华人民共和国企业所得税法》，并于2008年1月1日起施行（1991年4月9日第七届全国人民代表大会第四次会议通过的《中华人民共和国外商投资企业和外国企业所得税法》和1993年12月13日国务院发布的《中华人民共和国企业所得税暂行条例》同时废止）。

企业所得税是对企业生产经营所得与其他所得征收的一种税。

（一）纳税义务人

在中华人民共和国境内，企业和其他取得收入的组织（以下统称企业）为企业所得税的纳税人（个人独资企业、合伙企业不作为企业所得税的纳税人）。

企业分为居民企业和非居民企业。

居民企业是指依法在中国境内成立，或者依照外国（地区）法律成立但实际管理机构在中国境内的企业。居民企业应当就其来源于中国境内、境外的所得缴纳企业所得税。

非居民企业是指依照外国（地区）法律成立且实际管理机构不在中国境内，但在中国境内设立机构、场所的，或者在中国境内未设立机构、场所，但有来源于中国境内所得的企业。非居民企业在中国境内设立机构、场所的，应当就其所设机构、场所取得的来源于中国境内的所得，以及发生在中国境外但与其所设机构、场所有实际联系的所得，缴纳企业所得税。非居民企业在中国境内未设立机构、场所的，或者虽设立机构、场所但取得的所得与其所设机构、场所没有实际联系的，应当就其来源于中国境内的所得缴纳企业所得税。

（二）税率

企业所得税的税率为25%。

非居民企业在中国境内未设立机构、场所的，或者虽设立机构、场所但取得的所得与其所设机构、场所没有实际联系的，应当就其来源于中国境内的所得按20%的税率缴纳企业所得税。

（三）应纳税所得额

企业每一纳税年度的收入总额，减除不征税收入、免税收入、各项扣除以及允许弥补的以前年度亏损后的余额，为应纳税所得额，以此作为计算企业所得税税额的依据。

收入总额是指企业以货币形式和非货币形式从各种来源取得的收入，包括销售货物收入；提供劳务收入；转让财产收入；股息、红利等权益性投资收益；利息收入；租金收入；特许权使用费收入；接受捐赠收入；其他收入。不征税收入包括财政拨款；依法收取并纳入财政管理的行政事业性收费、政府性基金；国务院规定的其他不征税收入。免税收入包括国债利息收入，符合条件的居民企业之间的股息、红利收入，在中国境内设立机构、场所的非居民企业从居民企业取得与该机构、场所有实际联系的股息、红利收入，符合条件的非营利公益组织的收入等。各项扣除是指企业实际发生的与取得收入有关的、合理的支出，包括成本、费用、税金、损失和其他支出，准予在计算应纳税所得额时扣除。企业纳税年度发生的亏损，准予向以后年度结转，用以后年度的所得弥补，但结转年限最长不得超过五年。

非居民企业在中国境内未设立机构、场所的，或者虽设立机构、场所但取得的所得与其所设机构、场所没有实际联系的，就其来源于中国境内的股息、红利等权益性投资收益和利息、租金、特许权使用费所得，以收入全额为应纳税所得额；来源于中国境内的转让财产所得，以收入全额减除财产净值后的余额为应纳税所得额；其他所得，参照上述的方法计算应纳税所得额。

（四）应纳税额的计算

应纳税额为企业的应纳税所得额乘以适用税率，减除税收优惠的规定减免和抵免的税额后的余额。用公式表达为：

$$应纳税额 = 应纳税所得额 \times 适用税率 - 减免和抵免的税额$$

（五）税收优惠和缴纳

《中华人民共和国企业所得税法》规定的企业所得税的税收优惠方式包括免税、减税、加计扣除、加速折旧、减计收入、税额抵免等。

企业所得税按纳税年度计算（纳税年度自公历1月1日起至12月31日止）。

企业应当自月份或者季度终了之日起十五日内，向税务机关报送预缴企业所得税纳税申报表，预缴税款。

企业应当自年度终了之日起五个月内，向税务机关报送年度企业所得税纳税申报表，并汇算清缴，结清应缴应退税款。

缴纳的企业所得税，以人民币计算。所得以人民币以外的货币计算的，应当折合成人民币计算并缴纳税款。

复习思考题

1. 房地产税收的特征是什么？
2. 简述房地产税收体系的内容？
3. 什么是营业税？其计税依据是什么？销售不动产的营业税税率是多少？
4. 什么是城市维护建设税？其税率和计税依据是什么？
5. 土地增值税的纳税义务人是谁？征税范围是什么？
6. 契税的征税对象是什么？
7. 印花税的纳税义务人是谁？与房地产有关的税目有哪些？

第十一章

物业管理

物业管理是以物为对象，以人为核心，以社会效益、经济效益、环境效益的统一为目标的管理、经营和服务工作，管理模式具有专业化、企业化、社会化、经营型的特点，并将管理和经营寓于服务之中，通过服务体现管理和经营。

因从事物业管理活动的企业微利经营，因此本章在介绍物业管理基本内容的基础上，重点讲述物业管理项目资源的开发与利用，以充分发挥出各种资源的最大价值，为物业管理项目提高经济效益奠定基础。

第一节 物业、物业管理概念及物业管理内容

房地产是社会财富的重要组成部分，同时也是重要的经济资源。随着房地产业的发展而带来的对物业管理业务的需求不断扩大，管理和经营好这部分经济资源是一个不容回避的现实问题。

一、物业与物业管理的含义

（一）物业的含义

"物业"一词是由英语词汇"property"引译而来的，其含义为："财产"、"资产"、"拥有物"、"房地产"等，是一个较为广义的范畴。而现实中我们所称的"物业"是物业的一种狭义范畴，即指各类有价值（经济价值和使用价值）的土地、房屋及其附属市政、公用设施、毗邻场地等。物业有大小之分，小的物业可以特指某一个楼房甚至其中的一个单元，而大的物业可以是对一切在使用中的

房屋建筑物、构筑物、设施或相关场地的涵盖。物业可以是未开发的土地，也可以是整个住宅小区或单体建筑，包括高层与多层住宅楼、综合办公楼、商业大厦、旅游宾馆、工业厂房、仓库等。对物业所包括内容的理解不同，会带来对物业的狭义、广义的理解。

对物业一词无论怎样理解，它应该包括的内容有：已建成并具有使用功能的各类供居住和非居住的房屋；与上述房屋相配套的设备和市政、公用设施；房屋的建筑实体和与之相连的场地、庭院、停车场、区域内的非主干交通道路；一切与房地产有关的、可被人们使用的建筑物、构筑物以及相关场所；与物业有关的文化背景、外在景观、配套服务和与物业有关的各种权利。

物业是物业管理活动的载体，没有物业就没有物业管理。

（二）物业管理的含义

《物业管理条例》（2003年6月8日中华人民共和国国务院令第379号公布，根据2007年8月26日《国务院关于修改〈物业管理条例〉的决定》修订）第二条规定："本条例所称物业管理，是指业主通过选聘物业服务企业，由业主和物业服务企业按照物业服务合同约定，对房屋及配套的设施设备和相关场地进行维修、养护、管理，维护物业管理区域内的环境卫生和相关秩序的活动。"

物业管理的概念包含了以下几层意思：

（1）物业服务企业取得项目的管理权应当通过招投标的方式。《物业管理条例》第二十四条第二款规定："住宅物业的建设单位，应当通过招投标的方式选聘具有相应资质的物业服务企业。"

（2）实施物业管理必须是物业服务企业。物业服务企业是按合法程序建立，从事物业管理活动，自负盈亏、自我约束、自我发展的经济实体，应当具有独立的法人资格。

（3）实施物业管理必须按业主、业主大会和物业服务企业签订的物业服务合同依法进行管理。

（4）物业管理的对象是物业即房屋及配套的设施设备和相关场地，同时要维护好物业管理区域内的环境卫生和相关秩序。

二、物业管理的内容

物业管理融经营、管理于服务之中，其经营方针是"保本微利、服务社会"，不以牟取高额利润为目的。物业管理内容主要包括常规服务、专项服务和特约服务。

（一）常规服务的内容

物业管理常规服务是面向物业管理区域内的全体业主所提供的最基本的公共性管理和服务。服务的目的主要是对业主群体共有财产和公共秩序的管理和维护。常规服务的内容及标准通常要写入物业服务合同之中，其具体内容包括：

1. 房屋公共部位的维护和管理

通常包括各种用途房屋的日常维护保养、定期检查维修、房屋大修中修以及房屋建筑档案资料管理等，它可使房屋建筑处于良好使用状态。

2. 房屋共用设施设备及其运行的维护和管理

主要指对房屋的供水、供电、空调、通信、燃气等设施进行保养、检查和维修以及设施设备档案资料管理等工作，以保证共用设施设备正常运行。

3. 物业管理区域公共秩序的维护和管理

包括物业管理区域内车辆的行驶、停放和交通秩序维护和管理；各类消防、物防、技防器械和设备正确使用、维护和管理；协助公安部门做好物业管理区域内的公共秩序维护和安全防范工作，发生治安案件或者各类灾害事故时，及时向公安和有关部门报告，并积极协助做好调查和救助工作；按照规定路线和时间做好巡查工作和巡查记录等。

4. 物业管理区域清洁卫生管理服务

包括楼内公共区域和楼外公共区域的保洁以及各种垃圾、废物、污水、雨水的处理，公共部位的消毒等，以使生活和工作环境保持良好清洁的卫生状态。

5. 绿化管理服务

包括物业管理区域内的绿化建设、浇灌、修剪、施肥、防治虫害、补苗、防冻和养护，以使物业管理区域内具有良好的生态环境。

6. 物业管理区域综合管理

包括设置服务接待中心，配备管理服务人员（要求持证上岗并严格遵守操作规程及保养规范），受理业主和物业使用人的报修、咨询和投诉并做好回访工作，建立健全物业管理相关的规章制度，装修管理，建立完善的档案管理制度，组织业主满意度测评，向业主委员会提交物业共用部位、共用设施设备运行状况的报告，按规定使用和公布共用部位、共用设施设备专项维修资金，节假日专题布置和组织社区活动等。

（二）特约服务

特约服务是为满足个别业主和非业主使用人的需求并接受其委托而提供的服务。通常在物业服务合同中未作约定，在专项服务中也未设立，而业主、非业主使用人又提出该方面需求的服务，因此在日常管理服务中，物业服务企业在可能的情况下尽量满足其需求并向其提供特约服务。

特约服务的内容一般比较零星，很难形成一定规模，包括房屋代管、房屋租赁经营、室内清洁、家电维修、居室装修、代聘保姆、接送小孩等服务项目。

（三）专项服务

专项服务是物业服务企业面向广大业主、非业主使用人，为满足其中部分业主、非业主使用人一定需要而提供的各项服务工作。其特点是，物业服务企业事先设立服务项目，并将服务内容、质量与收费标准公布于众，当业主、非业主使用人需要这种服务时，可以自行选择。专项服务实质上是专为业主、非业主使用人提供生活、工作的方便而开展的服务，是物业服务企业开展多种经营的主要渠道之一。

第二节　物业管理基本环节及运作

物业管理的运作是由若干环节构成的，在这些环节中又包括具体的不容忽视的工作内容。

一、物业管理招标投标

物业管理招标投标是招标投标双方运用价值规律和市场竞争机制，通过规范有序的招标投标行为确定物业管理权的活动。物业管理招标是指由物业建设单位、业主大会或物业所有权人根据物业管理服务内容，制定符合其管理服务要求和标准的招标文件，由多家物业服务企业或专业管理公司参与竞投，从中选择最符合条件的竞投者，并与之订立物业服务合同的一种交易行为。物业管理招标主体主要有：物业建设单位、业主大会或物业所有权人或管理使用单位。物业管理投标是指符合条件的物业服务企业，根据招标文件中确定的各项管理和服务要求与标准，编制投标文件，参与投标竞争的行为。物业管理投标主体为物业服务企业或专业管理公司。

物业管理招标有公开招标、邀请招标和议标的方式。招标内容包括早期介入和前期物业管理招标以及常规物业管理招标。根据物业管理招标工作需要，招标应设立一个临时机构，由招标领导小组、招标工作小组和评标委员会三个小组组成。每个小组各司其职，各负其责，按照招标原则和程序完成招标文件的编制、发布招标公告或发出招标邀请书、发放招标文件、对投标人进行资质预审、现场勘察、接受投标文件、开标评标和决标、发出中标通知和签订物业服务合同等工作。

参与物业管理投标的投标人应当具有相应的物业服务企业资质和承担招标项目的管理服务能力。按照招标文件的要求在规定时间内接受资格预审、编写和送交投标文件、参加开标和现场答辩、中标后与招标人签订物业服务合同。

二、早期介入和前期物业管理

早期介入是指新建物业竣工之前，建设单位根据项目开发建设的需要所引进的物业管理咨询活动。前期物业管理是指从物业承接查验开始至业主大会选聘物业服务企业为止的物业管理阶段。

早期介入从物业管理运作的角度对物业的环境布局、功能规划、楼宇设计、材料选型、配套设施、管线布置、房屋租赁经营、施工质量、竣工验收等方面提供有益的建设性意见，把好规划设计关、建设配套关、工程质量关和使用功能关，以确保物业的设计和建造质量，为物业的投入使用后的管理创造条件，避免出现管理混乱的局面。

在前期物业管理期间，物业服务企业从事的活动和提供的服务既包括物业正常使用期所需要的常规服务内容，又包括物业共用部位、共用设施设备承接查验、业主入住、装修管理、工程质量保修处理、物业管理项目机构的前期运作以及沟通协调等内容。前期物业管理的许多工作内容是以后常规物业管理的基础。

三、物业管理服务的日常运作

（一）房屋及设施设备管理

房屋及设施设备管理是指对房屋及配套的设施设备的日常运行维护和管理、大中修及更新改造。房屋及设施设备管理关系到物业的正常运行和安全使用。

房屋的基本组成包括结构部分、装修部分和设施设备部分。结构部分主要包括基础、承重构件、非承重墙、屋面、楼地面等；装修部分主要包括门窗、外抹灰、内抹灰、顶棚、细木装修等；设施设备部分主要包括给水排水、卫生、供配电、供暖、煤气、消防、避雷、电梯、电信和智能化系统等。

房屋及设施设备管理的内容主要有使用管理、维修保养、安全管理、技术档案资料管理、采购和零配件管理、工器具和维修设备管理、外包管理、技术支持等环节。在上述各环节中，特别要做好共用设施设备的运行管理，即要制定合理的运行计划、配备合格的运行管理人员、提供良好的工作环境、建立健全必要的规章制度、设施设备的状态管理、节能管理等工作。

（二）物业环境管理

物业环境管理包括物业管理区域内物业共用部位、共用设施和场地的清洁卫生、园林绿化和病虫害防治等管理服务。物业环境管理与业主、非业主使用人的工作生活密切相关，同时也是物业管理服务的直观体现。

清洁卫生管理服务的内容主要有建筑物外公共区域清洁、建筑物内公共区域清洁、垃圾收集与处理、管道疏通服务、外墙清洗、游泳池清洁以及专项清洁等工作。要做好清洁卫生管理服务首先要建立清洁卫生管理制度，其次要有清洁卫生管理服务方法和检查标准。

园林绿化管理服务的内容主要有绿化植物及园林小品等的养护、保洁、更新、修缮等工作。要做好园林绿化管理服务，使其达到改善、美化环境，保持环境生态系统的良性循环的效果，除了要有绿化管理制度和做好日常绿化养护工作外，还要做好绿化翻新改造、花木种植、环境布置等工作。

（三）公共秩序维护管理服务

公共秩序维护管理服务是指在物业管理区域内，物业服务企业协助有关部门所进行的公共安全防范和公共秩序维护等管理服务工作，包括公共安全防范管理服务、消防管理服务和车辆停放管理服务等方面的内容。公共秩序维护管理服务的实施，首先要以国家相关法规为准绳，其次要以物业服务合同的约定为依据，明确各方的责任和义务，不得超越职权范围，不得违规操作。

公共安全防范管理服务的内容包括出入管理，安防系统的使用、维护和管理，施工现场的管理，配合政府开展社区管理等工作。消防管理应着重加强对辖区内业主的消防安全知识宣传教育及消防安全检查，并建立义务消防队伍，完善消防管理制度，加强消防设施设备的完善、维护和保养工作。物业管理区域内交通管理与车辆停放管理服务是体现物业管理服务水平的重要环节，要做好该项工作首先要建立健全车辆管理队伍，其次要做好车辆出入管理和车辆停放管理工作。

（四）档案管理

档案管理是物业管理的一项基础性工作。物业管理档案管理包括物业管理档案内容、分类、收集整理和保管利用等内容。

物业管理档案的内容包括物业权属资料、技术资料、验收文件、业主的权属档案资料、个人资料、物业运行记录资料、物业维修记录、物业服务记录、物业服务企业行政管理以及物业管理服务相关合同资料等。对这些资料应根据企业自身情况和档案管理的要求做好分类和存放工作，同时要做好物业管理档案的收集整理、检索利用以及安全保管等工作。

（五）财务管理

财务管理是有关资金的获得和有效使用的管理工作。物业管理财务管理包括营业收入管理、成本费用管理、利润管理以及专项维修资金使用管理。物业服务企业应结合国家财政部《物业服务企业财务管理规定》财基字［1998］第7号、《国家税务总局关于物业服务企业的代收费用有关营业税问题的通知》国税发［1998］217号和《国家税务总局关于住房专项维修基金免征营业税问题的通知》国税发［2004］69号等文件精神，结合自身特点，制定切合实际的财务管理目标，科学进行财务管理组织设计，有效执行各项财务管理制度，并熟练运用财务管理技巧，确保物业管理活动的正常进行。

（六）风险防范和紧急突发事件的处理

在物业管理服务活动中，面临着各种可能的风险。主要有新（或旧）物业接管验收风险、前期物业管理风险、日常物业管理风险、续签物业服务合同风险等，如果对物业管理风险不加以妥善合理防范，在一定条件下就有可能演化为突发的、影响比较大的紧急突发事件。

为防范可能发生的风险并减少损失，就需对风险进行识别。在此基础上要充分运用法律武器维护自身权益，深入细致调查接管物业的相关情况，严格把好物业服务合同及其他合同关，积极抓好物业管理风险预防工作，制定处置风险的应急预案，适当引入市场化的风险分担机制，加强企业员工的风险意识等措施来有效防范风险。

紧急突发事件的发生难以预料，具有极大的偶然性和随机性。面对紧急突发事件，必须立即采取行动以避免造成灾难和扩大损失。物业服务企业在处理紧急突发事件中通过对处理原则、处理程序和处理策略的正确理解和运用，将有助于处理好紧急突发事件，降低物业管理风险。在物业管理服务过程中通常会面临的紧急突发事件有火灾、气体燃料泄漏、电梯故障、电力故障、浸水漏水、高空坠物、交通意外、刑事案件、灾害天气以及公共卫生事件等。对以上这些紧急突发事件事先要制定出应急预案，同时要做到及时发现、及时报告、及时响应、及时控制和及时处置。

第三节　物业管理项目资源开发与利用

在对物业项目进行管理过程中，有一些资源是不容忽视的。作为物业管理项目经理应了解和认识这些资源，在管理过程中要把这些资源进行合理有效的配置，以发挥出各种资源的最大价值，为物业管理项目服务。

一、物业管理项目资源概述

（一）资源的概念

1. 资源的狭义概念

资源一词具有非常丰富的内涵。在现有的各种不同文献中，对资源概念的理解有多种，至今还没有一个能被人们普遍接受的概念。

1972年联合国环境规划署（UNEP）对资源的解释是：在一定时间、地点的条件下能够产生经济价值，以提高人类对资源当前和未来福利的自然环境和条件。《英国大英大百科全书》将资源定义为：人类可以利用的自然生成物以及生成这些成分的环境功能。美国著名资源经济学家阿兰·兰德尔认为：资源是由人发现的有用途和有价值的物质。

由此可见，西方对资源的理解强调以下几个方面：

（1）资源是被人类所发现，具有用途并产生价值的物质；

（2）资源是一个动态的概念，信息、技术和相对稀缺性的变化都可以把以前没有价值的物质变成资源；

（3）尽管人类通过资源、资本、技术和劳动结合起来生产出的物质含有资源的成分，具有资源的某些特征，但这些物质不能称之为资源，即强调资源物质的原始性或自然性。

因此，西方对资源的理解一般指自然资源。

在我国的《辞海》中对资源的解释是：资财的来源，一般指自然的财源。而《现代汉英词典》则把资源解释为：生产资料和生活资料的天然来源。

从以上的内容可以看出对资源的解释都是狭义的。

2. 资源的广义概念

随着现代社会经济的不断发展，学术界的人士开始关注并扩展资源的概念。资源的内涵应当包括现存的各种自然要素及由其组合而成的自然环境，以及人类利用自然要素加工、改造、生产出的各种经济物品及由其组成的各种经济环境，最后是人类在此基础上形成并不断增长的人口、知识、技术、文化、管理体制等。进而认为，只要能进一步有利于经济物品的生产或使用价值的提高，均可称之为资源。此后又有人提出资源是对人类或非人类有用或有价值的所有部分的集合。学术界开始将非自然的即社会和人文性质的资源形态纳入资源概念的内涵之中，进而形成资源的广义概念。

(二) 资源的重要性

人类的生产、生活等活动时刻离不开资源。整个人类社会发展的历史，就是人类开发利用各类资源的历史，人类社会就是在开发利用资源的过程中从落后到先进不断发展的。资源并非只有单一的有形资源的存在形式，它既包括有形资源，也包括无形资源。在社会经济发展的进程中，人们很早就认识了自然资源、劳动力资源以及资本资源等有形资源的重要性，而信息、科技、文化等资源，都属于无形资源的类型。特别是互联网技术的出现及网络经济的发展，无形资源在当今社会经济活动中的重要性日益显现出来。总之，资源是人类社会生存和发展的基础。

(三) 资源的分类

随着社会生产力的发展，人类科学知识的增长，人们对资源的认识也在发展。今天的资源已成为无所不含的概念。这表明更需要对资源进行科学的分类。对于资源分类，至今没有一个完善成熟的分类和分类体系，主要是经验性的分类或实用性的分类。

由于从经验出发与实用出发的分类，常带有明显的实用性，所以不可避免地带来分类的片面性，例如划分为自然资源与人文资源或社会资源，可再生资源与非再生资源，耗竭性资源与非耗竭性资源，有限资源与无限资源，现实资源与潜在资源，实物资源与非实物资源，稀缺资源与非稀缺资源，地表资源与地下资源，工业资源、农业资源、旅游资源，以及生物资源、土地资源、水资源、气候资源、矿产资源等。这里仅列举了关于资源的部分经验分类，很难得到对资源分类的整体认识。要想得到对资源整体的认识，只有用系统分类的方法进行资源的多级分类。2002年由中国大百科全书出版社与石油大学出版社出版的《中国资源科学百科全书》，就利用了多级分类的方法，并将人文资源与自然资源并列，进行了较为科学的资源分类。

在实践中，我们从实用性角度对资源进行分类，方法有以下几种：

1. 按资源的形态分类

(1) 有形资源：

① 人力资源。人力资源是最重要和最有竞争力的一种资源，同时也是一种具有创造力的资源。这类资源包括项目在实施中的人力总量，各种层次的人力，各种不同专业的人才以及不同层次的管理人员等；

② 原材物料资源。原材物料和设备资源是项目顺利实施所必不可缺少的资源，这类资源也是资源主体的工作对象；

③ 资金资源。资金是在项目实施中应用最为广泛的一种资源，这类资源在项目中要受到总量的限制，因而要讲求资金的使用效益。

(2) 无形资源：

① 信息资源。人类活动是离不开信息的，随着社会信息化进程的日益加速，知识经济时代的到来，开发和利用信息资源已成为社会发展的基础或前提；

② 无形资产资源。无形资产资源泛指一切给企业运行带来影响且无物质形态

的经济要素。无形资产资源在企业的生产经营过程中发挥着不可或缺的作用。

无形资源对有形资源存在依附性，无形资源通过有形资源而起作用。

2. 按资源使用分类

（1）可持续使用资源。这类资源在项目各个不同的时间范围内都可以使用，如人力资源；

（2）消耗性资源。这类资源在项目最初的开始阶段，往往以总数的形式出现并随着时间的推移而不断地被消耗掉，如各种材料等物质资源；

（3）双重限制资源。这类资源在项目不同阶段的使用是有限制的，并在整个项目运行过程中，资源总体的使用量也是有限制的，如资金资源。

3. 按资源特点分类

（1）有限制的资源。这类资源在项目实施过程中，不可能完全得到，或者该资源的价格昂贵，或者该资源在使用过程中有明确的数量要求，如某些专家负责多个项目的技术工作；一些稀有资源等。

（2）没有限制的资源。这类资源在项目实施过程中，相对于成本来说没有数量的限制，如没有经过培训的人力资源、通用设备等。

（四）资源特征

1. 资源具有自然和社会双重属性

资源的双重属性是由自然资源和非自然资源的性质规定的。资源开发利用必须符合有关自然规律和社会经济规律的要求，力求达到资源系统和经济系统的良性循环，以最少的自然资源消耗和劳动力等的消耗取得最大的经济效益和资源环境效益，确保人口、资源、环境、经济建设之间的协调发展。各类资源开发利用所形成的相应产业，是组成经济系统的基本部分。由此不难理解，经济系统的良性循环是以资源系统的良性循环为基础的。人们一些不合理的经济活动，例如对自然资源的滥垦、滥伐、滥牧、滥捕，对化肥、农药、地膜等农用化学物资的不合理使用以及工矿业大量排放到自然界的三废物，往往是造成资源系统恶性循环的根源。资源系统一旦受到严重破坏，经济系统的良性循环便不能持续保持。

2. 资源的无限性和短缺性

资源的无限性是指自然物转变为资源的流程是永无止境的，这是因为自然界物质的发展变化是无穷无尽的，人类认识自然和改造自然的能力是无限的。可再生资源之间物质和能量的循环转化运动，维持着资源系统的平衡关系。自然界演化形成的资源系统，不一定能符合人类的需要，人们能够逐步深化认识资源的循环转化运动规律，合理开发利用各种自然资源，使可再生资源不断更新，永续使用。所谓资源短缺，是指某些单个具体资源的供不应求，不能适应社会发展需要的一个资源经济概念。资源短缺具有两面性，既是影响经济发展的制约因素，又是迫使人们寻找替代资源的动力因素。正是这种新旧资源替代，推动着资源整体的不断发展变化。

3. 资源的国际性

资源的国际性是指资源具有在国际市场上进行交易的特征。地球上的自然资源、劳动力资源、社会经济资源在不同的国家和地区之间的分布是不平衡、不协调的。一些拥有丰富自然资源的发展中国家或地区却短缺资金、人才、技术、生产设备等社会经济资源，而拥有雄厚社会经济资源的国家和地区，则又缺少自然资源。各国彼此间开发本国优势资源，通过国际市场进行互补性贸易，求得共同发展，这也是世界经济发展的客观要求。

（五）物业管理项目资源

所谓物业管理项目资源，是物业管理项目在实施管理服务过程中所必须的各种投入。在物业管理项目管理服务过程中，对所使用的资源可做如下分类：

1. 公共资源与物业管理项目资源

公共资源是指这类资源在社会经济活动的方方面面都会涉及的资源，如人力资源、资金资源、信息资源、技术资源等。

物业管理项目资源是指这类资源在物业管理活动中所涉及的资源。这些资源的开发与利用关系到物业管理项目经营的成败，如物业、品牌、公共设施设备等。

2. 物业服务企业内部资源与物业服务企业外部资源

物业服务企业内部资源指存在于物业服务企业内部，其开发利用完全由物业服务企业自主决定的资源。

物业服务企业外部资源指存在于物业服务企业外部，在取得后物业服务企业才可对其进行开发利用的资源。

在物业管理项目中，物业服务企业内部资源是搞好物业管理服务的关键资源。在开展物业管理服务过程中，物业服务企业内部资源充足与否以及质量的高低如何，决定物业服务企业内部管理水平的高低以及物业管理服务的质量的高低。因此，物业管理项目经理在重视物业服务企业外部资源的同时，更应重视物业服务企业内部资源。

二、物业管理项目资源的开发与利用

物业管理项目是在限定资源、限定时间、限定质量的条件下，为完成预定的目标，由物业管理项目经理所组织实施的事业。物业管理在本质上说是一种目标管理，这些目标是在物业服务合同中体现出来的。通过开展物业服务活动，最终要达到的目的主要包括四个方面，即物业要保值增值；一流的售后服务；居住环境要整洁优美以及精神文明建设要更上一层楼。要达到这些目标，都离不开物业管理项目资源的开发与利用。

（一）在项目资源开发利用中对物业管理项目经理的要求

1. 物业管理项目经理要善于发现资源

一个物业管理项目在实施管理服务过程中，所涉及的资源是非常多的，既包括公共性资源，也包括物业管理项目本身的资源。作为物业管理项目经理不仅要了解这些资源，而且还要善于发现其他的一些可利用资源，以达到为物业管理项目服务的目的。

2. 物业管理项目经理要善于挖掘资源

物业管理项目经理在利用资源开展物业管理服务过程中，特别是要对物业管

理项目内部资源要充分挖掘,这些资源是直接搞好物业管理服务的基础和前提。充分挖掘这些资源不仅可以最大限度发挥出资源的作用,而且还可以通过对资源的利用,满足业主和物业服务企业的需要。

3. 物业管理项目经理要善于整合资源

整合资源必须进行物业管理项目资源盘点。所谓物业管理项目资源盘点是针对物业管理项目内部资源、外部资源等进行系统的调查与分析,以了解物业服务企业本身拥有哪些可使用资源、通过何种渠道取得以及如何应用与整合这些资源。通过物业管理项目资源整合,突出经营管理项目的优势,实现资源最佳运用,以增强其发展后劲,更好地适应物业管理项目的需求。

(二)人力资源的开发与利用

人是组织的唯一资产,员工是企业持续竞争优势的唯一源泉。物业服务企业要想在激烈的市场竞争中生存和发展,首先应重视企业员工的合理配置与开发利用。人力资源是具有创造性的资源,而其他的各种资源是由人来掌握和利用的,因此,离开人力资源,其他一切资源的开发、利用与合理配置都将成为一句空话。

1. 物业管理对人才的要求

(1)物业管理领域的广泛性呼唤综合型人才。物业服务企业需要综合型人才,首先是由于物业管理涉及专业领域和范围的广泛性所决定的。作为一项多功能、全方位的业务,物业管理既包括房屋及其设备设施的保养、维修,也包括治安、清洁保洁、交通、绿化等综合管理和服务,同时还涉及房地产开发、建筑、管理科学、公共关系、财务会计、心理学、计算机、消防和治安管理、经济合同、法律等诸多学科和管理领域,需要文理兼备、具有相对全面的知识结构、技术与管理能力相结合的综合型人才,才能胜任物业服务企业以及物业管理项目的工作;

(2)物业管理服务的综合性要求综合型人才。物业服务企业需要综合型人才,这与物业管理行业提供服务的综合性密切相关。综合服务包括知识型、技术型、劳动型三种类型,因此需要有管理能力与动手能力兼备、能上能下、能文能武、能说能做的多层次综合型人才来提供综合服务;

(3)现代物业的迅速发展渴求综合型人才。物业服务企业要积极拓展市场,不仅要管理多层、高层、别墅、小区等多种类型的住宅,而且要管理写字楼、商住楼,乃至涉足广场、车库、商场、医院等,管理的物业呈现出多样性。高投资的物业渴求高水平的物业管理,特别是智能型物业的出现,计算机和网络技术的广泛应用,要求物业服务企业要更新观念,提高企业素质,尽快培养多层次、综合型的管理人才,才能适应物业管理市场的多种需要,以迎接知识经济的挑战;

(4)企业降低成本提高效率需要综合型人才。物业服务企业经营中遇到的一个基本矛盾是物业管理项目所收取的物业服务费的相对稳定和物业服务企业成本支出的绝对增加之间的矛盾。物业服务企业的主要资源是人,企业成本的主要部分是人工成本。企业为了留住人才、稳定人才,从长远看工资水平是要绝对上升的。这就要求物业服务企业要不断地开源节流,才能有发展后劲。开源主要是多承接物业管理项目,扩大管理规模,通过扩大规模来提高效益,从而降低企业成本；节流就是节约公司成本开支，节省人工成本。而综合型人才能提高工作负荷，有利于劳动生产率的提高。

2. 人力资源规划

人力资源规划要建立在人力资源需求分析的基础之上，根据物业管理项目实际情况制定的人力资源规划，是在预测物业管理项目未来的要求及所要完成的任务，而设计的提供所需人力资源的过程。在此基础上确定需要什么样的人力资源来实现物业管理项目经营管理目标。

人力资源规划包括的内容主要有以下几个方面：

（1）人力资源战略规划。人力资源战略规划是一种长期规划，着重于人力资源总的、概括性的谋略和有关重要方针、政策和原则；

（2）人员变动计划。人员变动计划主要用来计划物业服务企业未来的人员变动，它是由人员调配计划、人员接替与提升计划和人员补充计划三部分组成；

（3）培训计划。培训计划既保证了物业管理项目用人的需求，又调动了员工的积极性。在制定培训计划时，必须要有培训费用、培训时间以及培训效果的保证，以能够达到提高素质、改善绩效、提供新人力、转变态度和作风的目的；

（4）工资激励计划。合理的工资政策、福利政策和激励政策对防止人才流失、提高士气、改进绩效，往往起着决定作用；

（5）劳动关系计划。一个长期的、连贯的、合理的劳动关系计划，可改善劳资关系、减少投诉和不满，使员工的利益最大限度地与企业的利益保持一致；

（6）人力成本计划。人力成本计划是指与人力资源有关的所有费用的总和。明确人力资源成本，对加强人力资源决策、降低人力资源成本开支具有重要作用。

3. 物业管理项目人力资源需求分析应考虑的因素

在进行人力资源需求分析时，应持动态的观点，要考虑物业管理项目内外的多种因素。主要包括：

（1）物业管理项目管理规模的大小；

（2）其他物业管理项目人力资源的水平；

（3）物业管理市场的预期变化；

（4）可能的员工流动比率；

（5）员工的素质；

（6）管理方面的变化；

（7）物业管理项目新的发展需要；

（8）新技术、新方法的影响。

只有在充分考虑上述多种因素之后，并利用一定的预测方法，才能确定物业管理项目所需的人力资源。

4. 人力资源培训与绩效评估

（1）人力资源培训。对于任何一个物业管理项目而言，人是取得未来成功的关键。不论是当今还是未来，要想使物业管理项目取得成功，都需要有一流的员工。人力资源培训就是给新员工或现有员工传授其完成本职工作所必需的知识、技能或使员工改进其与工作有关的动机、态度和行为，以利于员工获得预期的工作绩效，进而实现物业管理的目标及员工的个人价值。

对员工培训是否成功直接取决于培训策略的制定。培训策略的制定必须以物业管理项目未来发展战略为基础，同时还要有具体的培训计划来实施培训策略。

培训策略应包含的内容主要有：管理层人员领导水平提高的培养；物业管理项目管理与服务质量的保证；为合作伙伴提供培训以提高其业务水平；通过培训提高物业管理项目的知名度；通过培训提高业务部门及员工的业绩；协助开发人力资源。

培训计划分为长期培训计划和短期培训计划。长期培训计划应与物业管理项目未来发展战略和员工生涯相结合。短期培训计划应与部门工作计划和员工绩效情况相结合。

（2）员工绩效评估。员工绩效评估是收集、分析、评价和传递有关某一个员工在其工作岗位上的工作行为表现和工作结果方面的信息情况的过程。绩效评估需要依据一定的标准，遵循严格的程序，运用科学的方法来进行。在绩效评估中可根据需要进行全部指标的考评，也可进行部分指标的考评。参与员工绩效评估的人员主要有上级、关系部门和下属人员等。对绩效评估得出的结论，要反馈给有关当事人，让其了解绩效评估的结论，知道组织对自己能力的评价和贡献的承认程度。

通过绩效评估可以为物业管理项目人员调整提供依据；为确定和调整员工报酬提供依据；激励员工自我提高和自我完善以及为员工的培训提供依据。

5. 运用激励手段与方法调动员工的工作积极性

激励是人类活动的一种内心状态。它具有激发动机，推动并引导行为朝向预定目标的作用。人的行为表现和行为结果很大程度上取决于其所受到的激励程度和激励水平，激励水平越高，人的行为表现越积极，行为效果也就越大。

物业管理项目经理如果不懂得怎样去激励员工，是无法胜任工作的。因此，物业管理项目经理要了解有关激励理论的内容，并能够正确运用激励手段与激励方法，调动员工的工作积极性，以实现物业管理项目的既定目标。激励手段与激励方法主要有：物质激励；精神激励；职工参与管理；工作丰富化等。

（三）原材物料的开发与利用

在物业管理项目中，物业（房屋）的维修（修缮）关系着物业使用价值的保值、功能的恢复以及业主（住用人）的生活安全、方便。因此要根据物业（房屋）的完好状况，确定对物业及时进行小修、中修、大修和翻修，加强物业的安全检查和日常养护，也是物业维修管理的一项基本内容。在这项活动中，离不开原材物料的使用。

在物业管理服务中所使用的原材物料主要是指各种修缮材料、办公耗材以及燃料等。做好其开发和利用工作，可以促进原材物料的节约使用，加速资金周转，既满足生产经营的需要，又降低成本，使物业管理项目的经营获得良好的经济效益。

1. 原材物料的开发与利用的原则

（1）加强计划管理的原则。根据物业管理项目中物业（房屋）的失修失养状况，统筹兼顾，适当安排，科学的安排好小修、中修、大修以及翻新的计划。在安排计划时，要从实际出发，深入调查研究，掌握物业（房屋）的现状及其损坏程度，使计划的安排符合客观实际；

（2）依靠群众搞好管理的原则。在对原材物料进行管理与使用中，把专业管理与群众管理有机地结合起来，建立以岗位责任制为中心的科学管理制度。依靠群众才能使计划符合实际，也才能动员群众去完成计划；

（3）合理节约使用、挖掘潜力的原则。在不同的修缮项目中，原材物料的使用与消耗是不同的。对原材物料的领用、使用等各个环节事先都要制定相应的制度，如领用制度、消耗定额、节约与浪费的奖惩措施等。最大限度地节约使用原材物料，充分挖掘原材物料的潜力。

2. 原材物料的需用量

原材物料的需用量是指在计划期内为保证物业管理项目经营管理的正常进行所需各种原材物料的数量。原材物料需用量的确定有两种方法可以采用，即直接计算法和间接计算法。

（1）直接计算法。也叫定额计算法，就是用计划任务量和原材物料消耗定额来确定原材物料的需用量。这种方法比较准确，但需要原材物料消耗定额的资料。

（2）间接计算法。是在没有原材物料消耗定额时采用该方法。它又分为动态分析法和类比计算法两种。

① 动态分析法是依据历史资料进行分析，依照任务量与原材物料消耗量的变动规律来计算原材物料的需用量；

② 类比计算法是当某项任务没有消耗定额，也没有历史资料可查时，可参照同类或近似原材物料的消耗定额，并用一定的系数进行调整来计算需用量。

3. 原材物料的储备量

原材物料的储备量应保持一个合理的数额，过多造成积压，不仅占用资金，而且延缓资金周转；过少则不能保证物业管理项目管理服务的顺利进行。原材物料储备量的确定，应该是既能保证物业管理项目管理服务的需要，又能保证原材物料不积压浪费。这个合理的储备量就是原材物料的储备定额。

确定物业管理项目所需各种原材物料的储备量不仅是正确组织供应，合理控制库存核定储备资金的依据，也是保证物业管理项目管理服务连续进行，加速资金周转的重要条件。

原材物料的储备定额一般由经常储备量和保险储备量构成。对于有季节性需求的原材物料，则应由经常储备量、保险储备量和季节储备量构成。在市场经济条件下，各种原材物料一般在当地就可以购买到，所以对于物业管理项目而言，原材物料的储备定额则由经常储备量和季节储备量构成。

原材物料的储备是通过订货和采购实现的，相应的费用主要由订购费用和保管费用两大类组成。当订购费用和保管费用相等时所对应的订购批量为经济订购批量，在经济订购批量下，年度总费用最低。因此经济订购批量既可使原材物料的储备定额满足管理服务的需要，又能做到经济合理。

4. ABC 分类管理法

物业管理项目所需的原材物料品种相对较多，每种原材物料的数量不同，占用的资金也不同。无论是从能力上还是从经济上，物业服务企业均不可能也没有必要对所有的原材物料均以同样的精力实施管理。为满足管理服务的需要，又不占用过多资金，可采用 ABC 分类管理法。

ABC 分类管理法是按照一定的标准，将库存的原材物料划分为 A、B、C 三类，分别实行按品种重点管理，按类别一般控制和按总额灵活掌握的管理方法。一般而言，三类原材物料的金额比重大致为 A 类占 70%，B 类占 20%，C 类占 10%，而品种数量比重大致为 A 类占 10%，B 类占 20%，C 类占 70%。A 类品种数量少，而占用资金多，是管理的重点，可以按照每一个品种进行管理；B 类品种数量多于 A 类，但占用资金相对 A 类而言较少，可以通过划分类别的方式进行大类管理；C 类品种数量多，占用资金却很少，在管理中把握一个总金额就可以。

（四）信息资源的开发与利用

信息资源有广义和狭义的两种理解，广义的理解把计算机及通信基础设施，以至信息技术人才都包括在内，而狭义的则特指信息的内容。信息既然是一种重要的资源，那么它同其他各种资源一样，也有一个开发利用问题。信息资源是需要投入力量开发才能发挥作用的，因此信息资源必须经过加工、处理，才能够被利用。计算机、通信设施等就是加工、处理信息资源的手段，使信息资源发挥作用并产生最佳效益。

在现代社会，信息和知识是获得利润的源泉，谁掌握了信息，谁就有可能创造更多的精神和物质的财富。

信息资源的开发，就是不断地发掘信息及其他相关要素的经济功能，及时地将其转化为现实的信息资源，并努力开拓其在物业管理项目中的用途。信息资源的利用，就是信息资源利用部门根据信息资源开发部门所开发的信息资源状况，结合物业管理项目运行状况及其存在的问题，制定出科学、合理的信息资源分配与使用方案，使现实的信息资源充分发挥作用。

1. 物业管理项目经理要树立正确的信息意识

开发利用信息资源，首先要树立正确的信息意识，这是开发利用信息资源的关键。

（1）物业管理项目经理要克服知识和观念方面的障碍。不同的人对信息的反映与理解不同，同样的信息，有的人能根据已掌握的信息迅速调整自己的行为，及时地抓住机遇，在激烈的市场竞争中占据优势地位；有的人却不能，要么反应迟缓，失去机会，要么做出错误的决策，造成人为的损失。这些不同结果的根源就在于人们的知识水平，在于人们的文化基础，以及由此所形成的信息意识。一个具有较高文化素养，又具有一定的专业知识和高度职业责任感的人，一旦接受了信息，就会由此及彼，由表及里，由社会责任联想到个人职业责任，很快做出正确的决策。这是一种综合能力,也是一种信息意识。这种信息意识必须经过相当地"修炼"才能取得。其修炼的主要内容:一是学知识,二是学专业,三是观察社会、考察生活,四是提高社会道德意识和职业道德意识。在现实生活中,正是由于人们缺乏这种综合知识和意识,严重地影响着对信息资源的开发利用。

(2) 物业管理项目经理要消除思维习惯和思维能力上的障碍。有一种思维方式是信息资源开发利用活动中的一大禁忌,那就是思维定势。这里说的思维定势是指人们在思考问题时,往往习惯于按照既有的取向、既得成果和常规方式去思索。按照这种思维方式去推理,那么,一切已有的都是"合法的"、"合理的",也是"可信的"。一切现在还没有的,或者从来都没有发生而现在发生的事情,认为是"不合理"、"不可信"或"不可取的"。这是一种形而上学的,僵化的思维习惯和思维方式。事实告诉我们,正确的结论得益于科学的思考而不是按照经验主义去思考。由此我们可以看出,善于创造性思维,有充分的联想力,能够及时捕捉事物与事物之间的有机联系,将思路由一点扩展到其他各个方面,这才是在信息资源开发利用实践中最需要的一种思维方式。

(3) 物业管理项目经理要克服心理上的障碍。从某种意义上说,人们在信息资源开发利用的实践中是一个真正的创造者,其创造价值在于:发现和接受各种新事物,对反映新事物的信息进行恰当的评估和分析研究,选择信息的最佳利用方式和最佳使用范围。作为创造者,最需要的是自信心,敢于求新、创新、立新。然而在实践中,人们常常缺少这种立异求新的勇气,再加上缺乏信心,即使得到了新的信息也不敢大胆利用,观望徘徊。待他人发现接受并有效利用这一信息资源时,才会萌发出一点点"创新"思想。这时,虽然还是面对着原来的信息资源,但是它已经不再具有同等的价值了。

2. 采用正确的信息资源开发利用方法

物业管理项目经理学会采用科学有效的方法开发利用信息资源是信息社会中谋求良好的生存与发展机遇应当具备的基本素质和才能。信息资源开发利用的关键是在掌握信息资源活动规律的基础上,准确地把握信息源,然后针对不同的信息源采取不同的开发利用信息的方法。

在现实生活中开发利用信息资源的方法很多,概括起来主要有以下几种:

(1) 观察分析法。观察分析法是一种以搜集非语言行为信息为主的方法。它主要是借助于直接感知和直接记录信息源所产生的各种信息,并加以利用的方法。其实,这种方法在实际生活中已为人们广泛使用;

(2) 理性思维法。思维是人们的一种创造性能力。思维的实质是借助抽象来反映客观世界中事物或过程本质的一种复杂的劳动。理性思维主要包括对比与分类、分析与综合、证明与反驳等方法;

(3) 社会调查分析法。社会调查分析法,也可叫社会调查统计法。可通过随机取样或其他调查方法,取得相关的数据或信息资料,然后,对所得数据信息资料进行加工、分析,以获取有用的信息。

3. 物业管理项目信息资源的开发利用

(1) 物业管理项目对信息资源的需求。研究信息资源的目的是为了更好地开发和利用该资源，为物业管理项目服务。理论和实践都证明，信息资源功能和效益的发挥，总是与信息使用者的需求和利用紧密联系的。没有使用者的利用，信息资源就只能是静态的"无功"资源。使用者利用什么样的信息资源以及如何利用，首先取决于他们对信息的需求。因此，要合理、有效地开发和利用信息资源，不仅要看信息资源本身的性质和功能，更要看使用者的需求。只有当信息资源与使用者的需求相适应时，才能使信息资源的作用达到最佳状态；

(2) 物业管理项目经理利用信息资源应具备的能力。要有效地开发和利用信息资源，物业管理项目经理还必须具备利用信息资源的能力。利用信息资源的能力主要包括：

① 信息符号的识别能力。即能够接受表达信息的各种符号，包括对文字符号的辨认和理解，对声音和图像的感知等。比如要利用文献信息资源，最起码的条件是要识字，进一步是理解问题。如果外语水平不高，就影响了对外文文献信息资源的利用；

② 信息资源调查能力。即能够采用各种调查方法来收集原始信息，常用的调查方法主要有观察法、实验法和问卷法等；

③ 信息检索能力。信息检索能力主要包括检索策略的确定，计算机和手工检索工具的使用；

④ 信息的分析鉴别能力。要在众多杂乱无章、真假难辨的信息中对信息的真实可靠性做出准确的判断，不但需要熟悉各类信息资源的性能和特点，而且需要有科学的思维方式、推理能力以及有关的专业知识；

⑤ 信息的处理转换能力。对信息进行筛选，是去粗取精、去伪存真、由此及彼、由表及里的过程，通过该过程得到最需要、最有价值的信息。在这个过程中，物业管理项目经理要善于将不同领域、不同性质的信息资源进行转化，为我所用。例如政治、经济、社会、司法等方面的信息在某种条件下都可以被转换为物业管理项目所需信息。

4. 建立管理信息系统

建立管理信息系统是物业管理项目合理有效利用信息的途径之一。信息系统基本组成要素包括信息工作人员、技术、设施、信息及其载体、使用者以及系统环境等。信息系统有着独特的内部结构和目标运行机制，其管理不仅包括以上一些基本要素的管理，而且还包括系统组织和运行的管理与控制。物业管理项目的运作可以利用信息技术、网络技术，通过管理信息系统所提供的信息，为物业管理项目的运作服务，最终达到实现预期目标的目的。

(五) 品牌资源的开发与利用

有形资源和无形资源都是企业财富的来源。在物业管理项目中不但存在无形资源，而且无形资源很重要。试想一下，假如员工缺乏健康情感和智力，外部缺乏必要的关系、舆论和氛围等，即使拥有的有形生产要素再多、再全、再先进，也难提供理想的服务和获得满意的效益。

因此，我们不仅要承认无形资源，而且要重视无形资源。物业管理品牌资源就属于无形资源。

1. 品牌化发展之路是物业管理发展的必然趋势

（1）市场化进程将促使物业管理向品牌化方向发展。实行物业管理市场化，必定要引入市场竞争机制，通过激烈的市场竞争导致企业优胜劣汰，逐步形成品牌化企业，促使物业服务企业走向品牌化发展道路。一般情况下，市场经济的最终结果就是企业发展的品牌化，物业服务企业当然也不例外；

（2）物业管理的行业特征决定物业管理必须走品牌化发展之路。首先，物业管理作为一种微利性行业，其规模效益就显得非常重要，没有一定管理规模的物业服务企业是很难生存和发展的，而物业管理的规模效益只能是利用品牌效应参与市场竞争而得来。其次，物业管理的产品是"服务"，是一种无形的东西，而衡量无形"服务"的最佳标准就是品牌。再次，房地产发展商或业主委员会通过物业管理招投标选聘物业服务企业，在选聘的众多因素中，物业服务企业的品牌显得特别重要。物业管理品牌实质上就是一种公共性的"契约"，对业主来说，意味着优质的服务，对房地产发展商而言，就意味房屋可以增值；

（3）物业服务企业自我发展的需要决定物业管理必须走品牌化发展之路。对物业服务企业而言，品牌是企业发展的生命力，是对外扩张的利器。没有品牌的企业是不会有大的发展的。因此，品牌对物业服务企业的发展至关重要。现在，众多的物业服务企业已充分认识到这一点，并力求铸造知名品牌形象。实施物业管理品牌化发展战略，走品牌化发展道路，不仅是物业服务企业发展的需要，也是物业管理行业必然的选择和最终的结果。

2. 开发物业管理品牌的策略

品牌是企业的生命，没有叫得响的品牌，物业服务企业的可持续发展必将面临危机。打造物业管理品牌，策略的选择至关重要。

（1）定位策略。定位就是确定地位，明确目标和方向，没有定位，企业只能在市场竞争的迷雾中穿行。因此运用定位策略应考虑本企业所处的行业地位、想拥有和渴望实现的目标、首先应赶超的竞争对手是谁、所拥有的资源状况如何、实施定位后的状况如何以及企业发展的可持续性等。

物业服务企业打造物业管理品牌所运用的定位策略，主要是根据物业管理行业发展的趋势，针对业主的消费需求以及企业品牌创建的需要，选择、确立和将要追求的一系列企业战略目标、地位所进行的策划管理活动。

物业管理品牌定位主要有以下内容：

① 企业定位。其主要是将企业定位于先锋领跑者、挑战者还是跟随模仿者的层次上。先锋领跑者主要特征是品牌理念先导，经营管理水平一流，其他企业无法赶超，在整个行业的发展中居于领导地位，能影响甚至能主导行业的发展方向。挑战者主要属于二流企业，有一定的综合实力，对先锋领跑者企业能构成竞争威胁。跟随模仿者起步晚，历史短，有一定的竞争能力，但创新能力不足，只能紧

紧跟进和模仿强势企业的管理运作办法。企业定位应准确，要防止定位过高、过低或混乱定位；

② 产品定位。其主要体现在物业管理服务的个性化和特色上。在产品定位时考虑的因素主要有：服务的内容、形式、形象、质量、价格、特色等；

③ 市场定位。物业服务企业创建品牌就要对市场进行细分。在细分市场时考虑的要素主要有：市场的区域性、物业的类型等。

(2) 品牌移植策略。物业管理以其分散性、区域性、相对独立性、经营管理的一致性而具有连锁经营管理的性质。物业服务企业要做大、做强并实施品牌提升扩张，面临的首要难题就是在新接物业管理项目时如何成功移植企业现有的、定型化的物业管理模式。这无疑要成功运用打造品牌的移植策略。

对于一个新接物业管理项目的品牌移植主要内容有：

① 企业形象识别系统。理念识别包括企业精神理念等。行为识别包括服务态度、接待技巧、操作规程等。视觉识别包括：企业名称、品牌标志、员工服装等；

② 管理制度。主要有劳动人事制度、培训制度、目标计划管理制度、检查考核制度以及奖惩制度等；

③ 服务品质。主要有服务的理念、内容、特色等；

④ 品牌移植对物业管理项目经理的要求。物业管理项目经理是物业管理新接项目品牌移植的重中之重。新选聘的经理其任职的条件必须具备品牌管理所应有的各项能力、素质、品格；必须能够领会企业物业管理品牌的精髓，并能彻底地加以组织、贯彻和实施。

(3) 差异化策略。差异化策略就是在物业服务企业创建品牌的整个过程中，不论是企业内部的经营管理，还是外部的物业管理项目以及为业主提供的服务都应追求自身品牌的新颖特质，从而催生企业品牌的成长。现今物业管理行业的同质化趋势越来越强，因此要打造品牌无疑必须走差异化之路。

差异化策略的主要内容有：

① CI 企业形象识别系统差异。尤其是管理理念系统和视觉系统；

② 物业管理的模式、类型差异；

③ 服务内容、特色等差异；

④ 员工形象的差异。

这主要体现在员工外部的礼仪形象，以及内在的敬业、负责、合作、沟通、不断学习，超越自我的精神品格等。

(4) 借鸡生蛋策略。一个具备一定规模的物业服务企业，如果所管物业项目都是一些低档且配套设施和周边环境都不理想的物业要创品牌怎么办？最好的办法就是借船出海，借鸡生蛋。这类企业在练好物业管理内功后，应主动出击，千方百计，想方设法甚至付出一定必要的代价与一个有较大实力的房地产开发商联合，利用开发商开发的有一定档次的楼盘，将企业练就的物业管理内功全盘移植在新楼盘的物业管理实践中。这样有了一个打造品牌的基地，品牌的成长也就有了一个坚实的支点。

（5）新概念策略。新概念策略就是要能提出本企业所要追求的最高的物业管理经营、服务、企业文化等一系列具有高度概括性的新观念。物业服务企业要打造品牌就离不开适时提出与运用新概念策略。运用新概念策略绝非易事，它需要具备下列条件：

① 缔造一个在行业内能广泛认可的新概念必须建立在丰富的物业管理实践和前卫的理论探索的基础上。

② 构建新概念的科学性应经得起理论逻辑的考证和实践运作中的检验。

③ 物业管理除了管物，更应服务于人。人的服务总是由低级向高级提升，由物质向精神深入，直至抵达业主居住需求的最高境界的满足。这应该成为每一位物业管理人执着追求的目标。

（6）品牌扬名造势策略。一个物业服务企业在打造品牌过程中，为了取得业主、行业及社会的认可，不可忽视对品牌的扬名造势。物业管理创品牌扬名造势，除了可运用广告、服务、公共关系、名人造势外，最具实战性的莫过于利用现有物业管理区域开展社区文化活动来扬名造势了。社区文化造势具体的运作思路，可尝试与高校、省、市文化宣传部门联手选定文化建设的主题内容，并与上述部门争取共同举办不定期的社区文化活动，这样势必会受到传媒的深度关注。此外，要开展一些变革社区生活观念、树立社区生活新风尚的活动，借助类似活动可拔高社区文化活动的主题思想。这样就极易引起社会关注，甚至会产生轰动效应。企业品牌随之扬名便达到了品牌造势的目的。

3. 品牌在物业管理项目中的利用

品牌在物业管理项目中的利用，具体来讲，主要有以下内容：

（1）突出品牌物业管理在未来的重要价值。目前，不少投资置业者不仅对所购物业（房屋）的质量感兴趣，也对未来的居住、工作质量，即物业管理服务的情况十分在意。事实上，他们也真能从品牌物业管理中获得生活上、工作上、学习上、自尊上、发展上、享受上的方便与好处。突出品牌物业管理在未来居住、工作、生活中的重要价值，对他们确实能够构成一个极大的吸引力；

（2）突出品牌物业服务企业的雄厚管理实力。物业服务企业的雄厚管理服务实力主要体现在物业服务企业的技术力量、专业装备水平、注册资金以及管理人员的职称、从业年数与专业管理服务水平等方面。品牌物业服务企业的雄厚管理服务实力能够给人一种理性上的认同与信任，为客户在思想上、行动上接受物业项目、接受品牌物业服务企业打下坚实的基础，提供了现实的可能性；

（3）突出品牌物业服务企业的骄人管理业绩。品牌物业服务企业的管理业绩主要体现在管理项目的多少（建筑面积、种类）、管理效果的好坏（取得部级、市级、地区级先进称号的情况等）、社会反映（业主、住户及业主管理委员会的反映、媒体报道的情况、政府方面的意见、同行的评价等）。品牌物业服务企业的骄人管理业绩能够给人一种感性上的认可与憧憬，让购房者感受到实实在在的物业管理服务，并对自己的未来产生联想和希望；

（4）突出品牌物业服务企业的人情味与人本管理理念。一般来说，投资置业者不希望未来的物业服务企业是高高在上的主人,也不希望未来的物业服务企业是唯命是从的仆人。他们喜欢那种愿意为自己着想、尊重自己而又不阿谀奉承自己的朋友式的物业服务企业。品牌物业服务企业的人情味与人本管理理念让人觉得亲切、自然,缩短了客户与物业服务企业的距离,让客户更容易接受物业管理,从而接受和购买物业。

4. 利用物业管理品牌应注意的问题

利用好物业管理品牌,物业项目的管理必然如鱼得水;反之,如果在利用物业管理品牌时措施不当,就可能会出现相反的效果。所以,在利用物业管理品牌进行物业项目管理服务时,还要注意以下问题:

(1) 要把物业管理的高品位与较低收费联系起来宣传。目前在人们收入不是很高的情况下,高标准的物业管理,让人在联想高收费的同时,容易对物业产生一种畏惧感;

(2) 要把物业管理服务的大众性与特殊性突出出来。其目的是让投资置业者对物业管理产生一种亲近感的同时,对物业管理有一种向往与憧憬的空间;

(3) 要突出物业服务企业的形象和企业信誉。在物业管理品牌宣传中,要确实给投资置业者一个具体的品牌化身,让他们从化身中感受真实,树立信心。

总之,物业管理项目管理服务中既要重视物业管理品牌的开发,也要重视利用好物业管理的品牌。只有这样,物业管理项目才能更为顺利地开展各项经营管理活动。

(六) 各类物业资源的开发与利用

不同的物业,由于其空间形式、使用功能以及业主或使用人的情况不同,不仅在物业管理的特点、要求等方面存在差异,而且在物业的资源开发与利用上也存在差异。

因物业的外在形式、用途非常之多,所以研究物业资源的开发与利用,有必要首先对物业资源进行分类。

1. 物业资源的分类

对物业资源进行分类,按使用功能标准可将其分为4类:
(1) 居住物业:包括住宅小区、公寓、别墅以及度假村等;
(2) 商业物业:包括综合楼、写字楼、商业中心、酒店等;
(3) 工业物业:包括工业厂房、仓库等;
(4) 其他类型物业:包括车站、机场、医院、学校、码头、加油站等。

在各类物业资源中,又包含有许多类别的资源项目。

2. 各类物业资源开发与利用的目标

各类物业资源的开发与利用是与业主的需求分不开的。一个物业管理项目在管理服务过程中,要满足业主或使用人多方面的需求,为其做好服务,并利用有限的资源,来达到较高的质量要求。因此,各类物业资源开发与利用的目标为:

(1) 满足业主或使用人对物业使用的合理要求;
(2) 挖掘各类物业资源的潜力,并为业主做好服务,争取良好经济效益;

(3) 实现物业管理的目标。

3. 居住物业的开发与利用

在人类的衣、食、住、行的基本活动中,"住"居于重要的地位。"住"以住宅的形式满足家庭成员的共同生活、生理卫生、休闲娱乐等的生活需要。住宅在人类历史上,随着社会的进步与生活水平的不断提高,居住的条件和住宅的水平也在不断地提高。在居住物业中,住宅小区是基本类型之一。住宅小区是具有一定的人口和用地规模,以满足居民日常物质和文化生活需要的,为城市干道的分割或自然界限制包围的相对独立区域。根据统计,目前我国城市人口1/4以上生活在规模不等的居住小区里。

居住物业的业主或使用人在生活中,会有各个方面的需求,如房屋保值增值的需求、住用安全需求、环境整洁美观需求、购物方便快捷需求等。因而在居住物业资源的开发与利用上,要着眼于这些需求。

(1) 超市服务。在住宅小区中,为满足业主或使用人购物的需求,可开办超市服务。超市被誉为零售商业的"第二次革命",它以开架售货、顾客自我服务、所售商品附带条形码、计算机收银等为特征。开办超市服务,其购物环境舒适明亮,货场内只设理货员而没有售货员,消除了顾客与商品的距离感,特别是丰富多样的商品、整齐有序的陈列,可刺激人们的购买欲望。据统计资料表明,由于购物环境的吸引和挑选商品的自由,人们到超市购物要比原来准备购买的物品多20%以上。开展超市服务不仅满足了业主或使用人购物的需求,而且可以节约商业设施、节省人工费用、提高经营面积的利用率;

(2) 便利店服务。在居民小区设立便利店是以方便居民购买为宗旨的零售小店。经营面积从几十平方米到一、二百平方米不等,经营品种为居民日常生活需要的生活必需品。便利店的规模小,经营品种少,进货批量小,但营业时间长,费用率高,因而在商品的售价上无明显的优势,但可以方便小区居民的零星购物,节约购物时间;

(3) 餐饮服务。餐饮服务只有推出得到顾客认可的菜肴和服务,才能在市场上立足。目前,顾客对餐饮的消费已不仅仅是满足口腹的需要,而是想得到全身心的享受。因此,餐饮服务必须通过周密、科学的市场调查,摸清顾客的各种需求,不仅要掌握顾客的现实要求,还应了解他们的潜在需求,同时要预测饮食消费的发展趋势,从而在经营中根据消费需求的变化,不断调整菜肴的花色品种和服务项目,改进服务方式,为顾客提供更满意的服务。同时要根据不同顾客的不同情况,灵活地提供个性化的服务;

(4) 家政服务。随着人们生活水平的不断提高,住房条件的不断改善,人们对家政服务的需求越来越多。家政服务的项目涉及家庭生活的各个方面,内容也比较繁杂,如居室内卫生清洁、洗衣、保姆、照看病人、接送儿童上下学、代为购物等。家政服务应采取灵活多样的经营机制和经营方式,以人为核心,不断拓展服务深度和广度。以推动物业家政服务业的健康发展,促进物业管理及家政服务的社会化、现代化、规范化、产业化发展;

（5）会所服务。会所是一个舶来品，意思是身份不凡人士聚会的场所。演变至今，会所已成为物业项目的配套设施之一，买房人在考察楼盘时，从关心项目的价格、位置、交通、户型等，进而开始注重社区的公共设施，会所也成为项目吸引买房人目光的必备武器。随着社会的发展和人民生活水平的提高，体育产业蓬勃发展，人们更加注重生活质量，健身休闲已成为时尚。在这种大环境下，会所已成为众人所关注的热点。会所应该是一个环境温馨幽雅、服务周到热情，每个角落、每个细节都充满人情味的地方，要成为业主"家"的延伸。会所的作用并不仅仅是给人们提供一个健身休闲的娱乐场所，更应该是小区内人们感情交流的中心。特别对越是高档的住宅，人情味越淡薄，这也是物业管理中面临的一个问题。解决这个问题，会所有着自己的优势。由于会所的特殊功能，所以在物业管理走上"人情化管理"的道路上一定会起到重要的作用。

4. 商业物业资源的开发与利用

商业物业通常也称收益性物业、经营性物业或投资性物业，包括酒店、写字楼、商场、商住楼等。随着我国国民经济的发展和城市建设水平的提高，收益性物业管理的市场十分广阔。

（1）商业物业业主需求。商业物业通常靠出租经营或自营来获取投资收益，在物业管理中，关注的重点是租用物业的承租人。承租人的需求除要搞好物业管理服务外，还要对其所使用的物业的环境感到满意，并能通过经营取得一定的经济效益，而经济效益的取得在很大程度上取决于其与社会的接近程度。因此商业物业资源的开发利用，应以满足当前承租人的需要并吸引未来新的承租人为中心；

（2）商务服务。对商业物业的经营者提供完善的后勤保障和全方位的优质服务，是商业物业资源的开发与利用形式之一。商务服务项目要根据经营者及顾客的需求以及物业服务企业的人员等来进行安排。如为方便在经营场所的信息沟通，可在经营场所或交易大厅，设置磁卡电话或公共电话；在大厅设置自动滚梯及运送货物的货梯，以满足人们购物或观光浏览；设置中央空调，以调节和保持室内的正常温度；冬季要确保供暖不发生故障；在服务方面，可提供信息查询服务、快餐服务、代送礼品服务、代发信息服务等；

（3）商务招租服务。物业服务企业可开展商务招租服务，即接受业主的委托，依据市场情况，利用自身的优势，代业主制订出租方案，寻找租户，替业主将物业出租，在这一过程中，物业服务企业要注意向有关部门申报取得租赁许可证。物业服务企业还可对业主出租的物业代收租金，接受业主委托，并依据市场情况，对租金进行评估和对其进行调整。

5. 工业物业的开发与利用

工业物业包括工业厂房和仓库。工业厂房主要由生产车间组成，是用来生产产品的物业，它关系到产品的生产。仓库是存储和保管生产原料和成品、半成品的物业，它关系到原料和产品的安全完整。

（1）工业企业的需求。工业企业在开展生产经营活动时，要确保工业厂房和仓库能正常使用，生产用的设施设备能够正常运转，厂区道路及货物运输通畅，厂区环境整洁美观，同时要确保安全生产，做好防灾和防盗工作。

（2）工业物业及设备设施维护服务。工业物业内多是存放为生产而用的机械设备和为生产准备的原料、半成品和成品等货物，其重量往往会超出楼面结构的负荷，再加上这些设备一旦开动起来，振荡严重，容易造成房屋建筑物的严重损坏，因此需要对其进行频繁的保养和维修，而保养和维修的费用相对于其他物业要高。

工业生产离不开水和电，因此在生产中最重要的是要确保水和电的正常供应，保证生产的顺利进行。所以平时就要对供水供电设施设备系统以及生产中使用的各种设施设备进行精心养护和及时维修，使其始终处于完好状态。

（3）厂房和仓库的安全保卫。有些企业在厂房和仓库储存的原料和成品属于易燃易爆品，极易造成火灾危险。因此为了保障工人生命、厂房和仓库的安全，应做好火险防范工作。此外，厂房和仓库内储存的原料、半成品、成品以及机械设备一旦发生丢失或损坏，就会影响生产的顺利进行，因此也要做好防盗、防窃工作。

6. 其他物业的开发与利用

除以上三类物业外，这里所讲的其他物业主要是指学校物业、医院物业等。

（1）学校物业资源的开发。学校的基本任务是对学生进行教育和培训，在我国学校包括小学、中学和大专院校。

① 学校的需求。特别是在我国的高等院校中，除教学、科研任务外，还需要对学生住宿、餐饮、生活加以安排，对学生的课余活动加以管理和约束，同时对许多教学设施设备需要进行维护和修理；

② 学生生活服务。学生的生活服务是为学生的生活便利而开展的，主要有洗衣、开水供应、拆洗被褥、公用电话、小商品销售等服务；

③ 商务服务。商务服务是经营性服务，主要有餐饮服务、食堂管理、录像厅、网吧、理发、洗澡、健身房、活动室等服务；

④ 教学设施设备维护和修理。教学设施设备是开展正常教学活动所不可缺少的，其维护和修理主要有学校内的操场、足球、篮球、排球场地、体操房、游泳池、电脑机房、教室等场所进行清扫保洁，对试验场地、试验室、试验设备等进行保养、清洗和保管等。

（2）医院物业的资源开发。医院的主要职责是为病患者提供治疗和护理方面的服务。

① 医院、病患者的需求。医院在病患者整个治疗过程中，需要由外部提供多种配套服务。对于病患者来说，在整个治疗期间，除了需要治疗外，更多的是需要照顾和关心。医院、病患者的需求，可以通过物业管理的方式，满足这方面的要求；

② 为医院提供配套服务。配套服务是属于服务性的工作。主要包括医院卫生保洁服务、供水、供热服务、供暖、通风、热水等设备的维修服务以及医院的一些其他杂务服务；

③ 患者生活服务。随着社会经济的发展，人们生活的节奏也在加快，亲属往

往很少或是没有陪伴患者的时间,而医院又很难满足患者生活方面的各种要求。患者生活服务主要包括:洗衣、送饭、打水、喂饭、洗澡、取药、煎药等;

④ 患者康复服务。患者在医院治疗期间,希望病情康复得快一些,一些住院患者,在康复过程中,需要各种服务,这些服务主要有:患者手术后的陪伴、护理等。而有些重症患者长期需要这种服务。

⑤ 保健商品及鲜花服务。患者在住院康复过程中,身体往往比较虚弱,为使身体尽快康复,有条件的患者可能选择保健商品;鲜花对于患者而言,能够给其带来好心情,有助于身体康复。

(七)物业设施设备的开发与利用

物业设施设备又称物业附属设备,是保证房屋功能实现的硬件,其本身包含的高科技因素及其状况,是房屋使用和发挥应有功能的保证。在承接物业管理项目时,作为物业服务企业或者是物业项目的管理者,常常把物业项目的配套设施作为重点予以关注,配套设施是否齐全直接关系和影响物业服务的品质,关系到业主的需求是否能得到满足,生活是否便捷。在物业管理项目中,由于其类型的多样性,配套设施也不尽相同,常见的配套设施可分为两种:一种是与物业管理项目关联度很高,在项目运行中必须建设的配套设施,比如,配变电系统、供水系统、供热系统等;再一种是与物业管理项目服务关联度较高,在项目运行中,针对业主需求而建设的配套设施,比如,会所、餐饮、停车场、篮排球场等。

1. 物业管理项目中常见配套设施

这里所讲的常见配套设施是指与物业管理项目服务关联度很高的配套设施,一般由水、电、电梯、供暖、电信等系统组成。现代化的智能办公大楼还有中央空调、感烟自动报警及自动喷淋装置、办公自动化设备等。具体包括以下四类:

(1)给水排水系统。它是房屋建筑物内附属设备中各种冷水、热水、开水供应和污水排放设备的总称。具体由房屋的供水设备(水箱、水泵、供水管网和水表)、房屋的排水设备(排水管道、抽水设备、室外排水管道)、房屋的卫生设备(浴缸、水盆、面盆、抽水马桶等)、房屋的热水设备(供热水管道、热水表、加热器、循环管等)、房屋的消防设备(消火栓、消防泵、消防龙头、水箱等)等几类设备共同组成;

(2)煤气设备系统。主要包括煤气管网(道)、煤气表、煤气灶等;

(3)供暖、制冷、通风设备系统。主要由供暖设备(锅炉、热力管网、散热器等)、室内制(供)冷设备(如中央空调、冷气机、冷却塔、电扇等)、室内通风设备(通风机、排气口、净化除尘设备)等组成;

(4)电气工程系统。主要包括房屋的供电设备(楼层配电箱、电表、总开关、供电线路、漏电保护装置、用电器等)、房屋的弱电设备(广播设备、对讲设备、共用天线、电视系统设备等)、房屋的电梯设备(客梯、货梯、客货两用梯)、房屋的避雷设备等。

2. 配套设施的合法合理利用

(1)配套设施的合法利用。配套设施的利用首先要合法,怎样才能做到合法使用以及获取的利益合法分配，首先是要明晰以下关系：

① 配套设施产权的归属关系。配套设施产权的归属问题是关系到决定利用配套设施、提供服务和获取收益是否合法的问题。配套设施的利用不合法，首先会伤害业主的利益，造成投诉或诉讼。因此，在配套设施利用前，首先要界定配套设施的产权归属，产权属于业主的，利用前要征询业主的使用意见且要为业主服务，经济收益也要告知业主。从目前物业项目运行上看，产权不属于业主的配套设施经济收益要与开发投资商商议后，确定所获取的经济收益的分配（佣金）；

② 配套设施经济收益的分配关系。配套设施的合法利用要带来一定的经济收益。收益的分配和使用，要根据物业配套设施的产权关系来进行确定。通常情况下经济收益的分配和使用，要依据发生经济收益的实际情况来确定，比如应剔除配套设施在使用中发生的有关能源费用、人工费用、税费等项目，此外还要留有配套设施的维修保养和内部物品的更换费用，只有余额部分才可进行分配；

③ 配套设施临时租用的授权关系。配套设施一般是归全体业主所有或者归投资开发商所有，物业服务企业负责其日常的管理和维修养护。因此，配套设施的租用应由业主会或投资开发商授权后，物业服务企业才能行使对外租用的权利，租赁所获取的收益可按具体情况而定。

（2）配套设施的合理利用。配套设施的合理利用，通常会涉及有形磨损和无形磨损。有形磨损是由两个方面的原因造成的，其一是设备的不使用，该磨损表现为设备的锈蚀、老化等，物业的寿命只有几十年，设备的大修周期只有 7~15 年，如果设备空置几年所造成的损失将是一笔不小的数目；其二是设备的使用，如设备的开关、阀门只能使用一定的次数，超过限度就会失灵、损坏。无形磨损是由于人们观念的转变、设计的更新、技术的进步等原因导致设备在功能上相对残缺、落后或不适用所造成的损失。

对于设备使用中出现的磨损，在设备投入使用后的不同时期内，磨损程度是不同的。设备从投入使用直至最后报废的整个过程称为磨损周期。在磨损周期内，设备的磨损并非与其使用时间成正比例或等比例，而是大体分为三个时期，即初期磨损期（磨合磨损期）、平稳磨损期和剧烈磨损期。磨损周期理论反映了设备磨损的一般规律，对设备的合理利用有着重要的指导作用。

（八）车场车库的经营

车辆是人们工作、生活所用的交通工具，随着人们生活水平的不断提高，车辆价格的不断下降，车辆保有量在逐年增加。现在一些车场车库，或者由于在开发建设中考虑不是很周全，或者由于在使用中疏于管理等原因，造成在物业管理项目区域内，车辆乱停乱放现象严重，车辆及配件被盗现象屡屡发生，由车辆带来的车祸也屡见不鲜。这既破坏了物业环境，给业主的生产、生活带来不便，同时也给业主的生命和财产安全带来威胁。因此，车场车库的经营必须给予高度的重视。

1. 车场车库停车位的划分

车辆可以分为机动车和非机动车。机动车可分为汽车、摩托车等。非机动车可分为自行车、助力车、三轮车等。不同种类、规格的车辆混杂存放，既不利于车主的存取车辆，也不利于车辆的管理，因此应对车场车库停车位进行合理的划分。要做好该项工作，首先要调查清楚该物业管理区域范围内各种车辆的总数以及不同种类车辆的比例，然后根据今后的发展，对车场车库停车位进行合理的划分。下面以停车场为例进行划分（如图11-1所示）。

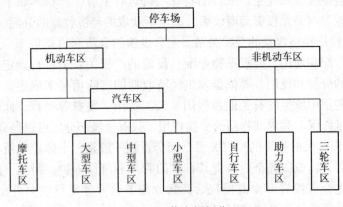

图 11-1 停车场划分

2. 车场车库的设施要求

为保持通道的畅通无阻，方便车辆的存放和管理，车场车库应设置足够的指示信号灯、导向标语牌等，在一些部位还要设置消防器材。在车场车库的出入口如果有必要还应设置管制性栏杆、限速墩等。

3. 建立健全车场车库管理制度

良好的车场车库要做到车辆的有序停放及经营管理到位，就要有相应的管理制度作为保证。车辆管理的规定主要有：车辆通行及停车证制度、限速制度、安全制度等；车辆管理工作制度主要有：车辆管理人员着装及交接班制度、车辆进出停放收费登记制度、可疑情况监视报告和处理制度等。

（九）周边环境对物业资源利用的影响

物业项目资源要充分合理利用并使其能取得较好的经济收益，就需要物业项目经理要对物业管理项目周边的环境进行必要的研究和分析，找出适合物业项目资源充分利用且能取得较大经济效益的项目，并进行可行性分析论证。比如，物业管理项目周边环境是以餐饮服务为主，那么物业项目经理在利用物业项目资源时，就要规避对餐饮服务的选择，而要从物业管理项目周边环境欠缺的项目中或业主（人们）现实生活中有较大需求的项目中，来选择并进行具有鲜明特色的经营。在考虑物业周边环境对项目资源利用的影响时，应着重从以下几个方面进行研究和分析：

1. 物业项目资源的利用要充分考虑业主的实际需求

物业项目资源的利用，重要的是要最大限度地满足业主的需求。要以业主的需求为市场导向，通过对物业项目资源的充分利用，努力开拓市场、占领市场，提高市场占有率，同时通过周到热情的服务和良好的企业信誉，吸引业主，这样项目资源才能得到最大限度地利用，发挥出其应有的作用。

2. 物业项目资源的利用要充分考虑管理项目的经营能力

物业项目资源的利用应最大限度地满足业主的需求，而要满足业主的需求，物业服务企业未必就有经营项目的人才和经营能力。因此解决好满足业主的需求与物业服务企业能力与人才欠缺的矛盾，是一个不容忽视的问题。是满足业主的需求、引进人才、提高企业能力，还是不顾业主的需求，按物业管理项目现有人员的能力运作，需要物业项目经理做出稳妥的选择。

3. 物业项目资源的利用要充分考虑经济收益

物业项目资源利用本身就要有一定的投入，还要有合适的人员进行管理和经营。怎样才能实现物业项目资源利用收益的最大化，并协调好需求、投入和利润之间的关系？是进行短期经营，还是进行长期经营？这就要结合物业项目资源利用的具体环境来确定。

（十）物业项目资源利用中应当注意的问题

物业项目资源在利用中应注意以下几个问题：

1. 业主与资源利用的关系

物业管理项目资源（这里是指物业、设施设备等）的利用首要的是要界定清楚项目资源的产权归属问题。从广义上说，物业管理项目中的资源是归属业主所有的，那么如何妥善处理业主与资源利用的关系，就显得尤为重要。就目前情况而言，至少要处理好以下几种关系：

（1）资源的归属关系。在物业管理项目中，除开发商留给物业管理项目做经营使用的资源外，其余资源均归属业主。比如，空闲房屋租赁、空闲场地和道路的利用，建筑物上承做广告等，因此，项目资源利用前必须征求业主的同意，达成共识后再利用；

（2）业主需求与资源利用的关系。在物业管理项目中，资源的利用首先要征询业主的意见，当广大业主的需求相一致时，资源的利用要满足业主的需求，当然这种满足不是盲目的，要经过分析论证，特别是对经济收益的论证，虽然资源的利用有时在满足业主的需求时，不能获取最大的经济收益，但从物业管理项目长远发展来看是有益的，在这种情况下要以满足业主的需求为先；

（3）利用资源实现收益后的分配关系。在物业管理项目中，当利用资源获取收益后，要正确处理收益的分配关系，避免因收益分配不合理而导致产生矛盾。最好的分配方法是将资源、收支情况等予以公开，使之透明化，让业主或业主会清楚。对所实现的收益，在剔除相关费用后，应当完全用于物业项目公共设施的维护上，特别是用于获利项目资源的完善上。

2. 资源利用获利能力的评估

资源利用除综合考虑相关因素外，还应侧重对获利能力进行分析。在物业管理项目资源利用前要对资源利用的获利能力进行评估，在考虑业主需求的同时，要主动地开拓和选择市场，在确定经营项目后，要在坚持依法经营的大前提下，分析论证项目资源的利用方式及获利能力。

(1) 资源利用与否的论证。物业管理项目存在哪些资源，这些资源中哪些资源是可以利用的，先利用哪些资源，后利用哪些资源，是综合利用所有的资源，还是单一的分别利用不同的资源。对这些问题物业管理项目经理要与业主会进行充分反复的论证，必要时要请专家帮助把关，项目资源利用的方向一经确定，物业管理项目经理就要抓紧进行实质性的工作；

(2) 资源利用方式的论证。物业管理项目资源利用，首先要看物业服务企业是不是具备利用资源实现收益的能力，这种能力包括资金、经营人才以及对市场需求的分析等，当受到资金、人才等因素的制约而不具有独自利用资源实现收益时，就要选择利用资源的其他方式，比如与他人合作经营或完全由他人经营，但是要注意利用资源所实现收益的分配比例；

(3) 资源利用投入与产出的论证。项目资源的利用必须依据论证来进行，而利用一般来说是要有投入的，比如停车场。客观地说对物业项目资源利用的投入，业主出资的并不多，因此作为物业项目资源利用的经营者，头脑要清醒。从目前现实情况看，利用资源所获取的收益相对偏低，因此物业服务企业只能适度地进行投入，以使资源利用能够产生收益。

3. 资源利用的风险评估

充分利用资源，让资源通过经营产生收益，对任何一个物业管理项目经理来讲都会这样来运作。但是物业管理项目经理也应当看到要利用资源进行经营，就要有投入，而未来所取得的收益在一定程度上具有不确定性，即利用资源是有风险的。物业管理项目经理从主观上，都希望通过资源的利用，让其在为业主服务的同时产生收益，但客观上并非都能如愿，特别是在市场经济条件下，服务业的竞争日趋激烈，任何资源的利用都有一个被市场能否接受的问题，市场接受了，证明项目的选择是正确的；市场不接受，就要尽快进行调整，以减少经济损失。怎样规避、控制和化解风险或将风险降低到可以承受的限度内，以掌握主动权，这就需要对风险进行评估。

(1) 分析影响资源利用的因素。在利用资源时，有许多因素都会影响到资源利用的最终结果。在利用资源之前就应清楚地了解这些因素有哪些，以便对不同的因素采取不同的对策；

(2) 在众多影响因素中找到敏感性强的因素。虽然有许多因素都会影响到资源利用的最终结果，但不同的因素其影响程度是不同的。有些因素发生很小程度的变化，就会强烈影响到最终资源利用的结果，这些因素称为敏感性因素；而有些因素发生很大程度的变化，但对最终资源利用的结果影响却不大，这些因素称为非敏感性因素。敏感性强的因素是关注的重点因素；

(3) 分析敏感性强的因素发生的可能性。敏感性强的因素在现实中是否会发生变动，还是不发生变动，其结果大不相同。虽然有些因素敏感性强，但是其发生变动的可能性很小，就不须重点关注和控制，而有些发生变动的可能性很大的因素，才是关注和控制的重点因素。因此要分析敏感性强的因素发生的可能性；

（4）采取相应对策进行风险管理。对不同的影响因素采取不同的管理方法。根据具体情况，对风险的管理主要采取辨识、评估、转移和控制等方法。

4. 选择资源利用的时机

物业管理项目资源的利用，要选择时机。这种时机包括业主的需求的时机、投入资金的时机和经营的时机等。对不同的物业管理项目，由于业主的需求、环境等方面的差异，导致资源利用的深度、时机、空间等的不同。资源利用要选择时机，要善于捕捉业主的需求，并在一定的时段内为业主服务进行定位，除此以外，还要充分研究国家的宏观经济政策，特别是对服务业的优惠政策。

三、充分利用资源，拓展物业管理服务

在城市建设和管理中，物业管理覆盖面在逐年提升，物业管理服务使业主个性化的需求得到了满足且已经成为业主生活中不可缺少的部分。

物业管理服务中的延伸服务，不仅可以扩大物业管理项目的社会影响力，具有很大的市场空间，而且也为物业管理项目增加收益提供了平台。所谓延伸服务就是在充分利用项目资源的基础上，突出服务二字，想用户之所想，急用户之所急，把服务工作做到家。

（一）挖掘业主的潜在需求

随着社会的发展，人们的生活水平在逐年提高。在城市中由于生活节奏的加快，人们的生活方式也正在发生变化，人们没有更多的闲暇时间来满足生活需求，这就为物业延伸服务提供了机遇。而物业资源的开发与利用首先要了解业主或使用人的需求，需求既包括现实需求也包括潜在需求。现实需求是已经存在的需求，业主或使用人既有需求欲望又有一定的支付能力；潜在需求是业主或使用人对现实中不存在的商品或劳务的强烈需求。随着社会经济的不断发展和人们消费水平的不断提高，潜在需求的层次和内容将不断变化，物业管理项目经理要善于发现和了解潜在需求，根据不同的需求群体，适时将潜在需求转化为现实需求，提供菜单式的服务，充分体现其个性化，以更好地实现物业管理的目标。

（二）利用资源做好延伸服务的要求

利用资源做好延伸服务通常要达到下列要求：

1. 效果

是由服务者知识、技术或体力转化所带来的实际效果。这是业主或使用人对服务者的相应素质和作用价值的诉求。

2. 方便

这是业主或使用人在讲究效果的同时对于省力、省时、省事的诉求。如在服务中，为方便业主或使用人，全方位、全天候提供服务。

3. 态度

这是业主或使用人对服务者行为方式上的诉求。作为服务者必须要与业主或使用人进行沟通，协调一致，才能取得信任。常言道"和气生财"，主动、和气、热情、诚恳的服务态度是进行服务、达成劳务交易的前提。

4. 合理

这是业主或使用人对服务者的服务质量转化为货币的一种评价与认可的诉求。在为业主或使用人提供服务中收取的费用标准,应该是合理的,否则即使服务人员的态度热情,服务细致,但由于收费不合理,也会造成业主或使用人心里不舒服、不满意。

5. 满意

这是业主或使用人对效果、方便、态度、合理的心理感受,也是对所需服务高效优质与否的总体评价。业主或使用人的满意,是物业服务企业追求的最高目标。

(三) 延伸服务应考虑的问题

1. 服务要有规模

只有需求达到一定规模后,设置一些商业网点、医疗、体育、文教、娱乐等项目才会有经济效益。

2. 服务要有盈利

物业服务企业之所以利用项目资源开展服务,其主要目的就是通过为业主或使用人提供多种服务获取一定利润,并用其弥补物业管理的成本支出,以便更好地开展物业管理工作。

3. 在开展服务前要进行市场分析

在开展服务前,必须进行市场调查,搞清市场上需求量的大小,并在此基础之上做好预测和决策,使所开展的服务项目建立在可靠的基础之上。市场调查工作可通过问卷调查、电话调查或召开业主或使用人小型座谈会等方式进行,以此来了解业主或使用人的看法和需求,从而决定开展服务的规模大小和档次高低。

4. 服务环境与场地的选择

利用项目资源,开展形式多样的服务是为了更好地满足业主或使用人需求。因此在服务环境与场地的选择上,应考虑业主或使用人的方便。如餐饮服务,要处理好噪声干扰和环境污染问题,应在店址的选择、排污的处理、油烟的排放等方面妥善解决,以免影响周围环境和卫生状况。

5. 服务要办出特色

要想使服务上水平,一定要办出自己的特色。现如今各行各业竞争激烈,如果所开办的服务项目与竞争者在服务水平、服务质量、服务价格等方面相同或大同小异,则很难取得经营上的成功。因此服务要办出特色,就应在服务水平、服务质量上下工夫,力争产生好的口碑,做服务的领跑者。

(四) 延伸服务开展的形式

为了满足业主的需求,开展延伸服务,未必都是物业服务企业服务的专长。因此,在开展延伸服务工作中,要注意利用和借鉴社会力量,特别是在满足业主需求方面有专长的企业,需主动与其形成合作伙伴关系,使延伸服务工作在比较短的时间内能够形成比较深厚的服务基础,并依托物业管理项目的品牌优势,拓展延伸服务。

1. 立足自我开展延伸服务

在物业管理项目中开展延伸服务有其独特的优势,一是与业主有良好的沟通。二是熟知业主的需求和个性化需求。三是业主对物业管理项目的信誉认可度高。四是业主对物业管理项目利用其资源开展延伸服务比较认同。一般来说,在物业管理项目中开展延伸服务其价格均低于市场价,因此物业服务企业在做好服务的同时,应当认真研究物业管理项目的延伸服务工作,立足自我主动地、自主地开展延伸服务工作。

2. 合作开展延伸服务

延伸服务工作中有些服务项目是有较高技术含量的。当物业管理项目自身不能高质量的满足业主需求时,能解燃眉之急的方法就是寻求合作,通过合作的方式使延伸服务工作尽早开展。

3. 外包开展延伸服务

在物业管理项目中也可采取外包的形式开展延伸服务,为了保证延伸服务的品质,外包延伸服务物业管理项目一定要严格掌控,比如废品回收工作,掌控点就是废品回收价格要与市场相一致,对废品回收人员需登记备案,使业主有安全感。

(五) 延伸服务的种类

延伸服务是在做好基本服务的基础上展开的,其所涉及的种类主要有:

1. 家政服务中的清洁

目前,多数家庭需要在节假日、乔迁新居前、房屋装修后,请保洁公司对居室进行清洁,由于清洁费用对大多数家庭来讲经济上还是能够承受的,因此家政服务中清洁工作的需求量相对较大。

2. 家政服务中的保姆

由于生活节奏的加快、社会流动人口的增多,人们的工作变得非常紧张,使得家务劳动的时间变得非常有限,而保姆的服务解决了他们的后顾之忧。除此之外,儿女在外地,年迈的老人也需要保姆为其服务,使他们晚年生活轻松快乐。因此,保姆服务的需求量,特别是有专长保姆服务的需求量会呈增长趋势。

3. 知识更新

当今社会的发展是优胜劣汰,每名从业者都面临工作的巨大压力与挑战,工作以外的时间更多的需要学习新知识,掌握一些特长。适时地在物业管理项目范围内展开有关新知识、新技术的培训和讲座,使一些对新知识、新技术较渴望的业主在感受方便的同时,学习的积极性也会提高。

4. 文化娱乐

随着生活水平的提高,不同层面的业主有着对不同层次文化娱乐的需求。尽管文化娱乐的内容和方式有所差异,但人们健康向上的文化娱乐的需求是永恒的,物业服务企业应在协调客观现实条件与业主需求之间关系的基础上,开展丰富多彩的文化娱乐活动,主动迎合和满足他们的需求。

5. 提供后勤保障服务

在一些物业管理项目中，由于接受服务的单位或部门在机构改革中采用新机制，使原有的企业办后勤的状况得以改变，因而把后勤服务，比如门岗服务、食堂服务、小商品配送、物品采购等服务项目，交由物业管理项目来承担。随着时间的推移，管家式、菜单式的后勤保障服务必将会成为物业管理服务的主导。

6. 中介服务

物业管理项目在获取中介服务资质后，可面向业主开展相应的服务。比如，房屋置换、代租代售、房屋价格评估等。物业管理项目在开展中介服务工作中可能会受到区域管理的局限，随着中介服务内容和服务量的增加，可依托物业服务企业，成立专门的中介服务部门，以方便业主。

7. 特殊时段的服务

在物业管理服务项目中，结合物业管理项目的特点，可以在一个特定的时段开展与业主需求相吻合的延伸服务工作，比如，双职工的家庭在小学生放寒、暑假期间，最需要有特殊时段的服务，这种服务包括写作业、学知识和提供午餐；再比如，在夏季到来之前，物业管理项目对业主居室使用的空调开展清洗、检修服务也可作为特殊时段延伸服务的工作，该类延伸服务的项目还有很多，这里不再一一列举。作为物业服务企业开展该类延伸服务，既解决了业主的后顾之忧，又使物业服务增加了内容，另外与业主沟通交流的机会也增多了，加强了彼此间的理解。

（六）延伸服务中应当注意的问题

延伸服务工作其自身是为了满足业主的需求，同时也获取一定的收益，应当看到延伸服务工作是对物业管理项目服务工作的完善和补充，那么在延伸服务工作中应当注意哪些问题呢？

1. 要保证延伸服务工作的质量

延伸服务在实施之前，应当向业主明确其工作的范围、标准、价格、时间等服务事项，业主对这些服务事项认同后（可形成书面协议），再进行实质性的服务。物业服务企业在选择延伸服务项目时需尽量避免从事危险性大、风险性大且极易引起争议的服务。

2. 延伸服务的价格要合理

在延伸服务中，特别是个性化延伸服务中其标准和价格很难在市场上找到参照的依据，因此在个性化延伸服务项目中，要坚持双方确认服务内容、标准和价格并达成一致意见（签订协议）后，再进行实质性服务。

3. 延伸服务工作要顾及物业管理项目的整体

在进行延伸服务工作中，可能由物业服务企业独自进行服务，也可能会采取寻求合作伙伴共同进行服务的方式，还可能会采取外包的形式进行服务，无论采取哪种服务方式，在延伸服务工作中都要兼顾物业管理项目乃至物业服务企业的整体信誉和利益。一般来讲业主对物业管理项目比较了解，也比较认同，而对选择的合作伙伴或是外包单位不甚了解，因此在延伸服务工作中要充分发挥物业管理项目品牌的效应，以此来消除业主的顾虑，同时又可增强物业管理项目服务人员的责任心。

4. 承接延伸服务工作要量力而行

物业管理项目在承接延伸服务工作时也要注意保护自己，对高危险性的延伸服务工作要尽量的规避，要把优势延伸服务工作最大限度地展示出来，可向业主提供延伸服务的菜单，供业主选择。

复习思考题

1. 什么是物业管理？其管理服务的内容有哪些？
2. 物业管理的运作有哪些环节？各是什么内容？
3. 什么是物业管理项目资源？
4. 在项目资源开发利用中对物业管理项目经理的要求是什么？
5. 在物业管理项目中有哪些资源可开发利用？
6. 如何充分利用资源，拓展物业管理服务？

第十二章

国外部分国家及中国台湾地区房地产业经营简介

在当今发达国家的产业结构中，房地产业都占有着重要地位，并在整个国民经济发展中有着广泛的影响和发挥着重要的作用。对发达国家而言，其房地产业的发展已经相对成熟，有很多经验和做法值得中国借鉴。本章主要对美洲、亚洲和欧洲一些地区和国家的房地产业及其经营状况作一个简单的介绍，以起到对中国房地产经营的借鉴与启示作用。

第一节 美国房地产业及其经营简介

一、美国房地产业综述
（一）美国房地产业发展概况

美国房地产业的发展大致可以分为三个阶段，第一阶段是殖民地时期到 19 世纪末，这是美国房地产业的起始阶段；第二阶段是 19 世纪后期到第二次世界大战，这是美国房地产业的发展阶段；第三阶段是第二次世界大战结束后，是美国房地产业的长期、持续、稳定繁荣发展阶段，研究这一阶段对我国国内房地产行业比较具有借鉴意义。美国房地产行业在第二次世界大战后的发展主要体现了如下几个特点：

1. 房地产的各种物业形态逐渐趋向成熟

形成了住宅、零售商业物业、商用写字楼和工业厂房等比较完善的物业形态，同时针对个别物业形态形成了比较完善的市场体系，市场体系逐渐细化。在美国自用住宅政策中，长期奉行"买得起的住房"政策（affording housing），政府通过各种政策调控，使得房价一直处于一个比较合理的水平。同时美国住宅的自有率比较高，且长期保持稳定，1997年，美国自有住房率为66%（指独户型房屋）。

2. 美国房地产业表现出周期性

一般是18~20年左右经历一个周期循环，周期内部波动幅度较小，较少大起大落。这也表明美国房地产市场是一个理性成熟的市场。从长线投资来看，在美国投资房地产具有风险低、收益稳定、回报率高等特点。

3. 房地产业在美国整体经济结构中所占比重不大

房地产业是美国国民经济的重要组成部分，是重要的基础产业，但其在美国整体经济结构中的比重并不大。1992年美国房地产业与整体国民经济的比例关系为：房地产业产值占所有产业产值之比为0.95%，房地产业的工资总额与所有产业工资总额之和的比例为1.2%，房地产业就业人口与所有产业总就业人口的比例为1.3%。1997年这些比例分别为房地产业产值占0.94%，工资额占1.2%，就业人口占1.3%。这些数据对比说明了两个问题：一是房地产业发展与整体国民经济发展配合得非常协调，发展比较平稳；二是反映了房地产业与整体国民经济的比例关系比较合理，保持这种比例就足以满足生产和生活对房地产的需求。

4. 房地产行业与金融业互相渗透

自20世纪90年代以来，美国房地产行业与金融行业互相渗透，房地产行业从早期的通过银行按揭贷款获得资金，逐步扩展成为通过各种信托基金来获取资金；同时贷款银行又将按揭贷款通过打包的方式，向金融市场的投资者出售。可以这样说，美国的不动产行业资产的流动性相对较强，房地产行业的融资环境比较好，房地产行业资产证券化水平较高。

（二）美国房地产税收体系

美国的房地产税主要包括：所得税、一般财产税、房地产收益税。

1. 所得税

美国的所得税分为个人所得税和公司所得税两种。目前，个人所得税已成为美国联邦税收中的第一大税种。美国房地产业所得税的纳税义务人为房地产业主，包括：

（1）美国公民，指有美国国籍，就其在美国国内外的一切房地产经营所得课税；

（2）居住在美国的外国人，指在美国有固定住所并住满一年以上的外国侨胞，就其在美国境内外的房地产经营所得课税；

（3）非居住的外国人，指在美国无固定住所，或居住未满一年的外国人，仅就其来自美国境内的房地产经营所得课税。房地产个人所得税的课税对象主要是：投资入股的房地产股息收入；房地产投资利息收入；房地产经营中已实现的资本利润、佣金、红利等。

公司所得税纳税人是依据美国各州法律成立并在各州政府注册的公司，美国政府就其来源于美国国内外的全部所得征收公司所得税。美国房地产公司所得税的课税对象主要包括：经营所得、资本利润所得、股息、利息、租金及其他收入等。

2. 一般财产税（物业税）

美国对土地和房屋合并征收一般财产税，该税相当于我国香港的物业税。其课税对象包括房地产和企业不动产等物业。其纳税义务人为美国公民以及在美国拥有房地产物业的外国人。像好莱坞明星上千万的豪宅，每年交纳的物业税至少要几十万美元。各州对此项税所征税率不一致，一般为1%～1.5%左右，像买一套30万美元的别墅，每年需缴纳3000美元的物业税。

物业税主要是由地方政府收取，用于本区内小学到高中、图书馆、社区公园等公共设施的改建和绿化等。因此，许多家里有小孩的居民愿意选择物业税高一些的地方买房，以保证孩子能享受到良好的教育和服务。一般来说，在物业税高的地方，人们更愿意租房而不是买房。比如在纽约，只有33%的居民拥有自己的房子，远远低于全美67%的平均水平。当然，美国的物业税不是一成不变的，各级地方政府根据当年的预算、应纳税财产的总价值、其他来源的收入等变量来确定当年的物业税率。例如2008年、2009年金融危机席卷房地产市场，美国购房者大量减少，不少地方政府都出台了减免税收的措施来鼓励居民购房。

3. 房地产收益税

在美国，一定时期所购得的房地产，其增值在一定限额内，并不需要缴纳任何税金。这种"一定限额"，须视当地政府在不同年份所定的标准而定。如果某人在房地产买卖中的收益超过了政府规定的限额，则须向美国政府纳税，其税率为加权比率税率，须视当年税法规定而定，也分个人收益税和公司收益税。

（三）美国的公共住房政策

早在大萧条后的1934年，美国政府便成立了联邦住房管理局，1937年，美国"住房法"批准建造的房租低廉的住房，称为"公共住房"。这项法令批准政府向地方当局提供帮助，改变不安全和不卫生的居住条件，支援低收入缺房困难户。1965年，又成立了联邦住房与城市发展部，该部通过提供贷款、赠款、抵押保险、补助以及技术支持，帮助低收入家庭提供价廉的住房，向老人、残疾者提供特殊补助，为大专院校学生提供住房，帮助改造贫民窟和衰落地区。1986年，美国国会通过了低收入者购房和租房税收抵扣法案，并在1993年成为永久性的法令。

目前美国的住房政策包括以下几个方面：刺激房地产业和经济的发展；鼓励公民买房，进一步提高个人拥有住房的比例；改善住房结构；资助低收入居民租房。基于以上这些方面的考虑，美国的公共住房政策主要有以下几个方面的内容：

1. 政府成立专门的机构来实施抵押贷款证券化

该措施能够降低银行的流动性风险，弥补抵押贷款的资金缺口，鼓励银行为居民提供购房的资金来源，从而促进抵押贷款市场和房地产市场的发展。

2. 对购房者实行优惠的税收政策

该政策规定，凡贷款买房者，其所付的贷款利息均可以抵充个人收入，从而在很大程度上少交所得税。此外还规定，业主所交的房地产税可以抵充所得税等。一系列的税收优惠政策大大刺激了居民购房的意愿。

3. 政府参与建造一定的经济适用住房

美国政府不但每年从城市发展项目经费中拿出相当一部分用于低收入居民住宅的建设，而且还通过优惠政策，鼓励开发商建造经济适用房，从而增加面向低收入居民的住房供应量。

4. 实施公平住房政策

即要求政府确保住房问题上的公平性，严禁在租房、买房以及申请贷款等方面歧视有色人种或穷人。

（四）美国的资金监管制度

美国的资金监管制度简单理解就是经纪公司或者开发商绝对没有可能碰到客户的一分钱。如果是开发商卖新房，这些钱都直接交到开发商委托的律师给客户开设的信托账户里，这个账户被监管部门严格管控。直到新房建成、直接签署纸面文件六个月之后才能交到开发商手里。所以对开发商要求资金实力是非常雄厚的，没有足够的实力是不敢开发房地产的，而且是利润率相对比较薄的行业。如果是经纪公司，无论是收付款还是按揭款，或是其他任何款项，都是通过产权保险公司和金融监管机构来对客户进行全程的资金监管，所有的款项经纪公司是不可能接触到的。这样，从制度上就杜绝了携款潜逃等现象的发生。

二、美国房地产业经营的特点

（一）房地产业经营的规模化专业化程度高

美国房地产业分工明确，有专门的土地开发商、建设商、中介经纪商、保险商、抵押服务等机构。土地开发商负责土地开发，地块划分商负责地块的规划设计，中介经纪商负责市场销售策划，保险机构负担灾害风险、抵押信用风险，抵押服务则负责抵押贷款的后续管理。由于分工较细，每一市场参与者不仅对本行业有着丰富的专业知识和经验，而且实力雄厚，往往都是跨州、甚至跨国的集团公司；开发的房地产项目上规模、上档次，房地产的管理和服务也是高档次、高效率。美国房地产投资的专业化还体现在用房的不建房，建房管房的不用房。如大型商业中心，一般都是由大型房地产公司或基金开发并持有产权，然后由商家租赁经营。另外，美国绝大多数房地产的转让、抵押、租赁等都是通过中介服务公司实现的，因此人们平时接触到的房地产公司都是指中介经纪公司，而不是指开发公司。这也是美国房地产业成熟化、市场化的标志之一。

（二）商业房地产以租赁作为主要经营方式

美国像商场、办公楼、工厂等商业房地产以租赁为主要经营方式，虽然有买卖，但比例比较小，而且买卖往往是整幢转让，受让者再分租，很少有国内的产权商铺等将物业分割出售再整体出租的销售模式。房地产以租赁为主要经营方式，有如下优点：有利于房地产的专业化规模化经营；可以减少公共部分产权分割带来的许多麻烦；有利于租户盘活资金，资金不会被套在房地产上，且进退容易；有利于房地产证券化的发展。房地产租赁经营的另一个好处是，提高房地产市场分析的"效率性",由于房地产租金水平能比较准确地反映房地产市场的供求关系以及社会整体经济形势,租赁经营将使房地产价格的透明度增加,收集信息的效率提高,克服了房地产售价的易变和不可捉摸性。经济学家认为正常的房地产市场,从投资角度来看,某一房地产是否值得投资,很大程度上依赖于其产生租金的能力。这就是为什么有关房地产经济的理论、估价方法等一般都是建立在租金分析基础上的,而比较少用售价来分析。

(三) 房地产保险制度健全

保险业在美国房地产发展过程中扮演着重要角色,是房地产市场健康发展的保证,房地产市场的运作靠保险来分散和避免风险。有关房地产的保险包括自然灾害方面的保险、建筑期保险、抵押信用担保、产权保险等多个方面。健全的保险制度分担了房地产投资风险,使房地产投资、买卖、抵押等安全可靠,在一定程度上确保房地产项目收益稳定、风险可控。

(四) 网络技术被广泛应用

1995年初,美国销售房地产的网站只有大约100个,到2001年已有1万多个,通过因特网买卖房屋已经成为时尚。

1. 美国房地产网上搜索引擎的配套功能强大

这主要依赖于其领先的网络技术和成熟的市场体系,集中体现在两个方面:一方面,在搜索房源时,它额外提供一个城市比较功能。首先是收入水平的比较,实际上是比较不同城市的间接效用函数,比如在纽约年收入50000美元,相当于三藩市年收入55393美元。除此之外还有生活支出指数、学校、平均学位水平、犯罪率、居住交通状况等方面的综合比较。另一方面,在美国利用搜索引擎可以找到各地(甚至还包括加拿大和菲律宾)细分到乡村小镇的详细的市场分析报告,这在其他国家也是不可能做到的。

2. 买卖双方的代理费均由卖方出

从买卖房地产代理费的收取来看(租赁类似),在美国买卖双方的代理费均由卖方出(大约占购买价的4%~6%)。这样在交易过程中,中介商实际上处于卖方代理地位,这对买方来说是非常不利的。为了避免和降低这种不利因素,特别是防止出现由同一家代理商作买卖双方的代理人,买方可以在网上自由选择代理人。

3. 房地产贷款程序可在网上办理

在提供了足够的证明文件之后,房地产贷款程序也可以在网上办理,减少了交易中面对面的频繁沟通,降低了交易成本,具体流程如下:

1) 准备贷款文件,包括个人信用报告复印件、税收证明、个人财务状况证明及所在人力资源部的合同信息;

2) 获得初审批复贷款额,知道大致的贷款数额,以决定购买房地产的价格范围;

3) 比较3~5个不同的贷款机构或抵押贷款经纪人(需要综合考虑利率、贷款年限、预付利息百分比、还款方式等);

4）正式申请贷款：完整地填好贷款申请表，然后按要求迅速提交给提供抵押贷款的银行。这里要注意两点：一是不要无节制地使用信用卡；二是要确保欲购买的房地产估价合理，不能偏高，否则银行可能会拒绝贷款申请；

5）由成交鉴证官（escrow officer）或律师最后核查申请；

6）最后检查贷款条款，签名获得银行确认的支票，然后就可以用该支票账户进行网上支付了。

从网络技术对美国房地产业的影响来看，网络技术对房地产业的影响和冲击不仅在于我们已经看到和感受到的对于房地产销售环节的影响，比如网上房展、网上拍卖以及各种购房指南方面的信息，而且在于将要产生的对整个房地产原有操作和经营模式的"破坏"与重建。

（五）房地产贷款主要流向房屋的消费者

美国的房地产抵押贷款以消费市场为主，主要是为个人买房提供资金。1998年上半年统计，个人购房按揭贷款总额占房地产全部抵押贷款总额的76%，如果加上多户型住宅，则比例高达82.4%。其他贷款包括开发贷款、建设贷款、商业楼贷款、农场贷款等加起来才占17.6%。这种贷款结构的理由很简单：只有购房者买得起，开发的商品房才能卖得出去。商品房卖得出去，房地产开发商才有了资金，就等于支持了开发商。相反，如果把钱贷给开发商，购房者没有资金支持，只能是房越建越多，积压越来越多，结果只能是房地产公司经营困难，金融机构的烂账坏账越来越多，最后危及金融市场的安全。另外，贷款流向开发市场的结果也可能会使没有资金实力的房地产开发公司，玩"空手道"进入房地产市场，影响房地产市场稳定。实践证明，美国的这种贷款结构是非常合理的，这也是抵押证券化的基石。

（六）房地产投资信托基金在美国迅猛发展

20世纪90年代以来，房地产投资信托基金（Real Estate Investment Trusts，以下简称REITs）在美国迅猛发展，像一颗冉冉升起的新星，魅力无穷，在房地产界和投资界引起很大反响，逐步成为商业房地产投资的主流。越来越多的房地产通过REITs实现证券化，像沃尔玛、洛克菲勒中心，甚至连监狱等政府的房地产都纷纷通过证券化，成为公众产权。REITs的发展使商业房地产经营由买卖为主变为出租为主。商业房地产经营方式从买卖到出租的转变，一方面盘活了沉淀在房地产上的资金，为房地产用户节约了生产成本，大大加速了资金的周转；另一方面促进了房地产的专业化经营，提高了房地产的管理效率，使房地产发挥最大效益，对社会的整体经济发展具有重要的意义。

随着REITs行业的发展，越来越多的房地产成为REITs的资产，出现了房地产业主与房地产用户的分离，如商业中心的商家只埋头做买卖，工厂只管生产，医院只管治病救人，就连监狱的警方也只管犯人的管制，管理房屋的事全都交给了REITs的经营管理公司。房地产经营方式的转变带来了房地产的专业化分工，由一支非常专业化的房地产经营管理队伍来管理房地产，管理效率一般要比非专业部门高很多。

三、"次贷危机"下的美国房地产行业

2001年美国网络泡沫破灭以后,美联储为了刺激经济,实现经济软着陆,长期奉行低利率政策,造成金融市场流动性过剩;同时美国政府又积极推动房地产行业的发展,设立了"两房"等抵押贷款公司,推动了美国房地产行业繁荣。但是表面繁荣的背后,也隐藏着深重的危机,并最终导致了2007年发生的"次贷危机",并迅速演化为全球性的金融危机。其发展过程简要介绍如下:

(1) 各贷款银行为了追求利益的最大化,向信用程度较差和收入不高的借款人提供了大量的次级贷款,同时将这些贷款通过打包、评级、出售等金融创新手段将其出售给金融市场的投资者,以规避风险,从而完成了房地产贷款风险从按揭银行到金融市场地扩散。

(2) 当利率较低,房价上涨时,这些资产还属于盈利能力较强的优质资产;从2006年以来,为了抑制通货膨胀,美联储不断调高利率,次级贷款的风险增大,并随着借款人违约现象的出现,这些资产的价值快速缩水,造成贷款机构的破产和倒闭。其标志就是2007年4月美国第二大次级房贷公司——新世纪金融公司的破产事件。

(3) 随后总资产高达1.5万亿美元的世界两大顶级投行雷曼兄弟和美林相继爆出存在次级贷款类金融资产缩水问题。雷曼兄弟公司于2008年9月15日向法庭提交破产保护申请,美国银行则宣布收购同样陷入困境的第三大投行美林公司,AIG告急等事件引发了全球范围的金融市场恐慌,证券、商品价格暴跌,金融市场的流动性几乎接近停滞,从而引发了全球范围的金融危机。

"次贷危机"对美国房地产市场造成了巨大的冲击:2008年12月23日,美国商务部公布的政府报告显示,受信贷干涸和消费者信心下滑的影响,2008年11月份新房销售下滑至17年以来的最低水平。报告称,2008年11月份美国新屋销售环比下滑2.9%,与2007年同期相比下滑35%;新房平均售价环比下跌至22.04万美元,与去年同期相比下滑11.5%。另据全美地产经纪商协会公布报告称,2008年11月份美国新屋销售环比下滑8.6%,平均售价同比下跌13.2%,为该协会1968年开始编纂该数据以来的最高跌幅。

应该说来自于房地产行业的"次级贷款危机"是造成美国金融危机的导火索,但是房地产行业并不是金融危机的制造者,而是金融危机的受害者。为了保证房地产行业的持续协调发展,我们可以从"次级贷款危机"中汲取对我们有益的经验和教训:

1. 房地产行业的发展需要金融市场的支持

根据世界各国的发展来看,二者之间的融合和渗透将会更加深入。这是房地产行业发展的一个大趋势。

2. 严格审查贷款银行

对房地产贷款的合格贷款资格进行审查,降低贷款风险;对于高风险的贷款人,一定要采取加大首付、提高利息等手段来降低风险。不可为了短期的、局部

的利益而放松风险监管。降低贷款违约率,确保贷款的风险可控。

3. 控制房地产金融市场风险

房地产类的金融融资,一般具有金额大、期限长的特点,为此为房地产类金融融资建立适当的"防火墙",限制金融创新工具的使用,防止风险在金融市场无限制的扩散,将风险控制在可以约束的范围内,以降低对整个金融市场的影响。

4. 加强对房地产和金融两个市场的监管

房地产和金融监管部门需要加强对房地产和金融两个市场交易行为的监管,防止过度交易和过度创新,防止资产价格过快攀升和资产泡沫的堆积,提高风险评估和预警的手段,尽可能将风险控制在危机水平之下,避免市场的大起大落,促进市场的良性发展。避免因资产泡沫破裂导致经济金融波动的风险,降低对实体经济平稳运行造成的伤害。

第二节 日本房地产业及其经营简介

一、日本房地产业综述

(一) 日本房地产市场发展概况

第二次世界大战后,日本元气大伤,百废待兴。尤其是住宅市场,供应严重不足,住房紧缺成为全国一个严重的社会问题。为解决这一难题,日本政府采取了由政府、民间、个人共同集资的政策,并通过立法方式由政府强制执行。这种措施产生了良好的效果,使战后日本住宅建设在国民生产总值中所占比例保持在6%~8%左右。随着日本经济自20世纪60年代中期以来的快速发展,经济实力的迅速增强,住宅质量从战后初期低标准的简易房提高到设施齐全的较高标准住房,至1981年,全日本基本解决了供需之间的数量上以及质量上的矛盾。

此后,日本在继续开发新建住宅区的同时,加快了旧区改造工作,并提出了"向二十一世纪新城镇目标迈进"的计划,并在很多地区开始实施。政府在实现最低居住水准的同时,提出了诱导性的居住水准,这种水准的居住面积比最低居住标准将近翻了一番。

到1990年,日本的房地产业已经历了一个极大的发展过程。地产的总价值约为20万亿美元,大约是1955年的75倍,相当于当时全球股市总市值的2倍。日本的地价极高,从价值量上来说,单东京的地价总值就相当于当时整个美国地价总值。地产价格不断上扬,泡沫越吹越大,最终使泡沫崩溃,国民经济开始了长达八九年的低迷和萧条。房地产的下跌几乎与股市同步。经济不景气,人们收入下降以及对未来预期的悲观,因此缺乏对住宅用地的购买意欲。同时进行的企业重组则意味着办公大楼需求的下降,房地产业开始连续8年的下跌,"日本"神话破灭,尽管政府采取了财政补贴的方式,予以支持房地产业,但效果并不明显。

直到2000年,日本房地产业才开始有了缓慢的回升,住宅市场需求增长,住宅总工程数比1999年同期增长16.8%,私人住房动工数量同比上升26.9%,出租用房动工数量同比上升5.4%,租金价格上升,日本房地产业显示出复苏迹象。其中经济状况的好转以及住房贷款利率的下降,是推动房地产业复苏的主要动力。

进入2002年,日本房地产业仍然看不出有任何好转的迹象。由于日本政府因财政困难而要大量压缩公共事业建设开支,因此今后日本的住宅价格还会下跌。而另一方面,日本的住宅消费出现了两极分化现象,上亿日元的超级住宅与价格极低廉的普通公寓均被销售一空,加上国外房产商的介入,为前景低迷的日本房地产业带来了一丝暖气。

2007年9月份爆发的全球性金融危机,不仅导致日本经济陷入深度衰退,也使日本的房地产市场遭遇寒冬期。住房销量下滑不止,也使日本的住宅、商业用地价格继续下跌。日本国土交通省公布的日本全国地价调查结果,2009年1月1日时的日本全国的土地平均价格(公示地价)比上年下跌3.5%,这是该国的土地价格3年来首次出现下跌。其中,住宅用地价格同比下跌3.2%,商业用地价格同比下跌4.7%。在与上年可比的约2.8万个调查地点中,只有23个调查点的地价出现上升,是自1970年开始这项调查以来上升地点最少的一次。日本国土交通省分析指出,经济不景气、办公楼出租率下降和住宅销售不振,再加上受金融危机影响,投资基金撤离房地产市场等原因导致房地产市场低迷是日本地价出现下跌的主要原因,土地价格下跌的趋势短期内难有大的变化。

本次金融经济危机爆发后,日本政府在2008财年的补充预算中实施了历史上规模最大的住宅贷款减税措施,在2009财年的补充预算中又提高了融资率。日本政府的这些措施都试图激起国民购买住房的热情,激活房地产市场,最终达到扩大内需拉动经济增长的目的。总的来说,金融危机再次使日本的房地产市场面临严峻的考验。

(二) 日本房地产税收

日本的房地产税收制度包括几十种税种,但归纳起来主要有三大类:

1. 房地产取得课税

房地产取得课税是指房地产所有权的取得,确切地说是实际取得,不论是有偿或无偿。

2. 房地产保有课税

房地产保有课税是指对房地产的实际占有,不论是对土地所有权占有还是地上权、赁借权占有。

3. 房地产转让课税

房地产转让课税是指对房地产权利的出让、转移。

日本房地产税收的结构如图12-1所示。

(三) 日本的住宅政策

日本住宅政策总目标是与国民经济发展阶段相适应,与家庭构成以及居住区域的特性相适应,为全体国民提供居住环境良好的住宅。

1. 重视住宅建设立法

为了保证住宅建设的发展,日本政府制定了《住宅建设规划法》、《公营住宅

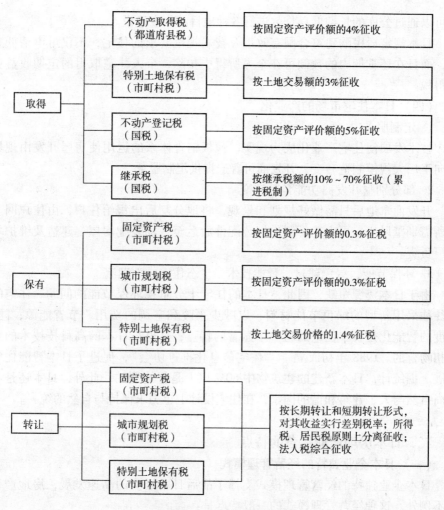

图 12-1 日本房地产税收结构

法》、《地方住宿供给公社法》等众多的有关住宅的法令、法规,形成了比较完备的住宅法律体系。法律规定地方政府要经常注意管辖地区的住宅状况。

2. 重视住宅管理

日本私房率较高,住宅经济主要由市场机制调节,但是政府仍然比较重视对住宅的管理。政府的建设省及下属住宅局对全国住宅建设实行政策、法令、计划、设计、资金、生产、技术一体化管理。

3. 给予在财政、金融和税收上的支持

日本运用财政和金融手段,创造了独特的住宅金融公库模式,向普通居民提供长期低息的住宅资金,为解决日本国民的住房问题,特别是对稳定金融市场的利率和资金,发挥了巨大作用。金融公库与住宅公团、公营住宅被称为日本住宅经济的三大支柱。

财政补贴和融资制度是日本建设省指导和管理住宅建设的重要途径,不仅个人能申请,地方政府如住宅建设资金短缺也可向公库或公团申请,而且民营企业也可以通过公库的长期低息贷款进行各种项目的住宅建设。

日本规定居民购建符合国有政策及技术规范要求的住宅,不仅可申请低息贷款,而且在还款期内的数额可在个人所得中扣除,个人住宅取得的定期收益免征所得税。

(四) 日本住宅市场的产业化

1. 定制服务

技术发展使住宅产业化成为现实,薄板钢骨体系的运用使房屋开发由现场建造向工厂大规模制造转变,开发商可普遍提供定制服务。

2. 部分别墅开发商功能角色转变

开发商拿地后只需做好规划和景观,将地分割后出售给住户,由住户网上定制所需别墅风格,再由工厂制作好装配件后运至现场装配房屋,建造及维护均由工厂负责。

3. 环保节能、绿色建材、智能技术、生态住宅成为潮流

由于日本资源短缺,因此,日本的住宅十分重视环保节能的问题。住宅的建造往往采用新型的绿色节能材料,以减少采暖和空调的费用,节省能源;同时,高度的智能化是日本住宅的另一个显著的特点,这也与日本的高科技技术的发展是相吻合的。1988年初成立了"住宅信息化推进协会",促进了日本智能住宅的发展。据统计,日本新建的建筑物中60%以上是智能型的;此外,日本还是一个崇尚自然与人、建筑和谐的国家,在住宅设计上也力求保持与自然的统一。

二、日本房地产业经营的特点

(一) 日本企业独特的经营管理模式

日本企业独特的经营管理模式支撑了战后日本经济的高速发展,房地产行业也不例外。这种经营管理模式的一般特点是:

(1) 不仅产品质量高而且成本低;

(2) 随着标准化和批量生产的发展,能够尽可能多地满足市场需求;

(3) 日本独特的生产体系结构把产品开发、生产、销售看成是一个整体,以谋求提高产品的质量和生产效率,缩短交货期;

(4) 确立终身雇用制度,使企业与职工能够齐心协力;

(5) 给予所有管理人员对未做出决议的项目发表意见的机会,达成共识后再做出决定;

(6) 形成系统的网络结构,通过系统银行的融资资金来筹措大部分资金,并通过相互持有股票消除来自股市方面谋求在短期内取得业绩的压力;

(7) 制定提高市场份额的长期目标;

(8) 实现企业内部的多元化,使现存的剩余劳力得到重新分配。

(二) 日本逐渐兴起的房地产信托模式

日本的房地产信托模式其运作程序如下:

(1) 房地产公司将土地、建筑物分售给投资者,由投资者缴纳土地、建筑物

的价款给房地产公司；

（2）投资者将房地产产权信托给房地产投资信托公司进行经营管理；

（3）信托公司将房地产全部租赁给房地产公司，同时向该公司收取租赁费；

（4）房地产公司也可以将房地产转租给承租人，向承租人收取租赁费；

（5）信托公司向投资者发放红利；

（6）信托银行也可以将该房地产在市场上销售，从购买者身上获取价款，再按比例分配给投资者。此外，日本还有一种合伙型房地产证券化模式，和以上信托模式的不同在于投资者之间的合伙形式代替了信托公司，少了一道中间环节。

第三节　新加坡房地产业及其经营简介

一、新加坡房地产业综述

（一）新加坡房地产市场发展概况

历史上的新加坡曾是一个殖民地国家。1959年，新加坡脱离英联邦建立自治邦时，还有40%的人口拥挤在肮脏的棚户区内。20世纪60年代，"居者有其屋"计划的实施，基本上解决了新加坡公民的住房问题。同时，新加坡政府十分重视房地产业对整个经济的调节作用。因此，新加坡的房地产业建设速度极快，整个行业是由政府主导的。现在，新加坡已发展成为一个东西方生活观念交融的城市国家，也是一个环境清新优美的多功能现代化都市，其房地产市场也较为成熟，与其他国家相比，具有自己独特的住房制度体系和融资方式。在新加坡的住宅中，有85%以上是政府新建的公共组屋，这是新加坡住宅体系的一大特色。

新加坡房地产市场发展基本比较稳定：20世纪90年代房地产价格暴升，公共住房市场价格在六年中增加了三倍，私人地产市场价格增加了约两倍；1997年东南亚金融危机导致房地产市场价格大跌，公共住房转售市场价格下跌约30%，私人地产市场价格下跌40%多。而同期香港房地产价格下跌60%多；1999年新加坡房地产快速回升，但在2002年世界经济衰退的影响下，房地产价格再次回落，从此市场便一直处在小幅下跌和小幅波动中；2005年以来，由于新加坡经济的强力回弹和政府刺激政策的作用，整个房地产业出现快速的价格增长。私人住宅空置率从2005年的8.4%下降到2007年的4.9%，办公室空置率从13%下降至7.7%，公共住房转售价也出现较大的增长。租金增长尤其迅速，一年中增长接近50%。

目前，在全球金融危机的影响下，新加坡房地产市场受到一定的冲击，致使房屋租金及转售价格大幅下滑。2009年第一季度，新加坡的私宅价格大幅下滑了13.8%，这也是新加坡私宅价格连续第三个季度下滑。业内人士认为，私宅需求大幅减少是导致价格下滑的主要原因，而经过市场调整后，私宅价格接下来的跌幅预计不会超过10%。与2008年第四季度增长1.4%相比，新加坡2009年第一季度的组屋转售价格跌幅为0.6%，这也是新加坡组屋转售价格连续9个月增长后第一次出现下跌。在政府组屋方面，需求下降已经导致租金持续下跌。政府组屋的租金在过去两个季度下滑了大约5%~10%。此外，一家房地产咨询公司公布的数据显示，2009年第一季度，新加坡全国的办公用房平均租用率下跌了2.1个百分点，为93.6%。这是新加坡办公用房租赁市场连续第二个季度下滑，也是1997年下滑2.6个百分点以来的最大跌幅。全国办公用房租金在第一季度平均下跌了18%，为1998年下滑12%以来的最大跌幅。

（二）新加坡的物业税

物业税是以物业租金为税基按一定比例每年征收的一种物业持有税，目前大多数国家都有物业税或相关税种。物业税属于地方税，在各国和地区已经存在多年，且差异较大。大多数国家或地区的物业税按税率分为两种：一类是土地与物业分开收税，如日本和韩国，一类是统一征收如美国和英国；按税基也分为两类：一类是按物业价值征收，如美国、英国和加拿大；一类是按租金征收，如我国香港、法国和新加坡。总体来看，物业税占到可支配收入的2%左右，对普通自住房一般采用优惠税率，对高房价和多套住房税率增加明显，具有惩戒功能。

新加坡物业税是由新加坡国内税务局对所有房产征收的税种，包括针对中低收入者的政府组屋也必须交纳物业税。具体来说，自住房产的物业税率是4%，重点是收大套型高房价"富人住宅"的税，对于只住一套组屋的居民则予以有区别的优惠；其他类型的房产的物业税率是10%。新加坡的专家指出，中小套型的组屋能受到广大居民欢迎，以及新加坡的居民很少买两套房，征收物业税发挥了重要作用。出租房物业税可以抵租金收入税，但是税率较自住房高。自住房净年租值税是新加坡比较有特色的"第二物业税"，加重了高价房和拥有多套房产的业主的缴税负担。该税项计入所得税征税，并将于2010年被取消。2008年度物业税占新加坡全国总收入的大约1.1%。

（三）新加坡的住房政策

新加坡先后采取多种政策措施，来推进住房社会目标的实现，取得了良好效果。

1. 政府控制着住房供应市场的主要份额

即公共组屋的建设，有力地保证了广大中低收入者的住房需要，全面实现了"居者有其屋"的目标。

新加坡国土面积682平方公里，人口340万。新加坡的住房供应体系可分为两类。一类是政府建设的公共组屋（类似于我国的经济适用房），占整个市场供应量的85%；另一类是私人开发商建设的中高档住宅，约占15%。其中，在公共组屋中，又分为租赁和售卖两种。租赁的占5.9%，售卖的占94.1%（截止2004年3月1日）。可见，新加坡的个人住房拥有率非常高。代表政府建设组屋的建屋发展局（简称建屋局）既是政府机构，又是新加坡最大的开发商。中低收入者在购房和租赁时享受一定的价格、贷款等方面的优惠，充分满足了广大人民的住房需要。总体上看，目前新加坡的住房市场已呈"供大于需"的态势，住宅发展正朝着全面提高居住水平的方向迈进。

2. 通过组屋分配政策，促进民族融合

新加坡是一个多元种族、宗教和文化的国家。其中华族76.7%，马来族13.9%，印度族7.9%，其他1.5%。为避免不同民族因各自聚居而带来种族隔离等社会问题，建屋局规定，每座组屋都要按一定的比例进行分配，即都要有一定比例的少数民族，包括马来人及印度人。他们若要转售，也必须卖给少数民族。从而保证了各族群可住在同一座组屋里，促进了民族的融合和团结，保证了社会的稳定。

3. 通过组屋分配政策，促进家庭融合

为促进家庭和睦和亲情关怀，并适应老龄化的需要，政府也通过组屋的分配政策，来实现相应的社会发展目标。首先，申请购买组屋者必须是核心家庭。也就是说，申请者必须是夫妻，或母女、父子等。新加坡十分强调家庭的重要性，为了鼓励适婚男女组成家庭，规定购买者必须是组织家庭者。单身男女，不能直接向建屋局购买组屋，只能在公开市场上购买。其次，强调年轻子女必须照顾年老的父母。为促进就近探视和照顾父母，政府规定，如果子女购买离父母近的组屋，可优先购买，并得到建屋局的补助。

4. 通过规划设计和混合开发，促进不同收入阶层人群的融合

为促进不同收入阶层的融合，新加坡在住房政策上也采取了一定措施。首先，政府在组屋区建设了充足的社区设施和娱乐设施，促进了社区的交流，使居民对其居住地产生了强烈的归属感。其次，在公共组屋内混合了不同户型，适应了不同民族和不同社会阶层居民的需要。最后，在公共住宅区，出售私人住宅地段，吸引私人开发商开发一些高档住宅。这样，就使得一个社区内既有一般的公共组屋（包括销售房和出租房），也有高档住宅，保证了不同收入阶层的人们生活在一个社区内，推动了社区的发展。

5. 对不同收入者实行差别补贴政策，确保政府的补贴落到最需要的地方，发挥最大的效用

首先，对购买不同户型（面积）的家庭，政府的优惠程度是不一样的。新加坡的组屋大致有1房式、2房式、3房式、4房式、5房式和公寓式6种。对购买3房式以下住宅的常常是低于半价出售；4房式住宅也可降价15%出售；5房式住宅也稍有优惠；对于标准较高的公寓则按市价出售，不予优惠。在贷款方面，对不同收入家庭的人在贷款方式上实行差别对待，即一般收入的贷款额度为80%，低收入者可达90%。

其次，实在无力购房的，例如月收入少于800新元者，政府还允许租用组屋。

再次，对于暂时无力购房的，实行"先租后买计划"，但规定这类情况只能申请3房式。具体做法是：月收入在800～1000新元的家庭，前两年的租金仅为市场租金的20%；月收入在1001～2000新元的家庭，前两年的租金仅为市场租金的30%。同时规定，每两年更新租约，租金随更新次数与收入而定，在购买时可享受优惠，例如，以津贴价格出售，再加租期折扣，为已付租金总数的30%（最高可达15000新元）；最高100%抵押贷款（必须先用公积金贷款）；最高30年分摊

还清。

最后，在住房翻新时，政府给予的津贴也是有差别的。例如，政府给予适当补贴，但补贴的标准有差别，房子越大，补贴越少。又如，在邻里、整座组屋及组屋内部的翻新中，政府对于1房、2房和3房式的补贴为90%，4房式补贴85%，5房式补贴80%，公寓式补贴75%。

6. 实施"乐龄公寓"计划，以适应社会老龄化的需要

为适应老龄化需要，改善老年人住房条件，新加坡建屋局还为老年人量身定做了"乐龄公寓"。凡是55岁及以上，并拥有组屋至少10年的老年人，都可申请乐龄公寓。在乐龄公寓里，有方便老人的设施，如更宽的大门、衣橱、支撑扶手、热水器、更大的开关钮和不溜滑地砖等。在出售时，也实行了类似组屋的政策，申请成功者必须出售现有组屋，并且乐龄公寓不得转售。这一关怀老年人的住房政策，深得民心。

（四）新加坡成功的公积金制度

新加坡是世界上住房问题解决比较好的国家。与美国的住宅抵押贷款体系，德国的契约型住房储蓄系统不同，新加坡的住房融资，采取的是公积金制度。

新加坡"居者有其屋"政策能够顺利实施，其主要原因是公积金制度所提供的资金支持。新加坡自1955年以来推行中央公积金制度，实质上是政府为维护劳工和受薪者福利而推行的一种强制性储蓄制度，也是一种全民性的社会保险制度。它使政府积累了大量的住房建设资金，从而成为政府支持住房发展的主要资金来源。其主要做法是：任何一个雇员或受薪者每月必须按一定比例扣除部分工资；作为雇主的私人企业或政府部门也必须按雇员或受薪者每月工资的同样比例逐月拿出款项，分别记在雇员名下，两者统一存到中央公积金局，作为雇员的公积金存款。目前，新加坡公积金的缴纳率已经由个人工资的10%提高到40%，其中82%的积累可用于购建住房。公积金存款是公共建屋和公共购屋资金的根本保证，用公积金买房解决了一个"买得起"的问题，一般来说，公积金缴纳人约3年的公积金存款就可以缴付房价70%的首付款，剩下的贷款加上利息可分20~25年在每月所缴的公积金中扣还。

新加坡公积金使用范围明确，除应付会员提取和向会员贷款外，还向公共住宅建筑承包商提供建造贷款，其他的资金投向政府债务而转由政府控制。公积金制度不仅促进了新加坡住房问题的尽快解决和房地产业的发展，还推动宏观经济形成高积累——高投资——高增长的良性循环，从而推动了整个国民经济的顺利发展。

二、新加坡房地产业经营的特点

（一）网络营销

网络和第三代科技的崛起给新加坡的房地产业带来了很多商业机会，很多公司纷纷投资网络科技的研究和开发，建立自己的网站。目前，新加坡有至少20家跟房地产有关的网站，竞争相当激烈。这些网站不只是提供一个庞大的代售房地

产名单和网上三维游览，而且运用灵活的策略向全球扩充，和其他类似的国际电子商务平台联系起来。网络技术使房地产企业从根本上扩充了自己的市场，实现了信息资源共享和全球同步销售，而且其快捷、灵活的特点也为房地产业的发展带来了新的契机、增添了新的活力。

（二）具有品牌意识的代理公司

新加坡的代理公司大多数叫顾问公司，他们也大都起着顾问的作用，一个合格的代理公司从选项目到策划、推广、行销，每一个环节都运作得严谨而专业。从客户的角度看，一个好的代理公司就意味着好的房地产项目。以21世纪不动产新加坡地区的加盟店为例，由于其强大的品牌背景，充分得到了当地客户的认同，每家加盟店的成交额都远高于一般代理公司。

（三）全新的销售工具

新加坡代理商的销售工具也在不断地更新，楼书越印越精美，售楼处越建越豪华，而新加坡的销售工具已经和我们有很大不同了。代理商普遍使用房地产销售管理软件，它不仅为房地产项目提供了与更多客户联系的机会和可能性，也为广大客户提供了全面性和有针对性的房地产资讯。而且这种信息可以同时建立在图像、文字和声音等各种形式上，已经全方位取代了楼书等传统的销售工具。

（四）丰富的衍生事业

在新加坡的代理公司购房，往往还可以获得一些衍生的服务。他们已经大大地延展了代理公司的业务范围。比如在21世纪不动产加盟店里，客户买房之后可以享受到优惠价格的装修、搬家、财产保险等一站式服务。不仅避免了客户的许多麻烦，并且牢牢吸引了自己的固定客户群。

（五）全球同步的销售网络

新加坡和北京一样，是一个非常国际化的现代都市，房地产客户也来自世界各地，因为项目的全球同步发售是新加坡房地产销售行业的一个新的推广方式。如ERA、21世纪不动产这样的大型代理公司都拥有自己的全球销售网络，而中小型公司也会通过其他形式进行全球的销售合作。

第四节 德国房地产业及其经营简介

一、德国房地产业综述

（一）金融危机下的德国房地产市场

面对全球金融危机的影响，欧洲各国的房地产市场相继出现低迷的态势，德国是为数不多的例外。据德国联邦统计局的数据显示，2008年前三季度，德国房价仍以2.6%、2.8%和3.3%的速度加速增长，同时新建房屋和建房审批数量不跌反升，德国房地产并没有趋冷迹象。

德意志银行房产研究部主任托比亚斯·尤斯特分析指出，过去几年德国房价并没有飞涨，因此目前没有泡沫破灭的担忧。此外，近几年德国每年新建住房仅

20万套左右，也不存在供给过剩问题。另外，他在接受新华社记者采访时表示："德国的房产信贷也是安全的，贷款者的信用状况在贷款前就已进行了严格检查。"

研究德国地产数据及管理发现：过去10年，德国房价每年平均上涨1%，而物价水平每年平均上涨2%，相比之下，德国房价实际上在以每年1%的速度缩水。自1977年以来，德国平均房价上涨60%，而个人收入已增长了3倍。目前，德国普通住宅每平方米均价在1000～2000欧元，房价实际水平不是很高，据德意志联邦银行在2007年6月18日公布的月报中称，近年来德国经济增长强劲，德国家庭收入迅速增加，家庭平均净资产达20万欧元。在人均收入大幅度增长的情况下，德国房地产市场不仅保障了德国居民的住房问题，同时显示出这种管理模式抵御金融市场动荡的有效性。

当然，在全球金融危机环境下，德国房产企业、地产中介及地产银行、地产基金的日子也并不好过。德国阿瑞尔地产信贷银行分析报告指出：德国房产类企业是金融危机的受害者，而不是肇事者，这一点与美国和欧洲其他一些国家有着本质区别。当前德国房产市场的困难，一方面是金融危机、经济衰退导致百姓手头紧，缺乏资金买房买地；另一方面是金融危机导致地产银行、地产基金融资困难，地产企业资金面也随之收紧。

在金融危机下，德国政府迅速采取了两方面措施，确保金融危机不会演化成地产危机。首先，受惠于德国政府4800亿欧元金融救市计划，地产银行成为直接受益者；其次，为防止出现地产基金赎回潮，政府强令所有开放式基金全部转变为封闭式基金。

对于未来德国房市的发展，尤斯特表示，"即使在当前经济衰退时期，德国房价至少也会延续过去平稳的状态"。同时一些新能源住房、低耗能房屋等可能受到欢迎，成为未来投资的重点。

（二）德国政府对房地产市场的调控

在美国房地产市场次级抵押贷款危机日益暴露的时候，德国房地产市场却相当稳定。其中，德国政府功不可没。独具特色的房地产政策已成为德国"社会市场经济模式"的重要组成部分。与英美等国相比，德国政府更强调房地产市场的社会福利性质，政府根据国家人口特征制定了完备的房地产发展规划，并通过土地、税收、法律等手段卓有成效地实施规划和调控市场波动。由此保障了数十年来德国房地产市场供求基本平衡，房地产价格水平总体较低，市场抗风险能力强。德国已成为各国政府成功调控房地产市场的典范。

为保障居民住房、保持房地产市场稳定，德国政府采取了多种行之有效的手段调控房地产市场。在充分认识到完全市场化的房地产市场所带来的巨大风险的基础上，德国所实施的"政府主导、市场参与"的房地产发展模式，经受住了数十年的考验，其经验值得借鉴。

1. 严密的规划保障了供求平衡

严密而科学的房地产规划，是德国政府调控房地产市场的首要手段。德国土地规划的出发点是全国的人口特征。德国主要的房地产信贷银行阿瑞尔银行分析师郝鹏表示，供求规律仍然是影响房地产价格的决定因素，掌握了这一规律，房地产市场就能基本稳定。

目前德国约有 8200 万人口，家庭数量约为 3800 万，为全国提供相应数量的住房是政府规划的首要目标。另外，根据政府规划，近年来德国每年新增住房为 25 万到 30 万套左右，完全能够满足居民的新增购房需求。虽然目前德国人口已呈现负增长的态势，但由于经济复苏，许多失业者重新找到工作，大量原东德居民向西迁移，外来居民也不断增加，因此不断增加住房供应还是很有必要的。更重要的是，有计划地增加住房总量能有效打压市场上炒作房价的因素，是稳定房价的重要因素。

考虑到居民的收入差距，德国政府在房地产规划中对高、中、低档房屋的结构作了明确规定。特别是对低收入者，各地方政府会根据当地人口结构明确规定所有住房中福利房的比例。比如科隆市政府就规定，每年新建的 3800 套住房中，1000 套必须是面向低收入家庭的出租房。政府对社会福利住房专门规划用地，在开发商开发后再以较低的价格提供给需求者，其中的市场差价由政府向开发商提供补贴。

2. 税收成为调控的有效手段

除严格的房地产规划和相应土地供应外，税收成为德国政府调控房地产市场的重要手段。无论是在新增房屋建设、保障住房供应，还是在限制房地产投机方面，德国政府都积极运用税收手段，大都取得了立竿见影的效果。

最典型的例子是，在两德统一后，原民主德国地区居民房屋破损，大量人口开始向西迁移，全国范围内出现了巨大的房屋缺口。此时联邦政府并没有依靠政府财政修建新房，而是通过一项税收优惠措施，规定无论是公司还是个人，凡建房投资一律免缴所得税。这一措施大大激励了全国投资者的建房热情，短短数年内便弥补了房屋缺口，随后政府再宣布取消所得税减免政策。

另一方面，为限制房地产炒作，德国政府一直对市场上的相应资金通过课以重税的方式加以限制。德国实行的所得税改革计划，将对投资者的房租收入征收 25% 的所得税，这些政策与当前实施的房租最高限价政策相呼应，将大大限制房地产投机的利润空间，对维护房地产市场稳定起了重大的作用。

3. 用法律规范市场各环节

法律同样是德国政府调控房地产市场的有效手段。德国南部地区早在 1886 年便颁布了第一部"土地整理法"，随后在全国实行，为土地规划和土地整理提供了法律保障。另外，在房地产市场的各个方面，政府也都有严密的法律规定。

由于德国低房价的吸引，近年来大量海外"炒房团"涌入德国，境外资金已经超过本土资金成为房地产市场的主力，2006 年德国吸引的境外房地产投资资金约占到全欧洲的三分之一。对此，民众普遍担心德国房价和房租会被炒高，许多地方政府出台法规限制最高房价和房租，从而极大地打击了外资炒作德国房地产的热情，许多海外炒房团开始逐步淡出德国市场。

从德国房地产市场调控来看，依据法律消除暴利，有效地进行管理，就能使居民满意，安居乐业。

二、德国房地产业经营的特点

（一）完善的法律规定

在德国，从联邦到各州涉及房地产交易的法律规定比较多，不仅覆盖面广，而且操作性强。地方法院专门设有一个地产部，管理房地产注册，其提供的情况是政府地产局进行房地产登记的基础。德国的每一块土地都有地产证书，地产证书是进行房地产交易的法律基础。《地产条例》规定，与房地有关的各种情况在地产证书中都要写明，由于记载的各类情况详尽，因此在交易过程中，几乎不可能因此发生法律纠纷。对房地产进行评估有专门的评估鉴定委员会，《联邦建筑法典》规定，评估鉴定委员会要由法律界、经纪人、建筑师、建造公司、银行界等各方面的专业人士组成，鉴定委员会不属于任何部门，独立依法行事。土地拍卖主要依据民法典，土地使用性质则由建筑规划法规定。由于各种法律规定相当完备，因此在德国进行房地产买卖，给人以安全感，而从事房地产交易及其管理的人员，也多为熟悉法律的人士或本身就是律师。

（二）德国房地产交易透明度高

德国实行土地私有制，但各级政府对土地的使用都有严格规划，哪些土地只能用作住宅区，哪些土地只能用作商业区，甚至建筑与空地的面积比等，开发商都必须遵循政府规划。但是，政府不规定房地产价格，开发商也不能说了算，德国的房地产价格取决于独立的房地产价格评估机构。德国的房地产评估业独立于政府之外，评估师并不考虑政府、委托人及个人的经济利益。

房地产评估主要分为两类：

一类是独立的私人评估专家。这些评估师或评估员拥有不同的资历认证，有的是当地工商协会认定的，有的是银行认定的，还有的是英国皇家注册测量师学会会员（该学会的会员可以对欧洲地区房地产进行评估）。这些评估专家拥有丰富的房地产知识和敏锐的商业头脑，为顾客提供有价值的房地产评估报告。评估师对其评估结果负责30年，对评估中的错误要负法律责任。

另一类则是公共评估机构，即遍布各地的房地产"公共评估委员会"。这些委员会负责某一地区，如柏林、慕尼黑、德累斯顿和汉堡的房地产价格评估。德国联邦建筑法对评估委员会的任务和职责有严格规定，其中最重要的职责是：使地方房地产市场对公民、房地产专家和评估师保持透明性和公开性。根据法律，委员会的工作主要包括：每年公布房地产市场报告；为私人、公司或法院撰写已完工或尚未完工的房地产评估报告；每年1月1日负责制定"地价图"的"标准价"或"指导价"。

德国联邦建筑法规定，每一块出售的土地都要登记在册，且每块土地的买卖都必须由公证人向国家报告。所有房地产交易情况都要集中起来，形成"销售价格总汇"。各地评估委员会则根据"销售价格总汇"每年制定"地价图"，提出各个区域的标准土地价格。评估委员会制定的最普遍的标准土地价格主要涉及农林区、农村和市区、工业和贸易区、交通区及学校和医院等公共区。另外,"地价图"还可能提供商用、住宅用楼房以及楼房层数等方面信息。

总之,德国房地产交易透明度非常高,这也为政府征税、城市建设等提供了诸多便利。每年,政府都利用"地价图"、各类评估师的评估报告所提供的价格征收地产税和房产税。同时,为照顾低收入家庭,政府还开发一些住宅楼销售或出租给低收入家庭,依据的也是房地产评估师们的报告。

(三)德国房产市场透明度高

德国购房人的利益得到《房租价格法》的保护,这项法律中有明确细致的条款规定。为了增加房租价格的透明度,德国的多数城市都制定了一个叫做"房租明镜"的价目表,列出了该城市各种房产的大致租价,虽然房主和租房者可以就具体租金讨价还价,但最后价格必须在这个项目表所规定的浮动范围内。这个价目表一般是由各个城市的住房管理机构、租房者协会以及住房中介商协会等机构在对住房情况进行综合评估后共同制作的,很有权威性。通常,人们租房时要借助中介商,这时也不必担心被狠宰一刀,因为有《房产中介法》保护租房者不被中间人乱收中介费。这项法律规定,如果中介商任意提高佣金,一经发现,将被处以高达2.5万欧元的罚金。

(四)活跃的经纪业务

德国现有房地产经纪公司4500家左右,其中柏林市有350多家,柏林市的房地产交易量相对较大,去年一年的交易价值约为40亿马克。房地产经纪人必须懂得法律、有经营知识。经纪人有自己的专业协会,专业协会属自治组织,实行自治管理。其主要职责是对经纪人进行培训,维护经纪人的利益,监督经纪人的行为。目前要成为经纪人协会会员,必须出示从事地产经纪业务的证明并经过考试。经纪人协会的所有资料要上报政府经济部。经纪人的业务除了为买卖双方进行中介外,现在也逐步扩大到接受产权人的委托,对房产进行日常管理和维修,甚至包括资金、税务、保险方面的服务。从事经纪业务的除了私人的、合伙的公司外,许多银行也逐步介入房地产经纪业务,由于经纪规模日益扩大,经纪公司有向综合性公司发展的趋势。

(五)配套的金融服务

房地产交易离不开银行的配套服务。德国银行在实行抵押借贷时,政府的信贷局会帮助银行对抵押价格进行评估,以解除银行对借贷资金安全性的担忧。据介绍,1945年以后,德国的房地产价格一直比较平稳,不像美、日等国那样大起大落,与政府向银行提供的帮助不无关系。我们从德国联合抵押银行这家德国最大的房地产专业银行了解到,这家银行现有员工4万人,资产12亿欧元,分支机构1416个。该行除了提供房地产融资的各种可能外,还与房屋鉴定机构合作,对房屋的环境、环保、卫生等各项指标进行评定,提供房屋"护照",解除客户对环境、建材污染的担心。针对有的客户贷款后害怕失业,失去工作能力或意外亡故,银行还设立了贷款保险。有的客户想买房,但钱少;想租房,但不知租金是否合理,该行都能提供服务,并能24小时为客户进行计算机分析,5~

10分钟内给出是或否的答案。他们有一句话："没有银行不能提供的服务",确实很值得回味。

第五节　中国台湾地区房地产业及其经营简介

一、中国台湾地区房地产业综述

(一) 中国台湾地区房地产发展概况

20世纪70年代以来,中国台湾地区房地产市场由于社会、经济的快速成长及国民收入的急速提高,受油价及物价巨幅波动影响,使得房价迅速飙升。但自20世纪90年代初期中国台湾地区泡沫经济破灭后,房地产市场一蹶不振,房价下跌,直到2002年房地产价格跌幅才趋于缓和,房地产市场稍见起色。20世纪70年代初期至今,中国台湾地区的房地产市场经历了几个不同的发展时期,由于当时宏观经济环境等原因,每个阶段市场民众的反应以及台湾当局所实行的相关措施也不尽相同,但大体上保持了一个波形运动的规律。

1. 20世纪70年代初期——第一次房价大幅飙涨

回溯中国台湾地区房地产市场的起伏变化,可以发现由于1973年发生第一次石油危机,国际油价由每桶3.65美元涨至10.4美元,此时由于预期通货膨胀的心理作祟,导致物价上涨47.4%。而社会大众基于购屋保值的心理,大肆抢购不动产,促使房价攀向高峰。此次房价上涨模式为:油价上涨→物价上涨→房价上涨。

2. 20世纪70年代中期——持平时期

这一阶段政治有些震荡,如1975年蒋介石逝世,中南半岛越南、柬埔寨政局骤变,但尚能延续前一波的景气高峰,处于上下微幅持平状况,总体经济变化不大。

3. 20世纪70年代末期——第二次房价大幅飙涨

1978年房地产市场开始又有回暖现象,然而因为政治因素,房市稍见顿挫;又因第二次石油危机影响,国际油价再度暴涨一倍,而物价上涨率也随之攀升到了两位数以上,同样又有预期通货膨胀的心理作祟,造成房价暴涨。此次房价上涨的主要原因仍为经济快速增长,人民有足够的消费能力购屋置产,加上消费者购房保值助长,房价上涨模式仍为:油价上涨→物价上涨→房价上涨。

4. 20世纪80年代前期——首度房价下跌时期

1980年底户口及住宅普查揭露住宅存量过高,空置率达13.1%,为抑止盲目抢购,台北市逐步推动实施容积管制,造成建造商、地主一窝蜂地抢建。又因经济发展停滞,台湾当局虽施行《九项缓解当前工商业困难措施》及《改善投资环境及促进投资方案》等各项刺激方案,但经济仍然低迷,再加上1985年爆发"十信"金融风暴,打击金融业甚巨,使经济景气度下跌,这是自都市化、工业化以来首次出现房价下跌。

5. 20世纪80年代后期——第三次房价大幅飚涨

1987年，经济再次复苏，造成这次房市荣景的原因与前二次大异其趣：就国际油价而言不涨反跌，从物价来看只是小幅微涨。究其原因，主要是当时社会财富长期累积，又有新台币升值因素所涌入的"热钱"推波助澜，而理财观念亦大变。因此，此次房价大幅上涨的原因由以往的购房"保值"一跃而为投资"增值"，房地产市场非常火热。

6. 20世纪90年代前期——房地产市场陷入低迷阶段

自1989年年中开始，经济逐渐走下坡，其后则在一连串经济性与非经济性利空因素笼罩下，房地产经济持续低迷，逐步迈向"U"形谷底，并已逐渐进入低价盘整阶段。这一阶段经济长期低迷的主要原因，可归因于整体市场大量的余房空屋以及台湾省各县市逐步实施容积管制的影响，台北市噩梦再现，大量住宅供给量超额，空置率达13.3%。

7. 20世纪90年代后期——持续低迷

国际上东南亚爆发金融风暴，对中国台湾地区之后数年的经济发展影响甚多，造成房地产市场持续低迷不振，虽有购屋房贷优惠，仍难提振。

8. 21世纪前十年初期——一蹶不振

这一阶段经历了"921"大地震、政治不稳定、人为或天灾不断的年代，失业率逐年攀升、核四厂是否停建、核三厂的跳电等对经济层面影响甚巨，再加上产业外移、人口外流、全球化竞争力弱化、缺水危机、SARS传染病的爆发等，造成经济低迷雪上加霜，持续探底，空置率创新高达到17.6%。

9. 21世纪前十年中期——缓缓复苏，炒作开始升温

国际上有经济慢慢复苏现象，惟中国台湾地区经济仍未见回升。在持续低利率购房贷款及土地增值税减轻征收下，诱发换房者进入市场，加之钢筋等建材价格上涨刺激，房价开始反弹，特别是普遍预期两岸直通、观光开放等，首先由套房、豪宅价格挺升，连带牵引一般住宅价格也有波动现象。

10. 21世纪前十年末期——中国台湾地区市场投资信心复苏

据有关部门统计，中国台湾地区2007年物业投资交易突破1810亿新台币，同比增长高达近39%。另外，投资商的投资兴趣越来越广泛，投资的物业类型也逐渐扩展，对区位的选择也更具有灵活性。展望未来，随着实施两岸直航和开放大陆民众赴台观光旅游以及"i-Taiwan 12工程"等强化经济的措施，中国台湾地区的经济发展将获得改善，会进一步促进房地产市场的发展。

台湾当局提出了一系列增加贸易、投资和旅游的举措，将使房地产市场随着政策的逐步落实而受益。总体而言，短期内写字楼和高端住宅物业有望取得增长，酒店物业也将可能在未来一到两年内实现蓬勃发展。随着经济形势的转好，零售商铺和工业物业预计在未来3~4年内会逐步复苏。

（二）中国台湾地区的房地产税法

中国台湾地区的房地产税法种类繁多。从总体上看，可以分为两个部分：以台湾地区相关法规和孙中山"规定地价、照价征税、照价收买、涨价归公"的平

均地权思想作为立法依据的土地法,是中国台湾地区房地产税法的母法,也叫普通法;以土地法作为立法根据,包括"土地税法实施细则"、"平均地权条例"等在内的中国台湾地区现行税法,是房地产税法的子法,也叫特别法。在房地产税法执行过程中,优先适用子法(特别法),只有在子法规定不足不完备的地方,才适用母法(土地法)的规定。

中国台湾地区房地产的现行税法由下面几部分组成:

1. 土地税法

中国台湾地区的土地税法于 1977 年 7 月 14 日公布,1979 年 2 月 22 日由行政院颁布了"土地税法实施细则",土地税法规定的税种有地价税、田赋、增值税、空地税,但不包括荒地税、不在地主税。

2. 平均地权条例

中国台湾地区于 1954 年 8 月 26 日公布"实施都市平均地权条例",1977 年 2 月 2 日此条例被修正为"平均地权条例",其施行区域包括都市及非都市区域。平均地权条例包括了征收地价税、田赋、增值税、空地税的具体规定,但同样没有荒地税和不在地主税的规定。

3. 房屋税条例

由于土地法中征收建筑改良物税的规定并未实践,因而现行税法中产生了"房屋税条例",规定对建筑改良物征收房屋税。

4. 契税条例

契税条例规定,除了开征土地增值税区域的土地免征契税以外,凡因买卖、承典、交换、赠与分割等而取得房地产所有权的,应购用公定契纸,申报缴纳契税。同时,必须到乡镇区公所进行监证,按价收取 1% 的监证费,列入地方财政收入。

5. 工程受益费条例

工程受益费条例具体规定了对土地改良工程费用征收税费。

6. 遗产及赠与税法

遗产及赠与税法规定,对因继承或赠与而取得房地产所有权的,应征收遗产税或赠与税。

7. 所得税法

所得税法规定,对因交易而取得房地产所有权的,应征收所得税,但个人出售土地所得免纳所得税。

8. 印花税法

印花税规定,领取房地产的各项凭证,应由财政部统一发行印花税票征收印花税。

(三)中国台湾地区对房地产市场的政策调控

1. 提供优惠购房贷款

1997~1998 年亚洲金融危机期间,台湾当局于 1998 年提出"振兴建筑投资业措施",提供 1500 亿元的邮政储金低利房屋贷款。民进党上台后,为刺激房地产市场,自 2000 年 8 月起到 2002 年 4 月连续推出 4 次共计 9200 亿元的优惠购房专案贷款方案,向购房者提供部分房屋优惠贷款利息,补贴购房贷款期限长达 15

年。到2003年3月，这4次优惠房屋贷款已使37.3万户受惠。另外，2000年8月，中国台湾地区当局还推出"青年优惠房屋贷款专案"，即提供1200亿元用于青年首次购房等限于特定对象的专案优惠贷款。台湾当局的优惠贷款，直接刺激了房地产业的发展。

2. 实施土地增值税减半征收两年

在2001年8月召开的"经发会"上，在工商界的强烈要求下，达成减免土地增值税的共识，以刺激房地产市场与鼓励投资。"立法院"于2002年1月通过"土地税法修正案"，土地增值税减半征收2年，当年2月起实施，到2004年2月届满。许多交易都提前在此期间实施，加之大财团通过虚假交易，以达到节税的目的，也在某种程度上刺激了房地产市场。

3. 推动金融资产与不动产证券化

2002年6月21日，中国台湾地区"立法院"正式通过"金融资产证券化条例"，增加了金融机构筹措资金的方式，金融资产可以交给"特殊目的信托公司"或特殊目的信托业并发行金融资产证券化证券，以增加金融机构资产流动性，改善资产负债管理。这样，金融机构就可将住宅贷款、汽车贷款与信用卡应收账款等经重新包装或重组，以新的形势向投资人销售。在这一政策鼓励下，中信银行与雷曼兄弟公司合作，推出中国台湾地区第一个金额高达50亿元的房屋资产证券化商品，其他多家银行都在推动以房屋贷款为标的的金融资产证券化商品。

4. 调整公房政策，活跃房市

为缓和房屋供给面，1999年起，中国台湾地区当局决定暂缓公房住宅新建计划2年及公营企业台糖公司开发自用住宅新建计划暂缓2年。2002年底，中国台湾地区公布"国民住宅条例"修正案，公房管理政策进一步放宽，将居住满2年才能转售的限制缩短为1年；取得使用执照满15年的公房可自由买卖；原不符合公房承购资格的民众也可购买旧房。随后，台湾地区"内政部门"授权各县市政府自行根据本地房地产市场行情，对滞销的公房可自由降价促销。另外，2003年1月中国台湾地区"内政部门"宣布降低公房贷款利率为年息2.652%，也有助于公房的销售。3月1日起，公教员工住宅贷款利率由3.5%进一步降至2.31%，可使有贷款的6万户公教员工受惠。

5. 开放大陆及外商投资岛内房地产

2003年初，中国台湾地区当局正式宣布开放外资赴台投资房地产。2003年初，台湾地区"内政部门"成立"促进外资及陆资来台投资不动产工作小组"，争取排除外资及陆资赴台投资不动产的障碍，鼓励其投资。尽管由于岛内环境不佳，相关政策还不配套，陆资与外商投资房地产效果不明显，但仍为岛内房地产市场带来利多消息，有助于房地产市场的后续发展。

二、中国台湾地区房地产业经营的特点

（一）较成熟的房地产法规

中国台湾地区的房地产市场经过几十年的发展，已进入一个比较成熟的时期。

房地产法规也越来越成熟。中国台湾地区十多年来有许多房地产立法，如10年前的《公平交易法》，1978年以前的《消费者保护法》，以及《公寓大厦管理条例》、《不动产经纪业管理条例》等。根据消费者保护法的条款，房地产广告内容要真实，"企业经营者应确保广告内容之真实，其对消费者所负之义务不得低于广告之内容。""刊登或报道广告之媒体经营者明知或可得而知广告内容与事实不符者，就消费者因信赖该广告所受之损害与企业经营者负连带责任。""因企业经营者故意的所致之损害，消费者得请求损害额三倍以下之惩罚性赔偿金；但因过失所致损害，得请求损害额一倍以下之惩罚性赔偿金。"

（二）代理公司具有强势姿态行业地位

由于中国台湾地区土地市场的高度公开，一个项目是否可以成功，很大程度上取决于发展商前期规划时产品定位的抗风险能力、项目营销策略和本身资金操作能力。在中国台湾地区，代理公司在地产行业中处于相当重要的地位，在某些角度上比发展商更为专业、强势。由于中国台湾地区代理公司比较注重自身品牌的建设，而且具备专业的产品规划能力和行销能力，因此在很多情况下，开发商比较依赖品牌代理公司进行销售，而代理公司的选择主要体现在对其产品的规划能力，这成为该投资项目成功与否的重要关键因素之一。

（三）形式多样的业务组合

中国台湾地区地产代理公司，通常情况下在前期（土地未实质获得、或已经获得未规划之土地）就介入项目，如此可以确保该项目与市场需求紧密结合，并参与项目全程操作，直接深入到产品的开发、策划、广告、品牌战略等诸多方面；在业务的形式方面，除传统意义上的"代销"外，中国台湾地区代理行业还开展广告包销、包柜型、纯企划、企划带业务等多种业务形式，根据项目的不同特征及发展商的资金实力和对风险的不同认识，为发展商提供不同形式的服务。

（四）超前的经营理念

中国台湾地区代理公司将代理佣金的提取比例划分成非常细的档次，然后与销售率挂钩，实行风险共担机制，这样有利于促使代理公司对项目的全力投入，从而在很大程度上降低发展商的风险；中国台湾地区的代理公司都有一支市场研究、建筑规划、广告设计、销售执行、消费者服务等专业融为一体的专业团队，都配备了专业技能相当高的建筑设计队伍，在建筑设计、园林景观设计、高新科技产品的选取、国外最新建筑理念的引进等方面可为发展商提出专业的建议，并协助设计单位设计出符合市场的产品；在中国台湾地区，广告设计属于代理公司的业务范畴，这样使得代理公司可以保持营销思路的延续性，大大提高了广告的品质与效果，从而创造更好的销售业绩；除此之外，中国台湾地区代理公司将建立自身的消费者品牌作为一项长期的经营目标，强调为消费者提供安全的交易，反对向客户做出不可能实现的承诺。

优质的中国台湾地区代理公司引进了目前全球最高服务标准的CS（Customer Satisfaction）系统，将客户满意深入到消费者研究、建筑设计、现场销售、售后服务等营销的各个环节。

(五) 网络经营成为营销的有力武器

各大中介公司纷纷建立起自己的企业网站，包括加盟讯息、精选物业、市场动态、成交行情、财务规划、服务据点、室内设计、房屋竞标、法律咨询、客户信箱等功能。此外，还有地区性房屋中介企业自行结合的网站，全联会网站，其中部分网站还提供跨品牌的房屋联卖，以及开放同业代销等功能，甚至准备筹建提供海外房屋流通的国际网络公司。中国台湾地区房地产经纪企业开始走向网络时期，这将成为推动企业营销的有力工具。

复习思考题

1. 美国房地产经营的特点？
2. 中国台湾地区是如何对房地产市场进行政策调控的？
3. 日本的房地产税收有哪些？
4. 简述新加坡的住房政策？
5. 论述金融危机后的德国房地产市场及德国政府对房地产市场的调控？

附 录

一、有关合同文本

（一）商品房预售合同文本（以北京市建设委员会和北京市工商行政管理局2005年共同制定发布的商品房预售合同文本为例）

商品房预售合同

出卖人：_____
通讯地址：_____
邮政编码：_____
营业执照注册号：_____
企业资质证书号：_____
法定代表人：_____ 联系电话：_____
委托代理人：_____ 联系电话：_____
委托销售代理机构：_____
通讯地址：_____
邮政编码：_____
营业执照注册号：_____

买受人：_____
【法定代表人】【负责人】：_____ 国籍：_____
【身份证】【护照】【营业执照注册号】：_____
出生日期：____年____月____日，性别：_____
通讯地址：_____
邮政编码：_____ 联系电话：_____
【法定代理人】【委托代理人】：_____ 国籍：____
【身份证】【护照】【 】：_____
出生日期：____年____月____日，性别：_____
通讯地址：_____
邮政编码：_____ 联系电话：_____

根据《中华人民共和国合同法》、《中华人民共和国城市房地产管理法》、《北京市城市房地产转让管理办法》及其他有关法律、法规的规定，出卖人和买受人在平等、自愿、公平、协商一致的基础上就商品房预售事宜达成如下协议：

第一条 项目建设依据

出卖人以【出让】【转让】【划拨】方式取得坐落于_____地块的国有土地使用权。该地块【国有土地使用证号】【城镇建设用地批准书号】为：_____，土地使用权面积为：_____，买受人购买的商品房（以下简称该商品房）所在土地用途为：_____，土地使用年限自_____年_____月_____日至_____年_____月_____日止。

出卖人经批准，在上述地块上建设的商品房【地名核准名称】【暂定名】为：_____，建设工程规划许可证号为：_____，建筑工程施工许可证号为：_____，建设工程施工合同约定的开工日期为：_____，建设工程施工合同约定的竣工日期为：_____。

第二条 预售依据

该商品房已由_____批准预售，预售许可证号为：_____。

第三条 基本情况

该商品房所在楼栋的主体建筑结构为：_____，建筑层数为：_____层，其中地上____层，地下____层。

该商品房为第一条规定项目中的第____【幢】【座】____【单元】【层】____号，该房号为【审定编号】【暂定编号】，最终以公安行政管理部门审核的房号为准，该商品房平面图及在整个楼栋中的位置图见附件一。

该商品房的用途为【普通住宅】【经济适用住房】【公寓】【别墅】【办公】【商业】：_____；【层高】【净高】为：____米，【坡屋顶净高】最低为：____米，最高为：____米。该商品房朝向为：____。有____个阳台，其中____个阳台为封闭式，____个阳台为非封闭式。

出卖人委托预测该商品房面积的房产测绘机构是_____，其预测建筑面积共_____平方米，其中，套内建筑面积_____平方米，共用部位与共用房屋分摊建筑面积_____平方米。有关共用部位与共用房屋分摊建筑面积构成说明见附件二。

签订本合同时该商品房所在楼栋的建设工程进度状况为_____。（如：正负零、地下一层…地上五层、…结构封顶）

本条所称层高是指上下两层楼面或楼面与地面之间的垂直距离。净高是指楼面或地面至上部楼板底面或吊顶底面之间的垂直距离。

第四条 抵押情况

与该商品房有关的抵押情况为：_____。

1. 该商品房所分摊的土地使用权及在建工程均未设定抵押；

2. 该商品房所分摊的土地使用权已经设定抵押，抵押权人为：_____，抵押登记部门为：_____，抵押登记日期为：_____。

3. 该商品房在建工程已经设定抵押，抵押权人为：_____，抵押登记部门为：_____，抵押登记日期为：_____。（2和3可以同时选择）

_____。

附录

抵押权人同意该商品房预售的证明及关于抵押的相关约定见附件三。

第五条 计价方式与价款

该商品房为住宅的，出卖人与买受人约定按照下列第 1 种方式计算该商品房价款。其中，该商品房为经济适用住房的，出卖人与买受人约定同时按照下列第 1 种方式和第 2 种方式分别计算该商品房价款。

该商品房为非住宅的，出卖人与买受人约定按照下列第_____种方式计算该商品房价款。

1. 按照套内建筑面积计算，该商品房单价每平方米_____元人民币，总金额____仟____佰____拾____万____仟____佰____拾____元人民币整（大写）。

2. 按照建筑面积计算，该商品房单价为每平方米____元人民币，总金额____仟____佰____拾____万____仟____佰____拾____元人民币整（大写）。

3. 按照套（单元）计算，该商品房总价款为____仟____佰____拾____万____仟____佰____拾____元人民币整（大写）。

4. 其他约定。见附件四

本条所称建筑面积，是指房屋外墙（柱）勒脚以上各层的外围水平投影面积，包括阳台、挑廊、地下室、室外楼梯等，且具备上盖，结构牢固，层高2.20米以上（含2.20米）的永久性建筑。

所称套内建筑面积，是指成套商品房（单元房）的套内使用面积、套内墙体面积和阳台建筑面积之和。

第六条 付款方式及期限

买受人采取下列第____种方式付款。

1. 一次性付款。

2. 分期付款。

3. 贷款方式付款。买受人可以首期支付购房总价款的____％，其余价款可以向_____银行或住房公积金管理机构借款支付。

4. 其他方式。

具体付款方式及期限的约定见附件五。

第七条 出卖人保证该商品房没有产权纠纷，因出卖人原因造成该商品房不能办理产权登记或发生债权债务纠纷的，由出卖人承担相应责任。

_____。

第八条 规划变更的约定

出卖人应当按照规划行政主管部门核发的建设工程规划许可证规定的条件建设商品房，不得擅自变更。

出卖人确需变更建设工程规划许可证规定条件的，应当书面征得受影响的买受人同意，并取得规划行政主管部门的批准。因规划变更给买受人的权益造成损失的，出卖人应当给予相应的补偿。

第九条 设计变更的约定

（一）经规划行政主管部门委托的设计审查单位批准，建筑工程施工图设计文件的下列设计变更影响到买受人所购商品房质量或使用功能的，出卖人应当在设计审查单位批准变更之日起 10 日内，书面通知买受人。

1. 该商品房结构形式、户型、空间尺寸、朝向；
2. 供热、采暖方式；
3. ＿＿＿＿＿＿＿＿＿＿＿＿＿＿＿＿＿＿＿＿＿＿＿＿＿＿＿＿＿＿；
4. ＿＿＿＿＿＿＿＿＿＿＿＿＿＿＿＿＿＿＿＿＿＿＿＿＿＿＿＿＿＿；
5. ＿＿＿＿＿＿＿＿＿＿＿＿＿＿＿＿＿＿＿＿＿＿＿＿＿＿＿＿＿＿。

出卖人未在规定时限内通知买受人的，买受人有权退房。

（二）买受人应当在通知送达之日起 15 日内做出是否退房的书面答复。买受人逾期未予以书面答复的，视同接受变更。

（三）买受人退房的，出卖人应当自退房通知送达之日起＿＿＿日内退还买受人已付房款，并按照＿＿＿＿＿＿＿利率付给利息。买受人不退房的，应当与出卖人另行签订补充协议。

＿＿＿＿＿＿＿＿＿＿＿＿＿＿＿＿＿＿＿＿＿＿＿＿＿＿＿＿＿＿。

第十条　逾期付款责任

买受人未按照约定的时间付款的，按照下列第＿＿＿＿＿种方式处理：

1. 按照逾期时间，分别处理（（1）和（2）不作累加）

（1）. 逾期在＿＿＿日之内，自约定的应付款期限届满之次日起至实际支付应付款之日止，买受人按日计算向出卖人支付逾期应付款万分之＿＿＿的违约金，并于实际支付应付款之日起＿＿＿日内向出卖人支付违约金，合同继续履行。

（2）逾期超过＿＿＿日（该日期应当与第（1）项中的日期相同）后，出卖人有权解除合同。出卖人解除合同的，买受人应当自解除合同通知送达之日起＿＿＿日内按照累计的逾期应付款的＿＿＿%向出卖人支付违约金，并由出卖人退还买受人全部已付款。买受人愿意继续履行合同的，经出卖人同意后，合同继续履行，自约定的应付款期限届满之次日起至实际支付应付款之日止，买受人按日计算向出卖人支付逾期应付款万分之＿＿＿（该比率应当不小于第（1）项中的比率）的违约金，并于实际支付应付款之日起＿＿＿日内向出卖人支付违约金。

本条所称逾期应付款是指依照第六条约定的到期应付款与该期实际已付款的差额；采取分期付款的，按照相应的分期应付款与该期的实际已付款的差额确定。

2. ＿＿＿＿＿＿＿＿＿＿＿＿＿＿＿＿＿＿＿＿＿＿＿＿＿＿＿＿＿。

第十一条　交付条件

（一）出卖人应当在＿＿＿年＿＿＿月＿＿＿日前向买受人交付该商品房。

（二）该商品房交付时应当符合下列第 1、2、＿＿＿、＿＿＿、＿＿＿、＿＿＿、＿＿＿项所列条件；该商品房为住宅的，出卖人还应当提供《住宅质量保证书》和《住宅使用说明书》。

1. 该商品房已取得规划验收批准文件和建筑工程竣工验收备案表；
2. 有资质的房产测绘机构出具的该商品房面积实测技术报告书；
3. 出卖人已取得了该商品房所在楼栋的房屋权属证明；

4. 满足第十二条中出卖人承诺的市政基础设施达到的条件；
5. _____；
6. _____；
7. _____。

第十二条 市政基础设施和其他设施的承诺

出卖人承诺与该商品房正常使用直接相关的市政基础设施和其他设施按照约定的日期达到下列条件：

1. 市政基础设施：
（1）上水、下水：___年___月___日 达到_____；
（2）电：___年___月___日 达到_____；
（3）供暖：___年___月___日 达到_____；
（4）燃气：___年___月___日 达到_____；
（5）_____；
（6）_____。

如果在约定期限内未达到条件，双方同意按照下列方式处理：
（1）_____；
（2）_____。

2. 其他设施
（1）公共绿地：___年___月___日 达到_____；
（2）公共道路：___年___月___日 达到_____；
（3）公共停车场：___年___月___日 达到_____；
（4）幼儿园：___年___月___日 达到_____；
（5）学校：___年___月___日 达到_____；
（6）会所：___年___月___日 达到_____；
（7）购物中心：___年___月___日 达到_____；
（8）体育设施：___年___月___日 达到_____；
（9）_____；
（10）_____。

如果在约定期限内未达到条件，双方同意按照下列方式处理：
（1）_____；
（2）_____。

第十三条 逾期交房责任

除不可抗力外，出卖人未按照第十一条约定的期限和条件将该商品房交付买受人的，按照下列第___种方式处理：

1. 按照逾期时间，分别处理（（1）和（2）不作累加）
（1）逾期在___日之内（该时限应当不小于第十条第（1）项中的时限），自第十一条约定的交付期限届满之次日起至实际交付之日止，出卖人按日计算向买受人支付已交付房价款万分之___的违约金（该违约金比率应当不小于第十条第

（1）项中的比率），并于该商品房实际交付之日起____日内向买受人支付违约金，合同继续履行。

（2）逾期超过____日（该日期应当与第（1）项中的日期相同）后，买受人有权退房。买受人退房的，出卖人应当自退房通知送达之日起____日内退还全部已付款，并按照买受人全部已付款的____%向买受人支付违约金。买受人要求继续履行合同的，合同继续履行，自第十一条约定的交付期限届满之次日起至实际交付之日止，出卖人按日计算向买受人支付全部已付款万分之____（该比率应当不小于第（1）项中的比率）的违约金，并于该商品房实际交付之日起____日内向买受人支付违约金。

2. _____。

第十四条 面积差异处理

该商品房交付时，出卖人应当向买受人公示其委托的有资质的房产测绘机构出具的商品房面积实测技术报告书，并向买受人提供该商品房的面积实测数据（以下简称实测面积）。实测面积与第三条载明的预测面积发生误差的，双方同意按照第_____种方式处理：

1. 根据第五条按照套内建筑面积计价的约定，双方同意按照下列原则处理：

（1）套内建筑面积误差比绝对值在3%以内（含3%）的，据实结算房价款；

（2）套内建筑面积误差比绝对值超出3%时，买受人有权退房。

买受人退房的，出卖人应当自退房通知送达之日起30日内退还买受人已付房款，并按照_____利率付给利息。

买受人不退房的，实测套内建筑面积大于预测套内建筑面积时，套内建筑面积误差比在3%以内（含3%）部分的房价款由买受人补足；超出3%部分的房价款由出卖人承担，产权归买受人所有。实测套内建筑面积小于预测套内建筑面积时，套内建筑面积误差比绝对值在3%以内（含3%）部分的房价款由出卖人返还买受人；绝对值超出3%部分的房价款由出卖人双倍返还买受人。

套内建筑面积误差比＝（实测套内建筑面积－预测套内建筑面积）／预测套内建筑面积×100%

2. 根据第五条按照建筑面积计价的约定，双方同意按照下列原则处理：

（1）建筑面积、套内建筑面积误差比绝对值均在3%以内（含3%）的，根据实测建筑面积结算房价款；

（2）建筑面积、套内建筑面积误差比绝对值其中有一项超出3%时，买受人有权退房。买受人退房的，出卖人应当自退房通知送达之日起30日内退还买受人已付房款，并按照_____利率付给利息。

买受人不退房的，实测建筑面积大于预测建筑面积时，建筑面积误差比在3%以内（含3%）部分的房价款由买受人补足；超出3%部分的房价款由出卖人承担，产权归买受人所有。实测建筑面积小于合同约定建筑面积时，建筑面积误差比绝对值在3%以内（含3%）部分的房价款由出卖人返还买受人；绝对值超出3%部分的房价款由出卖人双倍返还买受人。

建筑面积误差比＝（实测建筑面积－预测建筑面积）/预测建筑面积×100%

3. 双方自行约定：_____。

第十五条 交接手续

（一）该商品房达到第十一条约定的交付条件后，出卖人应当在交付日的 7 日前，书面通知买受人办理交接手续的时间、地点以及应当携带的证件。双方进行验收交接时，出卖人应当出示第十一条约定的证明文件，并满足第十一条约定的其他条件。出卖人不出示证明文件或者出示的证明文件不齐全，或未满足第十一条约定其他条件的，买受人有权拒绝接收，由此产生的逾期交房责任由出卖人承担，并按照第十三条处理。

（二）验收交接后，双方应当签署商品房交接单。由于买受人原因未能按期办理交接手续的，双方同意按照下列约定方式处理：
_____；
_____。

（三）双方同意按照下列第_____种方式缴纳税费：

1. 出卖人不得将买受人交纳税费作为交接该商品房的条件。
_____。

2. 买受人同意委托出卖人代交下列第____、____、____、____、____、____种税费，并在接收该商品房的同时将上述税费交给出卖人。

（1）专项维修资金（公共维修基金）；
（2）契税；
（3）第二十二条约定的物业服务费用；
（4）供暖费；
（5）_____；
（6）_____。

3. 买受人自行向相关单位缴纳下列第____、____、____、____、____、____种税费，并在接收该商品房的同时向出卖人出示缴纳税费的凭据。

（1）专项维修资金（公共维修基金）；
（2）契税；
（3）第二十二条约定的物业服务费用；
（4）供暖费；
（5）_____；
（6）_____。

第十六条 商品房质量、装饰、设备标准的约定

（一）出卖人承诺该商品房使用合格的建筑材料、构配件，该商品房质量符合国家和本市颁布的工程质量规范、标准和施工图设计文件的要求。

（二）出卖人和买受人约定如下：

1. 该商品房地基基础和主体结构质量经检测不合格的，买受人有权退房。买受人退房的，出卖人应当自退房通知送达之日起____日内退还全部已付款，并按照_____利率付给利息，给买受人造成损失的由出卖人承担赔偿责任。因此而发生的检测费用由出卖人承担。

买受人要求继续履行合同的，应当与出卖人另行签订补充协议。

_____。

2. 该商品房室内空气质量经检测不符合国家标准的，自该商品房交付之日起_____日内（该时限应当不低于60日），买受人有权退房。买受人退房的，出卖人应当自退房通知送达之日起____日内退还买受人全部已付款，并按照_____利率付给利息，给买受人造成损失的由出卖人承担赔偿责任。因此而发生的检测费用由出卖人承担。

买受人不退房的或该商品房交付使用已超过____日的，应当与出卖人另行签订补充协议。

_____。

3. 交付该商品房时，该商品房已经由建设、勘察、设计、施工、工程监理等单位验收合格，出卖人应当与买受人共同查验收房，发现有其他问题的，双方同意按照第____种方式处理：

（1）出卖人应当于____日内将已修复的该商品房交付。由此产生的逾期交房责任由出卖人承担，并按照第十三条处理。

_____。

（2）由出卖人按照国家和本市有关工程质量的规范和标准在商品房交付之日起____日内负责修复，并承担修复费用，给买受人造成的损失由出卖人承担赔偿责任。

（3）_____

4. 出卖人交付的商品房的装饰、设备标准应当符合双方约定的标准。达不到约定标准的，买受人有权要求出卖人按照下列第____种方式处理：

（1）出卖人赔偿双倍的装饰、设备差价；

（2）_____；

（3）_____。

具体装饰和设备标准的约定见附件六。

（三）出卖人和买受人对工程质量问题发生争议的，任何一方均可以委托有资质的建设工程质量检测机构检测，双方均有协助并配合对方检测的义务。

_____。

第十七条　住宅保修责任

（一）该商品房为住宅的，出卖人自该商品房交付之日起，按照《住宅质量保证书》承诺的内容承担相应的保修责任。

该商品房为非住宅的，双方应当签订补充协议详细约定保修范围、保修期限和保修责任等内容。

（二）在该商品房保修范围和保修期限内发生质量问题，双方有退房约定的，按照约定处理；没有退房约定的，出卖人应当履行保修义务，买受人应当配合保修。非出卖人原因造成的损坏，出卖人不承担责任。

第十八条　住宅节能措施

该商品房为住宅的，应当符合国家有关建筑节能的规定和北京市规划委员会、北京市建设委员会发布的《居民建筑节能设计标准》（DBJ01—602—2004）的要求。未达到标准的，出卖人应当按照《居民建筑节能设计标准》的要求补做节能措施，并承担全部费用；因此给买受人造成损失的，出卖人应当承担赔偿责任。

_____。

第十九条　使用承诺

买受人使用该商品房期间，不得擅自改变该商品房的建筑主体结构、承重结构和用途。除本合同、补充协议及其附件另有约定者外，买受人在使用该商品房期间有权与其他权利人共同使用与该商品房有关的共用部位和设施，并按照共用部位与共用房屋分摊面积承担义务。

出卖人不得擅自改变与该商品房有关的共用部位和设施的使用性质。

_____。

第二十条　产权登记

（一）初始登记

出卖人应当在_____年_____月_____日前，取得该商品房所在楼栋的权属证明。如因出卖人的责任未能在本款约定期限内取得该商品房所在楼栋的权属证明的，双方同意按照下列第_____种方式处理：

1. 买受人有权退房。买受人退房的，出卖人应当自退房通知送达之日起____日内退还全部已付款，并按照买受人全部已付款的____%向买受人支付违约金。买受人不退房的，合同继续履行，自出卖人应当取得该商品房所在楼栋的权属证明期限届满之次日起至实际取得权属证明之日止，出卖人应当按日计算向买受人支付全部已付款万分之____的违约金，并于出卖人实际取得权属证明之日起____日内向买受人支付。

2. _____。

（二）转移登记

1. 商品房交付使用后，双方同意按照下列第_____种方式处理：

（1）双方共同向权属登记机关申请办理房屋权属转移登记。

（2）买受人同意委托_____向权属登记机关申请办理房屋权属转移登记，委托费用_____元人民币（大写）。

2. 如因出卖人的责任，买受人未能在商品房交付之日起____日内取得房屋所有权证书的，双方同意按照下列第____种方式处理：

（1）买受人有权退房。买受人退房的，出卖人应当自退房通知送达之日起____日内退还买受人全部已付款，并按照_____利率付给利息。买受人不退房的，自买受人应当取得房屋所有权证书的期限届满之次日起至实际取得房屋所有权证书之日止，出卖人按日计算向买受人支付全部已付款万分之____的违约金，并于买受人实际取得房屋所有权证书之日起____日内由出卖人支付。

（2）_____。

第二十一条 共有权益的约定

1. 该商品房所在楼栋的屋面使用权归全体产权人共有；
2. 该商品房所在楼栋的外墙面使用权归全体产权人共有；
3. _____；
4. _____。

第二十二条 前期物业服务

（一）出卖人依法选聘的物业服务企业为：_____，资质证号为：_____。

（二）前期物业管理期间，物业服务收费价格为_____/月·平方米（建筑面积），由物业服务企业按照【年】【半年】【季】收取。价格构成包括物业区域内保洁费、公共秩序维护费、共用部位共用设施设备日常维护费、绿化养护费、综合管理费、_____、_____。

地上停车费_____、地下停车费_____。

（三）出卖人负责监督物业服务企业按照前期物业服务合同的约定提供物业服务。

（四）物业服务的内容和业主临时公约的内容见附件七。买受人已详细阅读附件七有关物业服务的全部内容和业主临时公约，同意由出卖人依法选聘的物业服务企业提供前期物业服务，遵守业主临时公约。

第二十三条 专项维修资金

买受人委托出卖人代交专项维修资金（公共维修基金）的，出卖人应当自受托之日起____日内，向买受人提交专项维修资金（公共维修基金）缴纳凭证。

买受人自行缴纳专项维修资金（公共维修基金）的，应当在商品房交付【时】【之日起____日内】，向物业服务企业提交专项维修资金（公共维修基金）缴纳凭证。

第二十四条 不可抗力

因不可抗力不能按照约定履行本合同的，根据不可抗力的影响，部分或全部免除责任，但因不可抗力不能按照约定履行合同的一方当事人应当及时告知另一方当事人。

第二十五条 争议解决方式

本合同在履行过程中发生的争议，由双方当事人协商解决或申请调解解决；协商或调解不成的，按照下列第____种方式解决：

1. 提交_____仲裁委员会仲裁。
2. 依法向人民法院起诉。

第二十六条 本合同自双方签字（盖章）之日起生效，未尽事项，双方可以另行签订补充协议。对本合同的变更或解除，应当采用书面形式。本合同附件及补充协议与本合同具有同等法律效力。

第二十七条 本合同及附件共____页，一式____份，具有同等法律效力，其中出卖人____份，买受人____份，____份，____份。

第二十八条 自本合同生效之日起30日内,由出卖人向_____申请办理该商品房预售合同登记备案手续。出卖人自本合同生效之日起30日内未申请预售登记的,买受人可以申请预售登记。预售的商品房已抵押的,预售登记应当由出卖人和买受人双方共同申请。

出卖人(签章):　　　　　　　　买受人(签章):

【法定代表人】:　　　　　　　　【法定代表人】:
【委托代理人】(签章):　　　　　【负责人】:

【委托销售代理机构】(签章):　　【委托代理人】(签章):

签订时间:____年____月____日　　签订时间:____年____月____日
签订地点:　　　　　　　　　　　签订地点:

附件一:房屋平面图及在整个楼栋中的位置图
附件二:共用部位与共用房屋分摊建筑面积构成说明
附件三:该商品房取得抵押权人同意销售的证明及抵押当事人的相关约定
附件四:计价方式与房款的其他约定
附件五:付款方式及期限的约定
附件六:装饰和设备标准的约定

1. 采暖系统:
(1) 集中采暖:【散热器】【地板采暖】【　】_____;
(2) 分户采暖:【燃气炉】【电采暖】【　】_____;
(3) 采暖设备品牌:_____。
2. 保温材料:
(1) 外墙保温:【挤压聚苯板】【发泡聚苯板】【发泡聚氨酯】【　】_____;
(2) 内墙保温:【石膏聚苯板】【　】_____。
3. 外墙:【瓷砖】【涂料】【玻璃幕墙】【　】_____。
4. 内墙:【涂料】【壁纸】【　】_____。
5. 顶棚:【石膏板吊顶】【涂料】【　】_____。
6. 室内地面:【大理石】【花岗石】【水泥抹面】【实木地板】【　】_____。
7. 门窗:
(1) 外窗结构尺寸为:_____;
(2) 开启方式为:_____;
(3) 门窗型材:【双玻中空断桥铝合金窗】【塑钢双玻璃】【　】_____。
8. 厨房:
(1) 地面:【水泥抹面】【瓷砖】【　】_____;
(2) 墙面:【耐水腻子】【瓷砖】【　】_____;
(3) 顶棚:【水泥抹面】【石膏吊顶】【　】_____;

（4）厨具：_____。
9. 卫生间：
（1）地面：【水泥抹面】【瓷砖】【　】_____；
（2）墙面：【耐水腻子】【涂料】【瓷砖】【　】_____；
（3）顶棚：【水泥抹面】【石膏吊顶】【　】_____。
10. 阳台：【塑钢封闭】【铝合金封闭】【断桥铝合金封闭】【不封闭】【　】_____。
11. 电梯：
（1）电梯品牌名称：_____；
（2）电梯速度：_____米/秒；
（3）电梯载重量：_____千克；
（4）_____。
12. 其他
_____；
_____。

附件七：物业服务
（本附件内容与出卖人和物业服务企业签订的前期物业服务合同一致）
一、物业服务内容
二、物业服务质量
三、物业收费项目及价格
四、业主管理规约
五、其他约定

（二）商品房买卖合同文本（原中华人民共和国建设部和国家工商行政管理局印发，住建部［2000］200号）

商品房买卖合同（合同编号：　　　）

合同双方当事人：
出卖人：_____
注册地址：_____
营业执照注册号：_____
企业资质证书号：_____
法定代表人：_____联系电话：_____
邮政编码：_____
委托代理人：_____地址：_____
邮政编码：_____联系电话：_____
委托代理机构：_____
注册地址：_____
营业执照注册号：_____

法定代表人：_____ 联系电话：_____
邮政编码：_____
买受人：_____
【本人】【法定代表人】姓名：_____ 国籍_____
【身份证】【护照】【营业执照注册号】【   】_____
地址：_____
邮政编码：_____ 联系电话：_____
【委托代理人】【   】姓名：_____ 国籍：_____
地址：_____
邮政编码：_____ 电话：_____

根据《中华人民共和国合同法》、《中华人民共和国城市房地产管理法》及其他有关法律、法规之规定，买受人和出卖人在平等、自愿、协商一致的基础上就买卖商品房达成如下协议：

第一条 项目建设依据

出卖人以_____方式取得位于_____、编号为_____的地块的土地使用权。【土地使用权出让合同号】【土地使用权划拨批准文件号】【划拨土地使用权转让批准文件号】为_____。

该地块土地面积为_____，规划用途为_____，土地使用年限自_____年_____月_____日至_____年_____月_____日。

出卖人经批准，在上述地块上建设商品房，【现定名】【暂定名】_____。建设工程规划许可证号为_____，施工许可证号为_____。

_____
_____。

第二条 商品房销售依据

买受人购买的商品房为【现房】【预售商品房】。预售商品房批准机关为_____，商品房预售许可证号为_____。

第三条 买受人所购商品房的基本情况

买受人购买的商品房（以下简称该商品房，其房屋平面图见本合同附件一，房号以附件一上表示为准）为本合同第一条规定的项目中的：

第_____【幢】【座】_____【单元】【层】_____号房。

该商品房的用途为_____，属_____结构，层高为____，建筑层数地上_____层，地下_____层。

该商品房阳台是【封闭式】【非封闭式】。

该商品房【合同约定】【产权登记】建筑面积共_____平方米，其中，套内建筑面积_____平方米，公共部位与公用房屋分摊建筑面积_____平方米（有关公共部位与公用房屋分摊建筑面积构成说明见附件二）。

_____
_____。

第四条 计价方式与价款

出卖人与买受人约定按下述第_____种方式计算该商品房价款：

1. 按建筑面积计算，该商品房单价为（_____币）每平方米_____元，总金额（_____币）____仟____佰____拾____万____仟____佰____拾____元整。

2. 按套内建筑面积计算，该商品房单价为（_____币）每平方米_____元，总金额（_____币）____仟____佰____拾____万____仟____佰____拾____元整。

3. 按套（单元）计算，该商品房总价款为（_____币）____仟____佰____拾____万____仟____佰____拾____元整。

4. _____。

第五条 面积确认及面积差异处理

根据当事人选择的计价方式，本条规定以【建筑面积】【套内建筑面积】（本条款中均简称面积）为依据进行面积确认及面积差异处理。

当事人选择按套计价的，不适用本条约定。

合同约定面积与产权登记面积有差异的，以产权登记面积为准。

商品房交付后，产权登记面积与合同约定面积发生差异，双方同意按第____种方式进行处理：

1. 双方自行约定：

(1) _____；
(2) _____；
(3) _____；
(4) _____。

2. 双方同意按以下原则处理：

(1) 面积误差比绝对值在3%以内（含3%）的，据实结算房价款；

(2) 面积误差比绝对值超出3%时，买受人有权退房。

买受人退房的，出卖人在买受人提出退房之日起30天内将买受人已付款退还给买受人，并按____利率付给利息。

买受人不退房的，产权登记面积大于合同约定面积时，面积误差比在3%以内（含3%）部分的房价款由买受人补足；超出3%部分的房价款由出卖人承担，产权归买受人。产权登记面积小于合同登记面积时，面积误差比绝对值在3%以内（含3%）部分的房价款由出卖人返还买受人；绝对值超出3%部分的房价款由出卖人双倍返还买受人。

面积误差比=（产权登记面积－合同约定面积）/合同约定面积×100%

因设计变更造成面积差异，双方不解除合同的，应当签署补充协议。

第六条 付款方式及期限

买受人按下列第_____种方式按期付款：

1. 一次性付款_____。
2. 分期付款_____。

3. 其他方式＿＿＿＿＿＿＿＿＿＿＿＿＿＿＿＿＿＿＿＿＿＿＿＿＿＿＿＿。

第七条 买受人逾期付款的违约责任

买受人如未按本合同规定的时间付款，按下列第＿＿＿＿＿＿＿种方式处理：

1. 按逾期时间，分别处理（不作累加）

（1）逾期在＿＿＿日之内，自本合同规定的应付款期限之第二天起至实际全额支付应付款之日止，买受人按日向出卖人支付逾期应付款万分之＿＿＿的违约金，合同继续履行；

（2）逾期超过＿＿＿日后，出卖人有权解除合同。出卖人解除合同的，买受人按累计应付款的＿＿＿%向出卖人支付违约金。买受人愿意继续履行合同的，经出卖人同意，合同继续履行，自本合同规定的应付款期限之第二天起至实际全额支付应付款之日止，买受人按日向出卖人支付逾期应付款万分之＿＿＿（该比率应不小于第（1）项中的比率）的违约金。

本条中的逾期应付款指依照本合同第六条规定的到期应付款与该期实际已付款的差额；采取分期付款的，按相应的分期应付款与该期的实际已付款的差额确定。

2. ＿＿＿＿＿＿＿＿＿＿＿＿＿＿＿＿＿＿＿＿＿＿＿＿＿＿＿＿＿＿＿＿。

第八条 交付期限

出卖人应当在＿＿＿年＿＿＿月＿＿＿日前，依照国家和地方人民政府的有关规定，将具备下列第＿＿＿种条件，并符合本合同约定的商品房交付买受人使用：

1. 该商品房经验收合格。
2. 该商品房经综合验收合格。
3. 该商品房经分期综合验收合格。
4. 该商品房取得商品住宅交付使用批准文件。
5. ＿＿＿＿＿＿＿＿＿＿＿＿＿＿＿＿＿＿＿＿＿＿＿＿＿＿＿＿＿＿＿＿。

但如遇下列特殊原因，除双方协商同意解除合同或变更合同外，出卖人可据实予以延期：

1. 遭遇不可抗力，且出卖人在发生之日起＿＿＿＿＿＿＿日内告知买受人的；
2. ＿＿＿＿＿＿＿＿＿＿＿＿＿＿＿＿＿＿＿＿＿＿＿＿＿；
3. ＿＿＿＿＿＿＿＿＿＿＿＿＿＿＿＿＿＿＿＿＿＿＿＿＿。

第九条 出卖人逾期交房的违约责任

除本合同第八条规定的特殊情况外，出卖人如未按本合同规定的期限将该商品房交付买受人使用，按下列第＿＿＿＿＿＿＿种方式处理：

1. 按逾期时间，分别处理（不作累加）

（1）逾期不超过＿＿＿日，自本合同第八条规定的最后交付期限的第二天起至实际交付之日止，出卖人按日向买受人支付已交付房价款万分之＿＿＿的违约金，合同继续履行；

（2）逾期超过＿＿＿日后，买受人有权解除合同。买受人解除合同的，出卖人应当自买受人解除合同通知到达之日起＿＿＿天内退还全部已付款，并按买受人累计已付款的____%向买受人支付违约金。买受人要求继续履行合同的,合同继续履行,自本合同第八条规定的最后交付期限的第二天起至实际交付之日止,出卖人按日向买受人支付已交付房价款万分之____(该比率应不小于第(1)项中的比率)的违约金。

2. _____。

第十条 规划、设计变更的约定

经规划部门批准的规划变更、设计单位同意的设计变更导致下列影响到买受人所购商品房质量或使用功能的,出卖人应当在有关部门批准同意之日起10日内,书面通知买受人:

(1) 该商品房结构形式、户型、空间尺寸、朝向;
(2) _____;
(3) _____;
(4) _____;
(5) _____;
(6) _____;
(7) _____。

买受人有权在通知到达之日起15日内做出是否退房的书面答复。买受人在通知到达之日起15日内未作书面答复的,视同接受变更。出卖人未在规定时限内通知买受人的,买受人有权退房。

买受人退房的,出卖人须在买受人提出退房要求之日起____天内将买受人已付款退还给买受人,并按____利率付给利息。买受人不退房的,应当与出卖人另行签订补充协议。_____。

第十一条 交接

商品房达到交付使用条件后,出卖人应当书面通知买受人办理交付手续。双方进行验收交接时,出卖人应当出示本合同第八条规定的证明文件,并签署房屋交接单。所购商品房为住宅的,出卖人还需提供《住宅质量保证书》和《住宅使用说明书》。出卖人不出示证明文件或出示证明文件不齐全,买受人有权拒绝交接,由此产生的延期交房责任由出卖人承担。

由于买受人原因,未能按期交付的,双方同意按以下方式处理:_____。

第十二条 出卖人保证销售的商品房没有产权纠纷和债权债务纠纷

因出卖人原因,造成该商品房不能办理产权登记或发生债权债务纠纷的,由出卖人承担全部责任。_____。

第十三条 出卖人关于装饰、设备标准承诺的违约责任

出卖人交付使用的商品房的装饰、设备标准应符合双方约定(附件三)的标准。达不到约定标准的,买受人有权要求出卖人按照下述第____种方式处理:

1. 出卖人赔偿双倍的装饰、设备差价。
2. _____。

3. _____。

第十四条　出卖人关于基础设施、公共配套建筑正常运行的承诺

出卖人承诺与该商品房正常使用直接关联的下列基础设施、公共配套建筑按以下日期达到使用条件：

1. _____；
2. _____；
3. _____；
4. _____；
5. _____。

如果在规定日期内未达到使用条件，双方同意按以下方式处理：

1. _____；
2. _____；
3. _____。

第十五条　关于产权登记的约定

出卖人应当在商品房交付使用后____日内，将办理权属登记需由出卖人提供的资料报产权登记机关备案。如因出卖人的责任，买受人不能在规定期限内取得房地产权属证书的，双方同意按下列第____项处理：

1. 买受人退房，出卖人在买受人提出退房要求之日起____日内将买受人已付房价款退还给买受人，并按已付房价款的____%赔偿买受人损失。
2. 买受人不退房，出卖人按已付房价款的____%向买受人支付违约金。
3. _____。

第十六条　保修责任

买受人购买的商品房为商品住宅的，《住宅质量保证书》作为本合同的附件。出卖人自商品住宅交付使用之日起，按照《住宅质量保证书》承诺的内容承担相应的保修责任。

买受人购买的商品房为非商品住宅的，双方应当以合同附件的形式详细约定保修范围、保修期限和保修责任等内容。

在商品房保修范围和保修期限内发生质量问题，出卖人应当履行保修义务。因不可抗力或者非出卖人原因造成的损坏，出卖人不承担责任，但可协助维修，维修费用由购买人承担。

_____。

第十七条　双方可以就下列事项约定：

1. 该商品房所在楼宇的屋面使用权_____；
2. 该商品房所在楼宇的外墙面使用权_____；
3. 该商品房所在楼宇的命名权_____；
4. 该商品房所在小区的命名权_____；
5. _____；
6. _____。

第十八条 买受人的房屋仅作_____使用，买受人使用期间不得擅自改变该商品房的建筑主体结构、承重结构和用途。除本合同及其附件另有规定者外，买受人在使用期间有权与其他权利人共同享用与该商品房有关联的公共部位和设施，并按占地和公共部位与公用房屋分摊面积承担义务。

出卖人不得擅自改变与该商品房有关联的公共部位和设施的使用性质。

_____。

第十九条 本合同在履行过程中发生的争议，由双方当事人协商解决；协商不成的，按下述第_____种方式解决：

1. 提交_____仲裁委员会仲裁。
2. 依法向人民法院起诉。

第二十条 本合同未尽事项，可由双方约定后签订补充协议（附件四）。

第二十一条 合同附件与本合同具有同等法律效力。本合同及其附件内，空格部分填写的文字与印刷文字具有同等效力。

第二十二条 本合同连同附件共____页，一式____份，具有同等法律效力，合同持有情况如下：

出卖人____份，买受人____份，____份，____份。

第二十三条 本合同自双方签订之日起生效。

第二十四条 商品房预售的，自本合同生效之日起30天内，由出卖人向_____申请登记备案。

出卖人（签章）：　　　　　　　买受人（签章）：
【法定代表人】：　　　　　　　【法定代表人】：
【委托代理人】：　　　　　　　【委托代理人】：
　（签章）　　　　　　　　　　　（签章）

____年____月____日　　　　　____年____月____日
　　签于　　　　　　　　　　　　　签于

附件一：房屋平面图
附件二：公共部位与公用房屋分摊建筑面积构成说明
附件三：装饰、设备标准
1. 外墙：
2. 内墙：
3. 顶棚：
4. 地面：
5. 门窗：
6. 厨房：
7. 卫生间：
8. 阳台：
9. 电梯：

10. 其他：

附件四：合同补充协议

（三）房屋买卖（置换）合同文本（来源于搜房天津二手房网）

房屋买卖（置换）合同

合同号：_____

卖房人：_____（以下简称甲方）　身份证号码：_____
购房人：_____（以下简称乙方）　身份证号码：_____
代理方：_____（以下简称丙方）

根据《中华人民共和国合同法》、《中华人民共和国城市房地产管理法》及其他有关法律、法规的规定，出卖人和买受人在平等、自愿、公平、协商一致的基础上就房屋买卖事宜达成如下协议，承诺共同遵守。

第一条：房屋基本情况

1. 甲方自愿将坐落在_____市_____区_____的房屋（以下简称"该房屋"）出售给乙方。乙方对该房屋已作充分了解并实地查看房屋，对该房屋现状无异议，愿意购买该房屋。甲方须保证房屋在合同签订后的状况和实地查勘房屋时一样。

2. 该房屋的基本情况如下：房屋性质：_____所有权人：_____房型：_____建筑/计租面积：_____楼层：_____总层数：_____使用性质：_____附属设施：_____

第二条：成交价格

甲、乙双方协商后的实际成交价格：人民币_____元（大写），该房屋产权或租赁过户的相关费用由_____承担，（该房屋产权或租赁权过户费用的计算依据是指定评估机构对该房屋的评估价格）该房屋配套设施过户的相关费用由_____承担。

第三条：佣金的支付

甲、乙、丙三方签定本合同时，乙方向丙方交纳中介服务费人民币_____元（大写）。

第四条：付款约定（本条款各项均不计利息）

1. 乙方向丙方的交款

（1）乙方于___年___月___日交付定金人民币_____元（大写）；

（2）_____

乙方按约定交清全款后，甲、乙双方按丙方的要求在_____日内将办理房屋过户的全部手续及材料交丙管。

2. 丙方对甲方的付款约定：

（1）待该房屋全部手续办理完毕，且甲、乙双方确认该房屋费用交接清楚并在结款通知单签字三日后（遇节假日付款时间顺延），结清全部房款。

（2）＿＿＿＿＿＿＿＿＿＿＿＿＿＿＿＿＿＿＿＿＿＿＿＿＿＿＿＿＿＿＿＿

第五条：相关事宜

1. 乙方需要贷款并请丙方为其承担他项权办理之前担保责任，则以丙方的评估价格作为乙方贷款和丙方承担担保责任的依据，乙方须向丙方支付相应的中介服务费，办理贷款的相关费用由乙方自行负担。

2. 丙方为甲乙双方提供交易机会，丙方应如实传递甲方或乙方所提供的信息，就有关政策、法律进行咨询，并协助甲乙双方办理产权或租赁权过户手续，甲乙双方须提供相应的合法证件。

3. 甲方承诺于＿＿＿＿＿＿＿腾空该房屋，并将该房屋钥匙交于乙方。甲乙双方自行办理该房屋所发生的水、电、煤气、暖气、有线电视、物业管理及户口迁移等费用及相关费用的交接事宜。

第六条：违约责任

1. 甲方须保证该房屋权属无争议，若发生与甲方有关的权属纠纷或债务纠纷，由甲方负责解决并承担一切后果及违约责任。

2. 甲、乙双方须保证该房屋结构无拆改或拆改得到相关管理部门的同意及持有合法、有效的证件，若因此影响办理过户手续，产生的一切后果及违约责任由责任方负责。

3. 甲方认可乙方贷款方式付款时：

（1）贷款过程中，乙方提出终止贷款行为，则乙方须补齐所差房款，继续履行该合同，并承担由此引起的经济损失，已交纳的中介服务费不予退还。

（2）乙方须保证所提供的各种材料与证明的真实、可靠。如因证明不属实或其资信度不够造成的贷款未果，乙方承担相应责任及经济损失。

（3）乙方须按照约定按时到指定银行办理贷款手续，否则贷款延期责任由乙方承担。

4. 甲、乙任何一方拒绝履行合同或解除合同或发生本条款1、2、3违约责任，均由违约方向另一方支付本合同第二条确定的房屋实际成交价款的10%作为违约金。实际损失超过违约金总额的，责任方应据实赔偿，且丙方所收取的本合同中约定的中介服务费一律不予退还。

第七条：免责条款

如因洪水、地震、火灾和法律、政府政策变化等不可抗力原因，导致合同不能全面履行的，甲、乙、丙三方均不承担违约责任。

第八条：约定其他事宜

＿＿。

第九条：其他

1. 合同在履行中若发生争议，甲、乙、丙三方应协商解决。协商不成，任何一方可向该房屋所在地人民法院提起诉讼。

2. 本合同经甲、乙、丙三方签字盖章后生效，一式三份，一份两页，甲、乙、丙三方各执一份。

甲方（签章）： 乙方（签章）： 丙方（签章）：
经办人： 经办人： 经办人：
联系地址： 联系地址： 联系地址：
联系电话： 联系电话： 联系电话：

（四）房屋租赁合同文本（来源于天津律师网）

房屋租赁合同（合同编号：　　　　）

一、合同当事人

出租人：_____
联系地址：_____
联系电话：_____
身份证号：_____
承租人：_____
联系地址：_____
联系电话：_____
身份证号：_____
委托代理人：_____
联系地址：_____
联系电话：_____
身份证号：_____
委托代理机构：_____
注册地址：_____
营业执照注册号：_____
法定代表人：_____
联系电话：_____

根据《中华人民共和国合同法》、《城市房屋租赁管理办法》及其他法律、法规的有关规定，出租人与承租人在自愿、平等、互利的基础上，协商一致，订立合同，承诺共同遵守。合同内容如下：

二、租赁房屋坐落地点及用途情况：

出租方将其拥有的位于该市_____区_____的房屋（以下简称"该房屋"）租给承租方使用，用途为_____，房屋面积为_____平方米。

三、租赁期限

1. 该房屋租赁期限共_____个月，自____年____月____日至____年____月____日止。

2. 租赁期内，出租方与承租方未经协商一致均不得提前解约。

3. 租赁期满，出租方有权收回该房屋，承租方若要求续租，则必须在租赁期满前一个月通知出租方，经出租方同意后重新订立房屋租赁合同。

四、租金及支付方式

1. 该房屋租金为人民币_____元（大写）。

2. 该房屋租金按_____支付，支付时间为____，以出租方实际收到为准。

3. 承租方若逾期支付租金，每逾期一天，则承租方须按月租金的0.5%支付滞纳金。拖欠租金超过一个月，出租方有权收回该出租房屋，承租方须按实际居住日期交纳租金并负担违约责任。

五、佣金费用

出租方须向代理方一次性支付月租金50%的佣金费用。

六、房屋租赁条件

1. 出租方应向承租方出示该房屋的《房屋所有权证》或有权决定该房屋出租的相关证明。

2. 出租方应保证该房屋的出租不违反国家法律、法规的相关规定并保证自己有权决定此租赁事宜，签订本合同后双方当事人应按国家规定进行备案。

3. 承租方不得在该房屋内进行违反法律法规及政府对出租房屋用途有关规定的行为。

4. 未经出租方书面同意，承租方不得将该房屋部分或全部转租他人。若擅自转租，出租方有权终止合同，由承租方承担对出租方及第三方的违约责任。

5. 承租方承担租赁期内电话费、水费、电费、煤气费、物业管理费和暖气费等实际使用的费用，若有特殊约定则从其约定。

6. 因承租方使用不当或不合理使用致使该房屋或其内部设施出现损坏或发生故障，承租方应及时联系进行维修并负担所发生的费用。由于不可抗力及非承租方原因造成的损失由出租方负责承担有关维修费用。

7. 租赁期内，承租方因使用需要对该房屋或其内部设施进行装修或改动，须经出租方同意并经政府有关部门批准，出租方有权对装修或改动情况进行监督。合同期满时承租方不得移走自行添加的结构性设施，出租方也无须对以上设施进行补偿。

七、押金

为保证承租方合理并善意的所有该房屋及其配套设施，承租方应在签定本合同并交纳首期租金时支付出租方_____元人民币作为押金。承租方若无违约，出租方应于房屋租赁期满时将此押金全部归还承租方。

八、合同的终止

1. 租赁期限届满或经出租方、承租方双方协商一致本合同终止。

2. 承租方应在期满当日将该房屋钥匙及正常使用状态下的附属设施、物品交给出租方。房屋留置的一切物品均视为放弃，出租方有权处置，承租方决无异议。

3. 若出租方、承租方中的一方违约，另一方有权终止合同，并向对方提出赔偿要求。

九、违约的处理

1. 出租方违约的处理

（1）出租方未按合同规定的时间将功能完备及附属设施完好的房屋提供承租方使用的，每逾期一天，出租方应按合同规定租金的0.5%向承租方支付违约金，逾期七天仍不履行，承租方有权终止合同。出租方应按上述规定支付违约金，若承租方实际损失超过违约金的，承租方可据实追索出租方责任。

（2）租赁期内若非承租方过失出租方擅自解除本合同提前收回该房屋的，出租方应按年度总租金的20%向承租方支付违约金，若违约金不足弥补承租方损失的，出租方应另行赔偿。

2. 承租方违约的处理

（1）未经出租方书面同意，承租方擅自将房屋转租、转借，擅自拆改结构或改变用途的；利用该房屋进行违法活动的；拖欠房租一个月以上的，承租方应向出租方支付相当于租金20%的违约金，若违约金不足弥补出租方损失，出租方可据实追索承租方责任，并有权终止合同。

（2）租赁期内承租方逾期交纳水费、电费、煤气费、电话费及物业管理费等有关费用达一个月时，出租方有权用押金支付上述费用，承租方承担造成的一切后果。

（3）租赁期届满，若承租方未能将设施完好的房屋及时交给出租方，承租方应按原日租金的一倍按实际天数向出租方支付违约金。

（4）租赁期内若承租方中途擅自退租，承租方应按合同总租金的10%向出租方支付违约金，所预付的租金出租方可不予退还。

十、免责条款

1. 房屋及其附属设施由于不可抗力造成的损失，出租方、承租方双方互不承担责任。

2. 由于政府政策等原因导致合同不能全面履行的，出租方、承租方双方互不承担责任。

十一、特别约定

_____

_____。

十二、其他

1. 合同一式两份，出租方、承租方双方各执一份。

2. 出租方、承租方双方履行本合同所发生的争议协商解决，协商不成的可以向房屋所在地人民法院起诉。

出租人：　　　　　　　　　　承租人：
代理人：　　　　　　　　　　代理人：
日　期：　　　　　　　　　　日　期：

二、案例

案例一：飞洲国际广场重新定位奇迹

飞洲国际广场原名宝通大厦，曾被称为"上海烂尾楼王"，被温州的民营企业上海飞洲集团斥资7亿元收购后更名为沙田大厦。沙田大厦早期的开发商是一家东北地区的房产开发公司，当初整个项目规划设计共3幢楼宇，其中一幢为商住两用楼，就是现在的沙田大厦。另外两幢为住宅楼，其中一幢早已建成，并已售出，业主都已实现入住。当时因为资金的原因，成为烂尾项目。从那时起，在这里遗留下的不仅有尚未竣工的楼宇，而且还有住宅楼入住业主的产权证等待办理等问题。一度，这个烂尾楼项目成为普陀区两会期间代表讨论的焦点。烂尾楼不仅浪费了大量的资金，而且经年伫立在风中，有碍市容观瞻。

位于普陀区长寿路叶家宅路路口的沙田大厦售楼处人流涌动，往来者络绎不绝，生活在这周边的老居民都知道，原来这里有一处停工多年的烂尾楼项目，而如今这个昔日影响观瞻的"半拉子"工程已经旧貌换新颜，2个月不到的时间里上演了一出令人称道的"麻雀变凤凰"的奇迹。

第一关：理清债务

从去年开始，普陀区的知名房地产开发商沙田房地产开发公司接受温州的民营企业上海飞洲集团的委托开始接手这个项目，在易兴置业投资咨询有限公司的积极参与下，通过规范的法律程序，增加土地出让金，把产权买断。之后他们所面临的问题首先是理清债务。烂尾楼的债权债务关系一般都比较复杂，在这个项目中，就既有和原来开发商的关系，和已经入住的另一幢住宅楼的小业主的关系，也有和这幢楼当初的买家光大银行的关系，这些关系一一理清之后，开发商和代理商面临的就是如何包装销售的问题。

第二关：如何包装销售

接到一个楼盘并把它的债权债务关系理清是成功销售的前提。以前对烂尾楼的处置方式一般都是改成酒店式公寓或者小户型公寓，但从市场上的反应来看，改成小户型或者酒店式公寓的缺点已经逐步暴露出来，比如户型的问题，缺乏采光通风的问题，已经有人称小户型造就了新一代的"七十二家"房客。

另一个不能回避的问题是产权年限的问题，一般来说，商场的使用年限是40年，酒店是50年，而住宅是70年，将烂尾楼改成酒店式公寓就会产生该物业的使用年限究竟是50年还是70年的问题。这不论是对业主还是开发商都是一个隐患。

由于沙田大厦这幢楼原来定位是商住两用楼，但从市场的反应来看，商住两用却成了对"商"对"住"都不宜的物业类型。因为既有办公又有住宅，势必会造成人员的庞杂，从而使商住的业主都不会满意。做了如上思考之后，易兴置业确立了将其改建为纯办公楼的方向。

做适合市场的办公楼

办公楼所在地段不同,本身档次不同,也有很多不同的做法。代理公司对沙田大厦所在地段进行了全方位的考察:长寿路是市里规划的"三横三纵"主干道之一,拓宽之后,它的档次相应提高。沙田大厦对面不远处的燎原电影院计划改建成一处五星级宾馆。针对这些,代理商把沙田大厦办公楼确立为"可自由分割的小户型"办公楼。从最小单元 50 平方米到整层上千平方米的面积都可以自由分割,既便于业主拿到相应的产权证,在大业主融资时也可以进行部分抵押。

在市场推广上,为了抹去该烂尾楼在人们心目中的不好印象,将其更名为"沙田大厦",因为沙田作为一家在普陀区有着良好口碑的房地产开发公司还是具有相当号召力的。同时,也对原项目进行了相当大程度的改造,如将后面已入住那幢住宅楼的外立面全部敲掉,换成稳重大气的紫红色外立面。

合适的产品赢得市场的欢迎

沙田大厦两个月的时间内,420 个单元全部销售一空。在购房人群中,温州客的比例并不是很高,相反倒是有相当数量的上海本地投资者看好这个项目,像上房及开发商沙田地产都整层购买。而一些人性化的设计细节,也赢得了相当部分中小投资者的认可。比如中央空调装有独立计表系统,就便于业主自己控制经营成本。

案例二:卓越的物业资产管理是房地产投资成功的关键

2005 年 12 日仲量联行在上海召开亚太区物业管理大会。仲量联行亚太地区、美国、澳大利亚和欧洲等地的物业管理专家共同交流了全球物业管理的最新趋势和实务,并重点探讨物业资产管理在中国的发展。

房地产投资信托基金利用投资者募集的基金组成资产投资组合,并将这些资产产生的收入以股息形式分发给股东,为投资者创造丰厚、稳定的回报,并已经在全球市场取得成功,其中包括日本、新加坡、韩国和中国台湾等东亚国家和地区。

中国的投资者和房地产开发商正逐步认识到优质的物业管理服务是决定总体投资回报的重要因素。与此同时,流入国内顶级房地产市场的海外资本也向本地物业管理人员提出了更高的服务要求。

房地产投资信托基金除能为房地产开发商提供融资渠道和加速现金流外,也为广大投资者投资本地房地产市场创造了机会。仲量联行认为,物业管理远不止是满足某一物业单元或建筑的管理需求,协助客户实现投资目标才是仲量联行高于一切的目标。

仲量联行认为卓越的物业资产管理是房地产投资信托基金的成功关键。房地产投资信托基金能够从物业资产管理中获益匪浅,包括维持高出租率、入住率、策略性吸引优质租户、重新定位资产、有效管理成本、降低物业管理费用、增加投资回报以及提供包含明确财务数据和收入预期的投资组合报告。围绕这一目标,仲量联行制定了根据投资时间表和目标的差异进行客户细分的策略,以更好地为客户实现投资回报。重在长线投资、持有多处物业的业主则是仲量联行的一贯服务对象。

案例三：代理销售商品房纠纷

2005年11月19日，三和公司与长江公路拆迁还建开发公司订立联合开发×市×区徐东路小区合同。据此合同，三和公司支付6000万元资金，取得徐东路小区6万平方米商品房所有权及销售权。为尽快销售此商品房，2006年2月10日，三和公司与李军签订委托代理合同。合同约定：李军以三和公司经营部的名义代理销售该公司开发的徐东路小区20栋6万平方米的商品房，最低售价为每平方米1160元，期限6个月；三和公司按实际销售总金额千分之六付给李军做销售费用；三和公司付给李军的报酬分两档：一档从每平方米1160元至1210元，李军获30%；二档为每平方米1210元以上，李军获60%；整个销售过程由三和公司总经理总盘控制；销售出的房屋尾款不能按期到位的由李军负责催收，三和公司协助。双方违约应承担违约责任。同日，三和公司向李军出具授权委托书称：本公司徐东路小区6万平方米商品房全权委托李军承销，销售以本公司合同专用章并加盖受托人私章方为有效，授权期为9个月。同时，三和公司还向李军提供了合同专用章。

李军接受委托后，即组织人员开展销售活动，并于2006年3月8日代理三和公司与×省农垦实业公司（下称×省农垦公司）签订联合开发协议，单价为每平方米1255元。合同由李军交三和公司总经理张建签字。2006年3月15日，李军又代理三和公司与×省房屋开发总公司（下称×省房开公司）签订联合经营房屋开发协议。合同约定：三和公司按每平方米1306元将徐东路小区20栋商品房共61337.57平方米交由×省房屋开发公司包销，价款8010万余元。×省房屋开发公司应于2006年3月25日前向三和公司支付2000万元。合同加盖三和公司合同专用章，李军私章。2006年3月22日，李军将此合同交三和公司总经理张建，并按张的要求将与×省农垦公司签订的合同原件全部销毁，同月24日，张建通知李军同往×省房屋开发公司，被告知三和公司、×省房屋开发公司和长江公路拆迁还建开发公司已于同月20日另行签订合同，李军代理三和公司与×省房屋开发公司3月15日签订的合同所有原件被销毁。李军得到三和公司承诺后，将合同专用章交还三和公司。此后，三和公司拒付李军的代理费及报酬，酿成纠纷，三和公司向×市中级人民法院起诉。

原告三和公司诉称：我公司与被告李军签订委托代理合同，委托被告销售其开发的商品房。但被告利用代理合同和委托书赋予的身份，分别与×省农垦公司、×省房屋开发公司订立联合经营房屋开发合同，企图私吞两份合同差额，侵害了委托人的利益。为此我公司与被告及相对人销毁了两份合同，并解除对被告的委托代理，收回了我公司的合同专用章和授权委托书。我公司与×省房屋开发公司重新签订的联合建设合同，与被告代理无关，且原与被告签订的委托代理合同在被告履行之前已被解除。请求确认双方的委托代理合同已解除，确认被告无权要求我公司支付代理费及奖励提成484.5万元。被告李军答辩并反诉称：我与被告签订委托代理合同，依约履行。先以原告名义与×省农垦公司签订联合开发协议，并交原告总经理张建签字。后经原告授意又与×省房屋开发公司订立合同。2006年3月23日按原告要求拿回与×省农垦公司签订的合同，并交原告销毁。3月24日，张建要我同往×省房屋开发公司，并宣布原告已与该公司另行订立合同，将我代理原告与该公司订立的合同强行撕毁。我在得到原告将给付代理费及奖励提成的承诺后，交还了原告合同专用章。现原告违约拒付代理费及报酬，故反诉请求判令原告支付代理费及报酬共计496万元。

该案经×市中级人民法院和×省高级人民法院两级人民法院的审理，一、二审法院的意见基本一致，认为：三和公司与李军签订的委托代理合同不违背法律、政策和协商一致的原则，属有效合同。三和公司在委托代理合同期限届满前撤销授予的代理权，致使李军未完成全部代理事项，属违约行为，应承担违约责任，对被告因此造成的损失应予赔偿。被告已完成的部分代理事项，原告应向其支付部分报酬。据此，经法院主持调解，双方自愿达成调解协议，由三和公司支付李军代理费及报酬人民币197万元。

根据《民法通则》第63条规定："公民、法人可以通过代理人实施民事法律行为。代理人在代理权限范围内，以被代理人的名义实施民事法律行为。被代理人对代理人的代理行为，承担民事责任。"第65条第1款规定："民事法律行为的委托代理，可以用书面形式，也可以用口头形式。法律规定用书面形式的，应当用书面形式。"根据《合同法》第410条规定："委托人和受托人可以随时解除委托合同。因解除合同给对方造成损失的，除不可归责于该当事人的事由以外，应当赔偿损失。"

该案涉及的是委托代理权撤销行为性质的认识问题。按照我国《民法通则》的有关规定，代理按代理权来源不同，可分为：法定代理、指定代理和委托代理。法定代理的代理权来自于法律的直接规定，指定代理的代理权来自于有关单位或人民法院的指定，委托代理的代理权来自于被代理人的授权委托。在委托代理中，委托授权是其产生的依据。委托授权又称授权行为，是委托人向受托人授予代理权的意思表示。委托授权是一种单方法律行为，只要有被代理人一方的意思表示，代理人就获得代理权。当然被代理人向代理人授权是以一定的法律关系为基础的，这个基础法律关系就是委托代理的基础法律关系。具体而言，委托代理的基础法律关系是指需要委托代理进而发生委托代理关系的合同或者其他法律关系，包括雇用合同、合伙合同、职务关系等。该基础法律关系是双方当事人意思表示一致的后果，是一种双方民事法律行为。基础法律关系的存在为委托代理关系的发生提供了可能性和条件，但基础关系的存在不会当然地发生委托代理关系，委托授权才是委托代理关系发生与否的决定因素。就该案而言，三和公司向李军出具授权委托书，全权委托李军承销本公司徐东路小区6万平方米商品房，并向其提供了合同专用章，说明三和公司已授予李军代理权，只要李军未超越授权范围，其代理就是有效的。而一、二审法院仅认定原、被告之间的委托代理合同有效，以此认定被告有代理权是错误的。

另委托代理的存在，是以代理人和被代理人的相互信任为前提，因此，在委托代理中，被代理人可撤销代理权，代理人可辞去代理权。他们都是单方民事法律行为，只要有一方当事人的意思表示，即产生终止代理关系的效力。但是，一方撤销或辞去代理权，应当事先通知对方，及时收回或交还代理证书。否则，应对由此给对方造成的财产损失承担赔偿责任。对于代理权撤销或辞去之前，代理人与第三人所为代理行为，被代理人不得以代理权撤销或辞去为由拒绝承担后果。就本案而言，三和公司向李军授权后，又取消了委托，终止了他们之间的委托代理，是可以的，因此法院认定"三和公司在委托代理合同期限届满前撤销授予的代理权，致使李军未完成全部代理事项，属违约行为"是不妥的。

案例四：居住投资两相宜

在外企工作的程小姐，由于工作繁忙没有时间自己去寻找适合的楼盘，于是找到了中介替她物色目标房源。她向经纪人介绍了自己的购房要求：价格在40万元左右；周围商场、超市都有，幼儿园、小学、初中一一具备，配套设施齐全，并且最好是名盘。于是经纪人就开始结合程小姐的情况进行了房源的搜寻。

1. 首先制定一个适合程小姐的购房计划。

（1）确定买什么样的房子。

① 根据程小姐的购房要求，其买房的目的既可用于自用也可用于投资。

② 根据客户的资金量和当地的房价，决定其购买的住房可在100平方米左右，两室一厅。

③ 交通一定要便利，方便孩子上学。

④ 社区规模较大、物业管理良好和配套设施齐全。

（2）帮助客户做出买期房还是购现房的建议。

① 由于程小姐短时间内就要居住，并且付款能力没有问题，所以买现房比较好。

② 根据程小姐购房的价位，经纪人建议其购买地段好的二手房。一可以满足其对地理位置的需求；二可以选择比较知名的楼盘。

2. 帮助客户搜寻房源。

3. 对客户满意的房源进行房屋质量、面积、产权、价格等方面的验证。

4. 得到客户的认可后，经纪人开始着手为客户提供贷款方案。

5. 最后，为客户办理过户手续。

在中介公司的全程服务下，程小姐最后买到了自己十分中意的房子，自己却没有因此耽误了工作。

案例五：投资商铺

近来，随着生活的不断改善，越来越多的人想把手中的钱用来投资商铺。下面就以最近成交的一个商铺案例进行分析：

某房屋中介公司接到一位金先生来电：手头有 200 万～300 万资金，打算买一个商铺作为投资。于是，经纪人首先向其介绍了商铺贷款的相关政策，并推荐了两个带租约的商铺，然后约定看房时间。金先生看完两个商铺后，提出了许多相关问题，包括租约到期日、租金的调幅等，同时请经纪人发表个人对这两个商铺的看法。经纪人分别给予了客观、明确的答复，之后金先生自己又抽空到实地观察了几天，最后对其中一个商铺表示了明确意向，与此同时希望银行能提供五成商业贷款。经纪人即列出了贷款所需提供证明、文件的清单，同时明确每月所需还款金额，金先生提供了相关证明及文件后，即由中介公司代办有关贷款审批手续，银行出具"贷款意见确认书"，这样金先生就可以不必为贷款之事而担忧。

经过该中介公司的尽心运作，房东与承买方终于就该商铺的标的、付款方式、期限等条件达成共识，最后双方在中介公司律师的主持下顺利地签订了买卖合同。然后房东与承买方共同委托中介公司代办一切相关手续，这样买卖双方就可以节约大量时间与精力。

在该案例中，金先生希望通过购买该商铺，能使资金保值、增值。金先生是商人，不希望把所有资金都投在该商铺上，而是希望利用银行贷款支付部分房款，并利用租金来还贷。作为中介公司凭借专业知识、团队合作，保障交易的安全性，提供给客户全面、迅速、周到的服务，并提供给客户客观、公正的市场分析资料，以保证房地产交易价格的合理性。

案例六：产权证未载明的小卫生间归属纠纷

2006 年 8 月下旬，家住某市巨鹿路某号的张某以原告身份到法院诉称，在 2003 年其承租该号二楼亭子间使用权，以前该亭子间与底楼的住户共同使用一楼的小卫生间，但许某一家买房入住底楼后，即将该小卫生间上锁，导致张某无法使用，张某要求恢复小卫生间的公用性质。而花掉 32 万元才买下底楼住房的许某，则不同意张某的诉称，认为根据出租人的产权证，上面没有关于争议卫生间的记载，而房产交易中心出具的证明，也仅仅说明楼梯下方空间不再计算建筑面积，更不能说明张某对该卫生间有使用权。在此期间，因为物业服务企业没有帮助张某解决小卫生间的问题，张某遂拒绝交纳物业服务费。

产权证未载明的小卫生间应归谁使用。

在案件的审理过程中，法院认为，双方的产权证中均未记载有该卫生间，标明该卫生间的产权非任何一方所有。鉴于双方房产所涉及的楼梯及楼梯下方建筑面积的计算方式，产权证上未作卫生间记录，不能就此推断该卫生间使用权属于公用。由于张某承租的产权房位于二楼，其中包括一间大卫生间，已能满足生活的基本需要，而许家居住底楼，除了该卫生间别无他处可供生活必需，本着公平、合理的原则，遂判决张某败诉。另外，由于物业服务企业在案件审理期间申请权利保护，要求张某交纳物业服务费用并支付相应的滞纳金，法院予以支持。

案例七：租户房屋出了问题，维修费由谁负担？

刘先生在2008年4月12日租了一套小区住宅，因当时房屋比较新，就没有和业主在租赁合同中约定有关维修费用、维修项目的条款。2009年4月起，该房屋的卫生间屋顶就一直漏水，而且水管也出现渗漏现象。该租户与物业服务企业联系，要求他们维修，但物业服务企业说他们只负责维修整个小区的公共使用部分。因此，该租户不得不与业主联系，业主却说，房屋现在由谁使用，维修也应由谁负责。因此该租户十分困惑，想了解一下，在租赁合同未明确的情况下，房屋出了问题是否应由业主来维修？同时在业主与物业服务企业未尽维修责任的情况下，该租户能否因此不交物业服务费和房租？租赁房屋的维修责任由谁负责？

本案例中，物业服务费是由承租户交纳的，但是物业服务费不含业主所购房屋内部设施、设备的维修费用。小区的物业服务企业没有义务为其维修房屋。在租赁合同没有约定由谁维修房屋的情况下，应由出租人（即房东）承担维修义务。承租人在房屋需要维修时可以要求出租人在合理期限内维修。出租人未履行维修义务的，承租人可以自行维修，维修费用由出租人负担。

交纳租金与出租人维修房屋是两个不同的法律关系。如该租户不能如期交纳租金，是要承担逾期交租违约责任的。在存在物业租赁关系的物业管理活动中，各法律关系当事人应该就自己的权利与义务进行确认，明了自己的权利范围和应该承担的义务范围。

案例八：拆迁安置房的承租方是否有居住权

王某为某市居民，其有两间相连的私房，其中一间临街。2005年10月，外地居民丁某与王某签订了房屋租赁合同，合同中约定的租赁期限为3年，租赁用途为邻街的一间用来经商，另一间由丁某与其爱人、小孩一块居住，租金为每年24000元。同年12月，王某又与某市某房地产开发公司签订了房屋拆迁补偿协议。根据该协议，王某除得到一笔补偿金外，还可以得到该房地产开发公司的一套三室一厅的安置房。2006年3月，某房地产开发公司开始进行拆迁工作。丁某以其租赁期限未到期为由拒不搬迁，但房地产开发公司申请强制执行。丁某无奈又找到王某，要求王某按原合同履行义务，要求其将补偿安置房让给丁某居住。王某说按原合同可以，租金还是一年24000元。丁某一查，同类房屋的年租金仅为10000元。于是丁某又要求王某降低价格，王某不愿意。于是双方诉至某区人民法院。经调解，双方达成变更租金协议。

拆迁安置房，承租方是否有权居住？

本案例中，王某与丁某原来的房屋租赁合同合法有效，依有关法律应当给予保护。原租赁合同的标的物由于拆除而不再存在，但是原房主得到了安置房，而原租赁合同继续有效，丁某依然对安置房有租赁使用权。但是，由于原出租房与安置房无论从结构上还是从面积及用途上均有很大不同，根据公平原则，应对使用目的及租金进行一定的调整。

案例九：租客不慎惹火灾

2005年10月市民章先生打电话，称自己和平里七区的房子失火后至今已经6个多月了，可是仍然没有得到相应的赔偿，同时受到牵连的17户邻居也同样没有得到赔偿，旷日持久的追讨赔偿让他苦不堪言，现在房子还没有收拾。目前他已经向东城区人民法院提起了诉讼。

2004年10月14日，章先生与北京佰家房地产经纪有限公司签订了《房屋租赁合同》和《房屋出租委托合同》，将这套房子全权委托佰家公司进行出租、管理。合同生效后，佰家公司将这套房租给了他人。

2005年3月21日凌晨，和平里七区37号楼101室起火，经消防队及时抢救，幸无人员伤亡，但101室烧毁大半，一些家具、电器或毁或坏。火起时，浓烟四散，殃及同单元17户邻居都受到损失。

房子起火时，据消防局同志介绍，承租人不在房内。关于起火原因，《北京市公安局消防局火灾原因认定书》认定："此起火灾是由电褥子长时间使用，电器线路故障引起的"。由于当时房子由承租人使用，因此，火灾是由于承租人使用电器不当造成的。章先生与佰家公司对消防局的火灾原因认定均无异议。

可是失火后，房客再也没有出现。据了解，该房客是辽宁人，当事方也曾经试图跟这个人联系，可是辽宁当地政府说此人早就找不到了。佰家公司表示，承租人已找不到。这样的话，本来应该由租客所负的责任就落在了佰家公司身上。

张先生和佰家公司所签订的《房屋出租委托合同》第二条第五款"双方责任与权利"一节明确规定："丙方（即佰家公司）负责监督承租人妥善管理并安全使用房屋，爱惜屋内所有家具、电器及设施，如属人为损坏，丙方负责监督承租人修理或赔偿。"对于此事责任，开始房主与佰家公司商谈时，佰家公司无异议并表示赔偿房主的损失。

虽然佰家公司答应了赔偿，可是时至今日，佰家公司并未实施赔偿。业主与佰家交涉，佰家公司的解释是：与101室同单元的其他受到损失的房主，要求赔偿金额过高，无法达成协议，所以你们的问题也不好解决。章先生多次致电佰家公司的相关负责人，可是电话要么无人接听，要么就转至秘书台，赔偿被无限期搁置。

鉴于此问题，房子失火造成损失，最应该为此事负责的是承租人，是由于他的不小心而造成房东及邻居的损失。需要尽最大努力去找到承租人，可是佰家公司也称该承租人已经找不到了。

不过，章先生的房子是全权委托给佰家公司的，这就是说以后房子管理的责任转到了佰家公司这里，房子出现问题就该由佰家公司负责解决，佰家公司就成了该房子的第二责任人。

另外，章先生与佰家公司签订过房屋出租委托合同，明确了双方的权利和义务，佰家公司有维护该房子的完好和按照双方约定时段向房主缴纳房租的义务。所以，出现此种情况佰家公司按照合同应该赔偿章先生的损失。同时，章先生的邻居所受到的损失也应该进行鉴定、评估，并获得相应的赔偿。

案例十：租房还是买房合适，教你一种简单计算方法

房地产新政接连出台，房价过快上涨势头得到初步遏制，一些前期投机氛围浓厚的城市房价转头下滑，更多的城市呈现观望气氛。深圳2005年销售的住宅均价（建筑面积）为7040元/平方米，转年一月为7949元/平方米，第一季度统计，均价已经上升到8126元/平方米。但进入6月以来，房价涨速有所下降，基本维持在八九千之间。这个时候，很多人都在考虑买房还是租房的问题。

按照国际上一般的租售比（即房屋售价与月租金之比）来衡量住房投资价值，正常范围应该在1：100至1：230之间。这个比值意味着，如果把房子按现在的租金出租，100个月至230个月（大致相当9年至20年）内能收回购房款，买房就是合算的。如果回收期长于这个时间，租房就更加划得来。下面是3个关于深圳的租房与买房情况。

1. 在福田区万科金色家园，一套88平方米的房子，叫卖价100万元，同样面积的住房月租金为3500元。

2. 南山区椰风海岸，一套103平方米的住宅，叫卖价82万元，同样面积的住房月租金为3500元。

3. 龙岗区四季花城，面积为110平方米的住房，售价为78万元，而同样面积的住房月租金为3000元。

三种情况哪个更合适？

1. 在福田区万科金色家园，如果租售成交价均不变，租售比为1：285。显然租房比买房合算。

2. 南山区椰风海岸，如果租售成交价均不变，租售比为1：234，租房略比买房有利。

3. 龙岗区四季花城，如果租售成交价均不变，租售比为1：260，买房不如租房。

从结果可以得知，虽然只是抽样的结果，但在一定程度上可以说明：现在的房价都不利于购房者，如果想解决住的问题，租房子更有利。

上面的比较还没有考虑中国特殊的国情。在多数国家里，购房者买房子的同时也买了地产，土地及其上面房子可以世代继承，而中国只是买的房产，我们房子下面的土地使用权只有70年。所以，用国际上通用的租售比来衡量中国住房投资价值，并不能完全等同于地产市场成熟国家的状况。

外国房屋的建筑质量一般也比我们的要好。他们通常是按百年"寿命"来设计建筑的。最近有房地产权威人士说，我国建筑物平均使用寿命为30年，与国家规定标准寿命50~60年相差甚远。而我们的房子使用权有70年！这期间怎么维修、加固？就需要住房拥有者自己操心、费钱，而租房就可免掉这些麻烦。

案例十一：商铺先自营再出租收益升3%

在所有的商铺类型中，商场铺是投资风险最大的一种：受到限制最多，自由度最小。商铺能否成功出租和稳健经营都有一定的被动因素。

不过，商场铺的优势在于，一旦整个商场的商业气氛形成，所有商铺都将得益，天河城、中华广场就是典型的例子。

然而，不成功的例子也不少，有的新建商场不断"夭折"，有的只旺首层，有的则出现"阴阳现象"（一半旺场一半冷场）。

因此，选择什么商场，选择什么铺位，选择什么时机进入，考验的是投资者的精明程度。

张先生在2004年10月以109.5万元购买了中旅商业城一间36.5平方米的店铺，平均3万元/平方米。精明的张先生对市场行情胸有成竹——如果出租，租金至少能达到7500元/月，即一年的收入有9万元，租金年回报率有8.2%！

其实，张先生在积累了起步资金后就开始考虑投资，并选定了商场铺作为投资方向。但在投资什么样的商铺、什么地方的商铺方面，他有点犹豫不决，因此他决定向地产业人士咨询。

投资分析篇：注意商场定位和人流

专业人士告诉他，与普通街铺、社区商铺相比，商场铺一般售价较高，风险也较高，因此一定要考察清楚其是否能带来与高售价相匹配的高商业收益。

一般来说，投资时除关注周边的投资回报率外，不妨多留个心眼听听它的定位如何，这样将更有效地降低投资风险。在广州，一般的商场经营是不会散卖的，因为散卖后很难形成合力，铸造品牌。如天河城广场由于只租不卖，对租客的层次控制严格，形成了品牌效应，其商业气氛之旺全城瞩目；荔湾广场由于散卖而产生一些问题，商业价值也受到影响。现在一些新的商铺，一般也意识到散卖的问题，而采取只租不卖或先做旺再卖的策略。

专业人士还建议，选择大型百货商场的商铺，投资者首先要考虑，这家商场拿多少铺位出来卖。如果出售的比率超过商场的50%以上，那么这个商场的经营状况在未来将会有一定的困难。如中华广场，其铺位出售的面积均不会超过商场的30%~50%，若出售的面积超过这个比率，商场的统一管理和推广都会较难实行。

一些有投资经验的投资者则表示，买卖商场铺还要注意商场的人流导向规划（即人流的走向），主要是通过商场的电梯以及商场铺位的分布去观察，最好由买家亲自实地考察商场的人流走向。由于设计的不合理，有些商场会存在很多的"死角位"，或者部分内铺的分流设计杂乱，会让顾客有"迷路"感而产生排斥心理。

此外，大型商场铺位的售价都是随楼层增加而递减的，但不少投资者对非首层铺位并不抱太大的信心。的确，目前广州市区不少大型商场即使位居传统商业街上，二楼以上的商铺也容易出现"冷场"。究其原因，很大程度上是由于商场的定位以及规划没有做好。因此投资者想投资非首层商铺,不仅要了解商场的整体定位,同时更要了解商场每层的定位及规划。

经过这样一番详细咨询后,再通过多方考察和比较,张先生最终购买了中旅商业城的这间店铺。当时中旅商业城刚引入了百佳,人流旺盛,租金也很可观。

(1) 选择主题商场,先看商场的经营主题和人流导向。

(2) 经营以小铺为宜,最好选择20至40平方米左右的铺位。

(3) 留意该商场铺位的实用率,还有管理费及其他必要的支出,都必须计算在成本之内。

(4) 铺位最好选择在电梯口、大堂出入口等人流必经的地方。如果没有,则要注意指引,用鲜明的装饰将人流引入店中消费。

(5) 特色、差异化经营。在主题商铺中,自己的经营特色要更为明显,才能吸引消费者。

经营分析篇一:自己开特色小铺

在办完各项交易手续后,张先生开始考虑商铺的经营问题。虽然当时周围租金已达到7500元/月,然而,考虑到太太刚失业,他决定让太太来经营自家的商铺。

张太太在经营上也花了不少心思。考虑到百佳进驻带来了旺盛客流,但小商铺的人流却不及其他一些商铺,她认为只有将店铺经营出特色才可能吸引顾客。经过对这个地段主要消费人群的分析,她发现这里是年轻一族的天地,而年轻人会在特别的装饰品上有比较大的投入。于是,她决定开一间专卖中东特色饰物的店。此外,在店面装修上也要讲究特色和个性。最终,装修和入货等共投入了25万元。

由于货源全部为进口,在市面上比较少有同类产品,一开店就有许多年轻的学生和上班一族"发掘"了这间特色店,而且广为宣传。"一回生两回熟",张太太的店逐渐累积了不少熟客,每月的经营纯利近9500元。

经营分析篇二:出租更有收益

2005年8月,有熟客向张太太提出承租店铺。张先生认为,该地段商铺部分已有起色,租金也达到10000元/平方米,于是,张先生把店租给了这位熟客,还收取了8万元的费用。

(1) 假如从2004年10月开始,张先生以7500元将商铺出租,年投资回报率为8.2%,至2005年8月租金收入为7500元/月×10 = 7.5万元。

(2) 选择由张太太经营:年回报率为9500元/月×12月÷(109.5万元+25万元)= 8.5%,至2005年8月经营收入为9500元/月×10月 = 9.5万元。

(3) 出租:年投资回报率为1万元×12月÷(109.5万元-8万元)= 11%,比自己经营的8.5%要高出近3%。

(4) 10个月中,张先生经营收入:9.5万元+8万元 = 17.5万元。

(5) 以目前的租金计算5年后的利润:1万元×12月×5年+17.5万元 = 77.5万元。

从这几种商铺经营方案中可明显了解到哪种更赚钱。可见，商铺投资者要灵活调整投资经营策略。房地产研究人员林莉表示，投资商场铺除选择买卖，也可以考虑自做，由于不少大型商场只租不售，因此若认为这个商场有潜力，不妨考虑先自己经营，而且一般商场招商时都有优惠，但上轨道后，租金会不断攀升，不妨考虑另找商家。

案例十二：一起房屋租赁案的警示

随着房地产业的繁荣与发展，各种房屋中介公司也应运而生，为房地产市场稳定、高效的运行穿针引线，在房屋买卖与租赁中发挥着不可低估的作用。但是，新事物的诞生与法律规范的制定之间往往存在一定的时间差，对于房屋中介这种市场经济下产生的新生事物，目前还没有完备的法律来严格规范。于是，各种骗局也"应运而生"。

某房地产咨询公司在京城一家很有名气的报纸上刊登了一则房屋租赁广告，这则广告引起了婚后一直无住房的某公司职员杨晋的兴趣。2008年1月初，在向咨询公司支付了1500元的中介服务费后，杨晋来到该公司提供的房源看房。房东是一对夫妻，男的叫小叶，衣冠楚楚，女的叫李丽，落落大方，两口子还有一个两岁多的男孩。看完房后，杨晋对房子一室一厅的格局和所处的地理位置非常满意。经过一番讨价还价，双方就租期、租金、付款方式等事项达成了一致意见：叶、李夫妇将该房出租给杨晋居住，租期为1年，租金1.8万元，首付1万元，余款半年内付清。办事爽快的杨晋当场先付4000元人民币，对方很认真地写了一张收据。第二天，双方正式签订了一份内容规范、严谨的"租房协议"，杨晋又付给小叶租金人民币6000元。此时，杨晋才问了一句："有房屋产权证吗？"对方轻描淡写地答道："因为不常在这里住，没带着，你要是不租就算了。"杨晋觉得有咨询公司的介绍，不应有什么问题，而且房屋位置、价钱都很合适，再加上对这三口之家的印象不错，也就没有深究。

半年过去了，在付了第二期房租8000元后不久，李丽突然找到杨晋，说因急于赴加拿大探亲并打算在国外住两年，希望以年租金5000元的低价将房续租给他两年。涉世不深的杨晋根本没怀疑其中有诈，很痛快地一次性付给李丽两年的房租1万元，双方还郑重其事地签订了一份"租房合同"。

杨晋夫妇开始盘算着添置点新家具。但6月底，小南庄地区物业服务企业通知杨晋，该房租赁合同已到期，限7月19日前搬出。杨晋慌了，"才住了半年，怎么就到期了？"看了物业服务企业的有关材料，杨晋才明白自己被骗了。原来，该房的房主另有其人，物业服务企业受房主委托，对该房进行管理，2007年8月，小叶夫妇与物业服务企业签订了承租该房1年的协议。夫妇二人隐瞒房客身份，冒充房东，转租房屋，骗取钱财。杨晋原以为自己捡了个便宜，却没想到这其实是个骗局，花费近3万元，住了仅半年。面对现实，杨晋不甘，将房地产咨询公司和小叶夫妇二人告上了法院。但是，他能胜诉吗？

《中华人民共和国民法通则》第一百零六条规定："公民、法人违反合同或者不履行其他义务的，应当承担民事责任。"在租房过程中，从协商、签约到付款、履行，都在"房东"与"房客"之间进行。房地产咨询公司在此事件中只是起一个牵线搭桥的中介作用，双方对发生纠纷的处理没有明确的约定，我国法律对由于中介行为而产生的后果及其应承担什么样的责任也无明确规定。本案中房地产咨询公司提供的房源有误，且未审查房主产权证件，故他们对杨晋夫妇的被骗存在一定的过错，但只能承担返还中介费的民事责任，而房租损失则应向叶、李二人索赔。法院按原告提供的地址，对被告多次进行传唤，但二被告均未到庭。审判人员在向其户籍所在地的派出所、居委会、街坊领导询问后得知，叶、李二人长期不在此居住。很明显，二被告骗钱得手后来了个"金蝉脱壳"。而且，因为杨晋的"爽快"，租房过程中的4次付款，仅第一次有收据，后三次付款因为没有收据而"证据不足"，法院无法认定。又由于被告下落不明，有关事实无法查清，故法院依照《中华人民共和国民事诉讼法》第一百三十六条第一款第六项之规定，裁定：本案中止诉讼。被告跑了，诉讼不得不终止，杨晋的钱也打了水漂。这件看似普通的房屋骗租案提醒我们，在进行房屋租赁、承包、购销、借贷等民事行为时，一定要提高法律意识，加强自我保护，不可轻信承诺而草率行事，尤其是租赁房屋，一定要找一个信誉好的房屋中介公司，还要查看房主身份证明并保留复印件，有条件的还应看看户口本，向房主索要能证明该房产由其支配的有效证明。不给坏人以可乘之机，尽可能避免不必要的纠纷。

案例十三：以租养房

如今做什么行当都讲究经济效益和利润最大化，精明的老百姓对手中的闲钱也开始列出了投资计划，并想从中获取可观的回报。于是，一群投资者在"过滤"所有投资项目后便把锐利的目光瞄准了房产投资，"以租养房"这种投资模式就成为了南昌老百姓正在追逐的热点。

"以租养房"收益如何

随着人们对房地产领域投资意识的加强，许多人都将赚钱的目光转移到了"以租养房"的方式上。因为不少投资者觉得房地产具有保值、增值等特点，更何况现在南昌的房价一路上涨，房屋租金自然也随之攀升。聪明的消费者自会比较，家中的积蓄存入银行，利息收益较低；假如用它来投资物业后又将其出租，以现在市场上的租金水平来计算，后者的收益率肯定要高于银行存款的利率。此外，这种租金收益也相对稳定。

众所周知，房产租赁投资具有稳定与灵活兼顾的特点。稳定的租金收入通常要比其他不稳定的高收入来得踏实。一位蔡先生，他于去年在南昌购买了一套酒店式公寓，面积38平方米左右，总价近17万元。在投资此项目之前他不敢轻举妄动，心中也没有谱，后经友人开导后便下定了决心，付出4万元的首付款后，向银行贷款13万元，按揭25年，月供700元左右，而现在他的房租出去以后月租金收益达1200元，说到这里时，蔡先生不禁流露出一些遗憾，"早知当初，我真该买下两套呀。"

"以租养房"的人群

房地产投资有的是通过房产的转手买卖去获得短期增值收益，有的则是以出租等方式获取房地产投资的长期增值收益。那么，后者便是另一类以租养房的人群，他们手头相对宽裕，居住环境也能得到满足，这类人直接通过按揭的形式购买新商品房或酒店式公寓，每月得到的租金除了偿还月供外，还能略有赢利。若干年以后，当投资者收回本金和利息，就可以净挣房子和租金了。

有这样一位朋友，夫妻俩都有稳定收入，丈夫是某航空公司的高级职员，妻子也在一事业单位工作，儿子尚小，他们经过商量后决定把家中的积蓄拿出来去投资房产，早在2000年他们就购买了一套写字楼，总价41万元，首付20%，银行按揭30年，月供1000多元，而目前他们投资的写字楼月租金就已经达到了2000多元，可谓收益颇丰。

"以租养房"的投资分析

一位业内人士讲，有三个因素影响出租回报率，一个是每月的租金，二是出租率或空置率，三是购买物业的总价。通过出租回报率的计算，可以了解一年内物业出租回收的总金额与投资物业总价的百分比，掌握购置物业总投资每年的利润率。

对普通老百姓而言，房产投资肯定是一个家庭中重大的投资行为。既然是家庭重大投资，理所当然就应该慎重考虑投资的收益，计算以租养房投资收益的方法有以下两种：

（1）投资回报率分析公式：（税后月均租金－物业服务费）×12/购买房屋单价

此种方法是目前地产投资中最常用的，此方法考虑了租金、房价及两者的相对关系，套用在股市投资上可类比为市盈率，是选择"绩优房产"的简捷方法。但它又有弊端，没有考虑全部的投入与产出，没有考虑资金的时间价值，并且对按揭付款方式不能提供具体的投资分析。

（2）投资回收时间分析公式：投资回收年数=（首期房款+期房时间内的按揭款）/（税后月租金－按揭月供款）×12

这种方法类似于股市投资分析中的K线图分析，考虑了租金、价格、前期的主要投入因素，但未考虑前期的其他投入、资金的时间价值因素，可用于简略估算资金回收期的长短，但不能解决多套投资的收益分析。这种方法比租金回报法更深入一步，适用范围也更广，但有其片面性，并不是最理想的投资分析工具。

小结

"以租养房"，已经成为众多人轻松买房的一条捷径。不过，人们似乎只看到了好的一面，而忽视了其中的风险。一旦出现变故，购房者将损失惨重。"以租养房"不是个简单的过程，这里面的账要仔细算清楚，除了每月固定要支付的物业服务费之外，还有银行贷款利息，这是笔固定的支出，而其收入却只是相对固定的。既然是投资就会有风险，投资房产的风险就是新房出租会有一个"滞留期"，即从正式入住到出租出去，中间会有一段时间房子是空置的。即使已经出租的房子也可能会中途"断档",这就需要你周密考虑如何度过这样的"风险期"。

随着申请住房按揭贷款门槛的一降再降,不少投资者都会产生冲动想以租养房,做长线投资,但基于对市场分析不全面,最终房子租不出去,导致了以租养房失败。所以,投资者在瞄准"以租养房"的投资模式时,应对自己的还贷能力慎重考虑。

案例十四:从丽江花园看品牌性房产的营销传播

时代发展,房地产经营充满了变数。城市的区域规划在变,建筑风格在变,人们的生活方式在变。房产营销的多种因素都在快速变化之中,可谓此一时彼一时。一个项目成功了,什么是可以留给开发商继续借用,并能使之不断增值的呢?就是品牌。假若开发商要把一个成功项目的无形资产移植到下一个项目,品牌是最好的载体。

在房地产业风生水起的广州,近些年涌起了一批品牌性楼盘,这其中,以丽江花园的品牌之路最为突出。

挖掘富有文化气息的品牌个性

品牌是用来构筑与消费者的情感关系,当然富有文化意味。而房子是给人住的,有人活动,就有文化。在人们越来越注重生活品质的情况下,文化不再是味精,而已变成钢筋水泥、花草树木的粘合剂。在文化的粘结下,钢筋水泥、花草树木组合成了各种不同品味和特性的房、外景,供人们思考、活动。

番禺属于广州的郊区,开发商看到了中国大城市"郊区城市化"和"居住郊区化"的趋势,把目标瞄准具有一定经济实力、乐于工作、享受生活的白领一族,坚持"以人为本",把营造和谐的社区文化作为小区发展的主要动力和纽带,树立起良好的口碑和清新脱俗的品牌个性。

从满足需求的角度看,随着都市里的"笼子"屋越来越多,现代居住方式使人与人之间的交流越来越少,人与人之间越来越隔阂,丽江花园打出"文化"牌、倡导社区文化,就是要促进人的交流、沟通,使人与人之间、人与自然之间建立起和谐关系。为此,丽江先后在广告中提出了"和谐生活新天地"、"一方水土一方人,美善相随丽江人"的概念,引导社区文化建设。一方面在房屋规划设计上注意培养良好的现代街坊邻里关系,另一方面丽江花园俱乐部积极组织业主的各种活动。像"首届屋村运动会"、"民俗文化节"、"外籍居民圣诞晚会"等一系列特色活动。这些活动集沟通、娱乐、公益于一体,深受欢迎,现已逐渐过渡到业主参与主体的阶段。

多渠道的整合传播

在品牌整合传播上,丽江花园注意通过多种方式来展示形象、累积品牌资产。1998年,俱乐部创办了业主通讯《丽江花园采风》,为业主提供了一个抒发感想、探讨问题的园地;组织成立了广州地区第一个小区业主艺术团,进行了多场公开演出,得到了政府有关部门的肯定;2000年,与在广州定位为"白领报纸"的《新快报》合作,开展"一方水土一方人"征文活动,把业主的文化活动通过一些小故事反映出来，扩大影响。每一个载休、每一次活动都促成了丽江花园独具特色的社区文化，使业主有一种精神的满足感和归属感，在社会上口碑也越来越好。

小区的文化建设营造了良好的品牌效应，源源不断引来了高素质的业主，业主的参与又推动了区文化发展，使社区影响扩散，这种良性互动成为小区永续发展的不竭动力。品牌的魅力由此而来。在广州天河及花园酒店的丽江花园候车亭广告上，荷尔德林在《还乡》中的一句话赫然入目："人充满劳绩，但还诗意般地安居于大地之上。"既是人们"休身"之所，更是"养性"的乐园、心灵的憩园，忙碌的现代人，不正向往这样的家园吗？

案例十五：李嘉诚的发迹史

谈起1981年被选为"1980年香港风云人物"的李嘉诚，许多读者恐怕略有所闻。

李嘉诚原籍广东湖安，家境贫寒。自小就没有读过什么书，为生计所迫，十三岁便辍学从商。最初，他在港岛作玩具推销生意。经过多年的苦心经营，才自己开了一家小型塑料厂。

1950年，他创立了长江实业有限公司，专门生产玩具和家庭用品。产品主要销往欧洲和北美。20世纪50年代的塑料花热，带给李嘉诚一个巨大的机会。那时，欧美市场上塑料制成的花草、水果及其他植物，几乎成了家家户户和各公司办公室的装饰品。这类装饰品也是当时香港大宗出口的主要货品。1957年，长江实业公司靠塑料花草发了大财。

20世纪50年代后，香港经济迅速繁荣，各行各业都呈现高度兴旺的势头，因此房地产需求急剧增长，李嘉诚审时度势，经过深思熟虑之后，毅然扭转长江实业的业务方向，开始了他的房地产业生意。当时，李嘉诚作为一个优秀的企业家，真正堪称目光远大，魄力非凡。他趁土地尚未涨价之际，大量购入地皮，火速贷款兴建各式楼宇，然后再售出，生意十分兴隆。几年光景，李嘉诚迅速成为亿万富翁。现在，长江实业有限公司是仅次于香港政府的最大港埠土地拥有者，到1982年，长江实业光是楼宇建筑的土地面积就达2900万平方英尺。毫无疑问，长江实业不仅是现在，也是未来香港最大的地产业发展公司。李嘉诚本人也早已进入世界级华人大富豪的行列。

由于李嘉诚是从经营房地产业发迹的，所以，他被称为"亿万身价的地产发展商"。

案例十六：概念营销——房地产概念创新反思

现如今的房地产营销正是通过对一个个紧扣需求主题、引领市场潮流的概念的演绎，才变得丰富多彩、魅力十足的，才能够引来无数英雄竞折腰：小户型、大户型、分时度假、豪宅、中心区、海景住宅、旅游地产等，每一个成功的地产概念都能在市场上掀起一股热潮，都能吸引到足够的眼球，都能使概念的挖掘者取得不错的回报。例如，1999年深圳房地产市场上唱响了中心区概念，使位于该区域的三大项目——黄埔雅苑、深业花园、中海华庭个个受益,中心区也一举成为当年深圳地产市场的最亮点。北京的潘石屹推出的SOHO概念,也是一个很不错的例子,因为随着信息时代的到来以及网络的发展,都市里的新潮一族越来越有意或无意地模糊居家和办公室的界限,他们对房地产产生了个性化的需求,他们希望能足不出户尽知天下事,希望把更多的时间花在互联网上。正是看到了这种和传统地产不同的差异性需求,潘石屹和他的公司推出了通过信息技术将居住与办公联系起来的个性化产品,并把其命名为SOHO(Small Office Home Office)。通过对SOHO的概念营销,潘石屹大获成功。

从本质上说,概念营销是一种整合营销,它是在对市场需求科学预测的基础上,赋予企业或产品以丰富的开拓性内涵,以唤起消费者对新的消费方式的向往,对企业的认同和对新产品的期待,同时树立企业创新的目标和动力。概念营销着眼于消费者的需求,在产品的设计、创新以及营销过程中始终围绕着消费者。它着眼于消费者的理性认识与情感因素的结合,通过引导消费者的消费新观念来创新产品并进而通过概念对整个营销过程进行提升。因此,概念营销是正确地对市场进行细分、开发、把握的结果,也是按市场经济规律办事的必然结果。

概念营销不单是指对项目所采用的先进技术或小区的景观、环境等方面优势的推广,而且是对项目的各个优势进行整合后提出的一个最有说服力的核心价值的推广,这往往通过一个具体的概念来表达出来。像深圳蔚蓝海岸推出的教育地产概念,通过对这一概念的深化和多渠道的推广,蔚蓝海岸已成为深圳楼市中的一个相当有知名度的品牌。在这个项目的推广初期,它就强化教育地产这个概念,把教育地产当做主诉求,而其他的优势方面的东西虽然也在媒体上出现,但频率和效果都不如主概念。因此,我们可以把概念营销看作是对产品的内涵和外延的充分挖掘后产生的一种营销创新,实质是通过产品的概念来体现产品的核心价值。概念营销运用得当,可以有力地促进房地产企业的活力和创新精神,并使房地产企业的整体能力上一个大的台阶。

和一般营销相比,概念营销更能把握住消费者的需求,更能抓住产品的本质特征,也更能通过概念把项目的诉求点表达完整,从而更有利于和消费者产生共鸣。

鉴于目前我国的房地产市场还不是很成熟,因此必须通过各种营销手段,特别是新颖的营销手段来赢得消费者。其中,概念营销在房地产营销中的地位和作用值得引起我们的重视,好的概念是项目成功的开始和保障。

案例十七:万科房地产公司的销售成功经验

1993年随着地产开发高潮的逐步降温,万科房地产开发公司意识到,在地产行业走向规范化的过程中,超额利润将不复存在,发展商之间的竞争将是专业水平的竞争。由此开始调整市场策略,提出高于25%的利润不做,遵循稳健经营的原则,不再涉足风险较大的写字楼、别墅、商铺等地产品种,集中力量发展居民住宅,寻求稳定利润来源,并将部分在建或停工的写字楼项目调整为住宅,使

1996年度集团开发的地产项目中居民住宅所占比重达到75%，确立了万科地产的专业化发展方向，并通过城市花园品牌的培养，提高行业竞争力，从而保证了地产市场处于低潮时集团仍保持良好业绩，顺利完成了业务架构的调整。

为此，万科公司决定转而投资实力较强的地区。万科在特区企业中率先北上上海、天津、青岛、北京等地，利用当地市场刚刚放开，竞争对手尚未跟进的有利时机，在以上城市的新开发区中获得大块土地，建造居民住宅小区，以规模经营降低成本，获得了较好的经济效益和社会效益。在跨地域经营的初始阶段取得成功后，集团的地产业务延伸到全国12个城市，包括石家庄、北海、鞍山等现在看来并不成功的各城市。尽管万科开发的物业在当地均属一流水平，但由于各地经济发展水平及市场容量存在较大差异，除了上海、北京、天津等几个综合实力排名处于全国前列的城市外，其余并未能获得理想回报。从1995年开始，万科调整地域部署，集中在上海、北京、天津等几大城市继续大规模增开新面积和新项目，其余城市主要以消化现有项目为主。由于采纳的销售策略对头，因而很快确立了万科公司在中高房产销售中的重要地位。

案例十八：物业管理延伸服务

A品牌桶装水，是中国最大的医药企业之一的A公司在其集团公司所在地——华北S市推出的地方自有品牌桶装水，虽然依托了公司背后强大的科研背景，A品牌桶装水的质量和技术工艺在同类产品中均居上乘，但是A品牌桶装水的市场表现却一直都是乏善可陈。

A公司负责桶装水项目的领导对此非常焦虑，毕竟因为当初非常看好这一项目前景，并且为此花费了大笔费用。公司决定重新考虑A品牌的市场推广和渠道体系。

多头加盟三心二意

桶装水市场的前景确实是非常大，就该市而言，城市居民户至少也在四百万户以上，如果其中的50%能用上桶装水，而平均每户是3天喝掉1桶桶装水的话，那综合起来的消费量大得惊人，这对所有进入了和想要进入桶装水行业的企业而言绝对是个诱惑。

也许桶装水市场确实是个朝阳行业的缘故，在对竞争对手进行分析时猛然发现，桶装水市场实在太乱了，桶装水企业良莠不齐。仅就上市桶装水市场而言，生产企业可查的就达到50家之多，其中符合产品质量标准的生产企业32家。这50多个品牌之中，既有像娃哈哈、乐百氏这样在全国桶装水行业数一数二的巨头，又有一些作坊式企业品牌。

众多的生产商带来的必然是销售渠道体系的混乱，由于历史的原因，各桶装水企业基本采取的都是加盟政策，由各个社区的水店通过与桶装水企业签订协议而纳入到自己的渠道体系，非常松散。A品牌也是如此，一水店加盟A品牌桶装水渠道体系后，只是按照约定的价格向A公司提取桶装水，然后再按照统一的市场价卖出去，赚取差价，其中没有任何关于超过多少月销售量给予奖励，少于多少月销售量给予惩罚的条款,也没有任何排它性竞争条款。

各大桶装水企业都将市场目光放在了各个社区,而每个社区水店数目有限,一般最多不超过四个,这样就形成了每个水店同时加盟多个桶装水生产企业的渠道体系现状。如此形势下,水店加盟商就占据了很大的主动权,他们可以根据各个桶装水品牌给予自己利润的多少,来确定自己的主推品牌。

在市场上,低端定位的品牌一般给予水店的经销价格为2.5元/桶,市场价格一般为7元/桶;具高端品牌优势的乐百氏、娃哈哈给经销商的价格是5元/桶,市场价格为10元/桶;而A品牌定位中端,给各个水店的经销价格为4元/桶,市场价格为8元/桶。A品牌没有给各水店经销商留下更多的利润空间,使得其水店加盟商虽然数目众多,但是多处于配角的地位,出水量不多。

A公司曾经想过用广告来开拓市场的路子,因为在桶装水市场,虽然品牌众多,但是绝大部分品牌的知名度都是非常低的,如果能用广告的形式提高品牌的知名度,在消费者心中树立一个良好的形象,对于销量的增长应该是大有好处,于是A公司以每月150万元资金的耗费在S市各大主要干道上大做户外广告。但是数月下来,成效并不明显。

这使A公司认识到,没有终端的有效支持,广告也只能是空中楼阁,不大可能产生强大的市场效应。A品牌桶装水陷入困境的主要原因不在于广告不多,品牌力不够强,而在于对终端体系控制力不够,或者说根本就没有一个属于自己的控制终端。

要想提高A品牌桶装水的销售,摆脱目前现有的困境,唯一的办法就是从渠道体系入手,强抓终端建设,建立一个真正能属于自己,能有效进行信息反馈的终端体系。

联手物业服务企业做足终端

由于A公司的实力有限,投资桶装水项目的经费也有限,因此不可能在各个社区自建终端。缺乏利益保障,加强对现有水店加盟商的有效管理和控制也不是一条可行的办法。

目前,桶装水在商业办公室、写字楼市场已经趋于饱和,要想提高A品牌的销量,唯一的方式只能是挺进家庭用水市场,挺进社区。在这一大方向下,和谁进行合作,通过什么样的方式进行合作是A公司考虑的焦点。

在深入走访社区的时候,A公司的市场人员发现,只要是在物业管理设施比较完善的小区,其大门口都张贴着本小区本月度或者上月度的收入支出情况。从各个小区的物业收入支出表来看,绝大部分小区物业管理都是入不敷出。几乎所有小区的物业管理部门与业主之间关于物业服务费用的矛盾都比较突出,一方面业主认为自己上缴的每月数百元的物业服务费用太高,而物业服务企业除了催交水费、电费、煤气费、暖气费等各种费用之外,并没有给住户带来看得到的实惠,而物业服务企业也是有苦难言,面对越来越高的各种物业管理成本支出,如人力成本、小区绿化成本,常常是入不敷出。绝大部分物业服务企业并没有其他的创收来源,入不敷出的部分也只好再向各个小区住户实行强制摊派,如此一来双方的矛盾只能是更加激化。

虽然各个物业管理部门与社区住户的矛盾一直处于紧张状态，但是业主对物业服务企业相对其他商业公司而言还是持有很高信任度的。

了解到各个生活小区的物业管理部门与业主的微妙关系后，A公司意识到机会来了——直接和各生活小区的物业管理部门合作，把市场目标直接锁定在那些有着较为完备的物业管理职能的生活小区。一方面，这样的定位更加便于和物业管理部门展开深入的合作；另一方面，这一类小区的居民的收入水平相对较高，对生活品质的追求也相对更高，也更容易促进购买。

A公司马上草拟了与各大主要生活小区物业管理部门的合作拟案，提出了联合设立社区水店的合作模式。在这一合作模式中，A公司提供A品牌桶装水，提供饮水机，提供相关送水人员；各物业服务企业只需提供相应的场地，并代为保管好A公司提供的相关设备，与此同时，各物业服务企业必须保障A公司在各生活小区的定期的促销和宣传的权利，并以月为结算单位代为收取相关的桶装水费，并与A公司签订排它性条款，确立A公司为其唯一的桶装水合作伙伴。

在利润分成方面，A公司以4元/桶为价格将桶装水发到与各物业服务企业确立的联合水店，水店再以8元/桶的价格向小区住户提供，其中所得的4元/桶的价差完全归物业服务企业所有。

当A公司市场人员拿着这一合作议案与各个物业服务企业协商合作的时候，得到绝大多数物业服务企业的首肯。

首先，各个物业服务企业普遍面临着收入入不敷出的局面，都在急切地寻找新的利润创收点，以免尽可能地减少对住户的摊派，缓和物业服务企业与小区住户之间的矛盾，A公司的合作议案的到来，显然是符合各个物业服务企业的潜在或现实的需求的。

其次，A公司的合作议案显然是一个双赢的合作方案，在各个物业服务企业并不需要投入太多的财力、物力、人力的情况下，收4元/桶桶装水的利润分钱，确实是一大惊喜，物业服务企业每月只需妥善管理好相关设备，做好缺水登记，月底水费收缴等工作以外，剩下的工作完全由A公司承担，具有低投入，低风险，高回报的特征。

在协议签署完毕以后，A公司马上抽调了公司的精干力量，组成由公司技术人员与市场人员混编而成的数十个小分队，分赴各签约生活小区造势宣传，介绍A品牌桶装水的雄厚的技术实力和优良的质量标准，展示A品牌桶装水获得的一系列荣誉。

在获得消费者的认可之后，A公司联合各物业管理部门又推出了"走进社区"计划，各生活小区的住户只需要到各自的物业管理部门进行登记，就可以享受到由A公司提供的桶装水，并且免费使用A公司提供的饮水机，以后的续订、交费等由物业服务企业一手办理，同时很多物业服务企业也承诺，对于使用A品牌桶装水的用户，物业服务企业可以考虑就物业服务费用进行一定幅度的减免，或者不再强行摊派未核销费用。

A品牌的"走进社区"计划活动取得了意想不到的效果，终端的积极性一下子被调动起来，随之而来的就是A品牌桶装水的销量的直线上升。

强势宣传巩固阵地

虽然A公司的"走进社区"计划取得了成功，达到了A公司的期望，但是A公司的市场行为没有就此停止。为了巩固促销效果，防止竞争对手的跟风行为，并保证销售地稳步增长，A公司通过实时的广告宣传，来加深与各签约物业服务企业的关系，加深社区住户对A品牌纯净水的品牌认知。

首先，放弃原来的各主干道广告投放计划，改为深入各个签约社区宣传。在每个签约社区的进出口处都树立了一块大幅的A品牌桶装水的形象宣传广告，强化目标消费者对A品牌桶装水的理解，使A品牌桶装水深入人心，潜移默化地影响着目标消费者的行为。与此同时，通过设立专门的饮用水宣传专栏，倡议大家喝质量可靠的、有信誉保证的饮用桶装水，来影响潜在用户的购买行为，使他们逐步向A品牌桶装水靠拢。

其次，为了增加各A品牌桶装水用户的购买次数，扩大市场需求，A公司在各大都市报上投放相关软文广告，强调桶装水在开封后的3~4天饮用是最为安全、健康的，超过4天后，由于水的杂质、细菌逐步增加，此时饮用会对人的身体健康造成一定程度的影响。

这一软文的发放，在当地引起了巨大的社会反响，同时，也把家庭用桶装水的饮用周期从7~10天，缩短到了3~4天，缩短了一倍左右。在消费群体固定的情况下，A品牌桶装水饮用周期也相应缩短一倍，意味着A品牌桶装水的销量将有一倍左右的放大。

在A品牌桶装水强大的社区宣传和软文广告攻势下，A品牌桶装水获得了消费群体基数不断扩大和销量大大提升的可喜局面，巩固了前一阶段的效果。

时至一年之后的今日，由于当初A品牌渠道体系设计的成功和及时到位的定期的社区宣传，使得A品牌桶装水已经成了当地比较强势的地方品牌之一。同时，由于当初缜密的设计，使得A品牌签约进入的各个生活小区，至今还没有一个生活小区被其他品牌攻陷。

这一方面是由于在当初与各签约物业服务企业就签定了排它性条款，另一方面则是由于在将近一年的强势品牌宣传中，各签约小区的住户已经对A品牌的桶装水有了一个更加深入的了解，并形成了一定的品牌购买偏好。

由此一来，只要A公司的桶装水没有质量问题发生，并且对于各签约物业服务企业的政策没有大的改变，A品牌桶装水将继续享用这一丰厚的大餐。

参考文献

[1] 公司法（2005 年修订）.
[2] 房地产开发企业资质管理规定（中华人民共和国建设部令第 77 号）.
[3] 城市房地产开发经营管理条例（中华人民共和国国务院令第 248 号）.
[4] 城市房地产中介服务管理规定（建设部令第 97 号）.
[5] 房地产估价机构管理办法（建设部令第 142 号）.
[6] 房地产经纪人员职业资格制度暂行规定. 房地产经纪人执业资格考试实施办法（人发[2001] 128 号）.
[7] 注册房地产估价师管理办法（建设部令第 151 号）.
[8] 房地产估价师执业资格制度暂行规定（建设部、人事部建房[1995] 147 号）.
[9] 物业管理师制度暂行规定（国人部发[2005] 95 号）.
[10] 物业管理师资格认定考试办法（国人部发[2005] 95 号）.
[11] 中华人民共和国房产税暂行条例.
[12] 中华人民共和国城市维护建设税暂行条例.
[13] 中华人民共和国企业所得税法.
[14] 中华人民共和国契税暂行条例.
[15] 中华人民共和国印花税暂行条例.
[16] 中华人民共和国营业税暂行条例.
[17] 中华人民共和国土地增值税暂行条例.
[18] 何爱国, 傅保华, 吴鹏. 购房指南. 北京: 石油工业出版社, 1998.
[19] 堵效才, 杨海明. 精明购房——帮您买到称心如意的住房. 北京: 机械工业出版社, 2001.
[20] 张永岳. 国际房地产概述. 上海: 上海人民出版社, 2004.
[21] 盛承. 海峡两岸房地产比较研究. 南京: 东南大学出版社, 2004.
[22] 董藩. 房地产营销与管理. 大连: 东北财经大学出版社, 2000.
[23] 杨海波. 最新房地产白皮书. 长春: 吉林电子工业出版社, 2002.
[24] 林坚, 唐永. 中西方房地产投资风险差异. 城市开发. 1998, 11.
[25] 许晓音. 房地产投资风险与防范对策研究. 商业研究. 2002.
[26] 梅逊林, 钱志宏. 规避——企业防范风险战略. 北京: 中国统计出版社, 1992.
[27] 谢科范. 企业风险防范. 沈阳: 辽宁人民出版社, 1996.
[28] 罗洪浪, 王浣尘. 现代投资组合理论的新进展. 系统工程理论方法应用. 2002.
[29] 彭志奇, 于亚伦. 房地产开发投资风险决策方法综述. 技术经济. 2001.
[30] 陈琳, 潘蜀健. 房地产项目投资. 北京: 中国建筑工业出版社, 2004.
[31] 愈明轩, 丰雷. 房地产投资分析. 北京: 中国人民大学出版社, 2004.
[32] 苗琦. 基于贝叶斯决策理论的房地产投资风险决策研究. 武汉理工大学硕士学位论文. 2003.
[33] 段海瑞. 房地产投资项目经济评价研究. 首都经济贸易大学硕士论文. 2002.
[34] 陈汉双. 房地产业投资环境评价理论与应用研究. 华中师范大学硕士学位论

文. 2001.

[35] 胡志坚. 房地产投资环境的系统分析与实证研究. 西北工业大学硕士学位论文. 2002.

[36] 张蓓. 完善国有商业银行公司治理刻不容缓. 北方经济. 2005.

[37] 王俊松. 房地产投资风险概述. 经济与管理. 2005.

[38] 王林. 房地产投资风险因素及风险分析. 国外建材科技. 2003.

[39] 黄宣武. 现代投资组合风险与收益的评价. 甘肃科技. 2005.

[40] 俞明轩. 房地产投资回报与风险. 中国房地产金融. 1997.

[41] 申立银, 俞明轩. 房地产市场风险. 天津: 天津大学出版社, 1996.

[42] 梅建平, 廖成关, 李阿乙. 不动产投资概论. 上海: 上海人民出版社, 1996.

[43] 保清. 保险学. 北京: 高等教育出版社, 1999.

[44] 吴翔华. 房地产市场营销. 南京: 东南大学出版社, 2005.

[45] 尹军, 尹丽. 房地产市场营销. 北京: 化学工业出版社, 2005.

[46] 楼江. 房地产市场营销理论与实务. 上海: 同济大学出版社, 2005.

[47] 刘笑一. 卓越的物业资产管理房地产投资成功的关键. 中国房地产报, 2005-05-19.

[48] 於瑞芬. 房地产资产管理的三层次理论初探——上海房地产资产经营管理启示. 管理在线. 2005.

[49] 万伦水. 西方证券投资组合理论的发展趋势综述. 安徽大学学报. 2005.

[50] 陆宇建, 李冠众, 武永鑫. 投资组合理论的发展脉络及其趋势. 天津工业大学学报. 2001.

[51] 沈建忠. 房地产基本制度与政策. 北京: 中国建筑工业出版社, 2006.

[52] (美) 尼尔·卡恩等. 房地产市场分析: 方法与应用. 张红译. 北京: 中信出版社, 2005.

[53] 王希迎, 丁建臣, 陆桂娟. 房地产企业融资新解. 北京: 中国经济出版社, 2005.

[54] (美) 威廉·布朗切克. 房地产投资商融资秘诀. 北京: 机械工业出版社, 2006.

[55] 中国拍卖行业协会. 拍卖通论. 北京: 中国财政经济出版社, 2006.

[56] 王福明. 房地产典当理论与事务操作. 上海: 学林出版社, 2006.

[57] 楼江. 房地产市场营销理论与实务. 上海: 同济大学出版社, 2005.

[58] 宋建阳. 物业管理实务 I. 广州: 广东高等教育出版社, 2003.

[59] 中国房地产估价师学会. 房地产经纪概论. 北京: 中国建筑工业出版社, 2003.

[60] 赵继新, 刘晓春. 物业管理案例分析. 北京: 清华大学出版社, 2005.

[61] 中国物业管理协会. 物业经营管理. 北京: 中国建筑工业出版社, 2006.

[62] 李昌. 物业管理法规. 大连: 东北财经大学出版社, 2007.

[63] 刘洪玉. 房地产开发经营与管理. 北京: 中国建筑工业出版社, 2005.

[64] 王雅. 购房百问. 北京: 外文出版社, 1998.

[65] 余源鹏. 购房置业3日通. 北京: 机械工业出版社, 2004.

[66] 吴清辉. 台湾房地产——涨也忧忧, 降也忧忧. 中国经济报告. 2006, 8.

[67] 卢为民. 新加坡住房政策启示. 上海房地产. 2004, 9.

[68] 王建民. 台湾房地产市场扫描. 台湾周刊. 2003, 23.

[69] 住房制度改革与住房金融发展问题研究课题组. 国外住房金融制度之比较. 焦点房地产网. 2001.

[70] 中国物业管理协会. 物业管理实务. 北京：中国建筑工业出版社，2006.
[71] Nichols, David. Construction Risk Management. Risk Management. 1996, 43.
[72] Kawamoto, Brian. Monitor Measure and Control. Risk Management. 1996, 11.
[73] Rodd, Zolkos. Roots of Risk Management. Business Insurance. 2001, 4.
[74] Markowitz H M. Portfolio Selection [J]. Journal of Finance. 1952.
[75] Markowitz H M. Portfolio Selection：Efficient Diversification of Investments. [M]. New York：John Wiley & Sons, 1959.
[76] Sharpe W F. Capital Asset Prices：A Theory of Market Equilibrium under Conditions of Risk [J] Journal of Finance, 1964.
[77] Roll R A. Critique of the asset pricing theory's tests. [J] Journal of Financial Economics, 1997.
[78] James L Farrell, Walter J Reinhart. Portfolio Management Theory & Application. 2nEd [M] New York：Mc-Graw-Hill, 1997.
[79] Davis M H A, Norman A R. Portfolio selection with transaction costs [J]. Mathematics of Operations Research, 1990.
[80] Shreve S E, Soner H M. Optimal investment and investment with transaction Costs [J]. Annals of Applied Probability, 1994, 4 (3)：609 - 692.
[81] Jim Bannister, How to Manage Risk Legal & Business Publishing Division 1997. Capper p, Basic Choices in the Allocation and Management of Risk, International Construction Law Review, 2001.
[82] Jensen M C. Risk：the Pricing of Capital Assets and the Evaluation of Investment Portfolio [J] Journal of Business April 1969. Journal of Economic Theory. 1976, 13.